대한민국, 넥스트 레벨 2

코리아다이나미즘포럼 편저
성공경제연구소 기획

대한민국,
넥스트 레벨 2

철학·정치·사회·경제·통섭 최고 전문가 17인의 국가 재설계 제안

한국의 위기와 K-철학　　　　　　　　　　　　　　이기동
정의의 실현과 사랑의 결실을 통한 짐 평화　　　　박승찬
공감과 연대의 디지털 르네상스: 소셜리딩으로 여는 민주주의 미래　　이온수
세대 전환으로 근대화 2.0을 이루자　　　　　　　　이근
정치의 실패, 무엇이 문제이고 어떻게 고쳐야 하는가　　조귀동
무너지는 국가, 다시 설계할 시간　　　　　　　　　김세연
알고리즘, 정치 양극화의 해법이 될 수 있다　　　　김명수
내리막 포비아를 극복해야 하는 한국 사회
사회 통합을 위한 한국 사회　　　　　　　　　　　장덕진
도시와 지역 개발의 새로운 패러다임으로서 갈등 완화 방안
한국 경제를 움직인 한마음의 힘과 코리아다이나미즘의 미래　　정은성
한법과 사회 통합: 헌법의 기본원리와 정치적 통일　　조정진
K-반도체산업과 세계 중심 전략　　　　　　　　　　제안국
민주주의의 황혼　　　　　　　　　　　　　　　이장웃
지속 가능한 기업을 위한 한국 경제의 길　　　　　김일섭
대한민국의 담대한 도전　　　　　　　　　　　　고영훈

21세기북스

발간사

경청하는 것이 두려운 걸까요?

우리가 경청하는 법을 배운다면, 우리가 서로의 말을 듣는 법을 배운다면, 얼마나 많은 문제가 해결될까요. 상대방의 말을 듣는다는 것은 잠시 멈추어 상대방의 삶과 마음속에 머문다는 의미이기 때문입니다. 또한 무관심하게 지나치지 않는다는 뜻이기도 합니다. 사실 일상생활 속에서 우리는 상대방의 삶에 무관심하고 상대방이 말하고 싶어 하는 바에 관심이 없으며 상대방이 말을 마치기도 전에 대답하는 것에 익숙해져 있습니다.

- 『나의 인생: 프란치스코 교황 최초 공식 자서전』 중에서

발간사를 써야 하는 부담은 시지프스(Sisyphus)의 바위만큼이나 무겁다. 바위를 산정(山頂)으로 올리는 소명이 부메랑처럼 돌아다니다가 뛰어난 참가 필진 모두의 겸양 탓에 가장 어리석고 쓸데없이 나이만 먹은 내게 다시 굴러떨어졌다.

돌이켜보면 코로나가 중세의 페스트처럼 세상을 휩쓸던 2021년 말, 우리 기성세대들이 현역시절 경험으로 얻거나 깨달은 지식을 미래 세대에게 전하는 비망록 형식의 글쓰기라도 한번 시도해보자고 이장우 교수, 윤종인 교수와 같이 발심을 모았고 강호의 훌륭한 분들을 초치(招致)해서, 학자와 전문가, CEO분과 함께 모임을 가졌던 것을 계기로 발간 준비에 착수한 것이 2022년 봄이었

다. 여러 분야별 모임에서 오고 갔던 토론은 1년이 지나서 『대한민국, 넥스트 레벨』로 출간되었다. 수록된 글들은 나름대로 정치, 경제, 사회, 언론 등 나라 곳곳에 유용한 발제 자료로, 아니면 정책이나 사고를 제고(提高)하는 데 밑거름이라도 됐을 것으로 우리 필자들은 믿고 있다.

그로부터 2년의 세월이 지난 2024년 봄, 대한민국에 또 다른 위기가 닥쳐올 조짐이 여기저기서 보였다. 그것은 극단으로 치닫는 정치 생태계에서 발생한 상대 혐오 풍조가 코로나바이러스처럼 급속도로 퍼져나가기 시작한 현상이었다. 정치계의 혐오는 확대 재생산되고 갈라치기를 가속해 우리 사회 곳곳으로 파급되는 이상징후가 포착되었다. 심지어는 연모의 대상이 될 수도 있는 남녀가 서로를 그윽한 눈으로 바라보아야 할 나이인 20~30대 젊은 여성과 남성들 사이에 젠더 대결이라는 기현상도 나타났다. 정치공학에서 뿜어져 나온 혐오의 광기와 편 가르기는 자라나는 세대들까지 무차별로 오염시키는 괴물 같은 폭풍우가 되어 일상의 언어폭력마저 위험 수위를 한참 넘어 가정과 학교라는 작은 보호막마저 붕괴시킬 지경에 이르렀다. 예를 들면 상대 존재의 혐오와 부정을 넘어 '귀태(鬼胎, 태어나서는 안 될 배아)' 같은 태생의 저주까지 불러오게 된 것이다. 가을 초입 몇몇 필진은 사태가 파국으로 치닫기 전에 행동에 나서자고 의견을 모았다.

극단의 혐오 표현은 스페인 내전 직전 상황 또는 해방 후 미 군정 시기 좌우 대립으로 인한 한국전쟁 전의 좌익과 우익진영 간의 폭력과 무력 충돌 사태와 같은 혼란을 다시 떠오르게 했다.

좌우익 색깔 입히기와 극단적 혐오의 결과 한국전쟁(1950-1953)은 민간인 살상자와 피학살자가 군인 사망자의 경우보다 월등히 많은 특이한 전쟁으로 기록돼 있다.

필자의 유럽 마드리드대학 교환 교수 시절, 스페인 내전(1936-1939) 이야기를 물으면 지식층에서조차 모두 입을 닫는 현상을 목도(目睹)한 적이 있다. 80년의 세월이 지났지만, 당시 좌익(공화파, 인민전선)과 우익(국민파, 파시스트) 간 혐오의 방아쇠가 당겨지며 시작된 내전의 악몽이 아직도 유령처럼 떠도는 것 같다. 서로 동족상잔의 원수가 되어 고문하고 살해한 몸서리치는 기억들이 대물림되었기 때문이다. 파시스트 프랑코 총통의 시신도 과거사 청산 작업의 일환으로 사후 44년이 지난 2019년 10월 국가 묘지에서 파묘되어 가족묘역으로 이장됐다.

우리 사회에 만연한 극단 혐오의 시작과 종말, 혐오성 식충언어의 진원지 국회로 찾아가서 정치공학적 진화 과정을 살펴보자. 제헌국회부터 1987년 제5공화국까지는 상대 당을 민주당, 자유당 등으로 부르는 것이 관례였고 이름이 길어지면 축조한 당명이 다시 등장했다. 이때까지는 극장에서 영화 상영 전에 애국가 의례와 '대한늬우스'를 봐야 해서 국민은 '늬우스'에서 흘러나오는 로봇 아나운서의 말처럼 들리는 한자 단어를 이해하기 바빴다. 달리 기억에 남는 강한 정치적 표현이라고는 '호헌 철폐! 독재 타도!' 정도였다. 오랜 독재정치에 순화된 정치인들은 싸울 때도 그쪽과 우리 쪽으로, 언론은 여당(與黨)과 야당(野堂)으로 점잖게 불렀다. 뜻풀이하자면 각각 정부와 **더불어** 독재정을 함께 지속시키는 당, **밖**에서 투쟁하며 권토중래를 꿈꾸는 당이다.

1987년 군부 독재체제 붕괴 이후부터 국회는 진보와 보수세력으로 변모하며 나뉘기 시작했다. 386세대가 사회 주류가 되면서 좌파·우파, 좌익·우익이라는 말이 슬며시 등장했다. 9·11 테러와 함께 21세기가 시작되자 극한의 기후변화, 극단주의 종교와의 전쟁, 극단으로 치닫는 불평등 사회는 자연 정치 언어의 변화를 불러왔다. 서로 '극좌·극우'로 부르다가, '좌빨(진보진영 비하 표현)·수꼴(보수진영 비하 표현)'로, '국민의 힘당'과 '더불어 민진당'으로, '내란수괴당'과 '빨갱이 당'으로, 급기야는 태어나지 말았어야 할 '귀태 당'으로 극단 혐오의 매서운 소스가 마구잡이 식으로 뿌려지는 경지에 이르렀다. 그러니 거리의 구호들과 손팻말, 플래카드의 혐오 단어들은 오죽했으랴!

저질의 정치구호는 곧 사회 곳곳으로 퍼지고 증폭되어 혐오가 연령, 국적, 젠더, 인종, 종교, 장애인, 성소수자 등으로 널리 퍼져나갔다. 고령화가 심화하고, 자산 가치 급등에 따라 세대 간 소득 격차가 점점 커지고 현저히 나아질 조짐이 없는 청년 실업률은 젊은 세대에게 소외감과 박탈감을 가져다주었다. 이러한 원인과 동기가 뿌리내려 세대 갈등 현상이 고착되면 혐오 풍조는 향후 젠더·연령 갈등으로 더 세분화하거나 편 가르기가 진행되어, 우리 사회의 암적 난제로 비화되어 큰 국력 손실을 보게 될 것이다.

비록 우리 세대가 가지고 있는 것은 노쇠한 머리에 남은 애틋한 기억과 가지 못한 길에 관한 잔상(殘像)뿐일지라도 지금 할 수 있는 일은 글쓰기뿐이다. 작은 기록이나마 남기지 않는다면 위험 사회로 치닫는 우리나라가 세계 문명의 대전환점에서 맞이할 위기 때, 지식인들이 아무 일도 한 것이 없다고 비난받을 것이 두려웠기 때문만은 아니다. 경종을 치는 사람조차 없었다는 비난을 받아도 할 말이 없는 무력한 지식인으로 기억될 것이 두려웠기 때문도 아니다. 정말 두려운 것은 우리 세대가 다음 세상을 경영할 차세대 지도층의 '인격의 질(Quality of Persona)'에 대한 깊은 통찰 없이, 삶의 가치와 목표 설정 없는 맹목적 인간 교육으로 일관했다는 사실이다. 사회적 약자에 대한 공감과 배려 없이 성공과 승리의 웰빙 기법을 전수하는 이기적 교육 시스템에만 몰방(沒放)한 것이다. 지구환경을 병들게 해 자원을 고갈시키고, 금융자본 증식으로 소득 양극화를 심화시키는 지배 기술에 대부분 시간을 할애해온 물질문명에 치중된 교육이 반복될 것이기 때문이다.

이제 보니 두렵기 짝이 없는 대치동의 맹목삼천(盲目三遷)은 궁핍 탈출 성공 신화에 도취된 K-산업 세대의 짧은 생각이었다! 인류가 자연에서 얻는 교훈을 터득하려면 어린 시절부터 자연을 가까이해야 공생(共生, Symbiosis)하는 습관을 배우게 된다는 지혜를 무시한 책임이 온전히 우리에게 있었다. 이제 함께 관용(寬容)하고 서로 구분과 차별을 포용(包容)해서 혐오 풍조의 악취와 편 가르기의 오수가 미래를 오염시키지 않도록 경계심(警戒心)을 가지고 중국 명(明)대의 사상가 이탁오(李卓吾, 1527~1602)가 말한 동심(童心)의 세계, 즉 경계를 나누지 않고 모든 것을 받아들일 수 있는 휴지기를 가져 보자. 어린이와 같은 순수한 '한마음 대한민국'을 만들어 전 세계에 유·불·선·기의 종교 사상, 상대와 약자에 대한 선행과 자비와 사랑을 베푸는 '한마음 K-사상과 철학'을 세계인과 나누는 꿈을 이루어 보자.

1987년 부처님 오신 날 성철 스님의 법어(法語)

사탄이여!
어서 오십시오!
나는 당신을 존경하며 예배합니다.
당신은 본래로 거룩한 부처님입니다.
사탄과 부처란 허망한 거짓 이름일 뿐
본 모습은 추호도 다름이 없습니다.
사람들은 당신을 미워하고 싫어하지만
그것은 당신을 모르기 때문입니다.
당신을 부처인 줄 알 때에
착한 생각, 악한 생각, 미운 마음, 고운 마음 모두 사라지고
거룩한 부처의 모습만 뚜렷이 보게 됩니다.

감사의 글

　필자들을 초대하는 기준으로는 높은 지식과 혜안도 중요하지만, 무엇보다도 어느 한쪽 편에 서지 않고 치우침 없이 늘 어떤 상대방도 존중하는 분들을 정하였고, 이분들을 삼고초려하였다. 첫 번째와 마찬가지로 두 번째 발간 참여 필진 역시 자식들에게 들려주는 글로 남기면서, 앞으로 나서지도 않고 보수 없이(무진보·무보수) 『대한민국, 넥스트 레벨 2』 작업에 참여했다는 사실을 밝히고 싶다. 발간사의 지면을 빌려 편찬 주간을 맡은 이장우 교수, 편찬 고문 윤종인 교수 두 분을 포함한 17인의 참가 필진 한 분 한 분께 원고 작성의 노고와 귀중한 시간을 미래 세대 교육과 나라 사랑을 위해 베푼 헌신과 성심에 특별한 감사를 드린다.

집필자를 대표하여
김영섭

머리말

다시, 함께 살아갈 대한민국

이장우(성공경제연구소 원장)

지금 대한민국은 중요한 갈림길에 서 있다. 정치 양극화, 경제 불평등, 사회적 신뢰의 붕괴, 기술과 생태의 대전환…. 이 모두는 국가의 근본적인 방향 전환을 요구하고 있다.

이 책은 이러한 시대적 과제 앞에서 서로 다른 분야에서 주도적으로 활동해온 17인의 전문가들이 모여 '어떻게 다시 함께 살아갈 것인가'에 대한 각자의 해법과 통찰을 제시한 모음이다. 정치학자, 인문학자, 행정가, 경영학자, 과학기술자, 건축가 등 다양한 필자들은 각자의 자리에서 대한민국 사회가 직면한 위기의 본질을 짚고, 그에 대한 공동체적인 대응 방향과 실천 방안들을 모색한다.

필자들의 경험과 목소리는 다르지만, 대한민국이 처한 위기의 근원과 당면과제를 일목요연하게 정리한다. 한마디로 대한민국은 '공동체적 신뢰가 무너진 사회에서, 아직 미래 전환을 설계하지 못한 국가'라고 요약할 수 있다. 그리고 위기 극복을 위해 반드시 해결해야 할, 네 가지 당면과제를 제시한다.

첫째, 사회적 분열과 신뢰의 붕괴다. 이념·세대·계층·젠더·지역 간 갈등이 고조되고 있으며, 정치와 미디어가 이 분열을 더욱 조장하고 있다. 한국 사회는 이제 물리적 격차보다 심리적 적대감이 더 큰 문제가 되었다. 타인을 '적'으로 인식하는 문화는 공동체 기반을 무너뜨린다.

둘째, 정치 시스템의 실패와 리더십 공백이다. 정치가 민의를 반영하지 못하고 정당은 정책보다 정쟁에 집중하고 있으며, 젊은 세대는 정치에서 멀어지고 있다. 한국 정치는 구조적으로 고장 난 상태에 있으며, 세대 전환을 위한 본질적 재설계가 필요하다.

셋째, 도시 공간, 복지, 교육 등의 문제로 인한 지속 가능성 없는 삶의 체계이다. 도시의 과밀화, 입시경쟁 중심의 교육, 열악한 복지체계 등 일상 속 제도들이 인간의 삶을 지탱하지 못하고 있다. 삶의 질을 높이는 '정책의 인간화'가 절실히 필요하다.

넷째, 미래 생존에 대한 불안과 내리막 포비아 문제다. 반도체, AI, 디지털 플랫폼 등 기술은 급진적으로 발전하지만 사회적 규범과 윤리, 제도는 이를 따라가지 못하고 있다. 그리고 저성장 국면에 들어선 경제구조에서 이제 내리막 사회를 살아야 하는 공포가 젊은 층을 중심으로 확대되고 있다.

위와 같은 위기의 당면과제는 다음과 같은 내부요인들이 근본원인으로 작용하고 있는 것으로 분석된다.

첫째는 경제적·사회적 불평등과 양극화이다. 2000년대 들어와 빠른 경제 성장의 과실로 축적된 부와 소득이 더욱 편중되고 고착되었다. 또한 부와 소득이 사교육을 통해 세습되고, 계층이 이를 통해 점차 공고화되며, 주거 지역이 계층별로 구분되고, 도시가 성채

(citadel)가 되고 있는 것이 작금의 현실이다.

둘째는 정치의 후진성이다. 양당제 고착화로 인한 중도·청년 대표성 부재, 책임 없는 권력 구조와 무능한 국회 시스템, 선거 위주의 정략적 운영과 장기적 비전 부재 등 국민의 혐오에도 불구하고 한국 정치는 후진적 특성에서 못 벗어나고 있다. 이러한 후진성은 승자독식의 정치구조와 이분법적 진영 논리를 증폭함으로써 정치·사회적 혼란의 주범이 되고 있다.

셋째는 권력 계층의 전근대적 세계관과 사회 전반적인 철학적 빈곤이다. 선진국으로 인정받는 대한민국이지만 그 틀을 운영하는 사람들은 아직도 매우 전근대적이다. 비과학적인 의사결정과 판단, 권위주의와 전체주의적인 성향, 반시장적 구호와 요구, 둔감한 공사 구별 등을 노출한다. 또한 급속한 경제 발전 과정에서 자리 잡은 물질 중심의 가치관은 경제 빈국 아프리카는 물론 자본주의 원조인 미국을 능가하는 세계 최고 수준에 도달함으로써, 지금까지 대한민국을 일으킨 고유의 따뜻한 마음과 희생정신이 사라져가고 있다.

이러한 내부요인은 기후위기와 AI 및 디지털 등 기술변화, 국가 간 외교 안보 갈등과 국제적 경제전쟁에 비유되는 글로벌 경쟁, 저출생 인구 감소 및 그로 인한 지방소멸 등 외부 환경요인들과 상호작용하면서 위기의 근원이 되고 있다. 더욱 심각한 것은 과거에는 위기의 근원이 주로 외부 환경에 의한 도전이었던 반면, 지금은 사회적 분열을 일으키는 내부요인이 주된 근원이라는 사실이다. 이러한 위기 요인은 '편을 갈라 싸우면 나라가 망할 때까지 싸우는' 한국인 특유의 속성을 작동시킴으로써 대한민국이 스스로 무너질 수

대한민국 위기의 근원과 당면과제

당면과제
① 사회적 분열과 신뢰의 붕괴
② 정치 시스템의 실패와 리더십 공백
③ 지속 가능성 없는 삶의 체계(도시 공간, 복지, 교육 등)
④ 미래 불안과 내리막 포비아

위기의 근원

내부요인	외부 환경
• 경제·사회적 불평등과 양극화 확대 • 정치의 후진성 • 전근대적 세계관과 철학적 빈곤	• 기후위기와 급변하는 AI 및 디지털 기술 • 국가 단위의 글로벌 경쟁 심화 • 저출생 및 지방소멸

있는 절체절명의 상황이 걱정된다.

위의 당면과제에 대해 필자들은 '[그림] 대한민국의 위기 극복과 지속 가능한 미래를 위한 실천 방안'과 같이 철학, 정치, 사회·제도, 산업·경제, 통섭의 다섯 분야로 나누어 해결방안들을 제시한다. 이것은 제도 개혁이나 정책 변화의 요청이 아니다. 그보다는 우리가 어떤 마음으로 살아갈 것인가, 서로를 어떻게 대하며 공동체를 다시 세울 것인가에 대한 통찰에 가깝다.

필자들은 자신의 분야에서 서로 다른 목소리로 해결책을 제안했지만, 지향점은 하나다. 더 나은 민주주의, 한마음의 공동체, 더 공화적인 미래를 위한 성찰이다. 그러다 보니 '분열과 갈등'의 문제를 다룸에도 불구하고 필자들 간 의견대립이나 상호모순 없이 오히려 융합과 통섭의 지혜를 발휘할 수 있었다.

대한민국의 위기 극복과 지속 가능한 미래를 위한 실천 방안

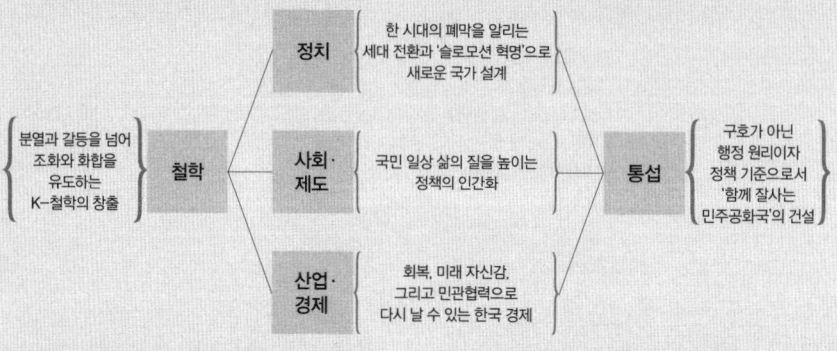

개혁에 성공하려면 안팎, 즉 안(마음)과 밖(제도와 예산)의 조화가 필수적이다. 그러나 지난 60여 년의 발전 과정에서 우리는 법 제도와 예산 등 주로 외적 요인으로만 문제를 해결하려 했다. 그러다 보니 지난 20년 동안 수백조 원을 투여한 저출생 문제, 백과사전식 창업 정책, 대학입시에 발이 묶여 한 발짝도 못 나가는 교육정책 등 정책 실패 사례들이 너무 많다. 지금도 위기 극복을 위한 대안은 대부분 경제성장률 유지, 제왕적 대통령제 탈피, 다당제, 의원내각제, 개헌 등 바깥 요인들에 머물러 있다. 이러한 제도적 요인들이 설사 채택된다고 해도 우리가 처한 위기의 당면과제들은 쉽게 해결되지 않을 것이다. 왜냐하면 국민이 느끼는 불신·분노·불안·공포의 마음을 치유하지 않고서는 어떤 제도도 제대로 작동하기 어렵기 때문이다.

그러므로 '정책의 인간화'가 필요하다. 국가 정책 하나하나가 국민의 마음과 어떻게 연결되어 있는지를 따져보고 그 효과에 대해 책임질 수 있어야 한다. 진정한 개혁은 국민의 마음으로부터 시작해서, 온 국민이 참여할 때 성공할 수 있다.

　이 책은 필자들이 각자의 위치에서 오늘의 대한민국을 염려하고 함께 미래 방향을 설계하고자 기록한 결과물이다. 그러나 그것은 하나의 해결책이 아니라, 다시 함께 살아가기 위한 공동 설계의 시작점이라고 할 수 있다. 따라서 이 책이 모든 국민에게 다음의 물음에 대한 답변을 구하는 성실한 초대장이 되기를 바란다.

　"지금 우리는 어떻게 분열과 혐오의 정치, 불신과 불안의 사회, 고립과 피로의 일상을 넘어 다시 한마음으로 나아갈 수 있을까?"

차례

발간사　5
머리말　12

1장　철학
분열과 갈등을 넘어서는 K-철학의 창출

1. 한국의 위기와 K-철학　23
　　이기동 (성균관대학교 명예교수)

2. 정의의 실현과 사랑의 결실을 통한 참 평화　41
　　박승찬 (가톨릭대학교 철학과 교수)

3. 공감과 연대의 디지털 르네상스:
　　소셜리딩으로 여는 민주주의의 미래　65
　　이은수 (서울대학교 철학과 교수)

2장　정치
세대 전환과 '슬로모션' 혁명

1. 세대 전환으로 근대화 2.0을 이루자　93
　　이근 (서울대학교 국제대학원 교수)

2. 정치의 실패, 무엇이 문제이고 어떻게 고쳐야 하는가　114
　　조귀동 (민컨설팅 전략실장)

3. 무너지는 국가, 다시 설계할 시간　137
　　김세연 (아젠다2050 대표)

4. 알고리즘, 정치 양극화의 해법이 될 수 있다　158
　　김명수 (매일경제신문 이사 겸 매경AX 대표)

3장 사회·제도
국민의 삶의 질을 높이는 정책의 인간화

1. 내리막 포비아를 극복해야 하는 한국 사회   171
   장덕진 (서울대학교 사회학과 교수)

2. 사회 통합을 위한 세대 갈등 완화 방안   187
   정은성 (에버영코리아 대표이사, 비랩코리아이사장)

3. 도시와 지역 개발의 새로운 패러다임으로서 정원도시   216
   조경진 (서울대학교 환경대학원 교수)

4. 헌법과 사회 통합: 헌법의 기본원리와 정치적 통일   237
   계인국 (고려대학교 행정전문대학원 교수, 법학박사)

4장 산업·경제
미래 자신감으로 다시 나는 한국 경제

1. 한국 경제를 움직인 한마음의 힘과 코리아다이나미즘의 미래   255
   이장우 (성공경제연구소 원장, 전 한국경영학회 회장)

2. 한국 경제는 변신 중   278
   이홍 (광운대학교 경영대학 명예교수)

3. K-반도체산업과 세계 중심 전략   304
   최수 (글로텍 회장, 『K반도체』 저자)

5장 통섭
함께 잘사는 민주공화국의 건설

1. 민주주의의 황혼   327
   김영섭 (건축가)

2. 함께 잘사는 민주공화국이 답이다   375
   윤종인 (이화여자대학교 정책과학대학원 초빙교수)

3. 지속 가능한 미래를 위한 한국의 교육:
   어느 문화인류학자의 상상   414
   한경구 (전 서울대 자유전공학부 교수, 전 유네스코한국위원회 사무총장)

저자 소개   442

1장

철학

이기동
현재 국제퇴계학회장, 행촌학술문화진흥원 이사장이며, 성균관대학교 명예교수이다. 사람들의 인성이 파괴되어 총체적 위기에 처한 지구를 살리는 K–철학 창출에 주력하고 있다.

박승찬
가톨릭대학교 철학과 교수이다. 한국중세철학회장, 한국가톨릭철학회장, 김수환추기경연구소장을 역임했다.

이은수
서울대학교 철학과 교수이다. 동 대학교 디지털인문학센터 센터장을 맡고 있다.

분열과 갈등을 넘어서는
K-철학의 창출

한국의 위기와 K-철학
정의의 실현과 사랑의 결실을 통한 참 평화
공감과 연대의 디지털 르네상스: 소셜리딩으로 여는 민주주의의 미래

INTRO

철학 분야의 핵심 대안은 한국 고유의 '공동체적 마음'과 세계사적 갈등 해소의 철학인 '참 평화와 사랑 실천'의 정신을 담아내는 K-철학을 창출하는 것이다. 그리고 그것을 토대로 디지털 플랫폼을 적극 활용해 공감과 연대를 실질적으로 형성해나갈 필요가 있다. 이는 한국의 미래를 이끌어갈 뿐만 아니라 전 세계가 직면한 분열과 갈등, 그리고 민주주의의 위기를 극복하는 데 크게 기여할 수 있다. 이제 역사의 흐름은 물질만능주의에서 마음을 중시하는 시대로 바뀌고 있다. 한국 경제를 발전시키고 한국의 문화예술을 흥행시킨 원동력인 한국 고유의 따뜻한 마음과 공동체 정신을 회복시키는 새로운 철학이 제시되어야 한다. 이 철학은, 역사적으로 십자군 전쟁과 같은 가장 극심한 갈등 속에서도 상호 존중과 상호 이해를 통해 극혐오를 극복했듯이, 참 평화의 추구와 사랑의 실천을 담아야 한다. 또한 디지털 혁명의 시대적 흐름에 대응해 새로운 공론장으로서 소셜리딩 플랫폼을 구축해 실질적으로 상호 이해와 공감의 폭을 넓히는 수단을 확보할 필요가 있다.

이기동 | 성균관대학교 명예교수

1. 한국의 위기와 K-철학

» 멸망과 영광의 갈림길에 선 한국

멸망의 길에 들어선 한국

한국은 지금 멸망할 수도 있는 위기에 봉착해 있다. 한국은 긴 역사에서 볼 때 외침을 받아서 망한 적이 거의 없다. 고구려는 중국의 황제가 군사를 총동원하여 침략해 왔어도 막아내었지만, 내분이 일어나서 자멸했다. 천년을 지탱한 신라도 왕건과 전쟁해서 망한 것이 아니라, 내부적으로 분열하고 부패하여 자멸했다. 고려의 멸망도 마찬가지였다. 이성계의 공격을 받아 망한 것이 아니라, 분열과 부패로 인해 자멸했다. 조선의 멸망도 예외가 아니었다. 조선은 일본의 교묘한 술책으로 망했지만, 일본의 무력 침략으로 망한 것이 아니다. 조선은 내부적으로 오랫동안 편을 갈라 당파싸움을 일삼다가 국력을 상실하고 일본인들에게 유린당했다.

한국인의 좋지 못한 점 중의 으뜸은 편을 갈라 싸우면 나라가 망할 때까지 싸운다는 것이다. 지금 한국은 멸망하는 모양새를 갖추고 있다. 지금 한국은 정치인들의 이념투쟁이 격화되면서 전 국민이 반으로 갈라져 싸우고 있다. 이 싸움은 나라가 망할 때까지 이어질 기세다. 매우 걱정스럽다.

그러나 한편으로는 한국이 세계를 이끌어갈 수 있는 영광의 길에 들어서 있기도 하다.

영광의 기회 위에 있는 한국

한국이 멸망의 길에 들어섬과 동시에 영광의 기회 위에 있다는 것은 세계 역사의 흐름을 보면 알 수 있다.

진행하는 모든 길은 음양으로 순환하면서 나아간다.[1] 사계절의 순환도 그러하고, 역사의 흐름도 그러하다. 더워지는 계절인 봄은 양의 계절이고, 추워지는 계절인 가을은 음의 계절이다. 여름은 더위에서 추위로 전환하는 계절이고, 겨울은 추위에서 더위로 전환하는 계절이다.

역사의 흐름도 예외가 아니다. 지금의 인류 역사 흐름은 유럽의 역사에 합류하여 하나가 되어 흐른다. 인간에게는 마음과 몸의 두 요소가 있다. 마음은 양이고, 몸은 음이다. 사람의 삶의 과정은 마음을 챙겼다가 몸을 챙겼다가 하면서 진행하고, 역사 흐름도 마음

---

[1] 모든 길은 음이 되었다 음양으로 순환하면서 진행한다.(一陰一陽之謂道,『周易』「繫辭傳」)

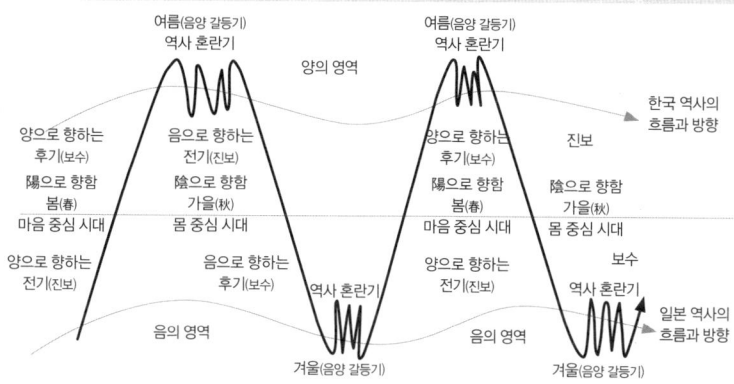

을 중시하여 마음을 주로 챙기는 시대와 몸을 중시하여 몸을 주로 챙기는 시대가 순환하면서 진행한다.

지금은 지구상의 대부분 사람이 서구인들의 삶의 방식으로 살고 있다. 서구의 역사를 중심으로 보면 지금은 몸을 중시하며, 몸을 주로 챙기는 시대이다. 몸에 가장 필요한 것이 돈이므로 지금 시대는 돈을 중시하는 자본주의 시대가 되었다. 현대인의 삶의 원리와 방법을 알기 위해서는 서구의 역사 흐름을 알아야 한다.

서구에는 물질주의가 발달하기 전에 중세 기독교 시대가 있었다. 중세 기독교 시대는 마음을 중시하여 마음을 주로 챙기는 시대였다. 그러나 중세 말기에 나쁜 사람들이 교회를 장악하여 수시로 마녀사냥을 하기도 하고, 십자군을 조직하여 이슬람 세계에 가서 엄청난 살육을 자행하기도 했다. 기독교의 만행에 견디지 못한 사람들이 교회에 등을 돌리고 하느님을 부정하기 시작하면서, 서구의 역사가 마음을 중시하여 마음을 주로 챙기는 시대가 끝나고, 몸을 중시하여 몸을 주로 챙기는 물질주의 시대로 접어들었다. 물질주의 시대로 접어들어 물질적 가치를 서로 차지하기 위해 사람들이 무한 경쟁을 하게 되면, 과학기술과 의학이 눈부시게 발달하고, 무기 개발에 가속도가 붙는다.

하느님을 부정하면 신나는 일이 일어난다. 하느님을 믿고 있을 때는 하고 싶은 것이 있어도 하지 못하고 참아야 하는 것이 많았다. 때려주고 싶은 사람이 있어도 용서해야 했고, 미술가가 나체화를 그리고 싶어도 그릴 수 없었으며, 소설가가 야한 내용의 소설을 쓸 수도 없었다. 그랬지만 하느님이 존재하지 않는다는 가르침을 받아들인 서구인들은 하고 싶은 것을 모두 할 수 있게 되었다. 하느님을 부정하면 마음속에 하늘 마음이 사라지고 욕심만 남게 된다. 욕심의 속성은 늘 채우고 싶어진다는 것이다. 욕심을 제일 많이 채우는 방법은 남을 죽이고, 남의 것을 빼앗는 것이다. 하느님의 그늘에서 벗어난 유럽인들은 아메리카 대륙과 호주에 가서 원주민을 거의 다 죽이고 그들의 땅과 재물을 빼앗았다. 아프리카에 가서는 사람들을 납치하여 다른 곳에 데려가 팔았으며, 아시아에 와서는 여러 나라를 식민지로 만들어놓고 사람에게 일 시키면서 빼앗았다. 서구인들은 죽이고 빼앗는 일들을 유쾌하게 할 수 있는 이론과 방법을 과학에서 찾았다.

서구인들은 교회의 가르침이 틀렸다는 사실을 알았다. 교회에서는 지구가 태양을 도는데도 태양이 지구를 돈다고 가르쳤다. 이를 안 서구인들은 교회의 가르침 대신에, 과학자들의 말을 믿기 시작했다. 과학자들이 찾아낸 자연법칙은 강자가 약자의 고기를 먹는다는 약육강식이다. 약육강식의 자연법칙으로 무장한 서구인들은 세계 곳곳에 다니면서 아무 거리낌 없이 원주민들을 죽이고 그들의 것을 빼앗았다.

전 세계를 돌아다니면서 욕심을 마음껏 채운 뒤에 자기 나라로 돌아간 서구인들은 왕이라는 강자 앞에서 약자가 될 수밖에 없었다. 약자가 사는 방법은 약자끼리 힘을 합쳐 강자를 몰아내는 것이었다. 서구의 시민들은 단합하여 왕을 몰아내는 시민혁명을 일으켰다. 시민혁명을 성공한 시민들은 산업혁명이 일어난 뒤에 권력과 재력을 갖고 공장의 노동자들을 무자비하게 탄압하고 착취했다.

이에 노동자들의 비참한 현실을 참지 못해 노동자 해방을 위한 마르크스의 유물론 중심의 철학이 등장했다. 마르크스 철학은 핍박받는 약자를 구하는 철학으로, 계급 철폐, 노동자 해방 등의 주장이 핵심을 이루고 있었으므로, 빈민, 노동자, 식민지 나라 등에서 크게 유행했다.

마르크스 철학의 영향으로 인해, 오늘날은 전 세계가 자본주의와 공산주의, 보수와 진보, 우파와 좌파로 양분되어 서로의 이익을 위해 이전투구하는 양상이 되었고, 그중에서도 한국에서 일어나는 갈등과 투쟁이 가장 심각한 지경에 이르렀다. 한국에서 좌파가 득세하는 이유 중의 하나는, 예로부터 한국인들에게 있는 지상천국 건설의 목표와 약자를 농정하는 정서가 마르크스 이론과 맞아떨어졌기 때문이다. 한국에는 좌파는 있지만, 우파는 없다. 한국인에게는 서구나 일본의 우파처럼, 약육강식의 이론으로 무장하여 약한 나라를 무참하게 유린하고, 약한 자를 잔인하게 짓밟는 사람들이 많지 않기 때문이다. 따라서 한국의 갈등과 대립은 좌파와 좌파가 아닌 사람들 사이에서 일어나는 특이한 현상을 보인다.

서구에서 일어난 좌파와 우파 철학의 목표는 둘 다 인간의 욕심을 채우는 것으로 되어 있다. 차이점은 자본주의 철학에서는 법과 규칙을 지키면서 욕심을 채우는, 이른바 페어플레이 정신을 주장하고, 공산주의 철학에는 약자의 욕심 채우는 목표가 깔려 있다는 것이다. 자본주의 철학과 공산주의 철학의 문제점은 둘 다 목표 설정을 잘못했다는 사실이다. 욕심은 채울수록 커진다. 욕심 채우기를 삶의 목표로 설정하면, 결코 그 목표를 달성할 수 없다.

법과 규칙을 지키는 힘이 이성에서 나오기 때문에, 자본주의 철학에서는 이성의 힘을 강조하지만, 이성의 힘으로 절제하는 것은 커지는 욕심을 감당하지 못한다. 커지는 욕심을 이성의 힘이 미처 절제하지 못하고 욕심에 끌려가는 사람이 중독자다. 니코틴 중독자는 금연하는 목표를 세워도 흡연의 욕구를 절제하지 못한다. 오늘날에는 알코올 중독이나 니코틴 중독 등에 빠지지 않은 사람은 있지만, 돈의 중독에서 벗어난 사람은 거의 없다. 오늘날 사람은 대부분 돈을 탐하다가 돈의 노예가 되었다.

공산주의 철학도 욕심을 채우는 목표에서 나타나는 문제점에서 벗어나기는 어렵다. 가진 자의 권력과 재산을 빼앗아 빈민·노동자들이 공평하게 나누어 가지려는 목표는 강력한 힘을 동반시킨다. 목표 달성을 위해 빈민과 노동자들은 목숨을 바칠 정도로 단결하지만, 목표를 달성한 뒤에 문제가 생긴다. 목표를 달성하여 권력과 재산을 가진 뒤에는 욕심이 커져서 공평하게 나누지 못한다. 볼

셰비키 혁명을 통해 소비에트 연방을 세운 공산주의자들은 권력을 독차지하기 위해 피비린내 나는 투쟁을 벌였고, 약자인 동유럽 국가들의 인민들을 무자비하게 착취했다.

오늘날은 욕심 채우기에 급급한 자본주의와 공산주의의 철학이 지구상을 휩쓸면서 그 폐해가 극심하게 나타나고 있다. 사람들의 지나친 경쟁으로 인해 인간성이 피폐해져 따뜻한 마음이 사라져간다. 사람들은 따뜻한 마음을 주고받는 친구를 사귀지 못해 극도로 외로워졌다. 사람들은 욕심을 채우느라 참혹한 전쟁을 쉬지 않고 일으킨다. 자연을 무자비하게 파괴하여, 지구가 이제 사람이 살 수 없는 지경이 되었다.

이대로 가면 지구상에서 인류가 멸종하는 순간이 올 수도 있다. 참담하기 그지없다. 이렇게 되면 오늘날까지 사람들의 삶의 바탕이 되었던 서구의 근세철학은 유통기한이 거의 끝났다. 과거의 철학으로는 삶의 문제를 해결할 수 없으므로, 미래의 삶을 해결할 새로운 철학이 나오지 않는다면 암담한 현실에서 벗어나기는 참으로 어렵다.

그러나 인류의 역사가 순환하며 흐른다는 역사의 법칙을 떠올리면 일말의 희망이 있기는 하다. 겨울이 와서 온 세상이 꽁꽁 얼어붙으면 따뜻한 봄이 오듯이, 사람의 마음이 꽁꽁 얼어붙으면 사람들이 따뜻한 마음을 찾기 때문에, 역사의 흐름이 마음을 중시하여 마음을 주로 챙기는 시대로 바뀔 것이다. 그렇게 되면 한국인에게 기회가 온다.

긴 역사에서 볼 때 아주 특별한 역사 흐름을 가지고 있는 두 나라가 있다. 하나는 한국이고, 다른 하나는 일본이다. 한국의 긴 역사는 언제나 마음을 중시하는 흐름으로 이어졌고, 일본의 긴 역사는 언제나 몸을 중시하는 흐름으로 이어졌다. 한국의 역사는 언제나 마음을 챙기는 전문가인 선비들이 주도했고, 일본의 역사는 언제나 몸을 챙기는 전문가인 사무라이들이 주도했다. 과거 서양이 물질적 경쟁을 치열하게 할 때는, 서구의 백인들이 백인 이외의 인류 중에서 오직 일본인들을 우대했다. 그러나 역사의 흐름이 마음을 중시하는 방향으로 선회하면, '[그림] 사계절과 역사의 흐름'을 보면 알 수 있듯이, 한국이 앞서 있다. 지금은 세계인들이 한국인들에게 많은 관심을 가진다. 한국인들이 제작한 영화나 드라마를 좋아하고, 한국인들이 부르는 노래를 따라 부른다. 이러한 현상이 일어나는 것은 세계의 역사 흐름이 마음을 중시하는 시대로 선회하고 있다는 증거이다. 한국인들은 예로부터 줄곧 마음을 챙겨왔으므로 한국인들에게는 아직도 따뜻한 마음이 남아 있다. 한국인의 따뜻한 마음은 남을 나로 생각하는 한마음에서 나온다.

 이제 한국은 세상을 선도할 수 있는 절호의 기회를 만났다. 이 기회는 천년에 한 번 만난다는 천재일우의 기회가 아니라, 만년에 한 번 만나는 기회로 볼 수 있다. 한국인에게 이 기회는 그만큼 중요하다.

» 한국인이 풀어야 할 과제

한 국가가 세상의 역사를 선도하기 위해서는 갖추어야 할 세 가지 조건이 있다. 첫째는 어느 정도의 경제력을 갖추어야 하고, 둘째는 문화예술이 흥행해야 하며, 셋째는 새 시대를 선도할 수 있는 철학이 나와야 한다.

현재 한국은 두 가지 조건을 갖추었다. 경제가 세계 10위권으로 도약했고, 문화예술이 세계적으로 흥행하고 있다. 이제 우리가 해야 할 일은 경제를 계속 발전시키고, 문화예술도 계속 흥행시키면서 동시에 미래의 시대에 필요한 철학을 창출하는 것이다. 미래에 필요한 철학은 분열과 갈등을 넘어서 조화와 화합으로 유도하는 철학이어야 한다.

한국 경제가 발전하고 한국의 문화예술이 흥행하게 된 원동력은 한국인의 따뜻한 마음과 희생정신이었다. 한국인에게는 예로부터 너와 나를 하나로 여기는 정서가 있다. 한국인의 정서 밑바닥에는 '너=나'라는 등식이 깔려 있다. '너=나'라는 등식에서는 '너'와 '나'가 사라지고 '우리'로 승화한다. 한국인들은 친구에게 자기 집에 가자고 권유할 때 '우리 집'에 가자고 한다. 자기 아버지를 칭할 때도 '우리 아버지'라고 하고, 자기의 부인을 칭할 때도 '우리 집사람'이라고 한다.

'우리'로 대표되는 한국인의 정서는 장점으로 승화할 수도 있고, 단점으로 추락할 수도 있다. 우리의 정서가 장점으로 승화하면, 남의 아픔을 나의 아픔으로 여기고, 남의 슬픔을 나의 슬픔으로 여겨서, 남과 하나가 되는 한마음을 발휘하여, 남을 위해 헌신하고 희생하는 희생정신이 나오지만, 단점으로 추락하면 남의 돈을 내 돈으로 알아, 남의 돈을 가지기 위해 못 할 짓이 없는 추악한 모습이 나온다. 한국인들은 예로부터 장점을 지닌 한국인들을 '사람'이라 일컫고, 단점으로 추락한 한국인들을 '짐승'으로 여겼다. 여기서 말하는 짐승은 동물을 지칭하는 말이 아니다. 짐승이란 사람이 마땅히 가져야 할 한마음을 잃어버린 추악한 사람을 일컫는 말이다.

한국인들은 예로부터 한마음을 회복하는 방법을 알았다. 동굴에 들어가 마늘과 쑥을 먹으며 햇빛을 보지 않고 한마음을 회복하여 참된 사람이 되어서 나왔다. 곰이 사람이 되었다는 말은 한마음을 잃어버린 사람이 한마음을 회복하여 참된 사람이 되었음을 의미한다.

단군조선 시대 때 행해지던 동굴 수련은 그 뒤로도 계속되었다. 한국에 불교가 들어왔을 때는 불교가 동굴 수련의 전통을 이었고, 유교가 들어왔을 때는 유교가 동굴 수련의 전통을 이었다. 지금의 한국 기독교는 다른 나라의 기독교와 달리 산에다 기도원이라는 이름의 동굴을 만들고 거기에 들어가 밤을 새우며 정진한다. 동굴을 좋아하는 한국인의 정서는 민간인들에게서도 여지없이 나타난다. 찜질방에 가면 영락없이 동굴을 만들어놓고 즐거이 드나든다.

동굴 수련의 효과로 인해 한국인에게는 아직도 한마음에서는 나타나는 따뜻한 마음과 희생정신이 남아 있고, 이 따뜻한 마음과 희생정신이 경제를 일으키고 문화예술을 흥행시키는 원동력이 되었다.

한국의 경제가 기적적으로 발전할 때는 회사에 일이 밀리면 사원들이 조건 없이 밤샘 작업을 했고, 회사가 어려우면 조건 없이 희생하며 회사를 도왔다. 외국에 가서 힘든 일을 견디며 돈을 모아 조국에 보냈다. 동생이 학비가 부족해 학교에 진학하기 어려우면 형과 누나들이 외국으로 가 힘든 일을 하여 번 돈으로 동생들을 공부시켰다. 이러한 희생정신에 힘입어 한국의 경제가 비약적으로 발전했다.

한국의 영화나 드라마의 내용에는 영락없이 희생정신이 들어 있다. 주인공들은 사랑하는 사람이 위험에 빠지면 목숨을 바쳐서라도 구해낸다. 마음이 얼어붙은 세상 사람들이 이런 내용을 보면, '나도 저런 사랑을 한번 받아봤으면 죽어도 소원이 없겠다'라고 생각할 정도로 열광한다.

그러나 지금 한국인에게도 문제가 생겼다. 지금의 한국인에게 따뜻한 마음과 희생정신이 급격하게 사라지고 있다. 회사에 일이 밀려도 회사를 위해 밤을 새워 돕는 사원을 찾아보기 어렵다. 동생의 학비가 부족해도 외국에 가서 힘든 일을 해서 번 돈으로 동생을 돕는 형이나 누나들을 찾아보기 어렵다. 사랑하는 사람을 위해 희생하는 사람들도 역시 찾아보기 어렵다. 이처럼 한국인에게서 따뜻한 마음과 희생정신이 급격히 사라지면 한국 경제의 발전과 한국 문화예술의 흥행을 지속하기 어려워진다. 한국의 경제가 어려워지고, 한국 문화예술이 지속해서 흥행하지 못하면, 한국에 찾아온 좋은 기회가 사라진다. 어떻게 해서든 방안을 찾아 한국 경제를 계속 발전시켜야 하고, 한국의 문화예술을 계속 흥행시켜야 한다. 그러면서 동시에 인류의 미래를 위한 철학을 세상에 내놓아야 한다. 한국에서 내놓는 새로운 철학은 세계인의 생명수가 될 수 있을 것이다.

» K-철학의 모색

한국인이 미래에 필요한 철학을 창출하려면 과거의 한국에 있었던 철학의 원형을 찾아보는 데서 시작해야 하지만, 학자들의 학설을 찾아보면 낙관하기가 어렵다.

한국에 고유한 철학은 없다?

한국에는 고유한 철학이 없다는 설이 지배적이다. 한국에 전해진 유학은 중국 철학이고, 불교는 인도 철학이며, 노장 철학 역시 중국 철학이다. 또 기독교 철학은 이스라엘의 철학이고, 한국에서 가르치고 배우는 서양 철학은 서양의 철학이기 때문에, 한국에는 고유한 철학이 없다는 주장이 다수 학자의 학설이다. 고유한 철학이 없는 나라에서 미래에 필요한 새로운 철학을 만드는 것은 지극히 어렵다. 그렇다면 한국에서 미래에 필요한 새로운 철학을 창출한다는 꿈을 접어야 하는가!

한국에 정착한 철학은 한국 철학인가?

한편 여러 학자 중에는 한국에 정착한 철학이 한국 철학이라고 주장하는 학자들이 있다. 한국에 정착한 유학, 노장 철학, 불교, 기독교, 서양 철학 등은 모두 한국 철학이라는 주장이 상당히 유력하다. 그러나 한국에 정착한 유학, 노장 철학, 불교, 기독교, 서양 철학 등을 가지고 미래에 필요한 새로운 철학을 만들기는 어렵다. 한국에 정착한 유학, 노장 철학 등을 바탕으로 해서 미래에 필요한 철학을 만드는 일은, 한국에서 한국인의 손으로 만들기보다는 중국에서 중국인의 손으로 만드는 것이 더 효과적일 것이고, 한국인이 한국의 불교를 바탕으로 해서 만들기보다는 인도에서 인도인의 손으로 만드는 것이 더 효과적일 것이며, 한국인이 한국에 정착한 기독교를 바탕으로 해서 만들기보다는 이스라엘에서 이스라엘 사람의 손으로 만드는 것이 더 효과적일 것이기 때문이다.

한국인이 한국에 정착한 여러 철학으로 새로운 철학을 만드는 것도 불가능한 것이 아니라고 주장할 수도 있겠지만, 그 또한 어렵다. 한국에 정착한 유학, 노장 철학, 불교, 기독교 등의 철학은 이미 원형이 많이 왜곡되었기 때문에 그러하다. 유학을 예로 들면, 유학의 핵심 윤리로 알려진 삼강오륜 중의 삼강은 공자와 맹자의 사상과 정반대가 되는 윤리 사상이다. 충신은 두 임금을 섬기지 않는다는 의미의 충신불사이군의 윤리도 공자와 맹자가 제창한 윤리가 아니라, 후대에 편입된 윤리이다. 이러한 왜곡은 한국에 정착한 불교, 노장 철학, 기독교 등에도 예외 없이 들어 있다.

그렇다면 한국인의 손으로 유학, 불교, 노장 철학, 기독교 등에 들어 있는 왜곡된 부분을 다 도려내고 순수한 원형을 찾아낸다면 가능한 것으로 생각할 수 있지만, 그 또한 어렵다. 그 까닭은 창시자들이 찾아낸 철학의 내용은 창시자들이 살던 시대에 필요한 내용을 정리한 것이어서 오늘날 사람들에게는 맞지 않기 때문이다. 그러면 공자, 석가, 예수 등의 위대한 철인이 한국에 다시 탄생하면 그들의 위력으로 오늘날에 필요한 철학을 만들어낼 수도 있을 것이다. 그렇다면 우리가 할 수 있는 일은 위대한 철인이 한국에 탄생하기를 기도하며 기다리는 방법밖에 없다. 그것은 너무 막연하다. 그렇다면 어떤 방법이 있을까?

옛날에 등장한 위대한 철인들이 철학을 만들어낸 원리는 모두 자연에서 터득했다. 그러나 오늘날의 사람이 자연에서 진리를 터득하기는 매우 어렵다. 그런데 자연의 진리가 정리되어 오늘에까지 이어지고 있다면 문제는 달라진다. 그런데 그 자연의 진리 내용이 한국에 전해지고 있다. 놀랍게도 그 위대한 철학이 비밀리에 한국 고유의 철학으로 정리되어 한국에 전해지고 있다.

한국 고유의 철학(K-철학)은 무엇인가?

신라 때의 최치원 선생은 신라의 화랑 난랑을 기리는 난랑비의 서문에서 다음의 기록을 남기고 있다.

> 우리나라에 풍류라고 하는 신비하고 오묘한 진리가 있는데, 모든 가르침을 설정하는 근원이다. 선인들이 남긴 역사책에 골고루 갖추어져 자세하게 기록되어 있다. 실로 유학, 불교, 도교 등의 세 가르침을 포함한다.[2]

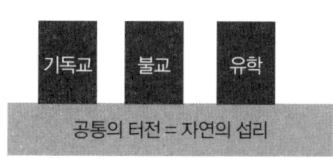
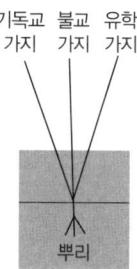

한국 고유의 철학이 유교, 불교, 도가 철학을 포함한다고 한다면, 한국 고유의 철학은 유교, 불교, 도가 철학이 나온 뒤에 그것을 포함한 것 같지만, 그렇지 않다. 하나의 나무에 비유해보면, 그림에서 보듯이, 나무의 뿌리에서 뻗어난 세 가지는 뿌리보다 늦게 나왔지만, 뿌리에 포함된다고 할 수 있다. 나무의 뿌리와 줄기의 비유에서 알 수 있듯이, 한국 고대의 철학은 후대에 나오는 모든 철학을 포함하는 철학의 근원이라는 뜻이다. 만약 최치원 선생이 말한 신비하고 오묘한 한국 고유 철학이 오늘에 남아 있다면 우리는 그 철학을 바탕으로 삼아 오늘에 필요한 철학을 창출할 수 있을 것이다.

» **K-철학의 내용과 바람**

"선사에 골고루 갖추어져 자세하게 실려 있다"라고 한 최치원

---

2 國有玄妙之道 曰風流 設敎之源 備詳仙史 實乃包含三敎(『삼국사기』「신라본기」진흥왕 37년)

선생의 말에서 추론해보면, 하나의 책에 실려 있는 것이 아니라, 여러 철학의 내용이 여러 책에 골고루 실려 있는 것임을 알 수 있다. 최치원 선생이 한국의 고유한 철학을 실어놓은 선사를 일일이 밝히지 않은 까닭은 당시에 그러한 책들이 많이 남아 있었기 때문일 것이다.

한국의 고유 철학의 내용을 기록한 책들은 고려 시대 말기에도 많이 남아 있었던 것 같다. 고려 말의 이암 선생이 '선사'들을 섭렵하여 『단군세기』라는 책으로 묶었는데, 그 책에는 『천부경』, 『삼일신고』 등의 책명이 거론되고 있으며, 세조가 불태우기 위해 제출하도록 명하면서 거론한 책명 중에, 『고조선 비사(古朝鮮秘詞)』, 『대변설(大辯說)』, 『조대기(朝代記)』, 『주남일사기(周南逸士記)』 등을 위시하여 백 수십 권의 서적이 포함되어 있었던 것을 보면, 조선 시대 초기까지도 상당히 많은 옛 철학 서적들이 많이 남아 있었음을 알 수 있다. 조선의 개국 초에 국왕이 백성들의 지지를 받지 못해 정치가 안정되지 못했으므로, 정권을 안정시키기 위해 명나라의 제후국이 되기를 간청하여 어렵게 허락을 받아 겨우 정권을 안정시켰으나, 고조선 시대의 서적들에 단군이 황제이고, 중국의 왕들이 단군의 제후로 설명되는 내용이 나오므로, 명나라에 들키지 않기 위해 모든 서적을 수거하여 불태웠다. 태종이 일차로 수거하여 불태웠고, 세조가 남아 있는 서적들을 샅샅이 찾아서 불태웠으며, 예종 때는 그때까지도 제출하지 않고 간직하고 있는 백성이 있으면 사형을 시켰다. 이러한 과정을 거치면서 한국 고대의 역사와 철학 자료가 모두 사라졌지만, 고성 이씨 가문에서 목숨을 걸고 몰래 숨겨서 오늘날에

전한『환단고기』라는 책 한 권이 유일하게 남아 있다.

『환단고기』에는 『천부경』, 『삼일신고』, 초대 단군의 정치철학, 을보륵 선생의 교육철학 등이 실려 있는데, 그 내용이 최치원 선생이 언급한, 신비하고 오묘한 한국 고유의 철학인 것으로 추정할 수 있다. 이제 우리는 『환단고기』에 실려 있는 철학의 내용을 정리하고, 그 정리된 철학을 바탕으로 삼으면 오늘에 필요한 K-철학을 창출할 수 있을 것이다.

지금 우리는 지금에 필요한 철학을 만들어내야 하는 절박한 순간을 맞이하고 있다. 오늘날에 필요한 철학의 바탕을 우리는 단군조선 시대의 철학에서 찾을 수 있다. 단군조선 시대의 철학을 참고하면, 오늘에 필요한 철학의 내용은, 착한 마음과 맑은 기운과 중후한 몸을 회복하는 것이어야 한다.

현대인 대부분은 마음의 실상을 잘 헤아리지 못한다. 욕심은 본래의 마음이 아니다. 욕심 채우기에 급급한 현대인은 욕심 외에 심오한 본래의 마음이 있다는 사실을 알기 어렵다. 마음에 관한 설명은 매우 많다. 공자, 맹자, 석가, 예수, 노자, 장자, 퇴계 등이 여러 설명을 다양하게 내어놓았다. 오늘에 필요한 마음에 관한 철학은 단군조선 시대의 심오한 철학을 바탕으로 하고, 그 이후에 나온 내용을 종합하여 하나의 체계로 정리하면 된다.

기존의 철학적 바탕에 기초한 공부 방법들을 중심으로 마음을 바르게 하는 공부 방법을 정리하고, 다음으로 기운을 맑게 유지하는 방법과 몸을 중후하게 유지하는 방법을 찾아내어 체계적으로 정리하면 K-철학의 이론을 완성할 수 있을 것이다. 이렇게 K-철학을 정리한 뒤에는 K-철학의 이론을 몸으로 실천하기 위해 단군조선 시대 때 했던 21일간의 수련 방법을 오늘날의 실정에 맞게 복원하여 대중화할 필요가 있다.

K-철학의 이론과 수련 방법이 제대로 만들어지면, 말라붙은 사막의 오아시스처럼, 갈증으로 목이 타는 세상 사람들의 생명수가 될 것이고, 꽁꽁 얼어붙은 세상 사람들의 마음을 따뜻하게 녹여주는 화롯불이 될 것이다. 그렇게 될 때 한국 경제는 지속해서 발전할 것이고, 한국의 문화예술도 흥행을 계속할 것이며, 온 세상 사람들에게서 사랑이 넘쳐흘러 세상이 평화로운 천국으로 바뀔 수 있을 것이다.

박승찬 | 가톨릭대학교 철학과 교수

2. 정의의 실현과 사랑의 결실을 통한 참 평화

　　과거 일제 강점기와 6·25 전쟁이라는 엄청난 참화를 겪었던 우리나라는 산업화에 성공하여 세계에서 유례없이 놀라운 경제 발전을 이루는 데 성공했다. 끼니를 걱정해야 했던 '보릿고개'라는 말은 사라졌고, 이제는 비만을 걱정하며 다이어트를 통해서 건강을 유지해야 할 정도로 물질적 풍요를 누리게 되었다. 특히 21세기에 들어서면서 첫 20년 동안 우리나라는 지속적인 발전을 거듭하면서 K-드라마, K-영화에 이어서 K-팝에 이르기까지 문화적으로도 전 세계의 주목을 받는 상황에 있었다. 이러한 성장과 발전은 언제까지나 지속될 것 같았다. 그러나 이러한 꿈은 2020년부터 전 세계를 덮친 '코로나19'로 제동이 걸리고 말았다. K-방역이 부분적으로 성공한 우리나라도 평범한 일상은 사치스러운 꿈처럼 여겨지는 시간이 2년 넘게 지속되었다. 간신히 팬데믹 상황을 벗어나서 일상이 정상으로 돌아오자 이어지는 기상 이변이 우리의 미래를 어둡게 하고 있다. 기상 관측 사상 유례가 없는 엄청난 폭염, 첫눈이 상상조차 못 할 폭설로 변하는 이변들이 속출하고 있다.

더욱이 우리나라는 코로나19와 기상 이변에 이어 도대체 이해하기 힘든 '비상계엄' 선포로 인해 상상하지도 못했던 혼란으로 빠져들었다. 계엄군을 막아선 일반 시민들과 일부 정치인들의 발 빠른 대처로 간신히 민주주의와 인권을 유린당할 최악의 상황은 피했지만, 정치인들의 극단적인 대립으로 더 이상 사회적 안정을 기대하기 어렵게 되었다. 더욱이 그렇지 않아도 점차 나빠지던 경제 사정은 정치적 불안정 때문에 끊임없는 나락으로 떨어졌고 이러한 현상은 대부분의 서민 생활을 위협하고 있다.

이러한 위기 상황은 40여 년 전에 겪었던 씁쓸한 체험을 회상시켰다. 1980년 광주민주항쟁을 무력으로 진압했던 독재 정부는 '정의 사회 구현'이라는 표어 아래 무자비한 인권 탄압을 저질렀다. 평화와 정의 같은 소중한 단어들이 이렇게 남용되거나 오용되는 현실 속에서 "도대체 진정한 평화와 정의란 무엇인가"라는 질문이 떠오른다. '평화와 정의'가 위협받아 사회 전체가 위기에 빠졌던 상황을 극복했던 과거는 현재 진행형으로 새롭게 위기를 탈출해야 하는 우리나라에도 중요한 영감을 줄 수 있기 때문이다.

이에 대한 답을 찾기 위해서 중세와 현대의 역사 안에서 중요한 두 분의 멘토를 모셔왔다. 한 분은 '평화' 개념에 대한 성찰에서 인문학계의 특별한 주목을 받아온 대작 『신국론(神國論, De civitate Dei)』의 저자 아우구스티누스(Augustinus, 354-430)로 그는 여전히

'그리스도교 최고의 스승'으로 존경받고 있다.¹ 다른 한 분은 선종한 뒤에도 지속적으로 《시사저널》에서 실시한 설문조사에서 '가장 영향력 있는 종교인' 1위로 선정되었던 고(故) 김수환 추기경(1922-2009)이다. 김 추기경에 대한 존경은 비단 가톨릭 안에서뿐만 아니라 특정 종교의 장벽을 넘어서 아직까지 지속되고 있다. 더욱이 김 추기경은 대한민국의 민주화를 함께 이루어낸 진보진영에서뿐만 아니라 보수적인 정치 성향을 지닌 사람들에게도 신뢰와 존경을 받았던 인물이다. 그렇다면 성 아우구스티누스와 김수환 추기경은 우리에게 어떤 가르침을 줄 수 있을까?

» 성 아우구스티누스의 평화 사상

모든 사람이 추구하는 평화

아우구스티누스는 자신이 사랑했던 조국 로마가 몰락해가던 어둡고 불안한 현실 속에서 『신국론』을 저술했다.² 그러한 절박한 여건 속에서 그는 가장 치열한 갈등 속에서도 인간이 은밀히 동경하는 것은 다름 아닌 평화이며, 평화는 모든 사람이 소중히 여기는 것이라는 통찰을 제시한다. 행복을 추구하는 것이 인간의 보편적 경향이듯이 평화의 추구도 역시 보편적인 자연법이다. 그렇기 때문

---

1 아우구스티누스의 사상 전반에 대해서는 박승찬, 『아우구스티누스에게 삶의 길을 묻다』, 가톨릭출판사, 2017 참조.
2 아우구스티누스, 성염 역, 『신국론』(제1-10권, 제11-18권, 제19-22권), 분도출판사, 2004.

에 어느 나라에 속하든지 평화를 원하지 않는 사람은 아무도 없다. 그에 따르면, 모든 피조물이 평화를 추구하는 이유는 가장 지혜로운 창조주이며 모든 자연에 가장 의롭게 질서를 잡아주는 신으로부터 부여된 자연 본성 때문이다. 그는 평화에 가장 반대되는 것으로 생각되는 "전쟁조차 모든 피조물이 원하는 이 평화라는 최종 목표를 구한다"라고 주장한다.(『신국론』 XIX, 11-12)

아우구스티누스는 매우 상세하게 평화를 탐구하면서 다양한 사회 속에서 단계적으로 실현되는 평화를 주목한다. 즉 '개인 사이의 평화'를 거쳐 가정, 국가와 같은 '사회적 평화'로, 더 나아가 인간과 신 사이에 이루어지는 초월적인 '신국의 평화'로 논의를 전개한다. 그런데 신국의 평화야말로 영원한 평화로서 시간적 평화나 지상의 평화와 달리 신을 사랑하는 관계가 존재하는 참된 평화, 즉 완전한 평화이다. 이러한 구분을 토대로 그는 "만유의 평화는 질서의 평온함(tranquillitas ordinis)이다"라고 정의를 내린다. 각 사물 안에서 평온한 질서가 이루어질 때, 즉 구성된 부분들의 조화가 이루어질 때 거기 평화가 있다는 것이다. 바로 이어서 그는 "질서란 동등한 것들과 동등하지 않은 것들의 고유한 자리를 각각에게 부여하는 배치다"라는 설명을 덧붙인다.(『신국론』 XIX, 13)

정의가 없는 국가는 강도떼

아우구스티누스가 질서와 화합으로서의 평화 개념을 국가에 적용할 때에는 '정의(正義, justitia)'와 깊은 연관을 맺게 된다. '땅의 나라와 신의 나라'에 대한 구분을 볼 때나 『신국론』의 일부 구절들을 읽어보면 아우구스티누스가 로마 제국을 비롯한 모든 정치 제도를 폄하하고 있다는 인상을 받을 수 있다. 국가는 권력에 눈이 멀어서 추악한 정복이나 일삼으며, 권세 있는 자들이 강압적으로 억누르고 있는 기관쯤으로 평가하고 있는 것처럼 보인다. 그렇지만 아우구스티누스에게서 국가가 곧 '땅의 나라'는 결코 아니다.

그렇다면 아우구스티누스가 로마 제국을 비롯한 국가를 그토록 강하게 비판하는 이유는 무엇인가? 이에 대한 해답은 "정의가 없는 왕국이란 거대한 강도떼가 아니고 무엇인가"(『신국론』 IV, 4)라는 질문에서 찾을 수 있다. 이를 설명하기 위해서 아우구스티누스는 흥미로운 알렉산더 대왕과 해적 사이의 대화를 소개한다. 알렉산더 대왕에게 잡혀 온 해적에게 "무슨 생각으로 바다에서 남을 괴롭히는 짓을 저지르냐"고 문초하자, 그 해적은 다음과 같이 답변했다고 한다.

> 그것은 폐하께서 전 세계를 괴롭히는 생각과 똑같습니다. 단지 저는 작은 배 한 척으로 그 일을 하는 까닭에 해적이라 불리고, 폐하는 대함대를 거느리고 다니면서 그 일을 하는 까닭에 황제라고 불리는 점이 다를 뿐입니다.(『신국론』 IV, 4)

아우구스티누스는 강도떼도 사람들로 구성되어 있고, 한 사람의 두목에 의하여 지배되는 한편, 결합체의 규약에 의하여 조직되어 있으며, 약탈물은 일정한 원칙에 의하여 분배되므로 국가에 대한 일반적인 규정에 해당될 수 있다는 사실을 환기시키고 있다. 심지어 강도떼도 일정한 대내적 정의에 입각해서만 존속할 수 있다.

이처럼 아우구스티누스는 국가의 성립 및 그 자격에 있어 정의와의 관계를 매우 중시한다. 그래서 이러한 규정에 따르면 전 세계를 지배하고 정복한 로마 제국도 올바른 국가를 위해 제시된 조건들을 충족시키는 데 실패했기 때문에 진정한 공화국이라 할 수 없다고 비판하는 것이다. 그에 따르면, "각자에게 각자의 몫을 주는" 정의를 저버리고 불법을 저지른 자에게는 남에게 해악을 끼치지 못하도록 징벌을 내려 교정해야 한다. 법의 관리자로서 권위체가 일반인들의 폭력 의존을 금지하고 잘못된 행동에 대해서는 처벌을 함으로써만 평화는 가능해진다. 따라서 강도떼는 탐욕이 결여된 것이 아니라 나름대로의 세력 때문에 그 탐욕이 징벌당하지 않기 때문에 정정당당한 집단처럼 행세하는 것이다.

사랑에서 발견하는 정의의 절정

아우구스티누스에 따르면, 국민이란 "사랑할 대상에 대해서 서로 합의함으로써 한데 뭉친 이성적 존재들"이다. 그래서 정의는 사랑과 밀접하게 연관되어 있다. 사랑은 인간 실존의 중심(重心)일 뿐만 아니라, 인간들 사이에서 합심과 단결을 이루는 원천이기도 하다. 공통된 대상으로 향하는 각 사람의 사랑은 자연히 거기에 하나의 집단을 이룩한다.

두 가지 사랑이 두 도성을 건설했다. 하느님을 멸시하기까지 이르는 자기 사랑이 지상 도성을 만들었고, 자기를 멸시하면서

까지 하느님을 사랑하는 사랑이 천상 도성을 만들었다.(『신국론』 XIV, 28)

이렇게 사랑의 원리가 없으면 정치는 성립되지 않으며, 그 사랑이 약화하면 정치가 와해되어 존속하지 못한다. 따라서 아우구스티누스는 사랑에서 정의의 절정을 발견한다. 그는 일찍이 "위대한 사랑이야말로 위대한 정의요 완전한 사랑이야말로 완전한 정의다"(『본성과 은총』, 70)라고 선언한 바 있었다. 그에 따르면, 국가와 같은 시민 사회는 죄로 인하여 인간세계가 완전한 파멸에 이르지 않도록 하기 위해 신이 은총을 베푼 결과로서, 선과 악이 함께 존재하는 곳이다. 시민적 질서 속에서 보이는 이러한 정의와 평화는 매우 불완전하고 취약한 것이 사실이지만 강도떼들의 세계와는 구분되는 것이다. 이는 분명히 만인의 만인에 대한 투쟁 상태를 완화시켜주며 섭리적인 신의 사랑과 용서의 결과라는 것이다.

» 김수환 추기경의 정의와 평화

참 평화는 정의의 실현

우리 국민이 가장 존경했던 김수환 추기경도 '평화'에 대한 매우 깊이 있는 성찰을 제공해주었다. 그는 우선 참 평화와 거짓 평화를 구별하기 위해서 '세상이 주는 평화, 물리적 힘(무력이나 재화)으로 얻고 지키려는 평화'에 대한 비판적인 입장을 취하고 있다. 물론 그는 실제로 많은 현실 정치인들이 '평화를 원하면 전쟁을 준비하라(Si vis pacem, para bellum!)'는 태도를 유일한 평화 유지 방안으로 생각하고 있다는 사실도 잘 알고 있었지만, 이에 대해 신중하게 의문을 제기한다. 그가 '전쟁이 없는 상태나 조용한 사회'를 참 평화라고 부르지 못하는 이유는 근본적으로 예수님이 주시는 평화는 세상이 주는 평화와 다르다는 통찰에 기반을 두고 있다. 그는 참된 '평화는 하느님이 주시는 선물'이라는 점을 분명히 밝히고 있다.

김수환 추기경이 '참된 평화'를 더 구체적으로 규정하면서 가장 자주 사용하는 표현은 '정의의 실현'이다.

> 그렇다면 평화는 과연 무엇일까? 전쟁 없는 상태를 평화라고 생각하는 사람이 많지만, 힘과 힘의 불안스러운 균형으로 전쟁을 피하기만 하는 그 상태가 평화일 수는 없다. 참된 평화는 정의의 실현이요, 더욱더 완전한 정의를 추구하는 인간들의 항구한 노력으로써 얻어지는 질서인 것이다.(「평화는 가능하다 (1973. 1.)」)[3]

김 추기경이 스스로 밝히듯이 이러한 성찰에 대한 영감은 제2차 바티칸 공의회 문헌으로부터 얻었다. 김 추기경은 이러한 정의의 실천이야말로 "우리가 수행해야 할 최대의 사명이요, 우리 사회와 국가·민족의 현실이 우리에게 요청하는 과업"이라고 역설한다.

---

[3] 『김수환 추기경 말씀집』. 전 35권. 가톨릭신앙생활연구소. 2005.

김 추기경은 인간의 존엄성과 공동선을 해치는 국가 제도나 권력은 용납해서는 안 된다고 일관되게 주장했다.

> 악법은 어디까지나 악법입니다. 인간의 존엄을 유린하고 존엄성에 입각한 불가침의 기본 권리를 침범하는 악법은 제거되어야 마땅합니다.(『김수환 추기경 전집 13』[4], 236쪽)

김 추기경은 악법으로 인하여 "숱한 인권유린과 공권력의 남용이 언론의 침묵 속에 활개치고 있는 세상"에 대해 염려를 표명한다. 또한 국가의 실정법에 명시되어 있더라도 신의 법에 위배되는 규정과 관습들에는 공식적이 아니라 하더라도 협력하지 않아야 할 중대한 양심의 의무가 있음을 분명히 밝혔던 것이다.

사랑의 결실인 평화

그런데 김수환 추기경은 정의가 평화를 이루기 위한 필수조건이지만 충분조건은 되지 못함을 분명하게 밝힌다. "냉혹하고 피도 눈물도 없는 정의만으로는 참된 평화는 이룩되지 못하기" 때문이다. 따라서 김 추기경은 "평화는 정의의 내용을 초월하는 사랑의 결실입니다"라는 「사목헌장」(78항)의 구절을 인용하면서 정의 위에 사랑이 필요하다고 주장한다.

---

[4] 『김수환 추기경 전집』, 전 18권, 가톨릭출판사, 2001.

보다 차원 높은 인간관계는 단지 정의에 입각하여 서로 해치지 않고 상호 존중하는 것만이 아니라 서로 사랑하고 위하는 것입니다. 사랑에는 희생이 따릅니다. 그 희생까지도 감내하면서 사람들이 서로 사랑할 때, 그것이 가장 바람직한 인간관계일 것입니다. 그때, 참된 평화가 이룩될 것입니다.(「하느님의 선물이며 사랑의 열매인 평화(1989. 3. 6)」)

따라서 김 추기경은 인간 존엄을 위협하는 탄압과 폭력에 맞서 투쟁할 것을 요청하면서도 평화적 수단의 사용을 분명하게 강조한다.

공권력에 의한 탄압과 폭력에 대항해 싸워야 합니다. 그러나 이 투쟁이 미움과 또 다른 폭력으로 이어져서는 안 됩니다. 투쟁은 결코 물리적 힘이나 폭력으로 대처함을 뜻하는 것은 아닙니다. 공권력도 폭력화되어서는 안 되며, 국민 또는 민중도 폭력으로 문제해결을 하려고 해서는 안 됩니다.(Ibid.)

김수환 추기경은 성 프란치스코나 마더 테레사와 같이 자신이 존경했던 멘토들의 모범에 따라 비폭력적으로 평화를 실현하기 위한 구체적인 방법으로 대화의 중요성을 강조하고 있다. 특히 김 추기경은 비폭력적인 방법으로 평화에 도달하기 위해서는 "일상생활의 어려움과 고통을 잘 참아 받아야 한다"고 충고한다. 김 추기경은 또한 추상적이거나 내세적인 평화보다도 '지금 여기'에서부터 실현해야 하는 현실적 평화, 일상생활 속의 평화에 더 큰 관심을 보였다. 그는 참된 평화를 '마음의 평화'라고 부를 뿐만 아니라 종종 '생활 속의 평화'라고 부른다.

> 갈등과 대립과 반목이 여전히 계속되고 있는 시대에 우리에게 요구되고 있는 것은 사람과 사람이 서로 믿고 서로 해치지 않으며 살아가는 공동체적 생활 속의 평화입니다. 어린이의 천진난만한 웃음이 영원히 계속되고, 일상생활의 평온함과 화목함이 유지되는 것. 이것이 바로 생활 속의 평화입니다.(「노벨 평화상 100년전(展) 축하 메시지」(2000. 12. 22.))

가난한 이들을 위한 우선적 선택

김수환 추기경은 세상에서 버림받고 소외된 사람들의 인간 존엄성이 인정되어야 함을 강조했다. 이들이 사회와 세상 속에서 참으로 사랑받고 대접을 받을 때 인류의 구원과 참 평화가 이룩될 수 있을 것이라고 주장하면서 '사랑의 실천'을 강조한다. 교회의 명절 때마다 자신의 위로가 필요했던 사회적 약자와 빈민들을 선택했던 추기경의 모습은 바로 '가난한 이들을 위한 우선적 선택'이라는 가톨릭 사회교리의 중요한 가르침을 몸으로 가르쳐 주는 교과서였다. 김 추기경은 노농자를 옹호하는 교회의 활동을 '강도를 만나 쓰러진 사람을 돕는 착한 사마리아인의 행동'으로 규정한다.

김 추기경은 가난한 이에 대한 인권 침해야말로 신에 대한 심각한 부정이라고 보았다. 그는 종종 가난한 사람들과 동행하고 싶은 오랜 원의와 그렇지 못한 현실과의 격차에서 오는 회한을 드러내기도 했다. 그럼에도 그는 용산 '막달레나의 집'이라는 성매매 여성들을 위한 쉼터를 방문했던 일화에서 나타나듯이 어떤 고위 성직자보다 사회적 약자에 대한 우선적 선택을 모범적으로 실천했다.

김수환 추기경의 이러한 정신은 '너희와 모든 이를 위하여(Pro vobis et pro multis)'라는 그의 사목 표어에 고스란히 담기게 된다. 김 추기경은 오늘날 그리스도교의 신앙이 영혼이나 개인 윤리 또는 가족과 교회에 관련된 일에만 국한되어 개인적인 일이 되는 것을 지양하고, 교회도 세상 안에서 '공적인 역할'을 해야 함을 강조했다. 이에 따라 김 추기경은 세상 안에서 빛과 소금이 되어야 하는 '세상을 위한 교회'가 될 때만 진정한 교회가 될 수 있다고 가르쳤다.

» 5·18 이후 김 추기경이 보여준 국가 위기 극복을 위한 지혜

왜곡과 침묵의 카르텔을 깨고 진실을 옹호하는 사명

갈라치기와 흑백논리에 빠진 대한민국이 심각한 내부분열의 위기를 극복하기 위한 방안은 김수환 추기경이 5·18 광주민주항쟁을 극복하는 과정에서 보여준 태도를 통해 가장 분명하게 드러난다. 김 추기경은 자신의 민주화 운동 시절을 되돌아보면서 가장 고통스러웠던 순간으로 '광주의 5월'을 지목한다.

광주 시민들의 민주화 열망은 계엄군과 공수부대의 무력 진압에 의해 처참하게 짓밟혔다. 광주 사태는 6·25 사변 이후 최대 민족적 비극으로 막을 내렸다. 참으로 비통했다. 신군부 만행에 울분을 느꼈다.

  난 본의 아니게 1970~1980년대 민주화 운동의 한가운데 있었다. 그 20여 년 중에서 가장 괴롭고 고통스러웠던 순간을 꼽으라면 주저하지 않고 '광주의 5월'이라고 말한다. 광주에 내려가 시민들과 함께 피를 흘리고 싸웠더라면 그토록 괴롭지는 않았을 것이다.[5]

사실 가톨릭교회는 5·18 항쟁 이후 어느 때보다도 국민이 겪는 고통의 현장에 다가가 그들의 아픔에 동참했다. 가톨릭교회가 광주 항쟁의 진실을 알리는 데 중요한 역할을 했던 것은 언론이 계엄사나 전두환 신군부정권의 발표나 보도지침에 따라 진실을 알리기는커녕 왜곡 보도를 일삼았기 때문이다. 언론이 사실을 보도하지 못하는 상황에서 현지 상황에 대해 알 수가 없었고, 아는 것이 있다고 하더라도 제각기 다르게 알고 있었다. 김 추기경은 다른 주교들보다 개인적으로 광주의 진실을 알리기 위해서 노력했음에도, 가톨릭교회를 대표해서 엄청난 참사 앞에서 침묵했던 죄에 대해 용서를 빌었다.

---

5 김수환. 평화신문 엮음. 『추기경 김수환 이야기: 김수환 추기경 회고록』. 평화방송·평화신문. 2009, 326쪽.

또한 그 같이 엄청난 일이 우리 안에 있었는데도 눈을 감고, 귀를 막고, 외면해버린 우리의 죄를 용서하여 주시옵도록 빌고, 아울러 우리 마음에 ―진실을 추구하되― 하느님이 원하시는 것은 원수 갚음이 아니요, 용서와 화해임을 깊이 깨닫게 하여 주시도록 빌기 위해서입니다.(『김수환 추기경 말씀집 1987』, 220쪽)

교회가 지닌 진정한 힘은 진실로부터만 나올 수 있다는 김 추기경의 확신은 5·18의 경우에도 그대로 적용되었다. 1980년 5월 26일, 광주로부터 김성용 신부가 서울에 와 김 추기경을 만났을 때 김 추기경은 김 신부에게 "나중에 사실 그대로 증언하십시오. 흥분하거나 과장하면 절대 안 됩니다. 이 불행한 사태를 국민에게 올바로 알리려면 진실만을 말해야 합니다"라고 부탁했다. 이런 부탁을 한 이유는 내용이 상당히 부풀려진 유인물이 이미 나돌기 시작했기 때문이다. 김 추기경은 감정에 호소하느라 사실을 과장한 내용이 훗날 거짓으로 드러나면 광주의 진실을 규명하는 데 오히려 역효과가 날 것이라 생각했다. 실제로 그리스도교의 역사 안에서는 로마 제국의 초대 그리스도교에 대한 박해, 예루살렘을 회복하기 위한 십자군 전쟁, 근대 초기에 번졌던 마녀사냥의 물결 등에서 혐오를 부추기는 가짜뉴스가 더욱 큰 비극을 낳았기 때문이다.[6] 김 추기경은 7주년 기념미사에서도 "그러기에 이날을 어떻게 기리면

---

[6] 박승찬, 『알수록 재미있는 그리스도교 이야기』, 가톨릭출판사, 2021; 박승찬, 『철학자의 눈으로 본 십자군 전쟁: 십자군 전쟁에서 배우는 평화를 위한 지혜』, 오르골, 2025.

좋을지 사실 알 수 없습니다. 진실의 빛 아래 이 상처를 드러내지 않는 한, 이 상처는 영원히 아물지 않을 것입니다"라고 외쳤다.

경청하는 공동체의 사회적 지지

김 추기경은 5·18 광주항쟁의 트라우마를 극복하기 위해서는 공감의 감수성을 가지고 경청하며 연대하는 '치유공동체'가 필요함을 몸소 보여주었다. 그는 '강도를 당한 사람'에 대한 애정을 지닌 착한 사마리아인의 감수성을 지니고 있었다.

김 추기경은 광주의 무력 진압을 막기 위해 노력했고 이후에도 많은 도움을 주었지만, 겸손하게 자신의 역할이 매우 제한적이었다고 회상하며 아픔을 체험한 공동체의 한(恨)에 대한 공감의 마음을 표현했다.

> 저는 광주 사태가 있은 지 4~5일 후에야 겨우 가 볼 수 있었습니다. […] 윤 대주교님과 사제단, 수도자, 평신도 등 여러 층을 만났습니다. 이분들이 저에게 들려준 이야기는 한마디로 지금도 저의 마음을 아프게 하는 한(恨), 바로 그것이었습니다.
>
> 당시 누군가가 말하기를, 광주의 이 아픔이 잊히기 위해서는 적어도 1세기는 걸릴 것이라고 했습니다. 광주는 참으로 우리 민족의 가슴에 너무나 깊게 남긴 아직도 피 흐르는 상처입니다.(Ibid. 221쪽)

김 추기경은 자신의 한계에 머물지 않고 경청의 태도를 넘어서 연대했다. 생존자의 증언을 경청하고 함께 기도하는 것에서 우리는 5·18 체험 공동체와 사회의 단절을 회복시킬 수 있는 '사회적 지지'의 한 모델과 사회적 치유의 원형을 발견할 수 있다.

인간존중과 참된 평화를 위해 기여하는 기억 공동체

이제민 신부는 우리가 5·18을 잊어가고 있는 현상에 대해서 다음과 같이 통렬한 질문을 던진다.

> 5·18 이후 지난 30년 동안 우리는, 우리 사회는 얼마나 변화하였는가? 그때의 그 사건이 양상을 달리하여 오늘날에도 여전히 나타나고 있는 것은 아닌가? 그때 저항하며 물리치고 극복하려 했던 대상이 어쩌면 그때보다 더 잔인하고 더 교묘한 방법으로 우리 사회를 지배하고 있는 것은 아닌가?

이미 많은 연구자가 5·18에 대한 '기억의 상실'과 그에 따른 자연스러운 '무관심', 그리고 '기억의 훼손과 왜곡'을 문제로 지적했다. 김수환 추기경은 이와 같이 기억 공동체가 지속되고 확산되기 위한 중요한 방향성을 제시해준 바 있다.

1996년 김 추기경은 광주 지역 인사들과의 간담회에서 "5·18은 역사 속에서 민주화 운동의 분수령으로 중요한 의미를 갖고 있다. 광주가 입은 상처와 슬픔을 민족을 사랑하는 마음으로 깊이 수용하고 온 국민이 하나가 될 수 있도록 한다면 빛고을이 더욱 빛날 것"이라고 위로했다. 이렇게 민주화 운동의 분수령으로 인정받은 5·18에서 제시된 문제해결을 위한 방법들은 세월호와 이태원 참사를 비롯한 다양한 국가 재난에서 중요한 지침으로 제시되고 있다. 5·18과 마찬가지로 또다시 정치인들의 망언을 통해서 고통을 받고 있는 세월호와 이태원 참사의 유가족이나 진상규명위원회에서는 명시적으로 5·18을 자신들의 진상규명과 명예 회복을 위한 기준으로 받아들이고 있다.

> 5월 운동단체들은 '광주 문제 해결을 위한 5원칙'(광주 5원칙)을 제시합니다. 첫째 진상규명, 둘째 책임자 처벌, 셋째 명예 회복, 넷째 배상, 다섯째 기념사업입니다. 첫째 진실, 둘째 책임, 셋째 명예 회복, 넷째 배상, 다섯째는 기억입니다.
>
> 광주 5원칙은 세월호 참사에도 적용됩니다. 가장 중요한 것은 진상규명입니다. 진실이 명백히 밝혀져야 책임자를 처벌할 수 있고, 피해자들의 명예도 회복되고, 보상을 할지·배상을 할지, 끝으로 우리가 기억해야 하는 것이 무엇인지 확정할 수 있습니다.

실제로 5·18 체험 공동체는 지난 45년 동안 자신들의 트라우마를 치유하면서 생존자 스스로의 주체적인 '증언'과 기억 공동체의 '사회적 지지'라는 연대가 중요함을 깨달았다. 이들이 트라우마를 극복하게 되었을 경우, 최고의 '상처받은 치유자'로서 활동하는 모습을 기대하게 된다. 이러한 기대에 부응하는 모습은 1998년 광주에서 선포된 「아시아 인권헌장」 채택 20주년을 맞아 선포한 「보조헌장」 발표에서 더욱 분명히 드러난다.

그렇기 때문에라도 5·18 기억 공동체는 단순히 우리나라 국민뿐만 아니라 인권을 존중하는 아시아 시민, 더 나아가 전 인류와 손잡고 '사회적 지지'를 확산해 나아가야 한다. 이렇게 될 때 5·18이 '지극히 특수한 곳에서 일어난 사건이지만, 민족의 틀을 벗어난 보편성의 의미를 지닌 사건'이 될 수 있을 것이다.

이러한 확산을 위해서 주목해 보아야 할 것은 5·18과 우리 한반도가 지닌 특수성이다. 김 추기경이 볼 때 광주항쟁 이후 우리나라의 1980년대는 침묵 속에서 겉으로 사회질서가 잡혀 있는 상태였지만, 이는 결코 참 평화일 수 없고 '무덤의 평화'였다. 이제 우리나라는 이러한 '무덤의 평화'를 넘어서서 진정으로 인간에 대한 존중과 사랑에 기초한 평화를 실현하기 위해서 노력해야 한다. 김 추기경은 이를 위해 다음과 같은 방향을 제시한다.

이렇게 보면 이 땅의 평화는 첫째, 우리 모두의 인간다움을 위하여, 둘째, 국민화합과 발전을 위하여, 셋째, 이 나라의 민주화와 통일을 위하여 추구되어야 할 최고의 가치입니다. […] 우리는 평화에 위배되는 부정과 불의, 거짓과 불신에 대항하여 싸워야 합니다. 사람과 사람 사이를 갈라놓는 어떤 제도나 관습에 대해서도 이를 제거하기 위해 과감히 투쟁해야 합니다.(『말씀집 1989』, 77쪽)

바로 평화를 파괴하는 불의와 폭력이 벌어진 곳이 1980년 광주였고, 이에 대해 과감하게 투쟁한 것이 광주민주항쟁이었던 것이다. 더욱이 그 이후에 이루어진 거짓과 은폐 시도와의 싸움은 정당하고 진실이 밝혀질 때까지 지속되어야 한다. 그러나 이러한 '정의의 실현'뿐만 아니라 '사랑의 열매'도 중요하기 때문에 김 추기경은 다음과 같이 조언한다.

> 한반도 평화의 또 다른 원칙은 이데올로기, 군사, 경제 등의 문제를 떠나 인간에 대한 애정에서 비롯되어야 한다는 점입니다. 진정한 평화는 화해하는 마음과 사람에 대한 사랑에서 출발하지 않으면 진정으로 서로 마음의 문을 열 수 없기 때문입니다. […] 경제의 논리처럼 주는 것이 있어야 내놓을 수 있다는 식의 이윤 논리나 어느 체제가 우월한가에 대한 이데올로기 논쟁, 그리고 확전을 불러일으킬지 모르는 군사의 논리가 아니라 이제는 인간에 대한 깊은 애정에 중심을 둔 평화의 논의가 전개되어야 한다고 믿습니다.(『말씀집 1999』, 59쪽)

어떻게 보면 5·18의 체험 공동체야말로 과거 냉전 수구적인 사상의 최대 피해자라고 할 수 있다. 아직까지도 5·18을 왜곡하는 이들이 상습적으로 이용하는 북한군 개입설을 차치하더라도, 그러한 불안감을 이용하지 않았다면 전 국민의 눈을 가리고 자국의 군인들로 민중을 학살하게 하는 만행을 저지르고도 숨길 수는 없었을 것이기 때문이다. 2024년 12월 비상계엄 때도 바로 이러한 냉전 시대에나 어울릴 시대착오적인 틀이 다시 사용되었다. 5·18은 우리에게 희생과 인내가 화해와 평화의 원천임을 일깨워 주면서 서로가 서로를 위해 희생하는 마음만이 우리 민족을 다시 살릴 수 있다는 교훈을 준다. 따라서 5·18과 관련된 진정한 화해는 전쟁을 통해서 서로를 살육한 과거를 극복하고 남과 북이 진정한 화해로 나아가는 튼튼한 초석이 될 수 있을 것이다.

우리들이 이렇게 그리스도를 닮을 때, 그리하여 그만큼 사랑으로 우리 자신을 바칠 때, 우리 사회는 날로 더욱 인간다운 사회로 변모될 것이고, 우리가 바라는 이 땅의 민주화도 달성되고, 불가능해 보이는 민족의 통일도 이룩되게 할 것입니다.(『말씀집 1987』, 223쪽)

» 맺음말

성 아우구스티누스와 김수환 추기경의 평화에 대한 가르침에는 참된 평화를 얻기 위해서 '정의의 실현', '사랑의 실천'이 가장 중요하다는 것을 강조하는 등 유사점이 많다. 아우구스티누스가 세계 전체 역사를 통해서 평화에 대한 보편적인 성찰의 토대를 마련했다면, 김수환 추기경은 우리나라의 여러 비인간적인 상황에 특별한 관심을 보였다. 특히 김 추기경의 신학과 사목에서 인간은 항상 중심을 차지하고 있었다. 모든 인간은 인간이기에 존중받아야 한다는 그리스도교의 입장을 그는 굳게 견지한 것이고, 독재에 대한 저항이나 사회적 약자에 대한 옹호는 여기에서 비롯되었다. 그가 죽은 뒤 사람들이 명동성당을 가득 메우며 표시했던 경의는 이에 대한 깊은 공감의 표현이라고 할 수 있다.

김 추기경은 인간존중을 강조하면서도, 체험 공동체의 말을 경청하는 태도에서 드러나듯이, 너무 빨리 용서와 화해에 대해서 가르치지 않았다. 일차적으로 더욱 시급한 것은 진실에 기반한 광주항쟁의 진상을 규명하는 일이었다. 이러한 태도는 끊임없이 우리나라에서 벌어진 사회적 참사들의 진상을 왜곡하려는 세력이 남아 있는 경우에 더욱 중요하게 다가온다. 그러나 이러한 태도만으로는 체험 공동체가 진정으로 마음의 평화를 되찾는 것은 어렵다. 그렇다고 결코 외부에서 '잊으라', '용서하라' 등으로 강요할 수는 없다. 5·18 체험 공동체, 삼풍백화점 사고 생존자, 세월호 피해자 및 이태원 참사 유족 등이 겪는 극심한 트라우마에서 이를 잊었다고 선언할 수 있는 권한을 가진 주체는 오직 체험 당사자들뿐이다.

광주민중항쟁 당시 광주 시민들은 서로 돕는 아름다운 공동체의 모습을 보여주었다. 노벨상을 받은 한강 작가의 소설 『소년이 온다』가 그들을 위로하려 했던 것처럼, 사회적 참사의 체험 공동체에 속한 분들이 엄청난 트라우마를 극복하고 마음의 진정한 평화를 획득할 수 있도록 돕는 것이야말로 연대하는 공동체의 소중한 책임이다.

김 추기경은 새로운 화해의 가능성을 찾기 위해 광주에서 벌어진 불의에 대한 의로운 분노와 증오심을 구별한다.

우리는 우리 마음에, 광주의 불의에 대하여, 또 그 뒤 오늘까지 일어난 모든 인권유린과 고문과 탄압과 폭행에 대하여 의분을 느끼는 것은 당연하지만 결코 증오심을 품어서는 안 됩니다.

우리는 당연히 인간으로서 인간 존엄성을 거스르는 모든 죄악과 불의와 부정에 대하여 의로운 분노를 느낄 줄 알아야 하고, 또한 이에 저항할 줄 알아야 합니다. 그러나 우리 마음에 그 같은 폭행을 저지른 자들을 원수와 같이 보고, 미워하는 마음을 품어서는 안 됩니다.(『말씀집 1987』, 223쪽)

김 추기경은 이 일이 얼마나 어려운 일인지를 누구보다 잘 알고 있다. 그렇기 때문에 이것은 인간이 자기 힘만으로 이룰 수 있는 일이 아니라 신의 은총을 청해야 하는 일이라고 밝힌다.

이것은 물론 쉬운 일이 아닙니다. 여기에는 자신의 감정을 억제할 수 있고, 자신을 이길 수 있는 용기가 필요합니다. 진실히 인간을 위하고 존중하는 사랑이 필요합니다. […] 우리가 이렇게 예수님과 닮은 마음을 간직할 때, 우리는 광주의 한을 풀 수 있고, 민족의 가슴에 흐르는 피를 닦고 그 상처를 낫게 할 수 있을 것입니다. […] 그러기에 십자가에 죽으시고 부활하신 예수님, 평화의 주 그리스도께서, 광주의 상처를 낫게 하심과 함께 우리나라를 오늘의 수렁에서 건져주시기를 간절히 기도합니다.(Ibid. 225-226쪽)

김수환 추기경은 5·18을 비롯해서 우리나라의 여러 비인간적인 상황에 특별한 관심을 보였다. 한국의 평화는 세계의 평화에 직결되어 있음을 강조하는 김 추기경이 남북 간의 화해를 위해서 제시하는 원칙은 모든 갈라치기를 극복하고 새로운 대한민국을 발전시키기 위해서도 주목할 만하다.

> 먼저 화해는 서로의 잘못을 따지는 것은 아니지만 잘못된 과거를 덮어두자는 것도 아니라고 생각합니다. 화해는 과거를 반성하고 참회하여 공동의 미래를 만들어가는 터전입니다. […] 저는 이 화해의 구체적인 원칙으로 세 가지를 제시해보고자 합니다.
> 화해의 첫걸음은 상호 존중입니다. 서로의 체제에 대한 이해와 존중, 그들의 사고와 행동 그리고 무엇보다도 삶을 존중하는 자세가 선행되어야 합니다. […] 둘째는 북한에 대하여 알아야 한다는 것입니다. 북한 또한 남한이 어떠한 국가인가를 알아야 합니다. […] 끝으로 화해는 서로에 대하여 책임을 질 줄 알아야 한다는 것입니다. […] 서로를 첫째로는 적으로 보지 말고 동포로 보며, 더 나아가 같은 인간으로 같은 핏줄의 형제로까지 볼 줄 아는 마음과 사랑이 있어야 합니다.(『말씀집 1999』, 56-58쪽)

이러한 화해의 원칙은 비단 남북의 관계에서뿐만 아니라, 그들 못지않게 서로에 대한 불신과 혐오로 갈라진 우리나라의 보수와 진보 양 진영에도 해당될 수 있다. 실제로 십자군 전쟁과 같은 극단적인 상황에서도 십자군과 무슬림 사이에 상호 존중과 서로를 알아가는 기회가 있었을 때 상대를 악마화하거나 살육하는 혐오를 극복할 수 있었다. 아우구스티누스의 평화 이론을 우리나라의 현실에 맞게 접목시킨 김수환 추기경의 가르침이 우리나라에서부터 참된 평화를 이루고 동북아시아, 더 나아가 세계의 평화를 이루어 나가는 데 기여할 수 있기를 기대해 본다.

이은수 | 서울대학교 철학과 교수

3. 공감과 연대의 디지털 르네상스: 소셜리딩으로 여는 민주주의의 미래

» **들어가며: 디지털 혁명과 민주주의의 변화**

21세기 디지털 혁명은 민주주의의 지형을 근본적으로 변화시키고 있다.[1] 정책 형성과 정치 참여의 방식이 디지털 기술의 발전과 함께 진화하면서, 시민들은 이제 실시간으로 정책 결정 과정에 참여하고 자신들의 의견을 직접 개진할 수 있게 되었다. 이러한 변화

---

1 디지털 혁명이 정치 참여와 민주주의의 형태를 변화시킨다는 점은 마누엘 카스텔이 제안한 '네트워크 사회' 개념에서도 잘 드러난다. 카스텔에 따르면 네트워크로 연결된 시민들은 과거와 달리 정책 결정 과정에 보다 직접적이고 신속하게 참여할 수 있게 된다. Castells, M. (1996). *The Rise of the Network Society* (『네트워크 사회의 도래』, 한울아카데미). Blackwell Publishers.

는 공공정책의 투명성과 포용성을 획기적으로 향상시킬 수 있는 잠재력을 지니고 있다.

그러나 이 디지털 혁신은 양날의 검이다. 한편으로는 시민참여를 확대하고 정부의 투명성을 높이는 긍정적 변화를 가져오지만, 다른 한편으로는 정보의 왜곡과 에코 체임버(Echo Chamber, 반향실 효과) 현상으로 인한 정치적 양극화와 소통의 단절을 심화시킬 위험이 존재한다.

기술적 발전만으로는 민주주의의 본질적 위기를 극복할 수 없다. 디지털 기술이 야기한 사회적 분열과 단절을 극복하는 방법은 공감과 연대를 회복하는 새로운 디지털 민주주의 모델을 구축하는 것이다. 사람들이 디지털 플랫폼을 통해 함께 읽고, 여러 의견을 공유하며, 집단적 이해와 공감을 형성하는 소셜리딩은 디지털 시대에 사회적 단절을 극복하고 건강한 디지털 민주주의를 구축하기 위한 핵심 전략이 될 수 있다.

이 글에서는 디지털 민주주의의 가능성과 한계를 살펴보고, 한국 사회의 분열 문제를 진단한 후, 공감과 연대의 디지털 르네상스를 실현할 방안을 모색한다.

디지털 기술을 민주주의 발전을 위한 효과적인 도구로 활용하기 위해서는 체계적이고 전략적인 접근이 필요하며, 소셜리딩에서 하나의 해법을 찾고자 한다.

» **한국 사회의 도전: 분열와 불신의 심화**

한국 사회는 오늘날 심각한 사회적 분열의 도전에 직면해 있다. 1960년대 이후 산업화와 1980년대의 민주화 과정에서 보여준 강력한 국민적 단결과 연대는 점차 약화되고 있으며, 그 자리를 이념적 대립과 세대 간 갈등이 채우고 있다. 2016년과 2025년의 탄핵정국을 거치며 나타난 이념적 양극화는 심각한 수준에 이르렀으며, 최근 여론조사에 따르면 우리 사회의 가장 심각한 갈등 요인은 보수와 진보 간 이념대립으로, 국민 10명 중 9명꼴로 이를 사회 통합의 최대 걸림돌로 지목했다.[2]

이러한 사회적 단절은 여러 측면에서 심각한 문제를 야기하고 있다. 정치적 영역에서는 이념에 따른 극단적 대립이 합리적 토론과 타협을 어렵게 만들고 있으며, 이는 국가적 현안에 대한 효과적인 해결책 도출을 저해하고 있다. 사회적 차원에서는 공동체 의식의 약화와 상호 불신의 심화가 관찰되며, 이는 사회 통합을 위한 기본적 토대마저 위협하고 있다. 경제적 측면에서도 분열은 한국의 국제 경쟁력에 부정적 영향을 미치고 있다. 사회적 신뢰 자본의 부족은 경제 성장을 저해하고, 신산업 발전과 혁신 생태계 구축에 중대한 장애물로 작용하고 있다.

---

[2] 통계청이 발표한 「2023년 한국의 사회지표」에 따르면, 국민의 82.9%가 보수와 진보 간 갈등이 심하다고 응답하였다. 또한, 한국보건사회연구원의 보고서에서는 응답자의 92.3%가 이념 갈등을 가장 심각한 사회 갈등으로 꼽았다. 이러한 조사 결과들은 한국 사회에서 이념 갈등이 주요한 사회적 문제로 부각되고 있음을 보여준다. 곽윤경. 「사회갈등의 인식 변화와 향후 정책적 시사점」. 《보건복지포럼》, 통권 452호. 한국보건사회연구원. 2024년 11월 25일.

이런 상황에서 한국 사회는 분열을 해소하고 사회적 신뢰와 협력을 재구축하기 위한 체계적인 접근이 시급히 필요하다. 이는 단순한 정치적 구호나 일시적 대책을 넘어, 사회 구성원들의 실질적인 참여와 소통을 촉진하고 공감대를 형성할 수 있는 구체적이고 지속 가능한 메커니즘의 구축을 요구한다. 이때 디지털 민주주의, 특히 소셜리딩은 한국 사회의 분열을 극복하고 공감과 연대를 회복하는 통로가 될 수 있다.

» **디지털 민주주의의 가능성과 한계: 한국적 맥락에서의 재조명**

한국 사회가 직면한 심각한 분열과 불신의 문제를 해결하기 위해, 디지털 기술은 어떤 가능성을 제공할 수 있을까? 디지털 민주주의는 사회적 통합의 새로운 경로를 제시할 잠재력을 가지고 있다. 특히 한국은 세계 최고 수준의 디지털 인프라와 높은 스마트폰 보급률, 그리고 시민들의 적극적인 온라인 참여 문화를 바탕으로 디지털 민주주의를 실현하기에 매우 유리한 조건을 갖추고 있다.

그러나 기술 자체만으로는 사회적 통합을 이루기에 충분하지 않다는 점을 인식해야 한다. 핵심은 바로 '정보에 입각한 시민 정신(informed citizenship)'의 확립이다. 이는 시민들이 단순히 정보에 접근하는 차원을 넘어, 해당 정보를 비판적으로 분석하고 평가할 수 있는 능력을 의미한다. 최근의 경험은 디지털 기술이 양면적 성격을 지닌다는 것을 보여준다. 한편으로는 시민참여를 확대하고 정부 투명성을 높이는 긍정적 변화를 가져오지만, 다른 한편으로는 소셜미디어의 알고리즘과 온라인 커뮤니티의 폐쇄성이 사회적 분열과 양극화를 심화시키는 문제도 나타나고 있다. 정치적 성향에 따라 완전히 다른 정보 생태계에서 생활하는 시민들 간의 소통과 이해는 점점 더 어려워지고 있으며, 이는 민주주의의 근간인 건강한 공론장을 위협하고 있다.

그렇다면 디지털 기술은 과연 민주주의를 발전시키는 도구인가, 아니면 사회적 분열을 더 악화시키는 요인인가? 소셜리딩을 통한 공감과 연대 회복이라는 관점에서 디지털 민주주의가 제시하는 기회와 도전을 더 깊이 살펴볼 필요가 있다. 이제 디지털 기술이 어떻게 민주주의를 강화할 수 있는지, 그리고 그 과정에서 소셜리딩이라는 방법이 어떤 역할을 할 수 있는지 구체적으로 살펴보자.

» **디지털 기술이 민주주의를 혁신하다:**
   새로운 시민참여의 시대

디지털 민주주의는 정보통신 기술을 활용하여 시민참여와 정책 결정 과정을 근본적으로 변화시키는 혁신적인 민주주의 모델이다. 이는 단순한 기술적 진보를 넘어, 시민들이 정부와 직접 소통하고 정책 결정에 참여하며, 활발한 공론의 장을 형성할 수 있게 하는 포괄적인 민주주주의 체계를 의미한다. 특히 디지털 기술은 전통적 민주주의가 가졌던 물리적·시간적 한계를 극복하고 시민들의 다양한 목소리가 정책에 더욱 직접적으로 반영될 수 있는 중요한 기회를 제공하고 있다.

이러한 디지털 민주주의의 가장 주목할 만한 특징은 참여의 획기적인 확대와 포용성의 강화다. 디지털 플랫폼은 지리적 위치나 경제적 여건, 사회적 지위와 관계없이 모든 시민이 정치적 담론과 정책 결정 과정에 동등하게 참여할 기회를 제공한다. 과거에는 정치적 의사결정 과정이 특정 지역이나 계층에 국한되어 있었지만, 디지털 기술은 이러한 장벽을 허물고 민주적 참여의 지평을 크게 확장하고 있다. 국민청원 플랫폼은 이러한 변화를 잘 보여주는 대표적 사례다. '국민이 물으면 정부가 답한다'는 철학 아래 2017년 8월부터 약 12만 건의 청원을 접수했으며, 20만 명 이상 동의한 청원에는 정부가 공식 답변함으로써 국민참여를 제도화했다. 충분한 공감대를 형성한 청원은 국회 논의 절차로 이어지도록 함으로써, 시민참여의 실효성을 제도적으로 보장하였다. 이를 통해 소수자의 목소리를 포함한 다양한 의견이 정책에 반영될 수 있는 새로운 통로가 마련되었으며, 기존의 중앙집중적 의사결정 구조에서 벗어나 보다 민주적이고 포용적인 정책 결정 체계를 구축하는 데 도움이 되고 있다.

디지털 민주주의의 또 다른 핵심적 특징은 투명성과 신뢰의 강화다. 데이터 기반의 의사결정과 블록체인과 같은 최신 기술은 정부 운영의 투명성을 높이고, 시민들의 신뢰를 회복하는 데 크게 기여하고 있다. 정부가 시민들에게 제공하는 정보의 범위와 질을 대폭 향상시킬 수 있으며, 정책 결정 과정에 대한 실시간 피드백이 가능해지기도 한다. '정보공개 포털'을 통해 약 4만 개 기관의 행정정보가 공개되고 있으며, 2021년 한 해 동안 91만 건이 넘는 정보공개 요청이 이루어졌다. 특히 서울시의 '엠보팅(mVoting)' 시스템은 시민들이 지역 현안에 대해 실시간으로 의견을 제시하고 투표할 수 있는 환경을 제공하며, 2022년에는 시민참여 예산 배분 과정에 이 시스템을 도입해 예산 편성의 투명성과 민주성을 크게 향상시켰다.

특히 주목할 만한 점은 디지털 플랫폼이 제공하는 새로운 형태의 시민 간 소통과 공감의 가능성이다. 디지털 공간은 서로 다른 배경과 경험을 가진 시민들이 자유롭게 만나고 소통하며, 서로의 관점을 이해하고 공유할 수 있는 새로운 장을 제공한다. 이러한 상호작용은 단순한 의견 교환을 넘어, 사회적 연대와 공감을 형성하고 발전시키는 토대가 될 수 있다. 이는 궁극적으로 더욱 성숙하고 포용적인 민주주의 문화를 구축하는 데 결정적인 기여를 할 수 있을 것이다.

그러나 디지털 민주주의의 성공적인 구현을 위해서는 기술적 혁신을 넘어선 본질적인 요소들이 필요하다. 정치학자 로버트 달이 강조했듯이, 시민들의 질 높은 참여가 민주주의의 성패를 결정짓는 핵심 요소다.[3] 시민들은 단순히 의견을 제시하는 것을 넘어, 논리적이고 건설적인 방식으로 토론에 참여하며, 다양한 관점을 이해하고

---

[3] 로버트 달(Robert Dahl)은 민주주의의 핵심을 시민들의 효과적 참여(effective participation)와 공적 숙의를 통한 질적 개선으로 보고 있다. Dahl, R. A. (1989). *Democracy and Its Critics* (『민주주의와 그 비판자들』, 현대의 지성), Yale University Press.

수용할 수 있는 역량을 갖추어야 한다.

그러므로 디지털 민주주의는 시민들의 연대와 공감을 기반으로 한 새로운 민주주의 문화를 창출하는가에 성패가 달려 있다. 앞서 살펴본 시민참여 플랫폼, 투명성 확대 메커니즘, 그리고 디지털 공론장의 성공 사례들은 모두 기술 그 자체보다 그것을 활용하는 시민들의 적극적 참여와 소통 방식이 핵심 성공 요인이었다. 국민청원 플랫폼이 단순한 의견 수렴 도구를 넘어 정책 변화의 촉매제가 될 수 있었던 것도, 서울시 엠보팅 시스템이 예산 편성의 민주성을 실질적으로 높일 수 있었던 것도 모두 시민들의 책임감 있는 참여와 상호 존중의 태도가 바탕이 되었기 때문이다.

이러한 민주주의 문화의 핵심에는 '정보에 입각한 시민 정신'이 자리하고 있다. 이 시민 정신이 어떻게 형성되며, 민주주의 실현에 어떤 영향을 미치는지 살펴보기로 하자.

» **정보에 기반한 시민성과 공감 능력:
디지털 민주주의의 핵심 동력**

정보에 입각한 시민 정신(informed citizenship)은 정확한 정보에 접근하고, 이를 비판적으로 분석하며, 다양한 관점을 이해하고 공감할 수 있는 복합적인 역량이다. 이런 역량은 시민들이 디지털 공간에서 능동적이고 책임감 있는 참여자로 활동하기 위한 필수적인 기반이 될 뿐만 아니라, 민주주의의 질적 발전을 위한 근본적인 토대가 된다.

민주주의의 건강 척도는 정보의 질과 불가분의 관계에 있다. 미국의 철학자 존 듀이가 강조했듯이, 민주주의는 단순한 통치 체제가 아닌 '공동체적 삶의 방식'이며, 이는 시민들의 정보에 기반한 지적 판단을 전제로 한다.[4] 정보가 왜곡되거나 질이 저하될 경우, 시민들은 합리적인 의사결정을 내리기 어려워지며, 이는 민주주의 체제 전반의 약화로 이어질 수 있다.[5]

2016년 미국 대선 당시 소셜 미디어를 통해 확산된 허위정보가 초래한 정치적 양극화와 사회적 갈등은 디지털 시대에 정보의 품질과 신뢰성이 얼마나 중요한지를 명확히 보여주는 대표적인 사례다. 이 사례는 우리에게 디지털 환경에서의 정보 품질 관리가 단순한 개인적 문제가 아닌, 민주주의의 지속 가능성을 결정하는 핵심 요소임을 상기시킨다.

디지털 환경에서는 특히 비판적 사고와 미디어 리터러시가 핵심적인 시민 역량으로 부각되고 있다.[6] 미디어학자 클레이 셔키가 지적한 '대중의 아마추어화' 현상처럼, 디지털 기술은 정보 생산

---

4 존 듀이는 그의 고전에서 민주주의를 단순한 제도가 아니라, 시민들이 비판적이고 지적인 판단에 따라 공동체 생활을 형성하는 방식으로 보았다. Dewey, J. (1916). *Democracy and Education* (『민주주의와 교육』, 살림터). Macmillan.

5 제이슨 스탠리는 허위정보의 확산과 민주주의 쇠퇴 간의 상관관계를 분석하며, 민주적 의사결정 과정에서 정보 품질 유지의 중요성을 역설했다. Stanley, J. (2015). *How Propaganda Works*. Princeton University Press.

6 유네스코(UNESCO)는 디지털 시대에 비판적 사고력과 미디어 리터러시가 민주주의의 지속 가능성을 위한 필수적 요소라고 강조하며 관련 교육정책을 적극 권장하고 있다. UNESCO. (2021). "Media and Information Literacy Curriculum for Teachers". UNESCO, 2021.

과 유통의 진입장벽을 크게 낮추었다.[7] 이러한 환경에서 정보의 출처를 평가하고 내용을 비판적으로 분석할 수 있는 능력이 중요해졌다.

핀란드의 사례는 이 맥락에서 특별한 주목을 받고 있다. 2013년부터 전국적인 미디어 리터러시 교육을 실시해온 핀란드는 초등학교부터 고등학교까지 전 과정에 걸쳐 비판적 사고, 미디어 분석, 윤리적 미디어 활용 능력을 체계적으로 교육하고 있다.[8] 이런 접근방식은 단순한 디지털 기술 교육을 넘어서 종합적인 시민 역량 함양을 목표로 한다는 점에서 주목할 만하다. 이 교육과정에서 학생들은 미디어 메시지에 내재된 편향을 파악하고, 사실과 의견을 구분하며, 미디어 콘텐츠의 맥락을 이해하는 능력을 체계적으로 기른다. 이러한 노력의 결과로 핀란드는 2017년 이후 유럽 미디어 리터러시 지수에서 지속적으로 최상위를 유지하며, 가짜뉴스에 대한 사회적 저항력도 크게 높였다.

핀란드의 교육 시스템은 디지털 시대 시민교육의 성공적인 모델로서, 한국 사회에 중요한 시사점을 던져준다. 핀란드가 높은 미디어 리터러시 수준을 달성하고 가짜뉴스에 대한 사회적 저항력을 키울 수 있었던 배경에는, 교육이 단순한 기술 습득을 넘어 비판적

---

[7] 디지털 기술의 확산으로 인해 일반 시민들이 과거 전문가의 전유물이었던 정보의 생산과 유통 과정에 참여할 수 있게 되었으며, 그 결과 정보 환경의 민주화와 동시에 정보 품질 관리에 어떻게 새로운 도전과제가 되고 있는지를 구체적으로 살펴볼 수 있다. Shirky, C. (2008). *Here Comes Everybody: The Power of Organizing Without Organizations*. Penguin Press.

[8] 핀란드는 미디어 리터러시를 국가 교육과정의 중요한 부분으로 간주하며, 미디어 조직, 입법기관, 교육기관 간의 협력을 통해 일관된 미디어 교육 시스템을 구축하는 데 힘쓰고 있다. 자세한 내용은 다음을 참조. https://eavi.eu/ml-in-finland/

사고와 사회적 책임을 통합적으로 함양하는 데 집중했기 때문이다. 이는 한국 역시 디지털 리터러시를 기술적 숙련도 향상을 넘어, 민주 사회의 책임 있는 시민을 기르는 핵심 역량으로 설정하고 교육과정 전반에 이를 반영해야 함을 일깨워준다.

정보에 기반한 시민성의 또 다른 중요한 측면은 공감 능력의 함양이다. 정보 소비는 단순히 사실관계를 파악하는 것을 넘어, 다양한 관점을 이해하고 수용하는 능력을 포함해야 한다. 공감에 기반한 정보 처리는 공동체의 결속을 강화하고 민주적 토론의 질을 높이는 데 핵심적인 역할을 한다.

예를 들어, 공공정책 논의 과정에서 상대방의 경험과 관점을 이해하려는 노력은 갈등을 완화하고 더 나은 합의를 도출하는 데 결정적으로 기여할 수 있다. 이는 정보와 감정의 연결을 통해 실질적인 사회적 변화를 이끌어내는 원동력이 되며, 민주주의가 작동하는 데 필요한 신뢰와 협력의 기반을 마련한다.

이러한 공감 능력은 특히 디지털 환경에서 더욱 중요해지고 있다. 온라인 공간에서는 직접적인 대면 접촉이 없기 때문에, 상대방의 감정과 맥락을 이해하는 것이 더욱 어려워질 수밖에 없다. 따라서 시민들은 디지털 소통 과정에서 더욱 의식적으로 공감 능력을 발휘해야 하며, 이를 통해 건설적인 대화와 협력을 이끌어낼 수 있어야 한다.

정보에 입각한 시민 정신은 이처럼 정보 리터러시, 비판적 사고력, 그리고 공감 능력이 균형 있게 결합된 복합적 역량이다. 이는 단순히 개인적 차원의 능력 향상을 넘어, 민주주의의 질적 도약을 위한 사회적 과제로 인식되어야 한다.

» 디지털 환경의 그림자: 소외와 분열의 역설

그러나 디지털 민주주의의 잠재력과 시민 정신의 중요성에도 불구하고, 현재의 디지털 환경은 질적 측면에서 심각한 도전과제들을 제기하고 있다. 기술은 우리의 소통 방식을 혁신적으로 변화시켰지만, 동시에 예상치 못한 부작용들을 야기하고 있다.

셰리 터클이 그녀의 저서 『Alone Together』에서 지적했듯이, 소셜네트워크의 확산은 표면적인 연결성 증가와는 달리, 오히려 사회적 고립과 단절을 심화시키는 역설적 결과를 초래하고 있다.[9]

현대인들은 온라인 공간에서 자신의 이미지를 선별적으로 관리하며, '좋아요'와 이모티콘 같은 피상적인 소통 도구에 의존하는 경향을 보인다. 이는 깊이 있는 인간관계의 형성을 저해하고, 실제 대면 관계의 질적 저하로 이어진다. 특히 최근의 연구들은 소셜미디어 사용 시간의 증가가 젊은 세대의 심리적 고립감 심화와 사회적 유대 약화와 밀접한 관련이 있음을 실증적으로 보여주고 있다.

이러한 디지털 소통의 한계는 코로나19 팬데믹 이후 더욱 가시

---

[9] 디지털 기술이 인간관계를 강화하기보다는 오히려 개인 간의 실제적 연결을 약화시키고, 표면적이고 피상적인 관계를 확산시킨다는 것이 셰리 터클(Sherry Turkle)의 핵심 지적이다. Turkle, S. (2011). *Alone Together: Why We Expect More from Technology and Less from Each Other* (『외로워지는 사람들』, 청림출판). Basic Books.

화되었다. 2021년 보건복지부가 실시한 「코로나 시대 국민 정신건강 실태조사」에 따르면, 팬데믹 기간 동안 디지털 연결 빈도가 높아졌음에도 불구하고 사회적 고립감과 우울감은 오히려 증가한 것으로 나타났다.[10] 이는 디지털 연결이 실제 인간적 유대를 완전히 대체할 수 없다는 사실을 보여주는 중요한 지표다.

관계의 파편화는 에코 체임버 현상을 통해 더욱 심화된다. 에코 체임버는 사용자들이 자신의 기존 신념과 일치하는 정보만을 선택적으로 접하면서, 편향된 시각이 더욱 강화되고 다른 관점에 대한 수용성이 감소하는 현상을 의미한다.[11]

이러한 현상은 특히 온라인 커뮤니티의 분화를 통해 극명하게 드러난다. '일베', '디시인사이드', '에펨코리아' 등의 커뮤니티와 '오유', '워마드' 등의 커뮤니티는 분리된 정보 생태계를 형성하고 있으며, 이용자들은 자신의 정치적 성향에 부합하는 커뮤니티에서만 활동하는 경향을 보인다. 정치적 성향이 다른 주요 온라인 커뮤니티 간의 이용자 중복률은 매우 낮은 수준에 불과하다.

소셜미디어 플랫폼의 알고리즘은 사용자의 선호도와 행동 패턴을 분석하여 유사한 성향의 콘텐츠를 우선적으로 노출시키는데, 이는 정보 소비의 다양성을 제한하고 사회적 분열을 촉진하는 결과로 이어진다. 대표적으로 카카오톡과 같은 메신저 서비스를 통한

---

[10] 보건복지부. (2021). 2021년 1분기 「코로나19 국민 정신건강 실태조사」 결과 발표. 보건복지부.

[11] 캐스 선스타인은 『#리퍼블릭』에서 디지털 알고리즘과 개인의 정보 편식 현상이 어떻게 민주주의에 부정적인 영향을 미치는지 심도 있게 분석한다. Sunstein, C. R. (2017). *#Republic: Divided Democracy in the Age of Social Media*. Princeton University Press.

뉴스 공유방식이 이러한 편향을 강화하는데, 사용자들은 주로 자신과 비슷한 성향의 지인들과 소통하며 정보를 공유하기 때문이다. 특히 정치적 이슈와 관련하여, 이러한 알고리즘 기반의 정보 필터링은 이념적 양극화를 가속화하는 주요 원인으로 지적되고 있다. 더욱 심각한 것은 이러한 현상이 시간이 갈수록 심화되고 있다는 점이다.

알고리즘이 더욱 정교해질수록, 사용자들은 점점 더 제한된 시각과 정보에 갇히게 되는 악순환이 발생한다. 분절화된 정보 환경에서는 검증되지 않은 정보나 의도적으로 왜곡된 뉴스가 빠르게 퍼져나가며, 이는 특히 선거와 같은 중요한 정치적 의사결정 과정에서 심각한 문제를 야기한다. SNS를 통해 급속도로 확산되는 가짜뉴스가 정치적 양극화를 심화시키고 시민들 간의 갈등을 부추기는 현상이 더욱 빈번히 관찰되는 배경이다. 특정 정치적 이념에 기반한 허위정보는 대중의 판단을 왜곡하고, 민주적 의사결정 과정의 건전성을 해치고 있다. 이러한 허위정보의 영향력은 특히 중요한 사회적 이슈나 정치적 결정이 필요한 시점에서 더욱 크게 나타난다. 사용자들은 자신의 신념을 강화하는 정보에 더욱 민감하게 반응하며, 이는 검증되지 않은 정보라 할지라도 쉽게 수용하고 전파하는 경향으로 이어진다.

디지털 환경의 또 다른 중요한 문제는 온라인 토론 문화의 질적 저하다. 댓글 섹션이나 커뮤니티 게시판에서 이루어지는 논쟁들은 대부분 건설적인 토론보다는 상대방에 대한 비방과 공격으로 변질되는 경향을 보인다. 공격적인 발언과 극단적 주장들은 온라인 공간을 넘어 현실 세계의 사회적 관계까지 악화시키고 있다. 특히 주목할 만한 점은 이러한 온라인 공간에서의 적대적 소통이 점차 일상화되고 있다는 것이다. 사용자들은 상대방의 의견을 경청하고 이해하려 노력하기보다는, 즉각적인 반박과 비난으로 대응하는 것을 당연한 것처럼 받아들이고 있다.

이러한 현상들은 민주주의의 근간을 위협하는 심각한 도전이다. 민주주의는 본질적으로 시민들 간의 연대와 공감을 기반으로 작동하는데, 현재의 디지털 환경은 오히려 개인화된 경험과 자기중심적 정보 소비를 조장함으로써 이러한 민주주의적 가치를 약화시키기 때문이다. 정보에 입각한 시민성의 발현이 저해되고, 건설적이고 협력적인 공론장의 형성이 어려워지는 것이다.

그렇다면 우리는 이러한 디지털 환경의 한계를 어떻게 극복해야 하는가? 현대사회가 직면한 소통의 단절과 분열을 해소하기 위해서는, 시민들이 더 깊이 있게 소통하고 다양한 관점을 이해하며 진정한 공감과 연대를 형성할 수 있는 새로운 형태의 디지털 공론장이 필요하다. 민주주의의 근본 가치인 상호 이해와 존중을 구현할 수 있는 생각 연결 아카이브가 그 새로운 공론장이 될 것이다. 이러한 맥락에서 우리는 '함께 읽기'를 통한 새로운 형태의 소통 방식에 주목할 필요가 있다.

» 함께 읽기를 통한 디지털 민주주의의 새로운 가능성

사회적 함께 읽기를 위한 디지털 공간, 이른바 소셜리딩 플랫폼은 시민들이 함께 읽고 토론하며 진정한 공감과 이해를 형성할 수 있는 디지털 공간으로, 정보 시민성의 함양과 사회적 통합을 실현하는 핵심 도구가 될 수 있다. 플랫폼은 디지털 민주주의의 핵심 가치인 공감적 이해, 비판적 사고, 그리고 협력적 문제해결을 촉진하는 새로운 형태의 공론장을 지향한다.[12]

소셜리딩은 무엇인가? 소셜리딩은 사람들이 디지털 플랫폼을 통해 같은 텍스트를 함께 읽고, 그에 대한 생각과 반응을 실시간으로 공유하며, 집단적 이해와 의미를 구성해가는 과정이다.[13] 전통적인 독서가 개인적이고 고립된 경험이었다면, 소셜리딩은 본질적으로 사회적이고 대화적인 경험이다. 사용자들은 텍스트의 특정 부분에 직접 코멘트를 달거나 질문을 제기하고, 다른 사람들의 의견에 반응하며, 다양한 해석과 관점을 통해 텍스트를 더 깊이 이해할 수 있다.

소셜리딩 과정에서 사용자는 텍스트의 특정 단락이나 문장을 선택하고 바로 그 부분에 코멘트를 남길 수 있다. 다른 사용자들은

---

12 제임스 서로위키(James Surowiecki)는 디지털 플랫폼에서 이루어지는 집단지성이 어떻게 민주적 합의를 도출하는 데 효과적인지를 설명한 바 있다. Surowiecki, J. (2004). *The Wisdom of Crowds* (『대중의 지혜』, 랜덤하우스). Doubleday.

13 소셜리딩(Social Reading)은 단순한 디지털 독서가 아니라 참여자들이 서로의 해석을 공유하면서 텍스트에 대한 깊이를 더하고, 타인의 관점을 이해함으로써 민주적 공론장으로 기능할 수 있다. 특히 소셜리딩 플랫폼의 대표적 사례인 하이포테시스(Hypothes.is)는 디지털 환경에서 텍스트를 중심으로 협력적이고 상호작용적 읽기 문화를 확산시키고 있다.

이 코멘트를 보고 응답하거나 '동의', '반대', '질문', '통찰' 등의 태그를 통해 반응할 수 있다. 예를 들어, 환경 정책에 관한 문서를 읽을 때, 경제학자는 경제적 실행 가능성에 초점을 맞춘 코멘트를, 환경운동가는 생태학적 영향에 대한 의견을, 지역 주민은 일상생활에 미치는 영향에 대한 관점을 제시할 수 있다. 이러한 다양한 시각의 교차는 모든 참여자에게 더 풍부하고 다층적인 이해를 제공한다.

바람직한 소셜리딩 플랫폼이 갖추어야 할 첫 번째 핵심 요소는 안전하고 자유로운 표현을 보장하는 익명성이다.[14] 익명성의 보장은 사용자들이 사회적 지위나 배경에 따른 편견과 압박에서 벗어나, 자신의 진정한 생각과 경험을 공유할 수 있는 환경을 조성한다. 이는 특히 소수자나 사회적 약자의 목소리가 동등하게 존중받을 수 있는 토대를 마련하기 위함이다. 예를 들어, 민감한 사회적 이슈에 관한 토론에서도 참여자들은 보복이나 낙인에 대한 두려움 없이 자유롭게 의견을 개진할 수 있으며, 이를 통해 더욱 풍부하고 다양한 관점의 교류가 가능해진다. 이러한 익명성은 단순한 신원 보호를 넘어, 진정한 의미의 민주적 토론을 가능하게 하는 기반이 된다.

플랫폼의 두 번째 중요한 요소는 다층적인 상호작용을 지원하는 정교한 소통 도구의 구현이다.[15] 특히, 텍스트의 특정 부분에 대

---

[14] 필자는 여기서 제안히는 네 가지 필수요건을 민족하는 소셜리딩 플랫폼을 서울대학교 창의 선도 신진 연구자 사업의 지원을 통해 'SEMICOLON'이란 이름으로 개발하고 있다. https://www.semicoloni.com

[15] 디지털 소셜리딩 플랫폼에서 사용자의 반응과 의견을 시각적으로 표현하는 기능은, 사용자가 자신의 관점뿐 아니라 타인의 관점과 감정을 보다 직관적으로 이해하도록 돕는다. 이는 공동체 내 공감과 연대를 형성하는 데 중요한 역할을 하며, 실제로 리퀴드텍스트(LiquidText)나 페루살(Perusall)과 같은 플랫폼에서 성공적으로 구현되고 있다.

한 다양한 반응(공감, 비판, 분석 등)을 시각화하고, 찬반의 입장차를 명확히 비교할 수 있게 해주는 '생각의 온도' 기능이 필요하다. 이를 통해 사용자들은 자신과 다른 관점을 가진 사람들의 생각을 더 깊이 이해할 수 있게 된다. 예컨대, 환경 정책에 관한 텍스트를 읽을 때, 한 사용자가 특정 정책 제안에 대해 경제적 실현 가능성의 관점에서 비판적 의견을 제시한다면, 다른 사용자는 장기적 환경 보호의 관점에서 지지 의견을 개진할 수 있다. 이러한 다양한 시각의 교차는 참여자들이 문제를 더욱 입체적으로 이해하는 데 도움을 준다. 더욱 중요한 것은 이러한 소통 도구가 단순한 의견 표명을 넘어, 생각의 차이가 발생하는 맥락과 이유를 이해하는 깊이 있는 대화를 가능하게 한다는 점이다. 사용자들은 자신의 의견을 제시할 때 그 근거와 맥락을 함께 설명함으로써, 다른 사용자들이 자신의 관점을 더 잘 이해할 수 있도록 돕는다. 이런 노력은 댓글에서의 소모적인 찬반 논쟁을 넘어, 서로의 생각과 경험을 공유하고 이해하는 진정한 대화의 장을 마련하는 밑거름이 될 것이다.

세 번째로, 플랫폼은 집단지성을 효과적으로 조직화하고 시각화하는 기능을 갖추어야 한다. 이는 다양한 의견과 아이디어를 주제별로 분류하고, 논의의 흐름과 패턴을 한눈에 파악할 수 있도록 돕는 지능형 클러스터링 시스템을 의미한다. 이러한 시각화 도구는 복잡한 사회적 이슈에 대한 다양한 입장과 논리를 체계적으로 정리하고, 공통점과 차이점을 명확히 드러내는 데 기여한다. 예를 들어, 특정 정책에 대한 다양한 의견들을 주요 쟁점별로 분류하고 시각화함으로써, 참여자들은 논의의 전체적인 구조와 흐름을 더 잘 이해할 수 있게 된다. 이러한 시각화 기능은 또한 합의점을 찾아가는 과정을 촉진한다. 서로 다른 관점들 사이의 접점과 차이점을 명확히 보여줌으로써, 참여자들은 건설적인 대화와 타협의 가능성을 더 쉽게 발견할 수 있다.

마지막으로, 플랫폼은 지속적인 학습과 성장을 지원하는 체계적인 아카이빙 시스템을 제공해야 한다. 이는 단순한 저장 기능을 넘어, 개인과 집단의 사고 발전 과정을 추적하고 분석할 수 있는 지능형 피드백 시스템을 포함한다. 사용자들은 자신의 의견이 시간에 따라 어떻게 변화하고 발전했는지를 확인할 수 있으며, 이를 통해 더욱 심층적인 자기 성찰과 학습이 가능해진다. 개인화된 리포트를 통해 사용자는 자신의 참여 패턴, 관심 주제, 의견의 변화 등을 체계적으로 분석하고 이해할 수 있다. 나아가 이러한 아카이빙 시스템은 집단적 학습과 성장의 도구로도 기능한다. 특정 주제나 이슈에 대한 커뮤니티의 전체적인 이해가 어떻게 발전해왔는지, 어떤 논점들이 중요하게 다루어졌는지를 분석함으로써, 공동체의 집단적 학습 과정을 추적하고 발전시킬 수 있을 것이다.

디지털 시대의 새로운 공론장으로 주목받는 소셜리딩 플랫폼은 궁극적으로 민주주의의 질적 발전을 이끌 핵심 동력이 될 잠재력을 지닌다. 시민들이 함께 읽고 토론하며 서로를 깊이 이해하고 공감하는 이러한 과정 그 자체가 우리 사회의 고질적인 소통 단절과 사회 분열을 해소하는 중요한 실마리를 제공하기 때문이다. 더욱이 현대사회의 복잡다단한 문제 해결을 위해서는 다양한 관점의 통합과 협력적 접근이 그 어느 때보다 절실한데, 바로 이러한 시대적 요구에 부응하여 소셜리딩 플랫폼은 집단지성을 바탕으로 창의적 해법을 모색할 수 있는 중요한 기회를 제공한다. 이처럼 플랫폼이 단순한 기술이나 정보 공유의 수준을 넘어, 공감과 연대를 기반으로 새로운 민주주의 문화를 발전시키는 환경을 성공적으로 조성한다면, 시민들은 그 안에서 더욱 깊이 있는 이해와 공감을 통해 사회적 합의를 형성해나갈 수 있을 것이다. 그리고 이는 결국 시민들이 함께 더 나은 미래를 능동적으로 만들어가는 의미 있는 과정에 적극적으로 참여하는 결과로 이어질 것이다.

» 디지털 민주주의를 향한 새로운 여정: 공감과 연대의 르네상스

지금까지 우리는 디지털 민주주의의 가능성과 한계, 그리고 이를 극복하기 위한 소셜리딩 플랫폼의 잠재력을 살펴보았다. 이제 우리에게 필요한 것은 이러한 논의를 바탕으로 실질적인 변화를 만들어내는 것이다. 디지털 환경이 가져온 소통의 단절과 사회적 분열을 극복하기 위해, 우리는 새로운 관점에서 디지털 민주주의의 가능성을 모색해야 한다. 그동안의 경험은 첨단기술만으로는 진정한 민주주의를 실현할 수 없다는 교훈을 주었다. 오히려 우리에게 필요한 것은 기술을 매개로 한 인간적 가치의 회복, 즉 공감과 연대의 르네상스다.

소셜리딩이라는 새로운 실험은 이러한 시대적 요구에 대한 하나의 응답이 될 수 있다. 함께 읽고 토론하는 과정에서 우리는 단순히 지식을 쌓는 것이 아니라, 서로의 생각과 감정을 이해하고, 다양한 관점을 통합하는 법을 배우게 된다. 이는 분절화된 디지털 환경에서 잃어버린 공동체적 유대를 회복하는 시작점이 될 수 있다. 더불어, 디지털 시대의 소셜리딩은 전통적인 읽기 방식을 혁신적으로 확장한다. 디지털 기술을 활용한 협력적 읽기와 토론은 시간과 공간의 제약을 넘어, 더 많은 시민이 더 깊이 있는 방식으로 공적 논의에 참여할 수 있게 한다. 이런 방식은 민주주의의 질적 심화와 양적 확대를 동시에 달성할 가능성을 제시한다.

이러한 디지털 민주주의로의 전환은 단순한 기술적 진보가 아닌, 우리 사회의 근본적인 패러다임 전환을 의미한다. 이는 개인주의와 분열을 넘어, 공동체적 가치와 연대를 회복하는 과정이며, 동시에 피상적 소통을 넘어 진정한 이해와 공감을 추구하는 여정이다.

» 소셜리딩 플랫폼 도입을 위한 실천적 제언

소셜리딩 플랫폼이 한국 사회의 민주적 소통과 시민참여 문화를 실질적으로 촉진하기 위해서는 다음과 같은 구체적인 실행 방안이 필요하다.

첫째, 공공 영역에서의 선도적 도입과 제도적 지원이 필요하다. 중앙정부와 지방자치단체는 주요 정책 문서와 법안을 소셜리딩 플랫폼을 통해 시민들과 공유하고, 이에 대한 다양한 의견과 관점을 수렴하는 공식적인 채널을 구축해야 한다. 구체적으로는 '국민참여 정책 소셜리딩 포털'을 개설하여 시민들이 정책 형성 단계부터 참여할 수 있는 제도적 기반을 마련하고, 이를 통해 수렴된 의견이 실제 정책에 반영되는 투명한 과정을 보장해야 한다. 또한 지방자치단체 차원에서는 지역 특성에 맞는 소셜리딩 프로그램을 개발하여 주민들의 지역 현안 참여를 촉진해야 한다.

둘째, 교육 체계 내 소셜리딩 통합을 통한 민주 시민 역량 강화가 필요하다. 초·중·고등학교 교육과정에 소셜리딩을 적극 도입하여, 학생들이 어릴 때부터 다양한 관점을 이해하고 비판적 사고력과 공감 능력을 함양할 수 있도록 해야 한다. 이를 위해 도입을 계획 중인 디지털 교과서와 연계된 소셜리딩 플랫폼을 개발하고, 교사들을 위한 소셜리딩 교육 방법론과 교재를 제공해야 한다. 또한 대학에서는 소셜리딩을 활용한 토론식 수업을 확대하고, 이를 지원하는 디지털 인프라 구축에 투자해야 한다. 평생교육 차원에서도 다양한 연령층과 배경의 시민들이 함께 참여할 수 있는 지역 기반 소셜리딩 프로그램을 개발하여, 세대 간, 계층 간 소통과 이해를 증진해야 한다.

셋째, 민간 부문과의 협력을 통한 혁신적 플랫폼 개발이 중요하다. IT 기업, 미디어 기업, 출판사 등과의 전략적 파트너십을 구축하여 사용자 친화적이고 기술적으로 혁신적인 소셜리딩 플랫폼을 개발해야 한다. 이를 위해 정부는 소셜리딩 플랫폼 개발을 위한 R&D 지원 프로그램을 마련하고, 성공적인 민간 이니셔티브에 대한 인센티브를 제공해야 한다. 또한 오픈소스 기반의 소셜리딩 플랫폼 개발을 촉진하여, 다양한 기관과 단체들이 자신들의 필요에 맞게 플랫폼을 맞춤화하고 활용할 수 있도록 해야 한다.

넷째, 시민 사회의 활발한 참여와 주도적 역할이 필수적이다. 시민단체, NGO, 학술단체 등이 소셜리딩을 통한 공론장 형성의 핵심 주체로 참여하여, 다양한 사회적 이슈에 대한 대화와 토론을 이끌어야 한다. 이를 위해 시민 사회 단체들이 소셜리딩 플랫폼을 효과적으로 활용할 수 있는 역량 강화 프로그램을 제공하고, 성공적인 소셜리딩 이니셔티브에 대한 사례 공유와 네트워킹을 촉진해야 한다. 시민 주도형 소셜리딩 프로젝트에 대한 재정적 지원과 기술적 지원도 확대해야 한다.

마지막으로, 체계적인 효과 측정과 지속적인 개선이 중요하다. 소셜리딩 플랫폼의 효과성을 정기적으로 평가하고, 이를 바탕으로 지속적인 개선을 이루어나가야 한다. 이를 위해 소셜리딩이 시민들의 민주적 역량 강화, 공감과 연대 형성, 정책 결정 과정의 질적 향상 등에 미치는 영향을 측정할 수 있는 객관적인 지표와 평가 체계를 개발해야 한다. 또한 사용자 경험에 대한 정기적인 피드백 수집과 분석을 통해 플랫폼의 사용성과 접근성을 지속적으로 개선해야 한다.

» 나가며: 소셜리딩을 통한 디지털 민주주의의 미래

이 글은 소셜리딩 플랫폼이라는 구체적인 도구를 통해 우리 사회가 어떻게 더욱 성숙하고 포용적인 민주주의로 나아갈 수 있는지에 대한 하나의 제안이었다. 디지털 기술의 발전이 가져온 새로운 가능성과 한계 속에서, 소셜리딩이 단순한 정보 습득을 넘어 민주적 소통과 공감을 확장하는 하나의 해법이 될 수 있음을 밝히고자 하였다.

나아가 이러한 접근은 국내적 성과에 그치지 않고, 글로벌 민주주의 발전에 중요한 기여를 할 잠재력을 지닌다. 한국이 선도적으로 구축하는 소셜리딩 기반의 디지털 민주주의 모델은, 전 세계가 직면한 민주주의의 위기를 극복하는 데 있어 중요한 참조점이 될 수 있다. 이는 한국이 다시 한번 세계적인 혁신을 주도하며, 글로벌 시민 사회의 진보에 이바지할 소중한 기회가 될 것이다.

소셜리딩은 디지털 시대에 인간다움을 회복하는 여정이기도 하다. 기술이 발달할수록 우리는 역설적으로 인간적 가치, 즉 공감과 연대, 상호 이해와 존중의 중요성을 더욱 절실히 깨닫게 된다. 소셜리딩은 이러한 인간적 가치를 디지털 환경에서 되살리기 위한 노력으로, 기술과 인간성의 조화로운 공존을 가능하게 한다.

이러한 디지털 민주주의의 실현은 단순한 기술적 혁신을 넘어, 인간의 존엄성과 연대를 회복하고 지속 가능한 민주적 공동체를 형성하는 역사적 과제다. 공공부문, 교육 기관, 민간 기업, 시민 사회 간의 유기적인 협력을 통한 지속적이고 체계적인 플랫폼 구축과 지원 정책이 이러한 과제의 성공적 수행을 위해 필수적이다. 소셜리딩을 통한 공감과 연대의 디지털 르네상스를 향한 여정은 더 이상 미룰 수 없는 과제가 되고 있다. 이 여정은 우리 모두의 참여와 헌신을 통해, 더 건강하고 활력 있는 민주주의 사회를 향한 중요한 이정표가 될 것이다.

2장

정치

이근
서울대학교 국제대학원 교수이다. 동 대학교 국제학연구소장, 국제협력 본부장, 외교부 산하 국제교류재단 이사장을 역임했다.

조귀동
민 컨설팅 전략고문, 명지대학교 경제학과 겸임교수이다. 『세습 중산층 사회』, 『이탈리아로 가는 길』 등의 책을 썼다.

김세연
동일고무벨트㈜ 전략고문. 3선 국회의원을 역임했으며, 현재 사단법인 Agenda 2050 대표이자 사단법인 청정 이사로 활동 중이다.

김명수
매일경제신문 이사 겸 매경AX 대표이사이다. 매일경제 편집국장과 논설실장을 역임했다.

세대 전환과
'슬로모션' 혁명

세대 전환으로 근대화 2.0을 이루자
정치의 실패, 무엇이 문제이고 어떻게 고쳐야 하는가
무너지는 국가, 다시 설계할 시간
알고리즘, 정치 양극화의 해법이 될 수 있다

INTRO

한국 정치는 유권자의 민의를 제대로 반영하지 못하는 구조적 실패 상태다. 이러한 정치의 무능을 바로잡기 위해서 '정치의 기술'이 아닌 혁명적 수준의 정치구조 개혁이 필요하다. 특히 와해된 정치 질서를 재구성할 수 있는 새로운 세력이 필요하다. 전근대적 세계관에 사로잡힌 기성세대는 모두 물러나고 과학적 합리성, 국제화, 다양성 및 창의성, 공사구별을 중시하는 새로운 세대에 국정 운영을 맡겨야 한다. 그 방편으로 정치인과 고위 공직자의 인격을 검증하고 국민소환제도를 작동시킬 필요가 있다. 그러나 급하게 서두르다 일을 그르치기보다는 분명한 뜻과 목표를 세우고 충분한 시간에 걸쳐 꾸준히 새로운 질서를 구상하고 만들어가는 '슬로모션 혁명'이 필요하다. 또한 정치적 의견을 양극단으로 몰아가는 디지털 플랫폼의 추천 알고리즘의 피해를 막고 디지털 기술을 연결과 소통의 매개체로 적절하게 활용해야 한다.

이근 | 서울대학교 국제대학원 교수

1. 세대 전환으로 근대화 2.0을 이루자

» 들어가며: 대한민국은 근대화된 국가인가?

대한민국 정치와 사회가 양극화되어 있다는 진단이 많이 나온다. 진보와 보수의 극한 대결이 대한민국을 망치고 있다고 한다. 아주 잘못된 분석은 아니다. 하지만 조금 더 깊이 들여다보면 대한민국을 진보와 보수가 양극단에서 찢고 가르고 하는 것이 아니라 두 전근대 세력이 양극단에서 서로 싸우고 있다는 것을 알 수 있다.

지금 대한민국의 자칭 보수세력을 진정한 보수세력이라고 받아들이기에는 이들은 너무나 보수적이지 않다. 법치를 무시하고, 과학적인 근거 없이 정책을 밀어붙이고, 나라와 국민의 생명을 지키는 군과 의사를 흔들어대고, 국민 세금을 공사구별 없이 아무렇게나 막 쓰고 있다. 심지어는 정치적·정책적 노력으로 해결하여야 할 문제를 비상계엄이라는 무력으로 해결하려고 국가의 헌정 질서를 무너뜨리고, 여당은 그 위헌세력을 옹호하고 있다. 이런 세력을 어떻게 대한민국의 보수세력이라고 할 수 있을까?

자칭 진보세력도 과연 진정한 진보세력일까? 인류와 인간의 진보를 믿는 세력이 자유와 인권 같은 진보의 보편가치보다 실리만을 따지면서 북한·중국·러시아와 같은 전근대세력과 가깝게 지내야 한다고 주장한다. 평화가 가장 중요한 보편가치라고 하지만, 전근대 시기 '천하'를 평정하겠다던 세력도 그 정당성으로 평화를 주장했었다. 전근대적 평화와 근대적 평화의 차이는 어떤 가치를 중심으로 안정을 가져오느냐에 달렸다. 자유와 인권이 보장되지 않고 그냥 적대세력과도 잘 지내자는 평화는 진보의 평화가 아니다.

또한 조선 시대 탐관오리에 저항했던 민중 봉기와 19세기 말 근대화된 외세침략에 저항했던 민중적 저항이 아직도 우리 진보의 저항 모델이 되고 있다. 「죽창가」의 구호가 나오고, 전봉준이 나오고, 친일파를 척결하자는 주장이 지속되고 있다. 진보의 사고가 19세기에 머물러 있다. 당의 운영도 사람을 중심으로 충성하고, 그 충성 라인에 서지 않으면 엄청난 배척이 뒤따른다. 당연히 전근대적인 전체주의의 모습이 보인다. 진보는 자유와 다양성과 미래를 말해야 하는데, 당의 운영과 담론을 보면 오히려 반대로 가고 있다. 과거 담론에서 벗어나 미래 담론을 제시하지 못하고 있다. 과학적·합리적 토론보다는 민중의 단합대회를 닮아가는 토론회가 훨씬 많다.

이러한 배경에서, 이 글의 목적은 대한민국이 소위 최단 시간에 근대화(+민주화)를 달성한 기적의 국가라는 칭송에 비판적 사유의 칼을 대보는 것에 있다. 특히 자연스러운 사회의 진화과정을 거쳐 밑으로부터 근대화가 이루어진 국가라기보다는 위에서부터 강제적으로, 또 상당 부분 수입된 형태로 근대화가 추진된, 고속근대화 국가 대한민국이 정말 근대적인가에 대한 의문을 던지고자 한다.

만약 근대라는 겉모양은 갖추었지만, 그 틀 안에서 돌아가는 실제의 모습과 그 틀을 운영하는 사람들이 매우 전근대적이라면 언젠가는 양자 간의 모순 혹은 미스매치로 인하여 틀의 엉킴이 드러나기 마련이다. 아무리 물질과 제도적인 면에서 근대적인 것이 신속하게 강제되고 수입되었다 하더라도, 전근대적 인간이 근대를 운용하면, 어긋남과 부작용이 발생한다. 또한 전근대적인 가치와 질서인 장유유서와 신분적 위계질서가 지속되어 전근대적인 윗세대가 근대를 전근대적으로 되돌리면서 끌고 가면 다음 세대가 누려야 할 근대적 혜택을 지연시키거나 박탈해버릴 수 있다.

» 근대국가와 근대성

전근대의 특징

전근대는 기본적으로 토지와 농업을 중심으로 사회경제적 질서가 형성된 시기이다.[1] 즉 농업이 여러 산업 중 하나의 산업으로

---

[1] 여기서 전근대와 근대를 파악하기 위해서 다음과 같은 자료에 의존하였다. Leo Huberman, *Man's Worldly Goods: The Story of the Wealth of Nations* (Monthly Review Press: 2009); Ronald Englehart, *Modernization and Postmodernization: Cultural, Economic, and Political*

변화하게 된 산업화 이전의 시기를 의미한다. 그리고 여기서 사회경제적 질서라 하면 특정 정치체 안에서 사람들이 먹고사는 일이 규율되는 방식이라고 할 수 있는데, 토지와 농업이 중심인 시기에는 먹고사는 방식이 누가 더 좋은 토지를 더 많이 가질 수 있으며, 그 토지에서 경작·생산되는 식량을 어떠한 기준에 의해서 배분하느냐와 밀접하게 관계가 있다.

우선 전 근대의 농업생산과 생존의 문제는 자연의 힘에 크게 의존하여 이루어졌기에, 자연의 힘을 잘 아는 사람의 권위와 지위는 높을 수밖에 없다. 그리고 그 시대 자연의 힘과 소통하는 일을 담당한 것은 과학이 아니라 종교의 영역이었다. 따라서 전근대를 대표하는 첫 번째 특성은 과학에 대비되는 종교라고 할 수 있다. 좋은 날씨를 불러오는 일, 비를 내리게 하는 일, 자연재해를 막는 일, 치산치수를 잘하는 일, 앞날을 예견하는 일, 그리고 토지를 보호하고 정복하는 전쟁을 예측하고 전쟁에서 이기는 일 등 거의 대부분 과학이 아니라 종교의 영역에서 이루어졌다고 할 수 있다. 이러한 배경에서, 전근대 질서에서 최상위에 위치하여 권력과 권위와 명예와 부를 누릴 수 있었던 사람들은 종교를 관장하는 사람들이었다. 이들은 특별한 생산 활동을 하지는 않았지만, 자연과 소통하는 종교를 관장하였기 최상위에서 토지와 농산물과 노동력을 배분받을 수 있었다.

Change in 43 Societies (Princeton University Press, 1997); Hendrik Spryut, *The Sovereign State and Its Competitors* (Princeton University Press, 1994).

한편 종교인에 더해 전근대 사회에서 더 좋은 토지와 더 많은 토지를 차지하게 된 사람들은 무력과 전쟁에 능한 사람들이다. 한정된 토지를 더 많이 갖기 위해서는 제로섬 게임에 해당하는 뺏고 빼앗기는 싸움을 하여야 하고, 또 뺏은 것을 잘 지켜야 한다. 이 일은 무력을 동원하고, 지휘하고, 승리를 가져오는 군대의 지도자가 하는 일이다. 흔히 장군이라고 불리는 사람들이다. 국가나 사회 제도가 느슨했던 시기에는 깡패의 우두머리에서 시작되었겠지만, 점점 조직적으로 움직이면서 이들은 군대를 만들고 군대의 우두머리인 장군이 되었다. 땅을 늘리고 지키는 이들은 당연히 전근대 사회에서 권력과 권위와 부와 명예를 누리는 지위에 위치하게 되고, 이들과 함께 전쟁에서 공로를 세운 사람들 역시 노획한 좋은 토지를 많이 소유하면서 권력과 권위와 부와 명예를 얻게 된다.

이렇게 종교를 담당하는 사람들과 함께 전근대 질서의 최상위에 위치한 군대의 지휘관들은 특정 신분제를 구축하였다. 왕·귀족·신하들이 그들이다. 그리고 이 신분제는 세습되었다. 이들 밑에는 지배계급이 소유한 토지에서 식량을 경작하고 생산하는 농민이라는, 전근대 시대 인구의 대부분을 차지하는 하층계급이 존재한다. 물론 전쟁에서 포로로 끌려오거나, 반역을 범하여 큰 벌을 받거나, 혈통에 문제가 있어서 노예나 노비가 된 계급이 그들과 함께 하층을 형성했다. 이들은 신분의 세습이라는, 지배계급이 만들어놓은 전근대 질서 때문에, 좀처럼 상층으로 계층이동을 할 기회가 없다. 지배계급에게 착취되면서 자연의 섭리에 따라 근근이 삶을 영위해 가는 사람들이라고 할 수 있다. 예외적으로 상인이나 농업 이외의 직종에 종사하는 사람들이 있었으나, 이들 역시 농업이 중심이 되는 전근대 사회에서 큰 부나 권력을 모으기는 쉽지 않았다(해양무역을 하는 유럽의 도시국가들이나 제국 주변부의 해양무역 국가들은 예외적인 경우이다).

이제 이러한 위계적인 신분제 농업 질서에서 전근대적인 것을 하나씩 추출해보자. 전근대적인 특징으로 들 수 있는 첫 번째는 종교에의 의지이다. 초자연적인 힘에 의해 농사의 결과, 전쟁의 결과, 즉 먹고사는 문제와 죽고 사는 문제가 좌우된다고 믿는 전근대의 사람들은 과학이 아니라 종교에 의지하였다. 그리고 그 종교를 관장하는 사람들에게 존경을 표하고, 충성하고 권력과 권위를 부여하게 된다. 여기서 말하는 종교는 지금 우리에게 잘 알려진 기독교, 불교, 이슬람교와 같은 이른바 보편적인 종교뿐만이 아니라 흔히 미신이라고도 불리는 현지의 토착 종교를 포함한다. 종교의 권위와 종교를 관장하는 자에 대한 충성, 이단에 대한 배척, 종교나 미신을 통한 문제의 예측 및 해결 등은 대표적인 전근대적 특징이다.

전근대의 두 번째 특징으로 들 수 있는 것은 세습 신분질서이다. 전근대의 가장 중요한 생존 및 부의 축적 수단을 들자면 단연코 토지라고 하겠다. 더 좋은, 더 많은 토지를 소유해야 풍부한 식량을 확보하고 많은 노동력을 휘하에 둘 수 있다. 전근대 질서에서는 이렇게 중요한 토지의 배분(따라서 노동력의 배분)을 신분이라는 기준으로 하였다. 그리고 농업을 위한 토지는 자연상태에서 유한한 것이어서 토지의 배분은 제로섬의 배분이 될 수밖에 없다. 내가 더 많이 가지면 다른 사람은 덜 갖게 되는 것이다. 전근대에서는 이 제로섬 배분의 문제를 해결하기 위하여 신분제를 견고하게 만든다. 종교집단의 토지세습, 왕 및 귀족계급의 세습, 귀족에게 유리한 고위직으로 가는 선발제도, 농업과 자연에 대한 경험과 지혜가 많은 노인을 우대하는 장유유서 질서, 남성 노동력을 우대하는 가부장 질서와 남아선호 사상 등이 생겨난다. 여기서 생겨난 전근대적 특징이 바로 상위 신분에 대한 맹종과 충성, 그리고 배신과 반역에 대한 가혹한 처벌이다. 상위 신분이나 윗사람이라 하면 황제, 왕, 종교지도자, 귀족, 봉건영주, 주인, 나으리, 노인, 남성 등이 해당되며, 이러한 전통과 인식이 현재에도 남아 있으면 대통령, 목사, 신부, 주지스님, 재벌 회장, 정치인, 고위공무원, 스승, 노인 등이 윗사람으로 여겨지기도 한다. (현재에도 이들 중에 여성이 차지하는 비율은 매우 낮다.)

전근대적인 특징의 세 번째로는 권위주의 혹은 전체주의적 성향이라고 할 수 있다. 물론 이러한 성향이나 정향은 위의 종교 및 위계적 신분질서와 밀접하게 관련되어 있다. 상위 권위에 대한 충성과 추종은 당연히 권위주의적인 성향 혹은 전체주의적인 성향으로 귀결된다. 상명하복의 위계질서, 최상위를 중심으로 뭉친 동일체, 종교적인 권위와 리듬으로 하나가 된 전체성 등이 전근대 사회나 질서에서 흔히 볼 수 있는 것들이다. 이러한 배경에서 정치학이나 사회학에서 유행했던 '근대화 이론'은 전근대에서 벗어나 근대화·산업화가 되면 민주주의·다원주의로 발전한다는 가설을 제시한 바 있다. 권위주의나 전체주의적 전근대성이 근대화와 함께 사라질 것이라는 논리이다.

한편 의전의 화려함과 과도한 의전 역시 전근대적 특징으로 지적해야 한다. 위계적인 질서에서는 위계를 상징적으로 재생산·강화하기 위하여 의전이라는 방식을 사용하여 사람들의 머릿속에 상하관계를 각인한다. 종교적 건축의 화려함과 복잡한 절차, 종교의식의 세밀한 프로토콜과 명확한 권위의 우대 등이 그 예이다. 왕권이나 귀족과 관련하여도 화려하고 세심하고 복잡한 의전이 꼭 따라다닌다. 실용을 중시하는 현대사회에서는 도저히 다 맞추어줄 수 없는 과도한 의전이라 아니할 수 없다. 현대에서는 이러한 과도한 의전에 사용되는 비용은 그야말로 낭비이다. 하지만 전근대 시대에는 위계적인 신분질서를 공고히 하기 위해서 쓰이는 합당한 비용이다. 위계에 따른 복장의 차별, 자리의 차별, 식사대접의 차별, 행로의 차별, 호칭의 차별 등 차별적인 의전과 절차는 이루 말할 수 없다. 현재에도 자주 지적되는 갑질과 과도한 의전, 중형차나 고급 차 선호, 자리 배석을 두고 하는 다툼, 명품 선호 등은 이러한 전근대성의 연속이라 하겠다. 권위적이고 낭비적인 특징이다.

전근대의 네 번째 특징으로는 공사구별의 부재와 인위적이고 자의적인 법 적용 및 법의식이다. 주지하다시피 농업이 경제활동의 대부분을 차지하는 전근대 시대에는 시장경제가 발달하지 않아 민간영역과 공공영역의 구분이 제대로 되어 있지 않았다. 소유권도 명확하게 규정되어 있지 않았고, 개인이라는 정체성과 의식도 확립되지 않았기 때문에, 개인의 자유롭고 배타적인 공간인 사적 공간도 보장되기 어려웠다. 윗사람의 아랫것에 대한 사적 침범, 재물 침탈, 노동력 동원, 인권침해는 물론이고, 공권력도 사적으로 사용하는 경우가 빈번하였다. 중세 유럽에서는 길드에서 생산·판매 활동이라는 사적인 행위와 결혼의 주재나 법의 집행과 같은 공적인 행위가 공히 수행되었고, 교회 역시 사적 행위와 공적인 행위가 혼용되어 행사되었다. 봉건영주의 봉토에서 농사를 짓던 농노들은 농작물을 영주에게 먼저 바치고, 나머지만 개인적으로 가질 수 있었고, 영주의 사적인 행사와 일에 빈번히 동원되어 노동력을 제공하곤 하였다. 지금의 근대국가와 같이 국가의 영역인 공적 영역과 시민사회의 영역인 사적 영역의 구분이 명확하게 이루어진 것은 근대에 들어와서 생긴 일이다. 이렇게 공사의 구별이 없으니 소위 윗사람들의 법 적용 및 법의식도 매우 자의적이고, 편의적으로 행해졌다. 지금의 법치 개념과 달리 법은 지배를 위한 도구에 가까웠으며, 당연히 사람들은 법을 준수하기보다는 사람과 위계질서에 더 충성하게 된다. 법보다는 윗사람에 대한 배신과 반역과 불경함이 엄중히 다스려졌다.

근대화와 근대의 특징

이렇게 전근대적 특징과 속성, 그리고 그 유래를 파악하면, 전근대에서 '진보'한 근대의 특성을 파악하는 일이 좀 더 용이해진다. 결론부터 말하자면, 근대의 특징은 산업화 이후의 자본주의 시장질서와 함께 발달한 특징들이라고 할 수 있다. 전근대가 근대로 진보한 이유는 신분제 농업경제 질서에서 자본주의 시장질서로 이동했기 때문인데, 이 자본주의 시장질서가 제대로 작동하기 위해서 필요한 제반 물질적·비물질적 요건들이 근대적 특징을 이룬다.

자본주의 시장경제가 작동하기 위해서 필요한 것들로 무엇이 있을까? 우선 시장에서 이윤을 남기기 위하여 생산하는 생산자와 이것을 소비하는 소비자, 그리고 이 둘을 연결하는 유통업자, 시장 제도 및 관련 법규가 있어야 한다. 그리고 시장이라는 민간영역이 원활하게 돌아갈 수 있도록 지원하는 공적 영역이 필요하며, 공적 영역에서 시장에 화폐, 금융, 법규, 제도, 공공인프라, 치안, 방위, 표준, 위생, 교육 등과 같은 공공재를 제공하여야 한다. 이 공공영역은 이윤을 남기기 위해 활동을 하는 곳이 아니라 세금에 의존하여 생활을 영유하는 영역이다. 흔히 공무원이나 준공무원, 공공기관 종사자들이 여기에 속한다. 근대에 들어서서 국가가 담당하는 영역인 공과 시장의 영역인 사의 구별이 명확히 생겨나는 배경이다. 이에 더해 사적 영역에서 개인의 자유롭고 내밀한 영역과 재산권을 보호해야 할 의무와 권리라는 개념이 생겨난다. 높은 직위에 있거나 권력기관에 있는 사람들이 공적인 지위나 권한을 남용하여 자신의 사익을 챙기거나, 남의 사익을 침범하는 일은 자본주의 시장경제가 돌아가는 데 있어서 매우 치명적이다. 여기서 우리가 유추할 수 있는 근대의 특징은 '시장, 공사구별, 개인, 재산권, 법치, 자유라는 가치' 등이다.

한편, 시장경제가 발달하기 위해서는 농업이 상품을 만들어 내는 여러 산업 중 하나로 전환되는 산업화라는 과정이 있어야 한다. 농수산업, 경공업, 중공업, 서비스업 등 다양한 산업이 생기고, 그 산업에서 상품을 생산하고 유통하고 매매하는 분업과 가치사슬이 형성되어야 시장에서 모든 것을 사고파는 이른바 범용시장(generalized market)이 형성된다. 즉 자본주의 시장경제가 작동하기 위해서 필요한 물적 기반의 변화가 바로 산업화이다. 근대화라는 개념이 산업화라는 개념과 혼용되어 사용되는 경우가 빈번한 이유가 바로 여기에 있다. 농업이 여러 산업 중 하나의 산업으로 바뀌는 과정이 있어야 근대로 진입할 수 있다. 우리의 보수세력을 근대화 세력이라고 하기도 하고 산업화 세력이라고도 부르는 이유가 여기에 있다.

그런데 이 산업화를 가능케 한 배경에는 종교에 의존했던 전근대적 정향에서 인과관계 및 상관관계, 증거를 따지는 과학과 이성에 의존하는 근대적 정향으로의 전환이 자리 잡고 있다. 과학의 발달로 증기기관과 내연기관과 같은 새로운 에너지의 발견과 운송·교통수단의 발달, 면직산업의 발달, 기계·화학의 발달, 식량 생산의 증가, 철도 등 인프라 산업의 발달, 자동차산업, 조선산업의 발달 등 신산업이 속속 생겨나고, 네트워크 기술의 발달로 시장이 연결되고 확장되는 급진적인 변화들이 생겨난다. 그리고 시장에서는 이윤을 남기기 위한 거래와 비용 대비 효용을 강조하는 합리적 선택을 하는 생산자와 소비자가 생겨나는데, 개인으로서의 소비자라는 근대적 인간의 탄생은 비용과 효용을 계산하는 계산적·합리적 개인의 탄생을 가져왔다. 산업과 시장에 적응하기 위해서 이러한 합리적 개인은 과학과 경제를 알아야 하고 지식과 기술을 가져야 직업을 가질 수 있다. 이러한 것은 근대적 교육을 통하여 배울 수 있고, 근대적 교육기관이 전근대적·중세적·종교적이며 신학 위주의 교육기관을 대체하게 된다. 여기서 우리가 발견할 수 있는 근대의 특징은 '인과관계와 상관관계 및 증거를 따지는 과학, 이성, 합리성,

산업화, 시장, 직업' 등이다.

산업화된 근대에 들어서서 시장과 직업이 생겨난 것은 전근대적 신분 사회가 철폐되는 데에 막대한 기여를 하게 된다. 시장은 토지와 달리 제로섬의 배분이 일어나는 장이 아니다. 새로운 산업이 생겨나면서 시장은 확대되고, 경제가 성장하면서 같이 윈윈으로 부를 축적할 수 있는 파이가 커진다. 따라서 자본주의 시장은 엄격하게 신분으로 고정되어 있는 전근대 질서에서 시장에서 경쟁을 통하여 계층의 상승을 꾀할 수 있는 근대적 질서로 변화를 가져왔다. 이제 왕, 귀족, 평민, 노예, 노비 등의 신분이 의사, 비즈니스맨, 공장 노동자, 교수, 법관, 국회의원, 공무원, 금융인 등 직업군으로 바뀌었고, 이들 직업군 중 어느 직업이 부의 사다리에서 상층에 위치하는지는 산업과 시장의 변화에 따라 변화하는 시대가 되었다. 근대에 들어와서 인간은 소비자, 개인, 직업인으로 변화되었고, 여기서 '합리성, 자유, 전문성'이라는 근대적 가치가 등장하고 신분 대신 '직업'이 생겨난다. 그리고 직업군 안에서 경험과 전문성을 중심으로 일정 기간 권한과 보상이 더 부여되는 위계가 생겨나지만, 이 위계 역시 한시적이고, 또 세습이 아니라 경쟁력과 합리적 제도로 정해진다.

산업이 늘어나고, 시장이 확대되고, 새로운 산업과 시장이 형성됨에 따라 사회와 경제는 같이 유연해지고 또 다양해진다. 몇 가지 종류의 노동과 몇 가지 종류의 신분으로 경직화된 전근대와는 달리 수많은 직업과 전문성과 창의성과 생각, 그리고 정체성을 가진 개인으로 다양화되는 시대가 근대라는 시대이다. 자유로운 사고와 다양성, 창의성, 전문성이 보장되지 않으면 시장경제가 제대로 발전하지 않는다. 경제는 침체되고 시민과 국민의 불만이 쌓여간다. 따라서 경직적이며 전체주의적인 전근대적 정치시스템과 근대적 시장경제는 조화를 이루기 어렵다. 우리나라와 같이 권위주의를 통하여 초고속 근대화를 이룬 나라도 산업화가 고도화되면 불가피하게 다원화와 탈권위의 방향으로 정치가 움직일 수밖에 없다. 근대화가 되었음에도 권위주의와 전체주의로 돌아가려 하면 경제뿐만 아니라 나라가 크게 흔들린다. 여기서 근대의 또 다른 특징인 '다원주의와 다양성, 창의성, 탈권위'를 발견할 수 있다.

근대에 들어서면서 '권력'의 개념 역시 변화하지 않을 수 없다. 전근대의 권력은 자의적·신분적·종교적·무력적 힘이었다면, 근대의 권력은 권력이라기보다는 '권한'에 가까운 개념이 되었다. 권한(權限)이라는 한자가 의미하듯이 근대의 권력은 유효하게 행사할 수 있는 행위의 공간과 시간을 한정하는 경향이 있다. 대통령의 권력이 아무리 세다고 하더라도 일정 범위를 넘어서는 권력의 행사는 제한되어 있고, 심한 경우 처벌을 받게 되어 있듯이 한 국가의 최고권력도 권한의 범위를 넘지 못한다. 재벌 회장도 공사구별을 못 하면 법으로 처벌되고, 상사가 갑질을 해도 처벌받는다. 이렇게 권력과 권한을 구분하지 못하고 권한을 전근대적인 권력같이 사용하면 인생에서 험한 꼴을 당하게 된다. 그것이 근대의 권력이다.

이상의 논의에서 밝혀진 것과 같이 근대는 산업화와 시장화라는 물적 변화에 따라 사람의 신분과 정체성, 생각과 가치, 정치·경제 제도, 문화, 태도, 삶의 방식 등이 모두 변화되는 과정을 겪는다.

물적 변화에 따르는 다른 제반 변화가 따르지 않으면 둘 간에 미스매치가 발생하여 모순과 어긋남이 언제든지 발생할 수 있다. 여기서 위에서 논의한 근대의 특징을 다시 모아 본다. '산업화, 시장, 공사구별, 개인, 재산권, 법치, 자유라는 가치, 인과관계와 상관관계, 증거를 따지는 과학, 이성, 합리성, 전문성, 신분 대신 직업, 다원주의와 다양성, 창의성, 탈권위, 권력 대신 권한' 등이다.

이와 같은 근대적인 특징을 물적 기반, 제도적 기반, 그리고 문화적 혹은 인지적 기반으로 다시 구분하면, 물적 기반에는 산업화가 해당하고, 제도적 기반에는 시장이라는 제도, 소유권, 재산권, 법치, 공과 사의 구별, 직업 등이 해당한다. 이러한 물적 기반과 제도적 기반을 운용하는 소프트웨어에 해당하는 문화적·인지적 기반은 개인이라는 정체성, 공사구별 의식, 준법정신, 과학적, 합리적 사고, 전문성, 다양성, 창의성, 탈권위, 권한과 책임성 등이라 하겠다. 물론 이러한 인지적 기반은 근대화가 진전되어 새로운 환경이 형성되면서 더욱 확장된다. 예컨대 인권과 환경보호, 투명성과 설명책임 등이 그것이다.

» 대한민국의 불균형적 근대화: 근대적 하드웨어와 전근대적 소프트웨어의 모순

대한민국은 세계에서 가장 빠르게 물적·제도적 근대화를 이룩한 국가 중 하나이다. 물적·제도적 기반은 일제 강점기에도 강제적으로 도입되었지만, 본격적으로 우리 스스로 물적·제도적 근대화를 추진한 것은 박정희 정부의 권위주의적 국가발전, 즉 발전국가 모델(developmental state)을 도입했을 때부터라고 할 수 있다. 근대적인 것들을 신속하게 도입하는 방법은 위로부터 강제하는 것과 밖으로부터 수입하는 것 두 가지밖에 없다. 그리고 강제적으로 도입하고 수입하기 위해서는 국가가 인권을 희생하는 권위주의적인 방법을 쓰게 된다. 신속하고 강제적으로 근대 교육기관을 만들어 산업화에 적합한 노동력을 만들어내고, 강제적으로 자원을 동원하여 투입하고, 강제적으로 근대적인 기업과 제도를 도입하고 특정 기업가에 특혜를 주고, 신속하게 근대적인 제반 법·제도를 수입한다. 우리는 일본의 식민지 경험도 있고, 바로 이웃에 일본이라는 근대의 모델이 있었기에 초기 대한민국 근대화를 위하여 채택되거나 수입된 것의 상당수가 일본에서의 수입이었다. 공공부문과 법·제도, 산업 및 기업, 비즈니스 모델, 학교 교육, 치안 등에서 매우 일본적인 시스템이 도입되었다.

이러한 물적·제도적 근대화가 초고속으로 이루어지면서 대한민국은 불과 약 40년 만에 최빈국에서 세계 10대 경제 강국으로 발돋움하였다. 앞만 보고 물질적·제도적 근대화를 위하여 달려왔고, 1997년 외환·금융위기 이후에는 미국적인 근대 역시 수입하여 또 한 단계의 근대화 진전을 이루었다. 하지만 이러한 초고속 근대화는 심각한 부조화를 낳을 수밖에 없다. 그것은 바로 물적·제도적 근대화에 따라가지 못하는 전근대적 문화와 의식, 태도이다. 물적·제도적 기반이라는 하드웨어는 일본이나 미국 수준으로 발달했지만, 이를 돌리는 소프트웨어는 근대와 전근대가 섞여 있는 묘한 부조화라 하겠다. 그리고 이러한 부조화는 근대화의 발전 단계 단계에서 이루어지는 사회화라는 면에서 세대의 변화와도 밀접하게 관련되어 있다.

지식과 방식이 아무리 강제되고 수입된다 하더라도 개도국 시절과 중진국 시절에 태어난 세대는 그 시대에 맞는 문화와 습관에 익숙한 채 기성세대가 된다. 그리고 개도국과 중진국은 전근대적인 문화와 관습, 습관이 아직도 관성적으로 강하게 작용하는 시기이기도 하다. 그때까지만 해도 직업은 신분의 형태를 띠어 조선 시대 사농공상의 순서에 따라 고위공무원, 교수, 법조인, 정치인 등이 배출되는 문과가 이과에 비하여 우대되었고, 그러한 직업군이 소위 선망의 대상이 되는 신분과 같았다. 요즘에는 셀럽이라는 연예인들이 최고의 직업군 중 하나이지만, 개도국·중진국 시절에는 연예인은 '광대·딴따라'라는 말이 따라다니는 하층 신분적 직업이라는 인식이 있었다. 1980~1990년대까지도 그랬으니 불과 30년 전까지의 세태였다.

공무원 시험에 합격하거나 교수가 되면 "출세하였다"는 전근대적 용어가 붙었고, 승진이나 출세하기 위해서는 실력 경쟁보다는 학벌이나 출신지 등 전근대적 카르텔에 들어가는 것이 더 중요했다. 직위가 낮으면 직위가 높은 '윗사람'에 충성하여야 했고, 그 윗사람이라는 개념에는 개인이 아니라 '사모님, 자제분'이라는 가족까지도 포함되는 신분의 의미도 내포되어 있었다. 직위가 높은 사람에게 따르는 의전은 허례허식에 해당할 만큼 과도하였고, 조직의 운영도

전문성에 못지않게 갈아 넣는 노동이 큰 비중을 차지하곤 했다. 즉 근대적 의미인 생산성이 높지 않은 조직 운영이라 하겠다.

이러한 전근대성의 관성에 있어서 가장 부정적인 문제는 지도층의 전근대성이다. 근대화 초기의 지도층은 그나마 빈곤을 탈출하고 나라를 건설하겠다는 사명감과 경각심이 있었다 하더라도, 경제적인 풍요가 어느 정도 달성되어 중진국과 선진국으로 진입하면서, 전문성과 공사구별 등과 같은 근대화가 체화되지 않은 기성세대 지도층에서부터 전근대적인·특권적 행태가 나오기 시작했다. 기존 하드웨어에 대한 근대적인 운영 매뉴얼, 즉 소프트웨어가 있지만, 이를 다 무시하고 전근대적으로 하드웨어를 돌리면, 그 조직에서는 전근대라는 악화가 근대라는 양화를 구축하여 조직이 급격하게 망가지게 된다. 만약 이러한 풍조가 전 사회에서 발생하면 사회와 국가 자체가 망가지는 결과를 초래할 수도 있다.

대한민국과 같이 전문성과 경력에 상관없이 단순히 특정 대통령, 혹은 단체장 캠프 출신이어서 주요 기관에 낙하산으로 기관장이 내려오면 이들은 스스로 인지하지 못한 채 전근대적 기관 운영을 하는 경우가 많다. 전근대성이 많이 남아 있었던, 개도국 대한민국에서 태어나고 승진해온 세대에서 이러한 기관장이 나올 확률은 더 높다. 근대화의 역사가 오래된 선진국에서 흔히 볼 수 있는 공사구별과 윤리적 직업정신(integrity), 투명성(transparency), 전문성(professionalism)과 같은 준칙들은 쉽게 자리 잡지 못한다.

우리와 같이 물적 근대화와 제도적 근대화가 너무 빨리 진행된 나라에서는 근대적인 문화와 의식이 제대로 착종되지 못한 채 겉모습만 근대적인 국가가 될 수 있다. 게다가 물적·제도적 근대화는 다른 선진국과 국제시장에서 경쟁하다 보니 하루가 다르게 빨리 변화하고, 기존의 지도층은 이 변화를 제대로 따라가지 못한다. 특히 변화의 촉매가 IT 정보화 기술과 같은 변혁적인 기술일 경우, 기성세대는 선진 IT 세대인 차세대를 끌고 나갈 수 있는 리더십을 발휘하기 매우 어렵다. 이른바 4차 산업혁명이라는 대변혁의 시대에 개도국·중진국 세대의 전근대적인 리더십으로는 근대화의 맨 앞단에서 다른 선진국과 경쟁하면서 근대화의 수준을 업그레이드하는 것이 불가능에 가깝다. 그 시대에 맞는 하드웨어를 도입했으면, 그 하드웨어에 최적화된 소프트웨어를 돌려야 하는데, 기성세대가 전근대적 소프트웨어만 고집하고 있으면, 그 부조화가 낳는 모순 때문에 사회 자체가 왜곡되고 흔들리게 된다.

지금 대한민국의 정치, 경제, 언론, 문화, 지식인, 지도층에 다음과 같은 특징이 많이 발견되면, 근대 국가라는 하드웨어를 전근대 소프트웨어로 돌리는 부조화가 매우 위험한 수준에서 노정되고 있는 것이라 할 수 있다. **비과학적인 의사결정과 판단, 신분적 사고와 그 직업의 세습, 권위주의와 전체주의적인 성향, 허례허식의 의전, 법·원칙보다 사람과 카르텔에 대한 충성, 반시장적 구호와 요구, 공사구별에 대한 무시, 전문성보다 적당주의 등등.** 아마 지금 이러한 것들을 굳이 계량적으로 측정하지 않아도 이 글을 읽는 독자들은 자신의 주변에서 이러한 전근대성을 일상적으로 경험하고 있을 것이라 생각된다.

> **근대적 세력(양화)이 전근대적 세력(악화)을 구축해야:
> 근대화 2.0 프로젝트와 세대 전환**

결국 지금의 대한민국은 보수와 진보가 양극단에서 나라를 가르는 것이 아니라 전근대적 지배세력의 정체성을 가진 자칭 보수세력과 그에 충성하는 지지자들, 그리고 이에 저항하는 전근대적인 민중의 정체성을 가진 자칭 진보세력과 그에 충성하는 지지자들이 양극단에서 나라를 가르고 있다. 권위주의 근대화 과정에서 국가가 우리의 전근대성을 억지로 억압하고 눌렀으나, 민주화가 진행되면서 그 억압이 풀리고, 억지로 눌려 있었던 전근대성이 다시 수면 위로 올라왔다.

그런 면에서 양극단에 있지 않고, 근대화를 스스로 체화한 합리적 중도세력과 선진국에서 태어난 2030 세대는 전근대를 넘어서는 근대적인 정치 정향의 사람들이다. 중도는 이쪽도 저쪽도 아닌 사람들이 아니라 근대교육과 시장에서 근대화가 체화된, 시대의 흐름에 맞추어가는 진정한 '근대화 세력'이다. 과학과 합리성, 자유와 민주주의, 시장과 국제화, 다양성과 창의성, 법치와 공사구별을 중시하는 근대화 세력이 바로 이들이다.

앞에서 장황하게 설명하였지만, 너무나 빠른 물적 근대화인 산업화에 치중하여 근대화를 달성하다 보니, 우리의 근대적인 제도와 근대적인 의식·문화는 외국에서 일단 수입되어 국가의 권위주의라는 강제력에 의해서 강제되어왔다. 우리의 초기 근대화 세대의 제도와 의식·문화의 근대화는 스스로 체화된 것이 아니라 국가에 의하여 강제된 것이고 원래의 전근대성은 억지로 눌려 있었다. 그러다 보니 오랜 역사에 걸쳐 남아 있는 전근대적인 관습과 문화와 의식이 강제된 근대의 의식·문화와 공존하게 되었다. 그러던 중에 국가의 권위적 강제를 제거하는 민주화가 달성되면서, 혼종되어 있었던 전근대와 근대가 경제와 사회·문화의 여기저기서 뒤틀리면서 뿜어져 올라오기 시작했다.

근대는 자본주의 시장경제를 중심으로 돌아가는 공간이다. 그렇지만 주체적이고 합리적이며 시장적인 개인이 되는 것은 매우 어려운 일이다. 경쟁력을 획득하고 유지하기 위하여 부단히 노력해야 한다. 잘못하면 시장에서 탈락하여 도태된다. 위험을 감수하는 리스크는 시장과 사회에 동력을 부여하지만 이러한 위험 감수는 정신적으로·육체적으로 매우 피곤한 일이다. 보수세력은 그러한 시스템의 미래를 더 효율적이고 안정적으로 유지하고 확장시켜야 하고 진보세력은 시장 시스템을 무너뜨리지 않는 선에서 극단으로 가는 시장의 횡포를 합리적으로 견제하고 시장의 부작용을 치유해나가야 하며 시대에 맞는 보편가치를 제시해야 한다. 이렇게 보면 진정한 보수와 진보는 양극단에서 나라를 찢어내는 세력이 아니라 동전의 앞뒷면같이 상보적인 세력이다. 그것이 근대가 더욱 선진적으로 나아가는 이상적인 모델이라고 할 수 있다.

물론 전근대와 근대에 대한 이와 같은 분석이 우리 사회의 모든 문제를 명쾌하게 설명할 수는 없다. 하지만 지금 사회 전 분야에서 나타나는 전근대성은 초기 근대화 세력이 권위주의로 눌러온 전근대성이 민주화와 함께 반작용으로 뒤틀려서 튀어나오는 것이라 볼 수 있다. 이에 대한 해법으로 자칭 보수세력은 다시 권위주의로 돌아가려 하고, 자칭 진보세력은 전근대적인 민중적 분노와 저항으로 돌아가려 한다. 그나마 이들의 전근대성을 견제하는 사람들은 근대가 체화된 젊은 세대와 중도세력이라고 할 수 있다.

이러한 흐름에서 볼 때, 대한민국이 또 한 번 재도약하기 위해서 무얼 어떻게 해야 할지에 대한 막연하지만 중요한 단서가 하나 발견된다. 그것은 바로 21세기 근대화를 다시 시작하는 것이다. 즉 근대화 2.0 프로젝트를 시작하는 일이다. 물적·제도적 근대화라는 하드웨어를 제대로 돌릴 수 있는 문화적·의식적·행태적 소프트웨어의 근대화를 추진하는 일이다. 강제된 근대성이 아니라 체화되고 진정으로 학습된 근대성을 가진 사람과 세력이 대한민국을 운영하고 지도하고, 발전시키는 새로운 궤도를 만들어야 한다.

이 길은 양극단에 포진한 기존의 기득권 세력이 만들어내기는 매우 어렵다. 위에서 말한 중도세력(진정한 근대화 세력임)과 선진국에서 태어난 미래세대가 만들어낼 수 있는 길이다. 그런 의미에서 근대화 2.0의 선결과제는 중도와 미래세력이 함께 만나서 앞 단에서 대한민국을 끌고 나가는, 이른바 '세대 전환'이 되어야 한다. 이 세대 전환을 어떻게 현실화시킬 것인가에 대한 많은 고민과 실천력이 필요한 때가 되었다. 그 고민과 실천이 담긴 세대 전환이 바로 프로 근대화 2.0 프로젝트의 핵심이 될 것이다.

조귀동 | 민 컨설팅 전략실장

2. 정치의 실패, 무엇이 문제이고 어떻게 고쳐야 하는가

    2010년대 중반 이후 한국 정치의 가장 큰 특징이라 한다면, 광장에서의 민주주의는 활성화되는데 제도권에서의 민주주의는 점점 심각한 기능부전을 겪고 있다는 것이다. 좀 더 정확히 이야기하자면, 광장에서의 민주주의 성공이 정치 영역에서의 민주주의 실패를 낳고 있는 것에 가깝다.

    2016년 박근혜 전 대통령 탄핵 촉구 시위는 "민주주의 역사에 길이 남을 촛불 시민혁명"[1]이라는 찬사를 받았지만, 그 뒤 제도권 정치는 극단적인 대립과 진영논리가 일상화됐다. 압도적 지지율로 시작한 민주당 정부가 5년 만에 대통령직을 내준 건 민주당 정치의 내파(內破, implosion) 때문이었다. 뒤이어 등장한 국민의힘 정부는

---

[1] 하태훈, 「민주주의 역사에 길이 남을 촛불시민혁명」, 《월간 참여사회》, 2017년 11월.

예전보다 비할 바 없이 쪼그라든 지지자 연합과 국회 의석을 갖고도 이념적 대결을 택했다. 국정 성과가 선거 승리로 이어지는 여당이 대결적 정치에 골몰한 것은, 정당 내부 정치에서 선거 결과가 유인 역할을 제대로 수행하지 못함을 의미한다. 윤석열은 그가 정치적 궁지에 몰렸다는 것 이외에 이유를 찾기 어려운 비상계엄 선포로 아예 민주주의 원칙을 폐기하고자 했다.

» 광장의 성공, 제도의 실패

윤석열이 비상계엄을 선포하자마자 시민들은 여의도 국회로 몰려가 군대와 경찰 앞에 섰다. 그리고 윤석열 퇴진을 외치는 시민 수십만 명이 여의도와 광화문에 운집했다. 양쪽 모두 자기편 시민들의 승리라 규정했지만, 일상적 정치의 실패에 따른 비일상적인 정치의 장이 열릴 수밖에 없었음을 의미한다. 광장에서의 민주주의는 정치의 양극화와 극단화를 상징하는 것으로 변했다. 동시에 극단적 정치세력의 배양지 역할을 하고 있다. 매주 주말 광화문에서 열렸던 극우 진영의 집회나, 2019년 서초동에 몰려갔던 조국 전 법무부 장관 옹호 세력의 집회가 이를 웅변한다.

광장에서 민주주의 성공이 제도적 민주주의의 성공과 거리가 멀다는 건 다른 나라에서도 마찬가지다. 대표적인 곳이 우크라이나다. 우크라이나는 2004년 대선 당시 발생한 부정선거에 맞선 '오렌지 혁명', 2013년 대통령의 독단적인 EU(유럽연합)와의 협정 추진 중단 선언에 쌓였던 불만이 폭발한 '존엄 혁명(일명 유로마이단)'을 비롯해 우크라이나어로 '마이단'이라 불리는 광장이 민주주의의 핵심적인 역할을 해왔다.

2004년 부정선거에 항의해 발생한 오렌지 혁명은 2010년 부정선거의 주역 빅토르 야누코비치의 합법적 대통령 당선으로 초라한 결과를 낳았다. 야누코비치는 대통령이 된 뒤 자기 영향력 아래에 있는 헌법재판소를 이용해 무제한적인 권한을 손에 넣었다. 대통령 권한을 제한하고, 사실상 이원집정부제에 가깝게 정부를 운영하게 한 법률도 헌재를 이용해 폐기한 게 대표적이다. 경찰과 정보기관에 측근을 앉히고 정적을 탄압하면서 자신과 아들, 그리고 자신을 지지한 측근 집단에 각종 특권과 이권을 몰아주었다. 결국 2013년 11월 키이우 독립 광장을 주무대로 한 존엄 혁명(유로마이단)으로 쫓겨났다. 존엄 혁명 이후 당선된 사람은 우크라이나판 재벌 '올리가르히'의 일원인 페트로 포로셴코였다. 2004년 집권한 빅토르 유셴코보다는 나았지만, 포로셴코도 정치 및 경제 개혁에 성과를 내지 못했다. 포로셴코 임기 마지막 해인 2019년 갤럽이 실시한 조사에 따르면 우크라이나에서 '정부를 신뢰할 수 있다'고 답한 응답자는 9%에 불과했다.[2] 전 세계 국가들의 평균은 56%였고, 소련에서 독립한 국가들도 평균 48%였다. 시트콤에서 이상적인 대통령상을 보여준 볼로디미르 젤렌스키가 2019년 정치 입문 직후 대선에서 포로

---

2 Gallup. World-Low 9% of Ukrainians Confident in Government. March 21th 2019. https://news.gallup.com/poll/247976/world-low-ukrainians-confident-government.aspx

셴코를 상대로 대승을 거둘 수 있었던 이유다.

» '제왕적 대통령'이 진짜 원인인가?

한국 정치의 기능부전은 제왕적 대통령제 때문이 아니다. 제왕적 대통령론은 대통령이 강력한 정부 입법, 입법 과정을 우회할 수 있는 시행령, 정부 및 공공기관에 대한 인사권과 예산 편성권 등 자원 동원 능력, 검찰·경찰 등 권력기관과 여당에 대한 통제력 등의 여러 수단을 갖고 있어 무제한의 권한을 갖고 있다는 데 주목한다. 그로 인해 견제와 균형이 제대로 이뤄지지 않고 대통령 권력에 대한 내부 통제도 느슨해질 수밖에 없기 때문에 결국 대통령의 권한 남용으로 이어진다는 것이다.

하지만 실제 대통령제 운영 양상은 사뭇 다르다. 임기 중후반을 넘기면 아무것도 할 수 없고, 다양한 권력 리스크에 대한 방어가 불가능해진다. 5년의 임기가 '제왕'과 '레임덕'으로 명확히 나뉘는 게 한국의 대통령제가 가진 특징[3]이다. 정부 입법의 주도권은 시간이 갈수록 하락 추세다. 다른 나라 의회의 정부 발의 법안과 비교했을 때 가결률도 높지 않다.[4]

시행령 등을 통한 통치가 가능하다고 하지만, 미국 대통령의 행

---

[3] 이선우. 「'제왕'과 '레임덕' 두 얼굴의 대통령을 읽는 하나의 이론적 시각」.《동향과 전망》. 105. 2019: 9. pp.9-45.
[4] 국회입법조사처.『지표로 보는 오늘의 한국』. 서울: 대한민국 국회. 2010.

정명령과 비교해 권한과 범위가 넓다고 보기 어렵다.[5] 이명박 정부 당시 4대강 사업이 시행령을 개정해 예산 타당성 평가를 받지 않고 바로 집행되도록 한 것과 같이 시행령을 통해 상위 법률을 우회하는 경우가 종종 존재하지만, 그 경우 관건은 상위 법률과의 충돌 문제를 대통령이 정치적으로 무마할 수 있는가였다. 인사권과 예산 편성권이 대통령의 주된 무기로 여겨지지만, 운용 과정을 보면 대통령도 잠재적 거부권 행사자인 여당과 관료의 동의를 받아야 한다. 한국의 대통령이 다른 나라에 비해 명확히 견제받지 않은 권력을 행사할 수 있다고 보기 어렵다.

대통령제의 본질적인 특징은 의회와의 권력 분점이다. 미국이 대통령제를 발명한 것부터 의회 권력에 대한 제어를 위해서였다. 행정부 각료를 통솔하는 대통령을 간접선거를 통해 따로 뽑아, 국민이 직접 뽑은 의회나 의원들이 모인 파당(즉 정당)의 전횡을 견제하겠다는 구상이었다. 의회 권력과 대통령 권력의 상시적인 교착 상태야말로 의도된 결과에 가깝다. 미국의 대통령학은 늘 교착 상태에서 대통령이 어떻게 주도권을 확보할 수 있는지에 초점을 맞춘다. 대통령의 리더십은 "다원주의적인 헌법 체계 내에서 교착 상태에 대한 해독제, 통치 불가능성이라는 질병에 대한 치료제"[6]로 간주된다.

물론 대통령제는 이후 여러 차례 변화를 겪었다. 연방정부의 권

---

5 박용수, 「한국의 제왕적 대통령론에 대한 비판적 시론: 제도주의적 설명 비판과 편법적 제도운영을 통한 설명」, 《한국정치연구》, 25.2. 2016. pp.27-55.

6 Tulis, Jeffrey K. *The rhetorical presidency: New edition*, 2017. p.4.

한이 강해지고, 경제와 사회 정책 전반에 걸쳐 국가의 역할이 늘어나면서 대통령은 극소수의 직원들을 거느리는 개인에서, 방대한 관료 기구의 정점에 서 있는 권력자가 됐다. 한국의 대통령제는 박정희 대통령 시절 지속적으로 권한이 강화되었으며, 전두환 정부까지 이어졌다. 1987년 출범한 제6공화국에서도 대통령의 권한은 줄지 않았다. 헌법 제정에 참여한 정치 지도자들은 대개 잠재적인 대통령 후보자였으며, 각 파당에서 압도적인 힘을 갖고 있었기 때문이다.

그럼에도 6공화국에서 대통령 권한은 그가 지지율이 높고, 선출직 공직자의 선거 승리에 도움을 줄 수 있느냐에 따라 극명하게 달랐다. 홍보물에 대통령의 사진을 하나라도 더 싣는 게 도움이 될 수 있는 상황에서는 여당은 대통령의 수족 역할을 충실히 했다. 공천 등에 영향력을 미칠 수 있고, 인사나 예산권의 재량적인 행사 범위도 넓었다. 그러나 지지율이 낮고, 여당 내에서 대안을 모색하는 상황에서는 누구도 대통령의 말을 듣지 않았다. 대통령 권력은 제도에 의해 만들어진 것이라기보다는, 정치 역학의 결과물이었다.

문제는 대통령이 아니라, 대통령 권력에 의존적일 수밖에 없는 정당의 취약성에 있다. 그것이 정치의 불안정성을 키운다. 야당이 아니라 여당의 대통령 견제 능력과 자율성을 높이는 게 해답에 가깝다. 5년 단임이라 할지라도, 정당이 강하다면 대통령 내지 잠재적 대선 주자의 변화가 당내 권력 구조에 영향을 적게 미칠 것이다.

소선거구제에 원인을 찾는 것도 무리다. 영국은 별도 비례대표 없이 소선거구제로만 하원의원을 뽑는 데, 그럼에도 불구하고 안정적이며 책임 있는 양당제가 운영된다. 로젠블루스와 샤피로[7]는 영국식 정치 제도가 구조적으로 안정성과 책임성이 높다고 주장한다. 소선거구제이기 때문에 정당은 특정 이념이나 계층, 이익집단이 아니라 보편적인 유권자를 주된 타깃으로 활동한다. 신규 정당의 진입이 어렵기 때문에 공천권을 쥔 정당은 의원들을 통제할 수 있으며, 의회 정치는 정당 대 정당 간의 경쟁이 된다. 통일된 야당은 여당에 대한 적극적인 견제를 할 수 있다. 상대적으로 정치 비용이 적게 들어가는 것도 장점이다. 두 사람은 오히려 어설픈 비례대표제가 안정적이고 책임 있는 정당 체제를 만들어내지 못하고 실패하는 사례가 더 많다고 지적한다.

정치 양극화는 제도가 아니라 유권자 지형의 변화와 정당의 정치 전략에 의해 촉발됐다. 미국에서 정치적 양극화는 1990년대 후반 등장했다. 이전까지 정당의 기율은 약했고, 의원들은 독자적인 사업가처럼 행동했으며, 당파를 가리지 않고 입법 과정에서 경쟁과 협력이 나타났다. 하지만 1990년대 중반 이후 공화당에서 기독교 복음주의, 이민과 인종 문제의 적극적 활용 등이 나타나면서 양극화가 시작됐다. 논점은 양극화를 추동한 것이 정치권이냐, 아니면 유권자 지형의 변화에 있느냐이지 제도가 아니다.

---

[7] 프랜시스 매컬 로젠블루스·이언 샤피로. 노시내 역. 『책임 정당: 민주주의로부터 민주주의 구하기』. 후마니타스. 2022.

» 정치 질서의 해체가 위기의 본질

위기의 원인은 정치인·정당·제도가 아니다. 정치 질서의 와해가 본질적인 문제다. 정치 질서는 체제·레짐보다 넓게 정당, 정치인, 이데올로기, 지지자 구성, 정치 행위의 명시적·암묵적 규칙 등을 포괄하는 개념이다. 새뮤얼 헌팅턴은 정치 질서를 중심 개념으로 사용했지만, 명시적인 정의를 내리지 않았다. 구체적인 사례를 제시한 이들은 플롯케, 거슬 등 일군의 미국 정치사학자들이다. 이들은 정치 질서의 형성 및 변동을 중심으로 미국 정치를 분석했다. "정치 지형을 만들어내는 일군의 이데올로기, 정책, 지지층을 모두 함축하는 개념"으로 "2~6번의 선거 사이클을 넘어서서 오랫동안 지속된다"고 정의한다. 또 프랭클린 루스벨트에서부터 시작된 '뉴딜 질서', 로널드 레이건로 시작된 '신자유주의 질서'로 현대 미국 정치를 설명한다.

정치 질서는 특정 정치 세력이 헤게모니를 쥐고 만들어내지만, 다른 정치 세력도 이 정치 질서에 적응해 함께한다는 것이 특징이다. 뉴딜 질서하에서 미국 정치는 케인스주의에 입각한 혼합 경제와 복지사회 건설을 중심으로 공방이 이루어졌다. 민주당뿐만 아니라 공화당도 이 컨센서스를 받아들였다. 레이건 당선으로 시작된 신자유주의 질서를 완성한 것은 민주당의 빌 클린턴이다.

노무현 대통령 당선 이후 한국 정치는 노태우·김영삼·김대중 세 대통령 재임기와 다른 정치 질서하에 있었다. ① 정당에 의존하지 않는 대중 정치, ② 수출 지향 경제의 질적 고도화, ③ 중산층

행동주의, ④ 중산층이 허용하는 범위 내에서의 재분배라는 네 가지 축을 중심으로 한 정치 질서였다. 삼성전자, 현대자동차 등 대기업이 글로벌 일류기업이 되면서 만들어진 상위 중산층은 적극적으로 정치적 목소리를 냈고, 민주당은 그들을 정치적으로 동원해 내면서 정당을 일종의 '경선용 플랫폼'으로 바꾸어나갔다. '386'은 세대가 아니라 1980년대 학번이라는 계급이 1960년대생이라는 역사 특수적 맥락을 더한 개념이었다. 보수 정당은 부동산 등 자산 기반 정치와 분배 동맹으로서 산업화의 향수를 동원해 맞섰지만, 재빠르게 팬클럽 정치를 수용하는 등 노무현 질서의 자장 하에 있었다.

문제는 2010년대 중후반 이후 선진국에 진입한 한국의 하부구조와 정치라는 상부구조가 조응하지 못하게 됐다는 점이다. 서비스 산업을 중심으로 한 기업 간 생산성 격차 확대, 지속적인 탈공업화, 그에 따른 질 좋은 일자리 창출 역량 쇠퇴, 2020년 이후 급격해진 자산 격차의 심화 등은 민주당의 전통적 지지 연합을 와해시켰다. 대안이 마땅치 않은 문재인 정부는 반독재·반기득권을 내세우며 민주·개혁 세력의 진영 정치를 펴려고 했지만, 사회·경제적 약자의 이탈을 막을 수 없었다. 자유한국당-미래통합당-국민의힘으로 이어지는 보수 정당은 어떠한 설득력 있는 정치적 대안도 내놓지 못했다. 민주당을 이탈해 국민의힘을 찍었던 유권자들은 2022년 하반기 일제히 지지를 철회했다.

먹고사는 문제를 기반으로 지지 연합을 만들어낼 수 없는 상황에 봉착한 두 정당이 택한 길은 포퓰리즘이다. 최근 정치학에서는 포퓰리즘을 특정한 이념이나 정책으로 규정하지 않는다. 대신 일종의 '정치의 방식'으로 규정한다. 가장 널리 쓰이는 포퓰리즘의 정의는 무데와 칼트바서가 "사회가 궁극적으로 서로 적대하는 두 진영, 즉 '순수한 민중'과 '부패한 엘리트'로 나누어져 있다 여기고, 정치란 민중(또는 국민이나 인민)의 일반의지의 표현이라고 주장하는, 중심이 얇은 이데올로기"[8]로 규정한 것이다.

포퓰리즘은 현실 정치가 민중의 의사를 제대로 반영하지 못하고 있으며, 그 이유는 '부패하고 비도덕적인 엘리트'가 다양한 수단을 써서 민중을 배제하고 있기 때문이라고 주장한다. 민중들이 굴레에 벗어나기 위해서는 '진짜 평범한 민중'을 대변하는 특정한 정치 지도자를 지지하고, 그들과 힘을 합쳐야 한다. 포퓰리즘 정치의 핵심은 '적'에 대한 규정이다. 특정 정치인 또는 정치 세력을 좇아 목소리를 낼 수 없는 사람들이 정치 전면에 나서게 된 이유는 '적'이 그들을 체계적으로 억압하고 배제하고 있기 때문이다. "대부분의 포퓰리스트들은 […] 기존 정당의 지도자들을 배신자들로 몰아붙이"[9]는 이유다. 다만 여기서 '적'에 대한 이데올로기적 규정은 명확하지 않다. 나라별, 시대별, 정당이나 정치인별로 다른 외양을 띤다.

정당이 형해화되면서 포퓰리즘적인 정치는 사실상 유일한 승리 공식이 됐다. 기층 조직은 사라졌고, 대신 각종 정치 미디어가 당 조직의 역할을 대신 떠맡았다. 정치인들도 미디어 같은 방식으

---

[8] 카스 무데·크리스탈 로비라 칼트바서, 이재만 역, 『포퓰리즘』, 고유서가, 2019. p.12.
[9] 야스차 뭉크, 함규진 역, 『위험한 민주주의』, 와이즈베리, 2018. p.55.

로 정치 활동을 했다. 이른바 정치의 미디어화다. 각자 스스로의 조직을 만들어야 하는 정치인들에게는 팬클럽 방식의 대중 동원이 거의 유일한 선택지가 됐다. 정치 팬덤을 만들어 내는 확실한 수단은 '적'의 창조였다. 그리고 압도적으로 더 큰 팬덤을 갖고 있는 사람, 즉 주류 파벌의 대선 후보에 편승해야만 했다.

팬덤의 핵심 요소 중 하나는 다른 팬덤과의 경쟁이다. 엔터테인먼트 산업과 달리 승자 독식인 정치 산업에서 상대 팬덤에 대한 공격성은 억제될 수 없다. 다른 정당뿐만 아니라, 같은 정당 경쟁자에 대해서도 마찬가지다. 당내에서 '비주류'를 용납할 수 없게 된 메커니즘이 견고하게 구축됐다. 극소수 유력 대선 주자나 대통령을 중심으로 결집한 지지층을 기반으로, 비주류를 직위 배분에서 배제하는 행태가 나타났다. 이러한 당내 메커니즘은 도리어 정당의 지지 기반을 취약하게 만들었다. 선거에서 승리하기 위해서는 유권자 다수를 확보해야 하고, 이를 위해서는 핵심 집단 바깥의 정치 엘리트들을 끌어들여야 하는데, 이것이 구조적으로 점점 어려워졌기 때문이다.

정치 질서의 와해와 포퓰리즘 정치 행태의 성장은 정당 내부의 메커니즘과 맞물려 지지자만을 바라보는 정치 행태를 낳게 됐다. 강성 지지자만을 바라보고, 한두 명의 유력 정치인에게 일사불란하게 복종하며, 그들의 정치적 승리만을 목적으로 극단적인 대립이 일상화된 정치가 나타나게 됐다.

» 새로운 정당이 새로운 질서를 만들어야 한다

정치 질서의 와해가 근본적인 원인이라면, 이를 재구성할 수 있는 새로운 정치 세력이 필요하다. 행위자를 바꿔야 제도의 변화를 도모할 수 있다. 굳이 새로운 정당일 필요는 없다. 기존 양당제하에서 새로운 정치 세력이 나타나는 게 어렵긴 하지만, 불가능하지 않다. 지금처럼 경제적·사회적 변화에 의해 과거의 지지자 연합이 붕괴하는 경우라면 정당의 와해로 이어질 가능성이 크다. 변화된 환경 속에서 정당 내 정치 엘리트 간의 이견과 반목이 정당의 조직 역량을 망가뜨리고, 나아가 대응 능력을 약화시키는 사건도 발생하기도 한다. 양당제의 견고함을 주장하는 이론은 기존 정당의 탄력적인 대응 능력 및 안정적 내부 갈등 능력을 핵심 근거로 삼는다. 거꾸로 보면 기존 정당의 대응 능력이 저하되는 경우 새로운 정치 세력이 성장할 공간이 생겨난다.

대규모 사회·경제적 구조 변화 속에서 주요 정당에서 소외된 유권자 집단이 방대하게 만들어지는 상황은 새로운 정치 세력 성장의 기본적인 조건이다. 기성 정당은 과거의 사회적 균열에서 최적화된 이념적·정책적 지향점을 갖고 있으며, 이는 다양한 유권자 집단을 고려한 결과다. 새로운 유권자 집단이 나타난다고 해도 기존 유권자 집단의 충성도를 낮출 수 있는 변화를 도모하기 어렵다. 또 정당 내 경쟁은 기존 유권자 집단을 둘러싼 정치 엘리트들의 경쟁이며, 새로운 유권자 집단은 고려 대상이 아니다. 사회·경제적 변화로 만들어진 '붕 뜬 유권자'는 기회일 수 있다.

20세기 전반 영국 노동당의 성장은 고전적인 사례다. 영국은 보수당과 자유당의 양당제가 견고했고, 자본가들의 정당이면서 개혁적인 중산층과 숙련 노동자를 우군으로 삼던 자유당이 성장하고 있었다. 그런데 자유당은 1차 세계대전을 계기로 급격히 몰락했다. 작은 정부를 지향했던 자유당은 정부가 국가의 모든 자원을 틀어쥐는 총력전을 치를 수 없었고, 그 경험이 바꿔놓은 정치 지형에 적응하는 데 어려움을 겪었다. 노선을 둘러싼 내분도 심각했다. 노동당은 자유당이 몰락하면서 생겨난 공간을 빠르게 차지하면서 성장했다. 하지만 명확하고 체계적인 정책 프로그램이 없고, '큰 정부'에 대한 국민의 지지도 약했다.

상황을 바꾼 건 대공황과 2차 세계대전이었다. 정부가 국민의 고용과 복지를 보장해주어야 한다는 데 공감대가 넓어졌다. 이전보다 훨씬 강도 높은 총력전 속에서 노동당은 전시 거국 정부의 국내 정책을 책임졌다. 보수당은 전쟁 이후 새로운 사회를 바라는 영국인의 열망에 부응할 수 있는 이념과 정책, 실력이 없었다. 노동당은 1945년 7월 치러진 총선에서 압승한 뒤 5년 동안의 집권 기간 '요람에서 무덤까지' 생활을 보장하는 복지 사회를 건설하는 데 성공했다.

독일 녹색당의 성장도 생태·여성·평화를 비롯해 사회민주당과 기독교민주당, 기독교사회연합 등 기존 정당이 무시하고 있던 영역을 빠르게 잠식하는 방식으로 이뤄졌다. 사민당은 1970년대 빠르게 성장한 환경운동과 여성운동에 대한 관심이 미흡했으며, 조직 노동 중심의 전통적인 지지 기반에서 이를 적대시하는 기류도 상당했다. '노동계급'은 으레 남성 노동자를 의미했다. 환경을 위해 경제 발전을 억제해야 하는 규제를 받아들이기도 어려웠다. 핵무기나 중거리 탄도미사일 배치 등 냉전 속에서 독일 내 군사력 감축도 주류 정당이 내세울 수 없는 의제였다. 녹색당은 1960년대 후반 학생운동에 참여한 신좌파 세력을 기간 세력으로, 1945년 이후 태어난 대졸 화이트칼라 중산층을 주된 지지 기반 삼아 빠르게 세력을 늘렸다.

한국에서도 기존 정당의 구심력이 약화하면서, 붕 뜨게 된 유권자 집단이 생겨나고 있다. 대표적인 집단이 경기도와 광역시 교외 지역 신도시의 30~40대. 2024년 총선에서 조국혁신당과 개혁신당은 신도시에서 많은 지지를 받았다. 조국혁신당이 득표를 많이 한 지역은 호남을 제외하면 모두 신도시다. 경기도 신도시는 2022년 지방선거에서 국민의힘 시장을 당선시켰다. 그리고 2024년 총선에서 민주당 후보를 찍었다. 하지만 비례대표에서는 민주당이 아니라 조국혁신당을 선택했다. 부산 강서구 명지1·2동 같이 부산·경남·울산 지역의 민주당 심판 정서에 동참한 곳도 비례는 조국혁신당이 1위였다. 개혁신당은 동탄신도시가 있는 경기도 화성을 지역구에서 이준석 후보가 당선됐다. 이 후보는 자신이 동탄과 같은 상계동 신도시의 자녀이며, 예전의 전통적인 중산층 성공 방정식을 되살리겠나고 선서 캠페인 내내 강조했다. 신도시 30~40대는 안정된 직장을 가지고 내 집 마련과 일정 수준 이상의 자산을 보유하는 데 성공했다. 동시에 상향 이동 가능성은 막혀 있다. 지금의 사회구조에서 가장 불만을 가질 수밖에 없는 연령-계층 집단인 셈이다. 조국혁신당과 개혁신당의 성공은 향후 이렇게 붕 떠 있는 유권자 집단을 누군가 동원하고 규합하는 데 성공할 수 있음을 시사한다.

» 새로운 정치 세력 등장 가능케 정당법 등 바꿔야

한국에서 새로운 정치 세력의 등장을 막는 주범은 소선거구제가 아니라 정당법이다. 현 정당법은 정당의 운영 방식이나 조직 구성을 획일적으로 강제한다. 창당을 위해서는 1000명 이상이 참여한 5개 시·도당이 있어야 한다. 그런데 정작 유급 직원은 중앙당 100명, 당 지부(시도당) 각 5명만 허용된다. 시·군·구별 지역 조직인 지역위원회(또는 당원협의회)는 비공식적인 협의체만 가능하다. 자체적인 예산 운영이나 유급 직원 고용이 안 된다. 중앙당이나 시·도당은 최소한의 당원 관리 업무도 버거워하는 상황이다.

정당은 그저 당내 경선 선거인단의 명부나 다름없다. 정기적인 회합과 의식, 풀뿌리 조직과 이를 관리하는 전문가, 잘 짜인 연락망과 일상생활까지 연계된 네트워크가 결합된 종교 단체와 비교하면 그 차이가 확연하다. 지역이나 직능 단체에서 정당 조직의 활동이 빈약하다. 당원과 유권자의 정당에 대한 효능감도 적다.

사정이 이렇다 보니 정치인들은 자신에게 표를 찍을 선거인단을 모집하는 데 목을 맨다. 일단 현역 국회의원 등 현직자는 압도적으로 유리하다. 나랏돈으로 고용되는 보좌진에, 추가로 자기 돈을 들여 인력을 쓸 수 있다. 정치 자금을 모으는 것도 허용된다. 국회의원의 영향력 아래 있는 지방의원들도 수족 노릇을 한다. 반면 오랫동안 해당 지역에서 당선자를 내지 못한 정당의 경우 아무것도 할 수 없다. 결국 돈이 있고, 지역에서 조직을 만들 수 있는 사람만 원외 정치인으로 살아남을 수 있다. "변호사는 성골, 의사는 진골, 지역 토호는 6두품, 시민단체 간부는 5두품이라는 이야기가 나도는 이유"다. 몇 년 전부터 정치 신인들이 종합편성 채널, 유튜브, 팟캐스트 등에 열심히 출연해 당파색이 분명한 이야기를 해 지명도를 끌어올리는 행태가 일반화된 것도 자신만의 선거인단을 만들기 위해서다. 기존 정당 내에서 극단적 팬덤 정치가 강화되는 와중에, 지역구 수준에서 정당 간 경쟁은 도리어 약화하는 구조적인 이유다.

새로운 정당을 만들기 위해서는 조직과 인력, 자금이 필요하다. 하지만 법인이나 단체의 정당이나 정치인에 대한 정치 자금 후원이 불가능하다. 서유럽의 진보정당이 성장했던 것처럼 노조나 시민단체의 자금 지원이나, 의석수는 작지만 저변이 넓은 정당이 대규모 조직을 운영하면서 선거를 준비하는 모습을 한국에서 찾아볼 수 없는 이유다. 기존 거대 양당은 국고보조금을 받기 때문에 외부 후원이 필요 없다. 이들 정당은 대부분의 당비를 대통령·국회의원·지자체·단체장·지방의회 의원 등 선출직과 대의원·각급 위원회 위원장 등 간부급 당원이 낸다.[10] 정당들이 당원 명부를 관리하지 않고,

---

[10] 박상훈·정순영·김승미. 「만들어진 당원: 우리는 어떻게 1천만 당원을 가진 나라가 되었나」. 국회미래연구원. 2023.

월 1000원을 6개월만 납부하면 경선 투표권을 주는 행태가 만연한 핵심적인 이유는 정당의 재정 기반이 풀뿌리 당원들이 아니기 때문이다.

지금의 정당법의 규율을 대폭 완화할 필요가 있다. 먼저 정당법의 창당 요건을 완화해 지방선거에서는 지역에 기반을 둔 풀뿌리 정치 세력, 이른바 지역 정당 소속으로 출마하도록 해야 한다. 양대 정당이 영남과 호남 등 특정 지역에서 압도적인 패권 정당의 지위를 갖고 있는 상황을 지역 정당을 통해서 타파하고, 나아가 지역 정당을 거쳐서 새로운 정치 세력이 나올 수 있도록 하자는 것이다. 영국 노동당이나 독일 녹색당도 지방자치단체에서 우호적인 정치 세력이 적극적으로 활동하는 게 톡톡히 도움이 됐다. 정당법에서 규율하고 있는 상근자 수 제한을 없애고, 지역위원회도 공식 조직화해야 할 것이다. 노동조합, 시민단체를 비롯한 단체를 비롯해 당원 외 일반 시민들의 정치 자금 기부도 허용되어야 한다. 정당 밖의 다양한 조직들이 정당과 연관을 맺도록 하는 게 정당의 역량을 키우는 방안이다.

정당의 자율성을 키우고, 인력·자금·조직에서 제한을 두지 않는 게 부패를 키울 것이라는 우려는 타당하다. 하지만 이는 정치 자금 운영 및 조직 관리의 투명성을 높이는 방식으로도 달성 가능하다. 공식적인 정치 자금 규제는 푸는 대신, 출판기념회 등 현역 정치인의 돈줄 역할을 하는 비공식적인 행태를 막는 방법도 필요하다. 지금의 정당법은 너무나 현역 정치인, 그리고 현역 정치인이 있는 정당에 유리하다. 지금의 독점적 정치구조를 타파하고, 정당 내부에서 역동성을 높이기 위한 조치가 필요한 시점이다.

» 개헌보다 비례대표 확대·결선투표 도입부터

정치권의 개헌 논의가 매번 흐지부지되는 데에는 세 가지 이유가 있다. 먼저 지금의 대통령 직선제가 무엇이 문제인지 합의가 이루어지지 않고 있고, 국민의 공감대가 충분하지 않다는 것이다. 역대 대통령의 불행한 말로는 그들이 의회 권한을 압도해서 전권을 행사할 수 있어서라고 보기 어렵다. 여론조사에서 4년 중임제를 가장 선호하는 결과[11]가 나오는 것은, 국민이 보는 시각은 대통령의 권력 행사 범위가 아니라 정치적인 반응성과 책임성의 결여가 문제라는 것에 가깝다.

두 번째는 정치 행위자들이 개헌에 대해 갖고 있는 이해관계가 다른 상황에서, 이를 조정하기 어렵다는 점이다. 개헌의 핵심 문제는 차기 대통령의 영향력과 임기다. 개헌으로 권력 구조가 바뀌게 되는 상황에서, 차기 대통령은 다른 정치인들에게 영향력을 행사하기 어렵다. 개헌 이후 차차기 권력을 놓고 치르는 선거에서 차기 대통령에 대한 심판론이 분출될 가능성이 크다. 따라서 승리 가능성이 큰 쪽은 개헌을 피한다. 반면 선거 패배가 유력한 정당은 임기

---

11 갤럽이 2024년 12월 6일 발표한 여론조사 결과가 대표적이다. 갤럽. 「데일리 오피니언 제605호(2024년 12월 1주) - 장래 정치 지도자 선호도, 정당별 호감도, 대통령제 개헌 #비상계엄」. 2024. 12. 6.

단축이나 내각제 개헌 등을 꺼내 다른 당 대통령의 힘을 빼놓으려 한다. 협상이 될 리가 없다.

마지막으로 개헌이 단순히 권력 구조만 바꾸는 것에 그칠 수 있는지에 대한 문제가 있다. 개헌 과정에서 필연적으로 국가의 역할과 정체성에 대한 규정, 국민의 권리와 의무에 대한 명시적인 언급 등에 대한 수정 시도가 뒤따를 것이다. 연령별, 계층별, 이해당사자별 요구가 분출할 것이고 그것을 조율하는 데 적잖은 시간과 노력이 뒤따를 것으로 보아야 한다.

이 때문에 정치 개혁을 위해 제도를 바꾸어야 한다면 헌법보다 선거법의 영역에서 바꿀 수 있는 것부터 변화를 도모해야 한다. 바꾸기 어렵고, 결과도 불확실하며, 영향을 예측하기 어려운 헌법보다 선거법 개정을 통해서 '정치 시장'의 원활한 작동을 돕자는 얘기다.

비례대표 증가는 가장 빠르게 추진할 수 있는 대안이다. 새로운 정치 세력이 등장하기 위해서는 비례대표 비율을 늘릴 필요가 있다. 국회에서 비례대표 의원의 비율은 15.7%로, 경제협력개발기구(OECD) 회원국 가운데 가장 낮다(영국, 미국, 프랑스, 캐나다 등 완전 소선거구제 국가 제외). 국민 10만 명 당 국회의원 수는 0.58명으로 미국(0.16명), 멕시코(0.49명), 일본(0.56명) 다음으로 낮다.[12] 비례대표 의원을 늘릴 충분한 여력이 있는 셈이다. 비례대표 의원 증가는 기존 지역구를 조정할 필요가 없기 때문에 선거구 재획정에 드는 협상과 갈등을 피할 수 있다. 한국과 같은 단원제 의회인 대만의 경우 전체

---

12 연합뉴스, 「[팩트체크] 한국 국회의원 수·생산성 외국과 비교하니」, 2019. 11. 1.

의석(113석)의 30%가 비례대표다. 지난 2024년 총선에서 커원저(柯文哲) 당시 타이베이 시장이 이끄는 대만민중당은 22.1%를 득표해 비례에서 8명의 의석을 확보했다. 2020년 총선(5석)보다 늘어난 수치로, 제3당이 2번의 선거에서 생존에 성공한 것이다.

비례대표를 늘리면서 권역별 비례대표제 등을 도입하는 방안도 있다. 소외되기 쉬운 농어촌 지역의 정치적 발언권을 어느 정도 보장해주고, 동시에 해당 지역에서 정치적 비례성을 살리자는 것이다. 일본 중의원(하원)은 소선거구제를 기본으로 하되 전체 의석의 37.8%(176석)를 석패율제가 가미된 권역별 비례대표제로 뽑는다. 오스트리아는 권역별 비례대표제와 완전 비례대표제를 절충하는 방식[13]이다. 기본적으로는 정당별 비례대표 후보자들 가운데 선호하는 사람을 선택해 투표할 수 있는 개방명부형 비례대표제이다. 그런데 구역(Region), 주(Land), 연방(Bund)별로 독립적으로 후보자 명부가 만들어지고 여기에 한 표씩 던지게 된다. 평균 4~5명을 뽑는 39개 구역, 9개로 나누어진 주, 그리고 전국을 하나로 묶는 연방 단위로 비례대표를 선출하는 것이다.

결선투표제를 도입하는 방안도 논의해볼 만하다. 결선투표제는 여러 정당이 난립하는 상황에서 유권자들의 선호를 잘 반영할 수 있다는 장점이 있다. 사표 방지 압력이 강하게 작동하는 대선이나 총선에서 군소 정당이나 새로운 정치 세력이 생존을 도모할 기

---

[13] 김종갑·이정진. 「오스트리아 비례대표제의 주요 특징 및 시사점」. 국회입법조사처. 2017.

회를 준다는 것도 또 다른 특징이다. 1·2위는 아니지만 유권자들의 지지를 확인할 수 있고, 이를 통해 정당의 존속 가능성을 높이기 때문이다. 결선투표 과정에서 안정적으로 선거 연합을 만들어낼 수 있기도 하다. 2002년 이후 한국 대선에서는 이른바 '단일화 협상'으로 불리는 선거 연합이 상수가 됐는데, 이를 제도적으로 뒷받침하자는 것이기도 하다.

대선이나 총선이 어렵다면 지방선거에서부터 도입하는 방안도 있다. 기초 지자체장 선거는 무소속 후보 등이 여럿 출마해 30%에 못 미치는 상황이 잦다. 지역에 밀착한 소수정당이나 시민단체 후보자가 출마해 충분히 30% 이상 득표할 수 있다. 시민단체와 정치권 양쪽에서 활동하는 인사들이 결선투표제 도입을 주장[14]하는 이유다.

» **현실주의 정치 문화가 필요하다**

정치인과 정당의 세계관에서 현실주의를 강조할 필요가 있다. 국제정치학에서 현실주의는 이해관계와 권력 배분을 최우선 고려 대상으로 삼아야 한다는 사조다. 정당과 정치인이 경쟁을 벌이는 상황에서 현실주의는 이념이나 선호보다 얼마나 많은 지지자를 확보하고, 이를 바탕으로 지속적으로 권력을 확보·유지할 수 있는가

---

14 하승수, 「결선투표제 도입이 필요하다」, 《매일노동뉴스》, 2024. 11. 19.

를 우선적인 가치로 삼자는 것이다.

현실주의 세계관에서 유권자는 특별한 가치에 공감해서 지지하는 사람이 아니다. 대신 다양한 이해관계와 그 이해관계를 기반으로 한 세계관을 갖고 있으며, 따라서 다원적인 집단들로 구성된다. 그들의 지지를 얻어 선거에서 승리하기 위해서는 결국 흔히 '중도'라 불리는 영역에 있는 집단을 붙잡아야 한다. 그들은 정치에 관심이 없는 사람이 아니라 경합적인 가치와 이해관계 속에서 그때그때 자신에게 유리한 편을 선택하는 사람이다. 샤츠슈나이더가 지적했듯 "대개의 경우 구경꾼이 싸움의 결과를 결정"[15]하는 이유다. 아울러 현실주의 세계관에서 정치는 선악의 싸움이 아니다. 정책이나 정치에서 이득을 보는 사람이 선하고 건전하지 않을 수 있다. 하지만 그것이 정치의 제약 요건이 되어서는 안 된다. 즉 '정치'와 '도덕'은 다르다.

현실주의 세계관의 핵심은 특정한 이념을 구현하거나 상대방을 청산하는 게 아니라 안정된 권력 기반의 유지가 정치의 최우선 목표라는 것이다. 주요 정당들이 '집권은 할 수 있지만, 통치는 불가능한 상황'에 봉착해 있는 문제를 해결하는 데 유용하다. 대통령부터 공식 석상에서 "제일 중요한 것이 이념"이라며 "당정만이라도 국가를 어떻게 끌고 나갈 것인지에 대해 확고한 방향을 잡아야 한다고 생각한다"[16]고 발언할 수 있는 정치 문화에서 '통치'는 불가능하

---

15 E. E. 샤츠슈나이더. 현재호·박수형 역. 『절반의 인민주권』. 후마니타스. 2008. p.42.
16 2023년 8월 국민의힘 연찬회에서 윤석열 대통령의 발언이다. 조선일보. 「尹 "골프 장타 쳐도 방향 틀리면 소용없다… 제일 중요한 건 이념"」. 2023. 8. 29.

다. 당내 투쟁에서는 강하지만, 당 밖 선거에서는 약하다는 점도 문제다. 정치하는 방식을 바꾸기 위해서는 도덕적인 호소보다, 실제로 더 권력 획득과 유지에 도움이 되는 대안적 세계관이 있음을 보여야 한다. 현실주의 세계관은 이념 지향적인 포퓰리즘보다 훨씬 경쟁력이 있다.

한국이라는 공동체가 존속하기 위해서는 정치를 바꾸어야 한다. 불가능한 개헌이 아니라 정치인, 정당, 정치 제도, 이데올로기, 문화 등 정치 질서의 혁신이 필요하다. 제도 변화를 위해서는 결국 새로운 행위자가 나와야 할 것이다. 마키아벨리는 "제도가 잘 정비되어 있지 않은 도시들은 […] 자유와 억압 사이가 아니라 억압과 방종 사이를 번갈아 오가며 자주 통치자와 정부 행태를 바꾼다"[17]고 일갈했다. 그리고 "그들 누구도 법이나 통치자한테 기꺼이 복종하려 들지 않"기 때문이라는 것이다. 그 결과 공동체가 만성적인 위기에 빠지게 될 건 명약관화하다. 정치의 재구성이 시급히 필요한 이유다.

---

17 니콜로 마키아벨리. 하인후 역. 『피렌체사』. 무블출판사. 2022. p.314.

김세연 | 아젠다2050 대표

3. 무너지는 국가, 다시 설계할 시간

» 이대로 괜찮은가?

대한민국은 지속 가능한 국가인가? 의심의 여지가 없던 이런 질문에 요즘은 답을 하기가 점점 더 조심스러워진다. 국가를 떠받치는 여러 기둥을 둘러보아도 성한 것이 거의 없어 보인다. 모순과 갈등이 누적되었을 때 개혁의 동력이자 문제해결자가 되어야 할 정치와 행정의 현재의 모습에 대해선 굳이 언급할 필요도 없겠다. 정의와 법치를 떠받치는 법원과 검찰, 대외 안전보장과 대내 질서유지를 담당하는 군과 경찰, 행정부와 입법부를 감시하는 것이 본연의 사명이지만 어떤 경우 스스로 플레이어로 나선 것 같기도 한 언론과 시민단체. 민주 공화정의 핵심 기관들이 점차 무너져내리고 있는 형국이다.

국민의 삶의 질을 좌우하는 핵심 영역들도 마찬가지다. 교육을 보면, 학교는 형해화되어 있어 상당수 초등학생은 고등학교 수학 문제를 풀고 있고, 어린이들은 5세에 인기 있는 영어유치원에 진학하기 위해 3세 때부터 유치원 입시학원에 가야 한다는 요지경 세상이다. 의료의 경우, 건강보험 수가체계를 장기간 방치해둔 사이에 비급여시장이 비정상적으로 팽창되어 각종 왜곡 현상을 양산 중이고, 그나마 필수의료 분야의 뜻있는 의사들이 자리 지키고 전공의들이 혹사하며 겨우 버티던 의료체계가 이성을 잃은 정부의 과격한 정책으로 허망하게 무너져내렸다. 주거를 보면, 평생을 모아도 모두가 살고 싶은 지역에 집을 마련하는 건 더욱더 어려워지는 반면, 서울을 벗어나면 담보 대출로 구입한 주택 가격이 떨어져 가계 경제가 휘청이고 있다. 국방을 보면, 병력이 급감해서 무기는 있는데 사람이 없어 제대로 운용을 못 할 판이며, 군의 중추를 맡아야 할 장교와 부사관들은 여러 가지 이유로 줄줄이 군을 떠나고 있다. 농촌의 학교에서는 다문화가정 자녀들이 다수가 되어가고, 이젠 도시 지역으로도 변화의 물결이 들어오는데 아직도 허구적인 단일민족 의식에서 벗어나지 못하고 있다. 한편, 세계 최고 수준의 노인빈곤율과 자살률, 세계 최고 수준에 근접한 가계 대출 비율, 솟구치는 자영업자 폐업률…. 어찌 보면 우리 눈앞에 지옥도가 펼쳐져 있다.

그간 수많은 사람이 진단과 분석은 할 만큼 했다. 안타까운 점은 비판적 분석을 하는 사람들의 수는 많지만, 실제로 문제 해결을 위한 실천에 나서는 이들의 수는 그에 못 미친다는 것이다. 대부분 우려에 그칠 뿐이다. 생각과 말은 많으나 손발에 흙을 묻히며 행하는 실천에는 인색하다. 이런 상황 속에서도 자신의 시간과 열정을 바치며 실천을 이어가는 분들의 공헌에 대해 감사와 경의를 표한다. 이런 노력들이 공동체의 미래에 크고 소중한 영향을 미칠 수 있기를 바란다. 그러나 그런 노력이 만에 하나 과거 경험에 한정된 방식에서 벗어나 변화된 환경에 적응된 방식의 진행이면 정말 아쉬움이 클 것이다. 이들마저 현실의 벽에 부딪혀 좌절을 경험하며 에너지가 소진되면 그나마 우리 사회에 겨우 남아 있던 변화의 싹마저 시들어버리는 안타까운 사정이 될 것이기 때문이다.

» 붕괴 후 대책은?

영원불멸의 존재란 없다. 어떤 존재이든 생로병사, 흥망성쇠의 숙명에서 자유로울 수 없다. 국가도 마찬가지다. 왕이 국가의 주인으로 군림하며 통치하는 왕정 체제에서는 기존의 구조와 제도가 환경변화를 반영하지 못해 모순이 누적되고 그것이 감내할 수 있는 수준을 넘어서는 지경이 되면 왕에게 책임을 묻고, 그것으로도 부족하면 마침내 왕조를 교체하는 것도 가능하다. 반면, 시민 전체가 주권자인 공화정에서는 선거를 통해 대표자를 선출하고 이들을 통해 누적된 문제를 해소하는 개혁을 도모할 수 있으나, 궁극적인 정치적 책임을 물어 책임자를 교체하는 것은 자기가 자기를 부정하는 논리적 모순에 빠지게 되어 본질상 성립되기가 어렵다. 기존 체제 내에서 개혁을 하는 것도 기득권을 가진 이들의 저항에 부딪히거나 그 과정에서 필연적으로 수반되는 혼란과 고통을 인내하겠다는 사회적 합의를 이루기가 대단히 어렵다. 이런 시도가 성공하기도 쉽지 않고, 막상 성공하더라도 그 효과가 충분한 기간에 걸쳐 지속되는 것도 쉬운 일이 아니다. 결국 열차가 망국의 낭떠러지를 향해 폭주하는 것을 뻔히 보면서도 누구도 멈춰 세울 수 없는 지경에 이르기 쉽다. 공화정의 종말 단계가 왕정의 종말 단계보다 공동체 구성원들에게 더 길고 오랜 고통을 가할 가능성이 크다. 지금의 대한민국이 그런 상황에 놓여 있다고 본다.

'국가의 수명은 어떻게 결정되는가?', '현재의 대한민국은 국가의 생애주기의 어느 단계에 와 있는가?', '대한민국의 수명은 얼마나 남았을까?' 등의 질문이 꼬리에 꼬리를 물고 떠오른다. 세계사에서 유례를 찾기 어려운 초고속 경제 성장, 2차대전 후 독립한 신생국가 중 유일하게 원조받는 국가에서 원조하는 국가로의 지위 전환, 문화산업의 비약적 발전으로 소프트파워에서도 받고 있는 세계적 찬사를 뒤로하고, 역시 세계에서 유례를 찾기 어려운 인구 급감, 주변 4대 열강의 틈바구니에 자리한 입지와 70년이 넘어가는 남북한 간 휴전 상태에서 비롯되는 불안한 외교 및 안보 여건, 산업화와 민주화 이후 어렵게 이룬 사회 통합이 이념·세대·성별을 놓고 또다시 극심한 분열에 직면하는 등 앞날이 어두워지고 있다. 안타깝지만 이대로 계속 가면 망국의 운명을 피하기가 어려울 것이다.

지금 우리가 마주한 위기의 실체는 주기적인 경기 침체와 맞물린 단기적·일시적 혼란이 아니라, 문명사적 전환의 기로에서 직면할 수밖에 없는 성격의 근본적 구조 전환이다. 따라서 기존 정책의 일부 조정이나 기존 체제 일부의 개혁으로 해결될 성질의 것이 아닙니다. '현재의 국가는 붕괴 중'이라는 인식에 동의해야 제대로 된 다음 대책을 논의할 수 있을 텐데, 우리가 이 정도로 심각한 상황 인식을 공유하고 있는가. 망국을 우려하는 빈도는 높아졌으나, 아직도 '설마'하는 마음이 짙게 깔려 있는 것 아닌가. 안 괜찮은데 괜찮은 척하는 것도 현실 회피이다. 기존 시스템이 한계에 다다라 더 이상 작동하지 않는다면, 새로운 시스템을 구상하고 만들어내야 한다. 무너지는 나라에서 우리가 해야 할 일은 단순한 수선이 아니라, 더 근본적인 전환을 준비하는 것이다. 그러나 그것이 폭력을 수반하여 일거에 기존 정치체제를 전복시키는, 전통적 의미의 혁명 방식이 되어서는 곤란하다. 폭력이 동원된 역사 속의 혁명들을 떠올려보면, 그런 방식은 엄청난 희생을 초래했으며, 지금의 시대에 어울리는 변화의 방식도 아니다. 그렇다면 혁명을 통한 일시적 변혁이 아닌, 끊임없이 점진적으로 개혁하는 것은 가능할까? 서로 맞물려 있는 기득권들의 톱니바퀴들을 원만하게 해체하고 재조립하는 것은 당연히 바람직하지만 이런 방식으로 현실에서의 국소적인 개선은 가능할지 몰라도 전체 시스템을 재편하는 것은 사실상 불가능에 가까울 것이다.

» **'점진적 혁명'이란 게 가능할까?**

그럼 어떻게 할 것인가? '일시적 혁명'과 '점진적 개혁'을 변증

법적으로 결합하는 사고실험을 시도해보면 '점진적 혁명'이라는 개념을 도출해볼 수 있다. 이것을 '슬로모션 혁명'이라고 명명해볼 수도 있겠다. 지금 우리에게 필요한 것은 급하게 서둘러 일을 그르치는 것이 아니라 충분히 오랜 시간에 걸쳐 새로운 질서를 구상하고 만들어가는 것이다. 1987년 제9차 개헌이 우리 사회에 충만했던 민주화 열망 속에서 원만하고 신속하게 진행되었지만, 극히 짧은 기간에 극소수의 참여로 이뤄지다 보니 발생할 수밖에 없었던, 지금에 와서 보니 부실한 대목들이 오늘날 현실의 발목을 잡고 있다. 상대적으로 우리가 임기응변에는 능하나 장기지속 과제 수행에는 취약한 면이 있다. 따라서 우리의 기질과 맞지 않는 부분이 있다는 것을 인지하고 이를 극복하기 위해 더 많은 노력을 들일 각오를 단단히 하고 시작해야 할 것이다. 설계할 때에는 한 프레임씩 점진적으로 진행되지만, 이것을 일시에 재생시켜보면 완결된 한 편의 동영상으로 완성되는 것이다. 기존 체제의 구성 요소들을 하나씩 연쇄적으로 교체하는 데는 시간과 비용이 과다하게 들어갈 것이다. 건물의 인테리어를 바꾸는 것은 적은 비용으로 단기간에 실행할 수 있지만, 건물의 구조를 바꾸는 것은 열 번, 백 번의 인테리어 공사로도 이루기 어렵다. 구조를 바꾸는 작업은 작은 일을 여러 번 한다고 이뤄지지 않는다. 변경이 필요한 내용들을 축적해뒀다가 큰 공사로 한 번에 진행해야 한다. 실행은 일시에 진행되더라도 이를 위해 충분히 많은 논의와 실험을 축적해둬야 성공 가능성이 커질 것이다. 설계의 완성도가 높으면 시공의 완성도가 자연스럽게 향상되는 원리와 같다.

자연스럽게 질문들이 떠오를 수밖에 없다. 그럼 도대체 '슬로 모션 혁명'이란 것은 언제 실행해야 하는가? 안타깝게도 현재로서는 알 수 없다. 근본적 개혁 없이 그대로 가면 현재의 체제로는 아마 2040년쯤 되면, 어쩌면 그보다 더 일찍, 이 체제는 더 이상 지속될 수 없다고 다수가 합의하는 시점이 올 것 같다. 때가 되면 그 시점이 왔다는 것을 자연스럽게 알게 될 것이다. 지금처럼 정치의 양극화와 과격화가 빠르게 진행되면 과거에 누렸던 안정과 번영이 무척 그리워지게 될 것이다. 그런데 왜 논의에 이렇게 많은 시간이 필요한가? 한 가지 이유는 지금의 기술변화 속도를 감안할 때 변화의 누적분이 충분히 축적된 이후에 설계도를 마감하지 않으면 이후 상황을 예상하지 못하고 너무 성급하게 결론을 내리는 것은 결과가 될 가능성이 크기 때문이다. 다른 이유는 몇 사람의 전문가의 머릿속에서 그려내는 설계도가 앞으로의 세상에 더 이상 통용되기 어려운 복잡다기한 세상으로 넘어왔기에 많은 전문가와 시민들의 참여가 필요하고 이를 위해서는 소통과 이해, 논의와 합의에 소요되는 절대적인 시간이 필요하기 때문이다. 이런 프로세스의 역사적 선례는 있는가? 없다. 역사적 선례가 없다고 해서 현실에 이런 일이 있을 수 없으리라는 법도 없다. 왕권이 타협을 거쳐 의회로 이관된 유럽대륙의 사례들과 달리 약 250년 전 미국은 인류 역사에 없던 새로운 시스템 설계를 통해 창조된 국가이다. 그렇다고 "우리가 전혀 새로운 방식의 국가 설계 및 창조를 할 수 있는가" 하는 질문이 나올 수 있다. 이에 반박하자면, 못 하라는 법은 어디에 있는가?

» 새로운 사회 환경을 만들어낼 기술들

"형태는 기능을 따른다"는 원리가 건축에서 나왔지만, 이 원리는 건축에 한정되지 않고 사회 전반에도 똑같이 적용될 수 있을 것이다. 건물의 형태가 그 기능에 따라 결정되듯이, 새로운 기술이 등장할 때마다 그것이 새로운 경제 체제, 사회 체제, 정치 체제를 만들어내는 것을 인류는 계속 경험해왔다. 예를 들어, 수렵과 채집을 하며 살던 시기에는 돌과 뼈로 만든 칼과 창, 활 같은 도구들이 전부였고, 그에 걸맞게 작은 무리를 이루며 사냥과 채집을 통해 생존을 기하며 주거지를 이동하며 살아갔다. 농업이 시작되고 관개 기술과 농기구가 등장하면서 안정적 식량 조달이 가능해지며 비로소 대규모 정착 생활이 실현되었고, 경작지가 넓어지며 마을이 생기고, 늘어난 인구를 부양할 생산력과 병력과 무기를 갖춘 군대를 보유할 정도의 정치 권력이 형성되고 국가의 틀이 갖추어졌다. 산업혁명은 증기기관과 기계공업의 발전, 그리고 이를 뒷받침하기 위한 화석연료와 전기의 활용을 가져왔고 공업 중심의 산업사회가 탄생하며 현대적 대도시가 형성되었다. 이후 정보통신 혁명을 거치며 디지털 네트워크 사회가 만들어졌다.

이제 우리는 또 한 번의 큰 전환점을 앞두고 있다. 4차 산업혁명의 기반이 되는 기술들인 인공지능, 로보틱스, 생명과학, 블록체인 등은 이전과는 다른 차원의 기술이다. 이들은 서로가 서로를 촉진·융합하는 형태로 발전하고 있으며, 이들이 초기 기술화·제품화 과정을 거쳐 인간의 삶 속으로 들어와 자리를 잡게 되면 지금까지 인류가 경험해보지 못한 새로운 사회구조를 요구하게 될 것이다. 지금까지의 변화가 도구와 자원의 활용 방식의 변화에 반응하는 차원으로 이뤄졌다면, 이제는 인간의 존재 자체와 사회의 작동 원리를 다시 바라봐야 할 시점에 와 있는 것이다. 사회 체제는 기술의 발전에 따라 그 형태가 많은 영향을 받게 된다. 사회 체제가 기술을 따라 크게 바뀌는 시점이 조만간 도래할 것이다. 기술과 체제는 상호작용한다. 건축에서의 위의 격언을 응용해보면 "체제는 기술을 따른다"는 명제를 성립시켜볼 수 있다. 슬로모션 혁명의 결과로 만들어질 다음번 국가의 설계도는 이런 기술 요소들이 반영되어 밑그림이 그려져야 오류 발생을 최소화할 수 있을 것이다.

» 새로운 기술이 무엇을 바꿀 것인가?

1, 2차 산업혁명을 거치면서 인간은 이전에 구사하기 어려운 수준의 물리력을 얻게 되었다. 건설 현장에서 100명의 사람보다 굴삭기 한 대가 훨씬 더 많은 일을 더 짧은 시간 안에 해낼 수 있다. 인간의 물리력으로는 이전에 하지 못하던 일들이 가능하게 된 것도 셀 수 없이 많다. 3차 산업혁명을 거치며 보급된 컴퓨터의 연산 능력으로 인간은 이전에 할 수 없던 수준의 크고 복잡한 계산을 해낼 수 있게 되었다. 이제 시작되고 있는 변화는 기계의 지능이 향상되면서 인간은 더 이상 노동하지 않아도 되는, 또는 일할 거리 자체가 없어지는 방향으로 전개될 것이다. 이전의 산업혁명들은 도구를

만들어냈다면, 이번의 산업혁명을 일으키는 기술들은 처음에는 도구로 등장했지만 이들이 발전되는 과정에서 서로 융합되면서 인류와 대등한, 결국엔 인류를 능가하게 될 새로운 지적 존재들이 나올 가능성이 커졌다. 주로 인공지능과 로보틱스 분야에서의 발전이 이런 변화를 만들어낼 것이다. 이들의 등장으로 지금까지 존재하던 인간의 일과 삶은 근본적으로 변화될 것이다. 중세시대에 현대인의 삶의 모습을 상상하기 어려웠을 것처럼 지금의 우리도 다음 시대 인류의 삶의 모습을 상상하기는 쉽지 않을 것이다.

한편, 생명과학·생명공학이 지금의 속도, 혹은 이보다 좀 더 가속화된 발전을 밟아나가게 되면 인간이 지구에 등장한 이래 숙명처럼 겪어야 했던 질병과 노화를 극복하는 결과로 이어질 가능성이 커지고 있다. 처음에는 질병의 치료, 노화의 완화를 통해 수명을 조금씩 늘려갈 것이다. 미래학자 레이 커즈웨일에 따르면 미국과 영국의 경우 매년 6주에서 7주의 평균수명 연장 추세가 이어지고 있다고 하는데, 그는 수명 연장 추세가 가속화되어 1년에 52주 이상에 이르게 되면, 즉 의학과 생명 연장 기술의 발전 속도가 인간의 노화 속도보다 빨라지는 것을 의미하는 '수명 탈출 속도(longevity escape velocity)'가 임계점을 넘어서면 이론적으로 이 시점 이후에는 죽음을 무기한 연기할 수 있다는 가능성을 제기한다. 즉 인류에 노화로 인한 사망은 없어지는, 더 이상 늙지 않는 '불로' 또는 더 이상 죽지 않는 '영생'의 시대가 열리게 될 것이고 이런 시대의 인구구조와 사회 환경은 지금과는 전혀 달라질 것이다. 황당하게 보일지 몰라도 몇 년 전만 해도 단일 인공지능이 인류 지능의 총합을 능가하는 인공일반지능(AGI)의 출현이 한참 남은 것으로 예견되었지만 지금은 상황이 많이 달라졌다. AI 혁명, 로봇 혁명에 이어서 밀어닥칠 바이오 혁명이 우리 삶의 모습을 어떻게 바꿀지 열린 관점으로 바라볼 필요가 있다.

아무튼 모든 사람이 각자의 30세의 건강 상태로 영생을 살게 되면 문자 그대로 생물학적 연령은 단순한 숫자에 불과하게 될 것이다. 대중교통수단에 설치된 교통약자 우대석 중에서 연령을 기준으로 한 좌석들은 불필요해질 것이다. 2025년 초에 여야가 대단히 큰 개혁을 한 것처럼 청년세대를 농락하며 국민연금의 제도 수정을 일부 했는데, 노화로 인한 은퇴 연령이 무의미해지게 되면 조만간 심각하게 치달을 수밖에 없는 국민연금 기금 고갈 사태도 피해갈 수 있지 않을까 하는 희망을 가져본다. 이런 상황이 되면 국민연금 기금의 적절한 활용 또는 지급 방식을 위해 사회적 논의와 합의를 다시 진행해야겠지만, 국가 파산으로 가는 급행 티켓 격인 국민연금 기금 고갈 문제를 생명과학의 빠른 발전으로 회피·예방할 수 있게 되기를 희망한다.

» **새 설계도를 그릴 때 고려할 조건들은?**

앞으로 크고 작은 변화의 물결이 계속 밀려오겠지만 위에서 제시한 '슬로모션 혁명'의 개념을 받아들이고 준비에 착수한다면, 적어도 다음과 같은 관점들은 받아들인 상태에서 논의가 진행되는 것이 다음 국가를 설계할 때 발생할 시행착오를 상당 부분 줄이는 데 도움이 될 것이다. 다른 한편으로, 아무리 잘하려고 해도 미래를 예측하기는 어렵다. 미래를 예측하기 어려우면 그런 미래를 만들어내면 된다는 관점도 있지만, 기술이나 제품을 만드는 입장이 아니라 정책과 제도를 준비하는 입장이면 이보다는 조금 덜 공세적인 자세로 변화를 끊임없이 관찰하고 대비하는 노력을 기울이는 것을 견지하는 것이 중요하겠다.

첫째, '인간' 정의의 변화이다. 우리가 인류 역사 속에서 지속적으로 시도하고 성공했던 것처럼 인간의 정의, 인간의 경계가 더욱 확장되어갈 것이다. 인류 역사의 진보 과정에서 여성, 아동, 장애인, 이민족, 유색 인종 등 다양한 그룹의 인간들이 이전 사회에서 인정받지 못했던 온전한 인권을 보장받을 수 있었다. 이제 앞으로는 그 권리의 확장 대상이 인간이 아닌 존재들, 즉 초기에는 지능을 갖추는 것에서 출발하여 인간을 대신하여 노동을 주로 수행하면서 점차 경제활동의 주체로 올라서며 법인격을 얻고, 의식과 자아를 획득한 것이 명확하다는 것이 입증되면서 어느 시점에는 인공지능과 로봇들에도 인간에게만 주어지던 인권이 보장되어야 한다는 논의가 이어질 것이라 예상하고 대비할 필요가 있다. 이런 거대한 흐름은 막고 싶다고 막아지지도 않을 것이다. 공존의 지혜를 어떻게 잘 발휘하여 인류가 멸종당하지 않을지를 궁리하는 것이 현명한 접근이라고 생각한다. 가령 이 시대가 되면 주된 논쟁 지점이 기계에 법인격을 부여할 것인지 말지 여부가 아니라, 거대한 인공지능 모델을 단일 실체로 볼지, 즉 챗GPT 버전 하나에 하나의 법인격을 부여해야 할지, 또는 이들이 소형화되어 탑재된 개별 단말기 단위로 하나의 법인격을 부여해야 할지와 같은 더 세분화된 논쟁들로 바뀌어있을 가능성을 예상해볼 수 있다.

인간 운전은 소멸 또는 금지되고, 가사노동은 집 안에서 함께 사는 휴머노이드가 하며, 전투는 로봇 병사들끼리 하고, AI 판사에게서 판결받는 것이 더 공정하다고 느끼는 세상이 불과 10년 후에는 펼쳐지기 시작한다고 인식해야 다음 버전의 사회 설계도를 제대로 그릴 수 있을 것 같다.

둘째, 인구구조의 변화이다. 여기에는 급감하는 출생률, 일정 기간 급증했다가 역노화 기술의 보급으로 수명 탈출 속도가 충분히 높아지고 난 후 궁극적으로는 급감할 사망률 등이 고려될 필요가 있다. 이러한 변화가 시작되면 생명윤리 관련 논쟁이 뜨거워질 수 있다. 그러나 인공수정이나 시험관 아기도 초기에는 논쟁적인 이슈들이었으나 현재는 전혀 그렇지 않다는 점을 고려할 때 비슷한 궤적을 밟을 가능성을 예상해볼 수 있다.

특히 저출생·고령화가 급격히 진행되고 있는 우리 사회 입장에서는 엄청난 규모의 재정폭탄 이슈를 안고 있는 연금 문제가 위에서 언급한 것처럼 근본적으로 해결될 수도 있겠다는 희망의 싹을 억지로라도 틔워볼 수 있겠다. 다만, 연금 고갈 문제는 해결될지 몰라도 30세의 젊음으로 영생을 살 수 있게 된다고 해도 노동을 통한 소득 창출의 통로가 막혀버린 상황이 되어 있을 수도 있다. 따라서 노동할 거리가 사라져 기존 방법으로 소득을 만들기 어려운 대다수 국민의 생계 부양과 삶의 질 향상을 어떻게 성취할 것인지는 이

전 시대와는 다른 관점으로 접근해야 할 것이기에 오히려 더 큰 숙제를 떠안을 수도 있다. 전혀 다른 사회·경제 체제를 뒷받침할 수 있는 국가 또는 정부의 기능과 규모, 이를 뒷받침할 조세 수지의 방식이 원점에서 재검토될 필요가 자연스럽게 떠오를 것이다.

셋째, 사회 조직의 변화이다. 기계론적 시스템에서 벗어나 신경망적 또는 유기체적 조직 구성과 운영을 시도해야 한다. 이를 위해 유기체와 같은 조직의 구성 및 작동 원리의 도입이 필요하다. 기계론적 세계관에 길들여진 기성세대의 적응력이 높아지지 못하면 새로운 사회·경제 시스템 내에서 생존하기가 점점 어려워질 것이다. 수직·통제·독점의 원리가 깨어지고 수평·연결·협업의 원리 위에 새롭게 구현되는, 정보의 즉각 공유, 실시간 공동 의사결정과 같은 새로운 방식으로 운영되는 조직에는 참여가 사실상 어려울 것이다. 타인을 노예로 삼거나, 아니면 자신이 노예가 되거나, 이 둘 중 하나밖에 하지 못 하는, 수직 통제 조직에서 길들여진 사람에게는 이런 시대, 이런 환경에 적응·생존하는 것이 참으로 고될 것이다.

현재까지 지구상에 출현한 거의 모든 조직은 거대한 기계 시스템이 움직이는 것처럼 구성되고 작동되고 있다. 단순하고 평면적인 위계 구조로는 미래의 도전에 대응할 수 없다. 새로운 사회구조는 개별 구성원들이 자기결정권을 가지면서도 유기적으로 연결되어야 하며, 시스템에 기생하려는 요소들이 침투할 틈을 내주지 않는, 유기체의 작동 원리를 닮은 시스템일수록 지속 가능성이 커질 것이다. 이 과정에서 가장 중요한 것은 신경망적 조직화, 즉 상명하달식 계층 구조가 아니라 수많은 개별 단위가 자율적으로 움직이며 협력하는 구조를 만들어내는 것이다. 이는 행정이나 정치에 국한되는 것이 아니라 경제·기술·사회 전반에 걸친 패러다임 전환이 될 것이다.

» 점진적 혁명의 설계도는 어떻게 그려야 하나?

조선왕조의 설계도는 고려 말의 극심한 혼란과 고통 속에서 정치적 핍박을 받던 정도전에 의해 밑그림이 만들어졌다. 물론 그를 둘러싼 여러 환경과 조건들이 동시에 충족되며 이뤄진 일이지만, 인간과 제도의 상호작용의 함수를 근본까지 꿰뚫는 뛰어난 통찰을 지닌 한 사람에 의해 만들어진 작품이다. 이전 500년과는 전혀 다른 새로운 질서가 한반도에 이렇게 탄생한 것이다. 북미 대륙에 유럽의 국가들과는 전혀 다른 새로운 국가 시스템을 설계하는 데 핵심적인 역할을 한 인물들은 4~5명, 헌법 제정안에 서명하거나 헌법 제정 회의에 참여한 인원들을 모두 고려하면 넓게 보아 40~50명이 힘을 모아 짧게 보면 3년, 길게 보면 8년간 연합규약의 한계를 극복하고 헌법 제정에 시간을 쏟았다. 우리의 경우 정치 지도자들이나 여러 정파에서 순순히 이러한 시도에 동의하거나 합의할 가능성은 매우 낮아 보인다. 따라서 최소 15~20년에 걸쳐 문제의식을 공유하는 일부 시민들이라도 자발적으로 교류하며 서서히 노력을 축적해 가다 보면 처음에는 플라이휠을 한 바퀴 돌리는 데도 엄청난 에너지가 투여되었더라도 이것을 잘 작동할 수 있는 플랫폼으로 만들어내는 데 성공한다면 어느 지점을 지나면서 눈덩이가 불어나듯이 플라이휠의 회전 속도가 가속되어 자체 동력을 획득하게 되는 것을 최상의 시나리오로 상정해볼 수 있겠다.

처음에는 가장 단순한 일대일의 대담 형태로 퍼즐의 기초적인 조각들을 만들어내는 과정을 거칠 것이다. 여러 영역에서 내부자의 지위에 있으면서도 기득권에 도취되거나 이를 향유하기보다는 현행 시스템 운영의 근본적인 문제를 깊이 고민해온 전문가들이 새로운 시스템의 초기 퍼즐 조각들을 그려내 줄 것이다. 1단계로 아마도 수십 개의 전문 분야들에 대해서 여러 라운드를 돌면서 조각들이 어느 정도 형체를 갖추고 이들이 쌓이게 되면 2단계로 서로 관련되는 분야들이 맞물리는 접점에서 어떤 공통분모를 가진 해법들을 장착해야 하는지 방법을 찾을 것이다. 세상만사는 모든 것이 연결되어 있기 때문에 전통적인 조직에서는 각자의 업무가 연결되고 중첩되는 교집합의 지점에서 좋은 것은 서로 취하려 경쟁 또는 갈등하게 되고, 싫은 것은 서로 맡지 않으려고 회피 또는 방치하게 되어 현실의 문제는 점점 쌓여가고 조직 간 벽은 두꺼워져 동맥경화 현상 또는 서로 칸막이를 쳐놓고 넘나들지 못하며 부분적으로 조직 이기주의에 빠지는 사일로 현상이 발생하여 조직의 효율은 지속적으로 떨어지고, 조직의 수명은 계속 단축되어가는 문제를 안고 있었다. 이전의 기술로는 표현하기 어려웠던 수많은 실체 간의 복잡한 관계를 이제는 인간의 인지 한계를 뛰어넘을 정도로 복잡한 시스템을 오류 없이 명료하게 연결된 구조로 그려내는 것이 기술의 도움으로 충분히 가능하게 되었다. 두세 개, 서너 개의 영역을 넘나

들면서 중첩되거나 연결되는 곳들에서 동시에 발생하는 문제나 이슈들을 해결하거나 처리하는 메커니즘을 전체 시스템에 순차적·체계적으로 장착해나가게 되면 최종적으로 완성된 시스템에서는 문제가 초기부터 신속하고 원활하게 해결되는 상태로 출발하거나, 또는 처음엔 없었던 새로운 복합적인 성격의 문제가 발생하더라도 차원 높은 문제의 진단 및 해결을 가능하게 하는 지식과 경험이 이미 내재화되어 있기 때문에 점점 더 적은 시간과 노력을 투입하고도 답을 찾아내는 것이 용이하게 바뀌어갈 것이라 기대한다.

이런 과정들을 통해서 개념 설계 단계가 마무리되면, 추상적이고 다차원적으로밖에 표현되지 못하는 실체를 인간의 시각적 인지 능력 한계 내에서 다룰 수 있는 3차원 또는 2차원의 도면으로 변환하는 작업을 해야 한다. 예전 같으면 매우 뛰어난 인간의 통찰과 영감에서 비롯된 능력에 힘입어 이 작업을 수행했겠지만, 앞으로는 인공지능과의 협업을 통해 거의 무한대에 가까운 연결점들이 맞물리는 체계를 인간과 인간 사이, 기계와 인간 사이에 소통과 이해가 가능한 방식으로 풀어낼 수 있게 될 것이고, 이것을 개별 사안을 다루는 차원의 높낮이에 따라 법 조문화 과정을 거치면 지금의 헌법과 법률, 시행령의 형태로 구체화될 수 있을 것이다. 1차원 평면 세상에서 선형으로 존재하던 조직의 구성 및 운영 형태를 겨우 벗어났는데 높아진 차원을 다시 낮은 단계로 대폭 압축해가며 이렇게 1차원적 운영 원리에 가까운 텍스트로 변환시키는 것이 가능한지, 타당한지에 대한 논쟁이 있을 수 있겠으나, 새로운 플랫폼이 기존에 인간이 직관적으로 이해할 수 있는 형태에서 너무 많이 벗어나 버리면 소통과 이해의 단절이 초래되며 논의 자체가 저해 또는 중단될 우려가 있기 때문에 불가피하게 이런 과정들을 거치리라 예상해본다.

» 제도인가, 사람인가?

또다시 당연한 질문들이 떠오를 것이다. 전례 없는 이런 시도가 정말 성공할 수 있을 것인가? 역시 이에 대한 답은 알 수 없다. 그러나 온라인 쇼핑이건, 스마트폰이건 지금 우리가 일상적으로 쓰고 있는 제품이나 서비스들도 이전에는 상상은 가능했으나 실제로 구현되지는 않다가 어느 시점에 인간의 노력을 거쳐 세상에 나왔고 이것들이 자연스럽게 쓰이기 시작되고 난 후에는 이전 시대로 다시 돌아가서 살기란 너무나 어렵게 되듯, 일단 설계되고 구현되고 사용되기 시작한 전과 후의 평가는 크게 달라질 수 있다. 따라서 성공할 수 있을지 없을지에 대한 논의보다는 어떻게 해야 성공 확률을 높일 수 있을지에 고민과 논의를 집중하는 것이 바람직하겠다.

개혁을 앞두고 방법론이나 우선순위에 대한 논쟁이 일어날 때 흔히 '제도냐, 사람이냐'의 논쟁이 뒤따른다. 즉, 아무리 훌륭한 사람들이 즐비하다 해도 제도가 현시대 환경과 전혀 맞지 않는 상황에 이를 만큼 진부화된 경우에는 제도를 손보지 않고는 현실에서 원활한 작동이 되지 않을 것이다. 가령, 지금 대한민국에 왕정을 도입하자고 주장하는 것이 매우 생뚱맞은 것처럼 우리가 현행 헌법상의 대통령제를 지금 모습 그대로 유지해야 한다는 주장도 이제는 그에 버금가는 정도로 시대착오적인 상황이 되어버렸다. 대안이 무엇인지에 대해 아직 논의의 숙성이 많이 필요하다. 그러나 이대로는 안 된다는 것에는 이 정도 상황까지 왔으면 대체로 동의가 될 것이다. 어떤 제도든 그 제도가 만들어지거나 새로 바뀌면 제도 속 절차의 행위자인 구성원은 그에 적응한다는 관점에서 '제도주의'와 같은 견해도 상당히 유력한 입지를 구축해왔다. 즉, 제도주의자들의 표현으로는 "제도는 힘이 있다."

다른 한편으로, 아무리 훌륭한 제도라도 이를 잘 운영할 수 있는 사람들이 준비되어 있지 않으면 그 제도로 성취하고자 했던 결과를 만들어내지 못하게 될 것이다. 최근 들은 사례 중에 어느 유력 정당에서 정치 교육과정을 벤치마킹하겠다고 그 운영 주체인 민간단체의 정관 사본을 요청한 적이 있다고 하는데, 인간이 정성과 노력을 다해 만들어내는 무형의 결과물이 문서상에 활자로 찍혀있는 글자들의 조합만으로 구현 가능하다고 생각한다면 큰 오판이 될 것이다. 아무리 제도 자체가 힘을 가지고 있어도 그 제도를 실제로 운영하는 인간과 인간의 상호작용으로 만들어내는 결과물은 경이로울 때가 많다. 1988년에도 2025년에도 우리는 똑같은 헌법을 가지고 있는데 하나 된 마음으로 서울올림픽도 성공적으로 치르고 모든 일이 제자리를 잡아가고 있던 시절도 있었던 반면, 지금은 당시보다 모든 면에서 비약적 발전이 있었음에도 국민이 미래에 대해 느끼는 희망과 낙관의 정도는 하늘과 땅 차이만큼 크게 느껴진다. 같은 칼도 누가 쓰느냐에 따라 쓰임이 달라지듯, 똑같은 제도라고 해도 어떤 사람이 운영하느냐에 따라 결과가 크게 달라진다.

» 결국 훌륭한 사람들이 이끌어야 한다

어떤 존재도 환경과 맥락 속에서 형성된 관성에서 자유롭지 않다. 물리학적인 비유로는 '관성'이지만, 인간 심리로 들어오면 '습관', 사회심리로 확장되면 '문화'로 읽을 수 있다. 따라서 기존의 관성·습관·문화에 너무 오래 노출되어 새로운 환경에 적응하는 것이 쉽지 않은 사람들이 기득권을 놓지 않으려고 버티면서 새 시스템의 순조로운 출발과 안착을 저해하는 것보다는 큰 폭의 단절을 시도하는 것이 훨씬 더 바람직할 것이다. 기존의 틀 안에서 아무리 몸부림쳐도 부분적 개선은 순식간에 다시 오염되기 쉽다. 아무리 새로운 국가 설계도를 잘 만들어도 근본적 변화의 지속을 보장받기 위해서는 제도와 사람이 함께 준비되어야 한다.

현실에는 없는 백마 탄 왕자를 기다리는 건 요행을 바라는 것이다. 결국, 새로운 사회 시스템이 작동하기 위해서는 그 시스템을 이해하고, 운영하며, 유지해나갈 사람을 어떻게 길러낼 것인가가 가장 핵심적인 과제가 될 것이다. 인공지능과 로봇, 즉 기계 인류와 공존하며 살아갈 미래 사회에서 인간다움의 본질, 즉 공감, 책임, 상상력, 윤리의식을 체화한 사람만이 사회의 설계자이자 운영자가 될 수 있다. 타고난 자질과 역량이 뛰어난 사람도 적절한 환경에서 시행착오를 거치며 성장하고 성숙되는 시간이 필요하다. 망가진 시스템에서는 탐욕과 출세욕으로 무장하고 권력투쟁의 잔기술을 익힌 사람들에 의해 선공후사의 자세를 지닌 이들이 밀려나기 쉽다. 공동체 전체의 미래 방향 결정과 현재 문제 해결에 한결같이 진심으로 노력하는 이들이 지금 같은 현실에서는 공적 영역에서의 의사결정에 참여할 기회를 얻는 것이 극도로 어려워졌다. 실전 경험이 아니면 시뮬레이션을 통한 간접 경험을 통해서라도 이들의 실력 배양을 돕는 준비가 필요하다. 그래서 마침내 그 순간이 되었을 때 같은 지향점을 가진 이들이 수면 아래에서 장기간에 걸쳐 형성해온 이해와 신뢰를 바탕으로 선량한 시민들, 우수한 전문가들의 연대가 수면 위로 부상하여 무너진 폐허를 걷어내고 새로운 땅에 새로운 구조물을 훌륭하게 건축할 수 있도록 돕는 것이 지금의 기성세대의 책무이다.

김명수 | 매일경제신문 이사 겸 매경AX 대표

4. 알고리즘, 정치 양극화의 해법이 될 수 있다

2024년 12월 3일 계엄령 선포 이후 한국 사회의 양극화 현상은 더 심해졌다. 계엄령과 윤석열 대통령 탄핵소추 이후 서울 광화문광장은 주말마다 갈등의 현장이 되어버렸다. 해방 직후 신탁통치에 대한 찬반 운동이 벌어지던 상황과 비슷했다.

정치 양극화 현상은 헌법재판소의 탄핵 이슈가 불거지면서 두드러졌지만, 정치적 갈등은 계엄령 이전에도 팽배했던 게 사실이다. 정치적 양극화의 원인은 여러 가지가 있지만, 국민의 '정서적 내전'도 중요한 요인이다.

유튜브와 같은 디지털 플랫폼의 추천 알고리즘은 디지털 플랫폼 이용자들의 정치적 의견을 더 양극단으로 몰아가는 촉매 역할을 하고 있다. 계엄령 이후 불안과 혼란이 증가하면서 많은 사용자는 자신의 기존 정치적 신념을 강화하는 콘텐츠만 선택적으로 소비하게 되었다. 추천 알고리즘은 이러한 행동 방식을 학습하여 사용자가 더욱더 극단적이고 편향된 콘텐츠에 지속해서 노출되도록 유도하고 있다.

결과적으로 각 진영의 사용자들은 반대 의견이나 중립적 정보와 점점 단절되고, 자신의 정치적 신념만을 강화하는 정보 여과 현상(filter bubble)과 에코 챔버(echo chamber) 속으로 더욱 깊이 빠져들고 있다. 이는 정치적 양극화뿐만 아니라 사회적 갈등의 심화로 이어지고 있다.

추천 알고리즘이 확증편향(confirmation bias)을 키우고, 상호 이해와 소통의 기회를 줄이며 대립과 갈등을 부추기는 환경을 조성한다고 말해도 과언이 아니다. 특히 계엄령 이후 사회적 불신과 반목이 확대된 상황에서 알고리즘의 부작용은 한국 사회의 통합을 가로막는 주요한 장애물이다.

이러한 상황을 극복하기 위해서는 알고리즘이 특정 정치적 성향의 콘텐츠를 과도하게 제공하지 않도록 구조적 규제와 함께 알고리즘의 투명성 및 책임성 확보를 위한 제도적 노력이 반드시 병행되어야 한다. 제도적 대응책을 마련하기 위해 유튜브나 넷플릭스 같은 디지털 플랫폼의 추천 알고리즘 현상을 알아보자.

추천 알고리즘이란 디지털 플랫폼 사용자의 정보와 디지털 플랫폼이 제공하는 콘텐츠 특성을 분석하여 사용자가 관심을 가질 만한 콘텐츠를 지속해서 전달하는 기술이다.

추천 알고리즘은 크게 세 가지 방식으로 나눌 수 있다. 첫 번째는 협업 필터링이다. 사용자 집단의 데이터를 바탕으로 비슷한 관심사를 가진 다른 사용자에게 콘텐츠를 추천하는 방식이다. 예를 들어 유튜브에서 한 사용자가 특정 가수의 노래를 자주 들으면 같은 가수를 좋아하는 다른 사용자의 데이터 기반으로 새로운 콘텐츠를 추천받는다.

두 번째는 콘텐츠 기반 필터링이다. 사용자가 선택한 콘텐츠의 특징을 분석하여 유사한 콘텐츠를 추천하는 방식이다. 넷플릭스가 이용자의 시청 기록을 분석하여 비슷한 장르나 배우의 영상을 추천하는 사례가 여기에 해당한다.

세 번째는 이 두 가지를 융합한 혼합형 필터링 방식이다. 이는 두 방식의 단점을 보완할 수 있어 아마존, 쿠팡 같은 많은 기업이 활발히 활용하고 있다.

추천 알고리즘은 사용자에게 맞춤 콘텐츠를 제공하는 편리성을 제공하지만, 이로 인해 심각한 사회적 부작용이 발생하기도 한다. 특히 확증편향이라는 심리적 현상을 심화시킨다.

확증편향이란 자신의 신념과 일치하는 정보만 받아들이고 다른 정보는 무시하는 경향이다. 이 확증편향은 사용자들이 자신이 이미 믿고 있거나 관심이 있는 콘텐츠만 계속 소비하게 만드는 추천 알고리즘과 결합하여 더욱 강력해진다.

추천 알고리즘의 부작용을 설명할 때 흔히 등장하는 용어가 정보 여과 현상과 에코 챔버이다.

정보 여과 현상이란 사용자가 자신의 입맛에 맞는 콘텐츠만을 소비하며 다른 관점의 정보를 차단하는 현상이다. 이 용어는 엘리 프레이저(Eli Pariser)가 그의 저서 『생각 조종자들(The Filter Bubble)』에서 처음 사용하였다.

반면 에코 챔버는 비슷한 의견이나 입장을 가진 사람들이 모여 의견을 주고받으며 특정 관점이 점점 강화되는 현상이다. 이 두 가지 현상은 상호작용하여 더욱 극단적 의견을 형성하게 하며, 사회의 양극화를 가속한다.

한국언론진흥재단의 「2023년 디지털 뉴스리포트」에 따르면 대한민국 국민의 53%가 유튜브를 통해 뉴스를 접하고 있다. 이는 조사 대상국 평균 30%보다 현저히 높은 수치로, 유튜브 추천 알고리즘이 한국인들의 정치적 의견 형성에 상당한 영향을 미치고 있음을 보여준다.

실제로 정치적 성향이 뚜렷한 콘텐츠를 자주 접할수록 확증편향이 강화되고, 이로 인해 정보 여과 현상과 에코 챔버에 빠져 더 극단적인 정치적 성향을 띠게 되는 사례가 증가하고 있다. 지인의 아내는 평범한 전업주부였지만 계엄령 이후 아내의 친구가 보내준 유튜브 영상을 시청한 후 얼마 지나지 않아 거리 집회에 참석했다. 주말마다 광화문 인근 집회에 나간다고 한다.

추천 알고리즘의 피해를 막기 위해서는 반대되는 의견이나 다양한 관점의 의견을 담은 콘텐츠를 의무적으로 제공해야 한다. 미국 《LA타임스》의 실험이 대표적이다.

《LA타임스》는 확증편향 문제를 해결하고자 AI를 활용한 실험을 시작했다. 《LA타임스》는 칼럼이나 의견이 들어간 기사에 AI가 생성한 반론 콘텐츠를 댓글 형식으로 제공함으로써 독자들이 다양한 관점을 볼 수 있도록 했다.

물론 이 실험에서 '실수'도 등장했다. 미국의 폭력적 결사 단체인 KKK(Ku Klax Klan)에 대해 반대하는 칼럼을 썼는데, KKK를 옹호하는 댓글을 달아주었다. 누구나 다 공감하는 글에도 반론을 게재하는 실수를 범한 것이다. 이런 점만 보완하면 구독자들에게 다양한 의견을 제시해 확증편향에 빠질 가능성을 감소시켜줄 수 있다고 본다.

이처럼 AI를 활용해 다양한 의견을 제시하는 언론사들은 일시적인 상업적 이익을 포기하더라도 독자들로부터 장기적인 신뢰를 구축할 수 있다. 유튜브나 인스타그램, 페이스북 등 다른 디지털 플랫폼도 마찬가지다. AI를 활용해 알고리즘의 추천 편향성을 극복한다면 해당 플랫폼에 대한 신뢰도는 더 높아질 것이다.

또 한 가지 방법은 디지털 플랫폼 사용자들의 추천 콘텐츠를 제어하기 위해 기존 사용한 행동 데이터를 주기적으로 삭제하는 방안이다. 유튜브의 경우 사용자가 설정 기능에서 본인이 과거 시청한 영상을 삭제하면 추천 영상의 방향성이 사라진다. 그만큼 자신의 입맛에 맞는 콘텐츠만 추천하던 필터 기능이 없어진다. 적어도 사용자의 행동 방식을 학습하는 기간만이라도 필터링은 없다.

디지털 플랫폼은 이런 기능을 도입하기 쉽지 않다. 자체 수익에 자물쇠를 거는 것이나 마찬가지이기 때문이다. 그렇다면 적어도 사용자에게 주기적으로 알리도록 하는 장치를 적용하는 것도 대안이다.

이처럼 추천 알고리즘의 문제점을 극복하고 확증편향을 예방하기 위해서는 사용자들이 다양한 관점과 의견을 접할 수 있도록 시스템을 설계해야 한다. 특히 사용자가 특정 콘텐츠만을 과다 소비할 경우 반대 의견이나 다른 관점을 가진 콘텐츠를 의무적으로 함께 추천하도록 하는 제도적 접근이 필요하다. 디지털 플랫폼을 운영하는 기업들이 자율적으로 균형 잡힌 추천 시스템을 마련하는 데 한계가 있기 때문이다.

《LA타임스》처럼 정치적 성향이 강한 콘텐츠를 자주 소비하는 사용자에게는 의무적으로 반대 성향의 콘텐츠나 중립적 의견의 콘텐츠가 일정 비율 이상 추천되도록 법적·제도적 장치를 마련할 수 있다. 이 과정에서 공정성을 유지하기 위해 투명하고 독립적인 외부 기관이 알고리즘의 운영과 추천 콘텐츠의 객관성을 정기적으로 점검하고 평가할 필요가 있다. 이러한 규제 방안은 사용자들이 자신과 다른 관점을 자연스럽게 접할 기회를 증가시켜 확증편향과 사회 양극화를 효과적으로 방지할 수 있다.

조직 차원에서도 확증편향을 예방하기 위해 다양한 관점을 수용하려는 자세와 비판적인 사고가 중요하다. 확증편향은 의사결정자의 판단을 무의식적으로 왜곡하여 심각한 오류나 위험을 초래할 수 있다. 실제 기업 사례에서도 확증편향 때문에 잘못된 전략을 고집하거나 위험 신호를 간과해 실패를 겪는 경우가 많다.

확증편향은 인간 사고에 깊이 자리한 특성이라 완전히 제거하기는 어렵다. 하지만 인식하고 관리하는 것만으로도 그 폐해를 크게 줄일 수 있다. 편향 인식 교육(bias awareness training), 구조화된 의사결정 도구의 활용, 비판적 사고 훈련, 다양한 관점의 수용 등이 중요하다.

요즘 디지털 플랫폼에서 알고리즘은 이용자의 성향에 맞춘 정보만 제공하고 사람들은 자신과 비슷한 생각을 가진 사람들 위주로 연결되면서 공론의 장에서 단절되고 고립된다. 이는 확증편향을 증폭시키고 정당이나 사회단체조차 자기 확신의 덫에 갇히게 된다.

취약한 인간 심리와 뛰어난 디지털 기술이 만날 때 세상에 일어나는 부작용은 그대로 인간 몫이다. 그러나 역설적으로 이 문제를 해결할 수 있는 열쇠도 디지털과 AI 기술이다. 확증편향을 인식하고 통제하는 전략을 기술적으로 지원함으로써 개인은 물론 정당과 사회단체는 더욱 균형 잡힌 시각을 갖고 정치적으로 소통할 수 있다. 정치권이 정치적 양극화를 이용하는 게 아니라 정치적 통합에 나설 수 있는 것이다.

지금부터는 정치적 양극화를 막기 위한 디지털 플랫폼의 노력이 아닌 사회적 제도적 노력을 알아보자. 특히 디지털 기술을 활용해 확증편향을 줄이는 방안을 살펴보자.

첫 번째 방안은 AI 기반 피드백 시스템을 구축하는 방식이다. 정보 소비의 편향을 시각화해주는 방식이다. 우리는 자신이 편향된 정보를 얼마나 자주 소비하는지 쉽게 인식하지 못한다. 이를 해결하기 위해 AI 기술을 활용한 정보 소비 분석 플랫폼이 필요하다. 예를 들어 특정 구성원이 자주 읽는 뉴스나 조회하는 콘텐츠의 성향을 분석해 좌우 스펙트럼상 어디에 치우쳐 있는지를 시각화해주는 도구를 만들어보자. 그러면 자신이 얼마나 편향되어 있는지 자각할 수 있다.

일부 미디어는 '균형 잡힌 뉴스' 추천 서비스를 제공하거나 AI

가 다양한 정치적 관점을 섞어 보여주는 기능을 실험 중이다. 정당이나 사회단체도 이 기술을 도입해 구성원의 정보 소비 습관을 되돌아볼 수 있는 시스템을 만들어보자. 그러면 확증편향을 줄이는 출발점이 될 수 있다.

두 번째 방안은 특정 구조를 가진 의사결정 알고리즘과 의사결정 이후 상황에 대한 AI 예측 도구를 정당이나 사회단체 조직에 도입하는 방안이다. 구조화된 의사결정을 유도하는 도구로는 'AI 기반 의사결정 지원 시스템(DSS)'이 있다. 이 시스템은 특정 정책이나 행동의 여러 시나리오를 시뮬레이션해 결과를 예측하고 그에 따른 장단점과 위험 요소를 짚어준다. 예를 들어 한 시민단체가 특정 입법 청원운동을 할지 말지 결정하려고 할 경우 AI는 그 입장이 향후 여론 흐름, 내부 지지층 반응, 선거 등에 어떤 영향을 미칠지를 데이터 기반으로 예측할 수 있다. 이렇게 주관이 개입될 여지를 줄이고 객관적 근거에 기반한 판단을 유도한다면 양극화 속에서도 신중한 의사결정을 내릴 수 있다.

세 번째 방안은 AI를 활용해 비판적 사고를 키우는 훈련하는 방안이다. AI는 훈련이나 교육 도구로서도 강력한 힘을 낸다. 토론이나 의사결정에서 자기주장이나 편향대로만 대응하는 경향을 줄이기 위해 AI 챗봇과의 토론을 진행할 수 있다. 사용자가 특정 주장을 펼치면 AI가 자동으로 반대 논리나 다른 관점을 제시하거나 사용자에게 주장의 근거를 요청하는 방식이다. 이런 훈련을 반복하면 자신의 주장만 내세우거나 방어하기보다는 논리적으로 그 주장을 점검하고 보완하는 습관을 지닐 수 있다. 이는 실제 디지털 플랫폼을 이용하는 과정에서 비판적 사고가 발휘되도록 돕는다. 나아가 AI는 각 참여자의 사고 유형이나 편향 성향을 분석해 맞춤형 조언을 해줄 수도 있다.

네 번째 방안은 다양한 관점을 수용하기 위해 AI 큐레이션 기술을 활용하는 방안이다. 에코 챔버 효과를 줄이기 위해서는 다양한 관점을 접하는 것이 중요하다. AI는 이를 자동화할 수 있다. 예를 들어 AI 기반 뉴스 큐레이션 도구는 같은 주제에 대해 상반된 시각을 가진 기사나 논평을 묶어 제시할 수 있다. 정당이나 사회단체도 내부 토론이나 회의 때 관련 자료나 회의 문서에 이런 다각적 시각이 자동으로 포함되도록 체계화해보자. 그러면 사람들은 자연스럽게 다른 의견이나 주장을 비교해 자신의 판단을 재고하게 된다.

또한, 회의에서 AI가 '레드팀'이나 '악마의 변호인' 역할을 대신 수행하는 것도 가능하다. 주장의 약점을 찾아 질문하고 간과한 부분을 지적해주는 방식이다. 사실 조직의 기관장이나 부문장이 주도하는 회의 때 부서원들은 수장과 반대되는 의견을 내기 쉽지 않다. 그러나 AI를 활용하면 이런 소통의 걸림돌을 제거할 수 있다. 나아가 내부 토론의 수준을 높이면서도 편향적 판단을 줄일 수 있다.

디지털 시대에 급속히 발전하는 AI 기술. 이 기술을 어떻게 사용하느냐에 따라 그 사회의 정치적 수준이 달라진다. 우리는 흔히 기술은 중립적이라 생각한다. 하지만 기술은 어떻게 설계되고 활용되느냐에 따라 사회에 전혀 다른 영향을 미칠 수 있다. 확증편향을 부추기도록 설계된 플랫폼이 있지만, 그것을 줄이기 위한 기술도 존재한다.

지금 필요한 것은 정치적 조직이나 정치권이 기술을 어떻게 사용할 것인가에 대한 전략적 판단이다. 정당과 사회단체가 AI를 단순한 홍보나 여론 분석 도구로만 쓰는 것이 아니라, '레드팀' 운영이나 편향 제어를 위한 도구로 활용해야 한다. 그럴 때 비로소 디지털 양극화 시대에 맞는 정치적 통합 능력을 발휘할 수 있다. 편향을 인식하는 것에서 시작해 그 영향력을 기술적으로 통제하려는 노력이 뒤따라야 한다. 이러한 기반 위에서 다양한 시각을 수용하는 정당과 시민사회가 존재할 때야 우리는 AI 시대에 걸맞은 건강한 민주주의를 기대할 수 있다.

결국, 민주주의의 미래는 기술뿐 아니라 그것을 어떻게 다루고 조율하느냐에 달려 있다. 디지털 기술이 정치를 극단으로 가르고 사회를 분열시키는 도구가 아니라 다시 연결과 소통의 매개체가 되길 바란다. 그 책임과 과실은 인간의 몫이다.

3장

사회·제도

장덕진
서울대학교 사회학과 교수이자 중앙도서관장이다. 동 대학교 사회발전연구소장, 사회학과장, 한국사회학회장 등을 역임했다.

정은성
㈜에버영코리아의 창립자이자 대표이사이다. 김대중 대통령 비서실 통치사료비서관을 역임했다.

조경진
서울대학교 환경대학원 환경설계학과 교수. 한국조경학회장과 서울대학교 환경대학원장을 역임했다.

계인국
고려대학교 행정전문대학원 교수이다. 개인정보 보호 자율규제협의회 위원과 한국공법학회 집행이사로 활동하고 있다.

국민의 삶의 질을 높이는 정책의 인간화

내리막 포비아를 극복해야 하는 한국 사회
사회 통합을 위한 세대 갈등 완화 방안
도시와 지역 개발의 새로운 패러다임으로서 정원도시
헌법과 사회 통합: 헌법의 기본원리와 정치적 통일

/// INTRO ///

도시 공간의 과밀화, 치열한 경쟁과 갈등 구조, 취약한 복지체계 등 일상 속 제도와 사회 분위기가 국민의 삶을 지탱하지 못하고 있다. 특히 내리막 사회에서 살아야 하는 젊은 층의 공포를 이해하고 적절히 대응해야 한다. 극도의 사회적 스트레스를 일으키는 갈등을 능동적으로 관리하기 위한 관리 시스템이 사회 각 분야에 구축되고 갈등의 모든 단계에서 항시적으로 대처해야 한다. 이와 함께 절충과 타협을 덕목으로 여기는 사회 분위기를 확산시켜야 한다. 사회적 통합을 위해 형식적이고 단편적인 제도 개혁에 집중하기보다는 통합 과정의 법질서인 헌법의 정신과 기본원리에 대한 충실한 존중이 선행될 필요가 있다. 이와 함께 국토를 정원으로 만드는 도시 공간 전략을 통해 일상 삶의 환경을 구조적으로 업그레이드하고 생명 존중의 인재를 양성하는 비전을 구현해야 한다.

장덕진 | 서울대학교 사회학과 교수

1. 내리막 포비아를 극복해야 하는 한국 사회

"초고령사회에 오신 것을 환영합니다."

나는 한 신문 칼럼을 통해 2025년 새해 인사를 이렇게 시작했다. 2024년 연말 한국의 65세 이상 인구가 20%를 넘어 초고령사회로서의 첫해가 시작되었기 때문이다. 전체 인구에서 65세 이상이 차지하는 비중이 7% 이상이면 고령화사회, 14% 이상이면 고령사회, 20% 이상이면 초고령사회로 분류하는 것이 국제적인 기준이다. 세계에서 가장 빠른 속도로 고령화가 진행되고 있는 한국은 고령사회에 접어든 지 불과 8년 만에 초고령사회에 진입함으로써 이 분야에서도 다시 한번 세계 신기록을 세웠다. 이 나라는 기록적으로 빨리 늙어가고 있다. 고령화의 동전 뒷면이 저출산임을 생각하면, 이 나라는 기록적으로 빨리 소멸해가고 있기도 하다.

높은 곳에서 아래를 내려다볼 때 아찔한 두려움을 느껴본 적이 있을 것이다. 놀이공원의 롤러코스터는 어떤가. 그 기계를 설계하고 운용하는 사람들은 인간의 공포에 대해 잘 알고 있다. 철컹철컹 소리를 내며 천천히 오르막을 오르던 롤러코스터는 까마득한 내리막을 코앞에 둔 최정점에서 일부러 멈춰 선다. 아직 내리막으로의 질주가 시작된 것도 아닌데, 사람들은 이 순간에 최대의 공포를 느낀다. 차라리 빨리 내려가길 바랄 정도다. 어떤 이들은 이 두려움을 너무 심하게 느껴서 치료를 받아야 하는 경우도 있다. '내리막 포비아(공포증)'라고 이름 붙이자. 내리막 포비아는 롤러코스터에만 존재하는 게 아니다. 국가도 오르막이 있고 내리막이 있다. 내리막길 앞에 선 사회의 구성원들은 집단적인 공포증을 겪을 수 있다. 나는 지금 한국에서 일어나고 있는 일 중에 상당히 많은 부분을 내리막 포비아로 설명할 수 있다고 생각한다. 한국이 왜 내리막에 접어들게 되었는가를 묻는다면, 초고령화와 탈산업화가 가장 직접적인 방아쇠였다고 답할 수 있다.

내리막 포비아를 가장 민감하게 느끼는 사람들은 앞으로 그곳에서 삶의 대부분을 살아가야 할 젊은 세대일 수밖에 없다. 기성세대가 소위 MZ세대에 대해 이러쿵저러쿵 얘기하기 시작한 지도 벌써 몇 년이 지났다. 신기하다는 듯이 얘기하지만, 사실은 부정적인 경우가 많다. MZ세대는 개인주의적이고, 원하는 소비에 과감히 지갑을 열고, 공정성에 민감하고, 이직 가능성에 열려 있다는 것이 기성세대가 그들에 대해 가지고 있는 대표적인 인상이다. 숨겨져 있는 부정적인 뉘앙스를 솔직히 드러내서 다시 말하면 MZ세대는 이기적이고, 돈 아까운 줄 모르며, 별걸 다 트집 잡고, 직장에서 키워주면 도망간다는 인식이다. 그러면 그들은 왜 기성세대와 다를까. 한국인의 유전자가 어느 날 갑자기 변했을 리 만무한데 '요즘 애들'은 왜 그럴까. 스마트폰만 들여다보게 만드는 기술변동의 문제만도 아니다. 똑같은 기술 환경에 노출된 다른 나라 젊은 세대와도 상당히 다르기 때문이다.

우리가 20대 때는 선생님과 이야기를 나누거나 술자리라도 한번 같이하는 것이 학생들에게는 참 즐거운 일이었다. 하지만 요즘 학생들은 우리 때와는 많이 달라서 교수가 공식적인 관계의 선을 넘어 본인의 사적 영역에 들어오는 것을 그다지 달가워하지 않는다. 나도 예전에는 학기가 끝나고 나면 당연히 학생들과 쫑파티도 하고 술자리도 가졌지만 이제는 그런 자리를 안 가진 지 10년도 넘은 것 같다. 그러다 보니 마음을 열고 대화하기는 참으로 쉽지 않은 일인데, 어렵사리 그런 기회를 잡았다. 우리 세대는 상상도 못 했던 이야기들을 들을 수 있었다. 본인들의 생각과 행동을 설명하기 위해 그들이 공통으로 꺼낸 단어는 '공포'였다. 단군 이래 최고 선진국이 된 오늘의 한국에서 공포라니.

하지만 그건 우리 세대, 그러니까 86세대 중심의 세계관일 뿐. 우리가 그들의 생각을 이해하지 못 하는 것은 당연하다. 내가 태어나던 해에 우리나라 1인당 GDP는 100달러 남짓했다. 소득수준이 우리랑 비슷한 나라라면 아프리카 케냐 정도였다. 그렇다고 우리 세대가 무슨 굉장한 가난을 겪었다고는 생각하지 않는다. 우리는 부모님 세대에 비하면 그래도 비교적 어려움 없이 살았다. 전쟁을 직접 겪지도 않았다. 어린 시절의 기억은 주로 골목길과 관련되어 있다. 골목길에는 사람 한 명은 충분히 들어갈 크기의 커다란 소쿠리를 둘러멘 '넝마주이'들이 돌아다니며 기다란 집게로 폐지나 유리병 같은 걸 척척 주워 등 뒤의 소쿠리에 집어넣었다. 그이들이 우리 같은 어린애들을 소쿠리에 잡아다가 길거리에서 구걸을 시킨다는 괴담도 퍼져 있었다. 골목길에는 머리카락 장수도 돌아다녔다. 엄마들은 가끔 머리카락을 팔아 받은 돈으로 저녁에 먹을 계란이나 자반고등어 같은 걸 사곤 했다. 골목에는 주인 없는 개들도 돌아다녔는데, 광견병 걸린 개에 물리면 사람도 미친다고 했다. 베이비붐 세대가 아이들이었던 시절이니 온 나라에 꼬마들이 바글바글했다. 베이비붐 직후 내가 태어나던 해에 한국인 평균 연령이 18세였다. 공립 '국민학교'에 입학하면 한 반에 80명으로는 감당이 안 돼서 그걸 또 오전·오후로 나눠 2부제 수업을 했다. 바글바글한 조무래기들은 아침에 학교에 갔다가 오전반 수업을 마치고 점심시간이면 벌써 하교해서 넝마주이와 머리카락 장수와 광견병 개들 사이로 골목길을 뛰어다니며 오후 내내 놀았다.

　그랬던 한국이 2024년에는 일본을 추월해서 1인당 국민소득 4만 달러에 도달했다. 명목 GDP로 단순비교하면 우리 세대는 살면서 400배의 경제 성장을 경험한 것이다. 지금도 생생히 기억나는데, 1970년대 한국의 국가적 목표는 '수출 100억 불(弗), 국민소득 1000불'이었다. 지금이야 한편에서는 추앙받고 다른 한편에서는 독재자라 비판받지만, 박정희 대통령 시절 새마을 노래와 눈부신 빛을 발하는 포항제철 용광로 사진을 보며 가슴 뛰지 않았다면 그 시대를 살아보지 않았거나 아니면 거짓말이다. 마침내 수출 100억 불을 달성했을 때 온 국민이 뛸 듯이 기뻐했고 기념 우표까지 발행되었다. 100억 불이라고 해봤자 지금 환율로 계산해도 14조 남짓할 테고, 달러당 400원쯤 하던 그 당시 환율로는 4조 원 남짓한 돈인데 그 당시 한국에는 그게 그리도 귀했다. 1980년대 중반 대학에 입학하니 선배들이 신입생 환영회라며 우리 동기들을 모두 이끌고 학교 앞 중국집으로 데려갔는데, 안주는 짬뽕 국물 한 가지였다. 면도 없고 해물도 없는 짬뽕 국물에 숟가락이 10개씩 꽂혀 나왔다.

지금의 젊은 세대가 들으면 어이가 없을 이야기들이지만, 그렇다고 해서 우리는 불쌍하지 않았다. 지금 보면 지독한 가난이지만 그 가난 한복판에서는 그다지 가난하다고 느껴지지 않았다. 우리도 김밥 싸서 소풍 가고 생일이면 맛난 것 얻어먹고 할 건 다 했다. 대학 시절에도 당시의 정치적 상황으로 인해 두들겨 맞고 잡혀가고 고통받았지만 10년 후에는 지금보다 훨씬 나은 세상이 될 거라는 걸 아무도 의심하지 않았다. 86 아시안 게임과 88 올림픽을 겪으며 사회가 풍요로워지는 게 피부로 느껴졌다. 사람들이 술안주로 고기를 먹기 시작했다. 나와 내 친구들은 모두 20대 때 운전면허를 땄다. 차는 없었지만, 아마도 조만간 차를 가지게 될 거라는 생각 때문이었다. IMF 때 온 나라가 부도를 낸 상황에서도 큰일 났다고 생각은 했지만 금방 극복할 거라는 막연한 믿음이 있었고, 실제로 한국은 2년 만에 IMF 관리에서 조기 졸업하는 신기록을 세웠다. 2000년대에 들어서니 인터넷과 벤처 붐을 타고 돈이 넘쳐흘렀다. 사람들은 외국 여행을 다니기 시작했고, 30대였던 우리 세대는 아마도 이 나라 역사상 처음으로 자식들을 '금쪽이'로 키웠다. 그렇게 자란 아이들이 오늘날 MZ세대의 원형이기도 하다.

지금의 기성세대는 국민소득 100달러에서 태어나 1000달러에도 살아봤고 1만 달러에도 살아보면서 4만 달러까지 50년 넘게 오르막에서만 살았다. 우리 세대의 근거 없는 자신감은 아마 이런 경험에서 비롯되었을 것이다. 그야말로 쥐뿔도 없는 나라에서 태어났으면서 막연히 잘될 거라는 자신감, 숟가락 10개 꽂은 짬뽕 국물에 소주 마시는 처지에 곧 자가용 생길 거라며 운전면허 따는 자신감, 아무 근거도 없이 내일은 오늘보다 나을 거라고 믿는 자신감 말이다.

하지만 지금의 젊은 세대는 다르다. 조금 과장하면 그들은 태어나서 지금까지 하루도 에어컨 없는 방에서 자본 적이 없는 이들이다. 그들이 태어났을 때 한국은 이미 20년 넘게 고속성장 중인 세계적 모범국가였다. 그들은 어려서부터 경제적 풍요와 정치적 자유를 누리고 살았기 때문에 그들에게 그것은 당연하다. 어려서부터 외국 여행을 다녔고 경제적으로나 문화적으로 다른 나라에 꿀린다고 생각해본 적도 없다. 그런데 이제 처음으로 한국은 내리막길로 접어들 것으로 전망된다.

제조업 강국 한국은 탈산업사회에서 새로운 성장 동력을 찾지 못하고 있고, 초고령사회 한국은 부양할 사람에 비해 부양받을 사람이 너무 빨리 너무 많아지고 있다. 여론조사에서 자녀 세대가 부모 세대보다 더 못살게 될 것이라는 응답이 처음으로 과반을 차지한다. 이제 내리막 사회에서 살아야 하는 젊은이들은 공포를 느낀다. 에어컨 없는 여름밤이 어떨지 짐작도 안 된다. 아찔한 내리막 포비아다. 한국은 높이 올라왔기 때문에 내리막의 공포도 더 크다. 오르막에서만 살아본 기성세대는 그들의 공포를 이해하지 못한다.

내리막에 대비한 극도의 자기 보호가 그들 행동의 많은 부분을 설명한다. 요즘 학생들은 대학 간 서열에 훨씬 더 민감하다. 대학의 순위를 매기고, 학과의 순위를 매기고, 수시인지 정시인지 입학전형의 순위를 매겨서 낮은 대학 낮은 학과 낮은 전형을 무시한다. 젊은 이들끼리 모이는 온라인 게시판에는 본인의 외모, 가족 배경, 출신 학교, 직장, 연봉 같은 것들을 나열하고 이 정도면 상위 몇 퍼센트냐고 묻는 글들이 넘쳐난다. 강박적이다. 기성세대는 대학 서열화하지 말자고 수십 년 외쳐왔는데 젊은 세대는 자발적으로 아주 철저하게 스스로를 서열화한다. 참담한 비유지만, 침몰하는 배 안에서 에어포켓에 고개를 내밀려면 위에서부터 몇 번째에 속해야 하는지 절박하게 묻는 모습을 연상시킨다. '과잠(학과 점퍼)' 열풍은 그렇게 확인한 자기 생존 가능성의 과시이다. 내가 이렇게 생존 가능성이 높은 사람이라는 것을 남들도 다 알아야 하니까. 의대 증원 사태에 의대생들이 그렇게까지 분노한 배경에는 이러한 서열화도 하나의 축을 차지하는 것으로 보인다. 정부가 불합리한 정책을 밀어붙였지만, 불합리한 정책의 피해는 다른 대학 다른 학과도 종종 당하는 일이다. 치열하게 공부해서 에어포켓의 꼭대기 자리를 차지한 사람들을 감히 건드렸다는 분노가 전혀 없다고 할 수 있을까.

오르막길만 걸으며 민주화운동의 시대를 산 기성세대는 정치적으로 올발라야 한다고 믿는 것이 습관이 되어 있다. 눈앞의 내리막길에 공포를 느끼는 젊은 세대에게는 이러한 정치적 올바름(Political

Correctness, PC)은 'PC충(蟲)'이라는 모욕적 이름과 함께 환멸의 대상일 뿐이다. 정치적으로 올바르고 싶어 하는 기성세대는 젊은 세대의 내리막 포비아를 적극적으로 치료하려고 하지 않는다. 여기에는 사실 내 자식도 그렇게 키웠다는 공범 의식도 숨어 있다. 자식을 둘러싼 우리 사회의 공범 의식과 관련해서는 별도의 학문적 조명이 필요하다고 느끼는데, 한두 가지만 예로 들면 이런 것들이다. 하나. 강남에 입성하고 싶어 하는 국민적 열망을 날카롭게 비판해 온 지식인이나 사회운동가들이 아이들이 중학생이 되면 전세를 얻어서라도 강남으로 이사한다. 거기서 학원을 보내야 명문대에 갈 수 있을 거라고 생각하기 때문이다. 주변에서 가십거리가 되긴 하지만 결국 다들 이해하고 넘어간다. 둘. 부모의 직업이 무엇이든 정치적 신념이 무엇이든 상관없이 어느 정도 성공하면 아이들을 미국에 보내기 시작한 지 30년쯤 되었다. 내 주변의 교수들도 연구년을 맞아 미국에 갈 때는 온 식구가 함께 갔다가 1년 후 돌아올 때는 아이들을 미국에 남겨놓고 혼자 돌아온다. 주변의 사업가, 의사, 변호사, 정치인, 관료 할 것 없이 아이들은 미국에 있다. 부자 동네 아파트 단지 놀이터에는 여름방학이면 영어로 노는 아이들로 가득 찼다가 가을 학기가 되면 썰물처럼 빠져나간다. 가끔 엉뚱한 상상을 하게 된다. 만약 전쟁이 일어난다면 무슨 일이 벌어질까. 노블리스 오블리제를 부르짖던 한국의 지도층들은 평소 말하던 것처럼 자식들을 불러들여 전쟁에 참전하게 할까. 아니면 미국 시민권자가 된 아이들 곁으로 피난하기 위해 미군 기지 헬리콥터 앞에 줄을 서게 될까. 한국에서 어느 정도 성공한 사람들이라면 누구나 아이들을 미국에서 키우는 현상에 대해 모두가 알지만 대체로 침묵한다. 우리 모두 공범이니까. 부자들이 아이들을 미국에서 살게 한 지 30년이 되었으니 이제는 상속이 현실적 문제가 되었다. 싱가포르처럼 상속세가 없다고 알려진 나라로의 이민이 최근 부쩍 늘었다는 소식은 그냥 우연일까.

한국의 성장 엔진은 누가 뭐래도 제조업이었다. 한국은 2차 세계대전 이후 최고의 제조업 강국 중 하나였다. 일본, 독일, 그리고 한국 이 세 나라가 세계 제조업을 이끌어온 핵심 엔진이었다. 하지만 지금은 탈산업화 시대로 넘어가고 있다. 이는 곧 제조업이 축소된다는 얘기다. 제조업이 축소된다는 건 사회의 계층 분포로 보면 중산층이 없어진다는 것을 의미한다. 중산층이 되려면 중간 수준 정도의 임금을 받아야 하는데, 제조업이야말로 바로 그 중간임금을 제공해온 산업이다. 제조업이 없어지면 중산층이 없어지고, 중산층이 없어지면 부자와 가난한 자만 남게 되니 당연히 양극화가 심해진다.

그뿐인가. 제조업이 없어지면 복지국가도 물 건너간다. 스웨덴같이 우리가 늘 벤치마킹 대상처럼 얘기해오던 유럽 복지국가들은 모두 제조업 황금기에 만들어졌다. 자고 일어나면 제조업이 성장해 있고, 중산층이 늘어나 있고, 따라서 세금 낼 사람이 많아져 있는 나라라면 복지국가를 만드는 것이 가능하다. 하지만 우리는 그와는 정반대의 물결에 맞서 있다. 탈산업화의 강력한 흐름 속에 자고 일어나면 제조업이 축소되어 있고, 중산층이 줄어들어 있고, 따라서 세금 낼 사람이 적어져 있는 나라에서 복지국가를 만드는 것이 과연 가능할까.

경제의 역사를 결정하는 가장 중요한 건 인센티브 구조다. 사람들로 하여금 무엇을 하고 싶도록 만들고 무엇은 하기 싫도록 만들 것인가. 1993년 노벨 경제학상을 받은 더글러스 노스의 핵심 명제(인센티브 구조는 그 경제가 성장할 것인지, 정체할 것인지, 쇠퇴할 것인지를 결정한다)이기도 하다. 그런데 우리 사회는 경제 성장 지향적인 사람들에게 보상보다 처벌을 주는 구조를 만들어왔다. 그러니 장기적으로 보면 성장률이 낮아지는 방향이 합리적인 예측이다.

짧게 잡아도 IMF 이후 우리 사회는 기업가 정신을 고양하기보다는 억누르는 방향으로 변화해왔다. 한국의 전체 세수에서 법인세가 차지하는 비중은 OECD 평균보다 확연히 높다. 하지만 이 팩트는 어디론가 사라지고 국민의 인식 속에 한국 대기업은 탈세하는 집단처럼 각인되어 있다. 일반 국민이 내는 상속세도 세계 최고 수준인데, 기업에 이르면 한마디로 사업을 접으라는 얘기랑 별로 다를 게 없게 된다. 기업의 혁신은 갈수록 포퓰리스트화 하고 있는 정치의 개입으로 무산된다. 새로운 모빌리티의 가능성을 제시했던 '타다'의 경우를 보라. 그 당시 '타다'의 시장 진출을 막아달라고 하면서 택시 업계가 했던 약속들은 지금 단 하나도 지켜지지 않았다. 길에서 손을 들어 택시를 잡던 과거에는 승차 거부에도 한계가 있었지만, 앱으로 택시를 부르는 요즘에 앱은 완벽하고 합법적인 승차 거부 수단이 되었다. 가장 피해를 보는 건 노인이나 특정 지방 거주자 같은 교통 약자들이다. 아주 장거리가 아니라면 경기도에서 경기도로 이동할 때 택시를 타는 건 운수 좋은 날에나 가능한 일이 되었다. 서울과 달리 인구밀도가 높지 않은 지방 특성상 경기도 다른 지역으로 가봐야 올 때는 빈 차로 올 가능성도 많으니 기사들은 콜을 잡지 않는다. 친절하게도 택시 앱은 주변 몇백 미터 안에 빈 택시가 10대나 있다는 것을 알려주는데 그들 중 아무도 콜을 잡지 않는다. 겨울 저녁에 날씨라도 궂으면 택시 타고 귀가하는 건 아예 불가능하다. 택시들은 더블 받고 서울 손님 태우는 데에만 혈안이 되어있기 때문이다. 혁신 기업을 제발 막아달라고 애원하던 그들은 어느새 완벽한 갑이 되었다. 요금을 더 내더라도 꼭 필요할 때 부르면 무조건 오던 타다는 아련한 추억이 되었다.

내리막 포비아를 두려워하는 사람들에게 가장 파고들기 쉬운 정치적 전략이 포퓰리즘이다. 사실 민주주의의 후퇴와 포퓰리즘의 등장은 한국만의 문제가 아니라 전 세계적인 현상이다. 세계지도를 펼쳐놓고 보면 우리가 익숙하게 알던 민주주의의 세계적 지형은 거의 철저하게 망가졌다고 해도 과언이 아니다.

세계 최고의 복지국가 스웨덴에서 나치 친위대 출신들이 만든 극우 정당의 지지율이 1~2위를 다투고, 유로존 위기 이후 유럽의 맏형 노릇을 해온 독일에서도 극우 정당 '독일을 위한 대안'이 약진하고, 영국은 스스로도 이해하지 못하는 브렉시트를 단행했고, 프랑스는 프렉시트(Frexit)를 하겠다는 정치인들이 득세하고, 튀르키예에서는 한때 개혁과 민주주의의 리더인 줄 알았던 에르도안이 독재자로 돌변했고, 한때 핵탄두 1700개를 보유했던 세계 3위의 핵보유국 우크라이나는 안보를 책임져주겠다는 미국·러시아·영국과의 부다페스트 양해각서에 따라 러시아에 모든 핵탄두를 이전했으나 약속은커녕 바로 그 러시아로부터 침공을 당했다. 성장률의 대세 하락이 시작된 마당에 시진핑 3기에 접어든 중국은 예측 불가능한 상태가 되었고, 북한의 핵 능력은 수십 배 증가했다. 아시아-태평양에서 인도-태평양으로 국제정세가 재편된 마당에 이제 한국은 스스로의 안보를 둘러싼 의사결정에서 배제될 위기에 처해 있고, 영원한 동맹일 줄 알았던 미국은 트럼프 2기에 접어들면서 세계적 골칫덩이가 되어가고 있다.

민주주의 선진국에서 포퓰리즘의 등장은 대체로 우파 포퓰리즘의 양상을 띤다. 탈산업화로 인해 중산층이 몰락하고, 극우 정치인들이 전면에 나서면서 당신들이 가난해진 것은 이민자들이 일자리를 빼앗았기 때문이라고 선동하고, 대중이 여기에 부화뇌동하는 순서를 거치는 것이 보통이다. 한국이 특징적인 것은 민주주의 선진국이면서 좌파 포퓰리즘이 두드러진다는 점이다. 전 세계적 민주주의의 훼손 과정에서 좌파 포퓰리즘의 양상을 보이는 것은 주로 남미의 핑크 타이드뿐이다. 한때 우리보다 훨씬 선진국이었던 아르헨티나를 비롯한 남미 국가들은 한국, 일본 등 동북아 국가들의 수출주도 성장과는 정반대의 수입 대체 산업화 전략을 추구하다가 경제를 망쳤고, 정치적으로는 극좌에서 극우를 왔다 갔다 반복하며 수십 년째 혼란을 겪어왔다. 지금은 좌파 정권들이 일제히 복귀해 핑크 타이드를 완성해놓은 상태이다.

한국은 민주주의 선진국이면서 좌파 포퓰리즘이 두드러진 특이한 사례이다. 포퓰리즘은 흔히 '대중영합주의'라고 번역되어서 대중이 원하는 것은 무엇이든 한다는 식으로 알려졌지만, 이것은 오해이다. 대중이 무엇인가를 원하고 정치가 따라가는 것이 아니다. 정치가 먼저 대중의 적을 정해서 이들이 우리의 적이라고 선동하고, 다수의 대중이 거기에 따라가는 것이 포퓰리즘이다. 그러니 포퓰리즘의 핵심은 대중을 따라가는 것이 아니라 국민을 둘로 나눠 '적'을 정하는 것이다.

한국에서 좌파 포퓰리즘이 전면에 등장하기 시작한 결정적 순간을 꼽으라면 2017년 대선 경선 과정에서 당시 문재인 후보가 했던 소위 '양념' 발언이었을 것이다. 상대 후보에게 문자폭탄과 욕설의 의미를 담은 '18원' 후원이 문제가 되었을 때, 당시 문재인 후보는 지지자들을 만류하지 않고 그 정도는 경선을 흥미롭게 해주는 '양념'이라고 발언했다. 사람들은 별로 주목하지 않았지만, 나는 그 순간이 포퓰리즘의 둑이 무너지기 시작한 시점이었다고 생각한다. 탄핵의 혼란 속에서 여야를 넘어 압도적 지지를 받던 후보가 상대를 공격해도 좋다는 시그널을 보낸 순간이었으니 말이다. 그 이후 대선 과정은 물론 문재인 정부 내내 국정의 전면에 나섰던 것은 '적폐청산'뿐이었다.

나는 사실 문재인 후보가 '적폐'라는 단어를 처음 꺼냈을 때 귀를 의심했다. 적폐(積弊)는 '오랫동안 쌓여온 폐단'이라는 뜻이다. 원래는 사전 속에나 존재할 뿐 일상적 대화에서는 거의 사용되지 않던 단어이다. 이 단어를 끄집어내 사람들 입길에 올린 것은 박근혜 전 대통령이었다. 세월호 참사 때 7시간 동안이나 나타나지 않은 끝에 내놓은 단어였다. 왜 굳이 '적폐'라는 단어를 썼을까. 오랫동안 쌓여온 폐단 때문에 세월호 참사가 일어났으니 본인 책임은 아니라는 뜻이 단어 선택 속에 숨겨져 있다. 박근혜 전 대통령 탄핵으로 치러진 조기 대선에서 문재인 후보가 하필이면 바로 그 적폐라는 단어를 끄집어내서 그 단어에 시민권을 부여하다니. 믿을 수가 없었다. 나중에서야 왜 그랬는지 이해하게 되었다. 적폐는 문재인 정부 내내 자신들의 무리한 정책을 정당화하기 위해 모두가 증오해야 하는 실체 없는 적들의 이름이었다. 누군지도 알 수 없는 적폐를 청산하기 위해 이상한 정책들을 해야만 했다.

적폐청산의 하이라이트는 2022년 대선에서 이재명 후보의 출사표에서 나왔다. 그는 대선에 나서면서 출마의 변을 '억강부약(抑强扶弱)' 한마디로 정리했다. 강한 자를 억누르고 약한 자를 돕는다는 뜻이다. 임꺽정이나 홍길동, 혹은 로빈 후드라면 좋은 이야기이겠으나 민주주의 국가의 대선후보가 할 수 있는 말은 아니다. 민주주의자의 슬로건은 '부강부약', 즉 강한 자와 약한 자를 모두 북돋우는 것이 되어야 한다. '억강부약' 한마디로 한국적 좌파 포퓰리즘의 적은 확실해졌다. 강한 자가 대중의 적인 것이다. 얼마나 강해야 대중의 적인지도 분명해졌다. 대표 공약인 기본소득의 재원 마련을 위해 국토보유세를 상위 10%에게 부과하겠다고 했으니 상위 10%가 대중의 적인 것이다. 국토보유세의 부작용에 대해 걱정하는 여론이 높아지자 이재명 후보는 "본인이 상위 10%에 속하지도 못하면서 국토보유세 걱정하는 건 바보"라고까지 했다.

한국적 좌파 포퓰리즘은 상위 10% 부자가 적이라는 생각, 그들이 탈세하고 있다는(실제로는 세계 최고 수준의 재산세·소득세·법인세·상속세를 내고 있음에도 불구하고) 믿음, 부자들의 선조는 친일파였으리라는 공상, 필요할 때 언제든 들이대면 약발이 통하는 반일감정 같은 것들로 채워져 있다.

윤석열 전 대통령의 계엄 소동은 이에 맞서는 우파 포퓰리즘 시도가 우스꽝스럽게 막을 내린 것이라 볼 수 있다. 좌파 포퓰리즘에 맞서 뒤늦게 만들어지기 시작한 우파 포퓰리즘의 적은 학생운동 출신 진보 정치인, 노동, 시민사회, 페미니즘, 북한, 중국 등으로 구성되어 있다. 유럽에서 아프리카나 동유럽 출신 이민자가 받는 억울한 대접을 한국에서는 조선족과 탈북자가 받게 될 것이다. 그들이 만들어내는 음모론의 배후에는 거의 항상 중국이 있다. 중국이 온갖 방법으로 한국에 영향을 미치다 못해 이제는 선관위 서버를 해킹해 선거 결과까지 조작한다는 주장이 대표적이다. 그런 주장의 증거라고 제시된 것들이 전혀 사실이 아니라는 점은 이미 법원에서도 증명된 바 있고, 선거 결과에 조작된 흔적이 없다는 것은 이미 수많은 전문가가 검증한 바 있지만, 그들은 믿지 않는다. 대중은 그렇다 치더라도 한 나라의 대통령이 이런 이야기를 믿고 있었다는 것은 비극이자 희극이다. 내가 이 어처구니없는 계엄 시도를 '소동'이라 부르는 이유이기도 하다. 어설픈 계엄을 시도했다가 탄핵당하고 정권까지 내어줄 위기에 처했다는 것은 한국에서 우파 포퓰리즘의 역량이 아직까지 좌파 포퓰리즘에 훨씬 못 미친다는 증빙이기도 하다.

내리막 포비아에 떠는 사람들에게 한국의 정치는 혁신과 성장을 통해 오르막길을 되돌려주는 것이 아니라 누군가의 탓이라고 선동하면서 그러니 내게 표를 달라는 데에만 몰두하고 있다. 좌파 포퓰리즘은 친미·친일 부자들 탓이라고 하고 우파 포퓰리즘은 북한·중국 빨갱이 탓이라고 한다. 내리막길 직전의 최정점에 도달해서 멈춰 선 롤러코스터처럼, 한국은 눈앞에 펼쳐진 내리막길에 두려워하고 있다. 정치가 지금처럼 가는 한 롤러코스터는 실제로 그 내리막길을 가게 될 가능성이 크다.

정은성 | 에버영코리아 대표이사, 비랩코리아 이사장

2. 사회 통합을 위한 세대 갈등 완화 방안

언제부터인가 대한민국을 '갈등공화국'이라고 한다. 아마도 이념, 계층, 세대, 남녀, 노사, 종교, 지역 등 우리 사회 전반에 걸쳐 팽배해 있는 심각한 갈등 양상 때문일 것이다. 이 중에서도 이념·계층·세대 갈등은 날이 갈수록 점점 더 커지고 있어 우리 사회와 국민 통합에 가장 큰 걸림돌로 작용하고 있다. 따라서 이에 대한 정부 차원의 예방과 관리, 그리고 범사회적인 노력이 그 어느 때보다도 더 절실하게 필요한 실정이다. 이 글은 여러 종류의 사회적 갈등 중에서도 세대 갈등에 대해 집중적으로 분석하고, 대안으로서 몇 가지 아이디어를 제시한다. 이를 통해 다른 사회 갈등에 대한 해결책 마련에도 조금이나마 도움이 되길 바란다.

» 사회적 갈등: 종류와 문제점

먼저 우리나라에 현존하는 주요 사회적 갈등의 종류와 문제점에 대해 살펴보자.

첫째, 이념적 갈등이다. 이는 보수와 진보 간의 정치적·사회적 가치의 차이에서 비롯되었으며, 선거와 정당 활동 등을 둘러싼 정치적 측면과 통일, 외교, 교육 등의 정책적 측면에서의 극단적 대립이 주 내용을 이루고 있다. 이는 결국 국론 분열과 정책 추진력 저하, 사회적 대화와 타협 문화의 약화, 갈등 조정 비용 증가, 정치적 불안정에 따른 경제환경 불확실성의 초래 등 문제를 야기하고 있다.

둘째, 계층 간 갈등이다. 대개 소득 불평등과 자산 격차로 인한 상위 계층과 하위 계층 간 갈등을 의미한다. 특히 집값 상승과 전세난으로 인한 자산 불평등, 정규직과 비정규직의 차별과 같은 경제적 기회의 불균형 등이 주요 요인으로 작용한다. 이는 경제적 양극화의 심화, 사회적 불안정의 증가, 계층 이동의 어려움으로 인한 희망 상실 등과 긴밀한 관계가 있다.

셋째, 세대 간 갈등이다. 주로 청년층과 중·장년층 간의 가치관, 고용, 복지, 정치적 선호 차이에서 발생한다. 이는 결국 사회적 측면의 연대감 약화, 정치적 측면의 세대 대립 심화, 그리고 정책 측면의 세대별 이해관계 충돌 등의 문제를 낳는다.

넷째, 지역 간 갈등이다. 수도권과 비수도권, 특정 지역 간 경제적·문화적 격차로 인한 갈등을 말한다. 특히 인프라, 일자리, 교육,

문화 등의 기회가 수도권에만 주로 집중됨으로써, 지역 균형 발전을 저해하고, 지역 간 반목과 대립을 심화시키며, 국가 자원의 비효율적 배분을 초래하는 현상이다. 이는 결국 지방 인구의 감소와 지역 경제의 침체를 가져온다.

다섯째, 젠더 갈등이다. 남성과 여성 간 성 평등 문제, 사회적 역할과 권리 및 의무에 대한 의견 차이 등을 뜻한다. 여성 측면에서는 유리천장, 임금 격차, 육아와 경력 단절 문제 등이 있으며, 남성 측면에서는 병역 의무와 관련된 불만, 일부 정책의 역차별 논란 등이 존재한다. 이는 결국 성별 대립에 따른 사회적 신뢰 약화, 가정과 직장에서의 협력 부족으로 인한 사회적 분위기 악화로 이어진다.

여섯째, 노사 갈등이다. 주로 노동자와 경영진 간의 임금, 근로조건, 고용 안정성 등을 둘러싼 갈등을 의미하며, 대기업 중심의 경제 구조가 관련된 대기업-중소기업 간 격차, 비정규직 문제, 중소기업의 노동환경 문제 등도 포함할 수 있다. 이는 결국 기업의 생산성 감소 및 파업에 따른 경제 손실, 기업 이미지 훼손, 장기적인 산업 경쟁력 약화 등의 문제를 만든다.

일곱째, 이주민·다문화 갈등이다. 다문화 가정에 대한 차별과 배타적 태도, 외국인 노동자에 대한 임금 문제와 열악한 근로환경 등이 주요 내용을 이룬다. 이런 문제가 심화되면 될수록 사회적 소외 계층 증가, 다문화 사회로의 전환 지연, 국가 이미지 훼손 등의 사회적 손실이 발생한다.

여덟째, 교육 갈등이다. 주로 학벌주의, 입시 경쟁, 사교육 의존, 학부모와 학교 간 문제, 공교육과 사교육 간 불균형 등을 말한다.

이는 결국 교육 불평등 심화, 학생들의 정서적 안정과 창의력 저해, 공교육 신뢰도 하락 등의 심각한 사회 문제를 초래한다.

아홉째, 환경·개발 갈등이다. 개발과 환경 보존 사이에서 발생하는 갈등으로서, 예를 들어 신재생에너지 시설 건설, 도시 개발, 생태 보존 문제 등을 말한다. 이는 결국 지속 가능한 개발 저해, 지역 주민과 개발 주체 간의 대립 심화, 기후위기 대응 지연 등 우리 사회에 부정적 영향을 미친다.

» **사회적 갈등: 폐해**

서로 다른 생각과 이해관계를 가진 사람 수천만 명이 공동체를 이루고 사는 나라에서 갈등은 있을 수밖에 없다. 또 그 정도가 아주 심각하지만 않다면 긍정적인 측면도 어느 정도 존재한다. 그러나 어떤 종류의 사회적 갈등도 일단 부정적으로 작용하기 시작하면, 그 폐해가 워낙 다방면에 걸쳐 표출되기 때문에, 그 피해 정도를 정확하게 가늠하기가 쉽지 않다. 따라서 사회적 갈등의 악영향에 대해 정확하고 종합적인 판단을 하는 것은 그 의미가 크다.

이와 관련하여 경제적 비용 환산은 매우 유용하다. 예를 들어, 단국대학교 분쟁해결연구센터(DCDR)는 국무조정실 의뢰로 「사회적 갈등으로 인한 경제적 비용 분석」이란 연구를 수행하였다. 한국 사회에서 발생하는 여러 종류의 갈등이 우리 경제에 어떤 영향을 미치는지 정량적으로 평가한 것이다. 이는 사회적 갈등으로 인한 경제적 비용을 정부 차원에서 공식적으로 추산한 첫 사례라고 할 수 있다. 연구 기간은 1990년부터 2022년까지로 33년간의 데이터를 분석하였으며, 특히 최근 10년(2013~2022년)에 집중하였다.

주요 내용을 보면 우리나라 사회적 갈등 비용은 2013년부터 2022년까지 10년간 2326조 원에 달한다고 한다. 연평균 232조 원이니 엄청나게 큰 액수다. 특히 2023년 우리나라 명목 GDP가 약 2401조 원이었음을 고려하면, 국민총생산의 10%에 가깝다.

이외에도 시기별로 얼마나 늘어났는지 추이를 살펴보면, 최근으로 오면 올수록 증가 속도가 엄청나게 커졌다는 것을 알 수 있다. 예를 들어, 1990년대 10년간(1990~1999년)과 최근 12년간(2011~2022년)을 비교하면 갈등 비용이 31조 원에서 2352조 원으로 무려 76배나 늘어났다. 간단하게 얘기하면 사회적 갈등은 우리 경제에 엄청나게 큰 부담을 주고 있을 뿐만 아니라, 날이 갈수록 그 정도가 더 커지고 있다는 뜻이다. 정말로 심각한 문제라고 아니할 수 없다. 특히 2014년 세월호 사건, 2017년 박근혜 대통령 탄핵, 그리고 2024년 윤석열 대통령 탄핵 등으로 인해 더욱 급증하였다.

이 연구 결과를 조금 더 자세히 살펴보면, 여러 사회적 갈등 중에서도 특히 이념 갈등이 가장 큰 부담을 주고 있음을 알 수 있다. 전체 조사 기간인 23년간(1990~2022년) 발생한 갈등 비용 가운데 이념 갈등 비용이 1981조 원, 전체의 75.4%를 차지하였으니 말이다. 다음은 노동 갈등(307조 원, 11.7%), 계층 갈등(192조 원, 7.3%), 지역 갈등(77조 원, 2.9%) 순이다.

이런 유형별 분석이 시사하는 바는 매우 크다. 기본적으로 우리나라가 분단국가라는 점이 국민을 이념에 민감하게 만든 것이라고 볼 수도 있겠지만, 그것만으로는 압도적 비용 격차를 설명하기가 어렵다. 오히려 이념 갈등이 결국 정치로 수렴된다는 점을 고려하면, 정치가 이념 갈등을 조정·해소하는 본연의 기능을 제대로 하지 못하고 있다고 판단된다. 심지어 이념 갈등을 부추겼다고까지도 할 수 있다.

또 다른 연구 결과를 살펴봐도 그 추세는 크게 다르지 않다. 삼성경제연구소가 개발한 사회갈등지수로 측정한 우리나라의 갈등지수는 OECD 27개 회원국 중 4위라고 한다. 그리고 사회갈등지수가 1인당 GDP에 어느 정도의 영향을 주는지 분석한 결과, 사회갈등지수가 10% 하락하면 1인당 GDP가 7.1% 증가하는 것으로 나타났다고 한다. 이는 한국의 갈등지수가 OECD 평균 수준이 된다면 1인당 GDP가 27% 증가한다는 뜻이다.[1]

이는 한국행정연구원에서 발표한 연구 결과와도 상당히 일치한다. 구체적 내용을 보면, 2015년 우리나라의 사회 갈등 수준은 37개국 중 6번째였으며, 갈등지수가 37개국 평균 수준으로 개선된다면 1인당 GDP가 6.1%까지 증가할 수 있다고 했다.[2] 이는 우리나라가 갈등 관리를 제대로 하지 못함으로 인해 치르고 있는 사회적 비용이 얼마나 큰지 단적으로 보여주고 있다.

더 중요하고도 절실한 부분은 바로 이런 갈등을 해결해야 할

---

[1] 박준(삼성경제연구소 수석연구원), 「갈등지수 10% ↓ GDP 7% ↑」, 《나라경제》, 2009년 9월호. KDI.

[2] 한국행정연구원, 「사회갈등지수와 갈등비용 추정」(KIPA연구보고서 2018-09).

행정, 의회, 사법부 등 국가기관들의 역량이 하위권에 머물러 있는 현실이다. 한마디로 우리는 갈등의 '관리'에 실패한 것이다. 따라서 우리는 이 문제 해결을 위해 정치와 사회 각 분야의 갈등 관리 시스템을 강화해야 하며, 이를 위해 절충과 타협을 덕목으로 여기는 사회 분위기를 더 확산시켜야 한다.

» 세대 갈등: 현황

사회적 갈등 중에서도 세대 갈등에 대해 중점적으로 분석하고, 해결책을 모색해보겠다. 그럼으로써 다른 갈등 분야에 대한 해결책 수립 및 실행에 시사점을 제시할 수 있을 것이다.

과거에는 세대 갈등이 지금처럼 심각하지 않았다. 당연히 세대에 따른 문화 차이는 있었겠지만, 지금과 같이 첨예하게 대립하지 않았다. 그러나 지금의 세대 갈등은 과거 '서로 다름'의 차원을 넘어서 '과격 대결' 상태로까지 확대되었다. 특히 코로나 사태 이후부터는 노년층에 대한 부정적 감정이 젊은 층 사이에서 급격하게 확산되었다. '꼰대', '라떼', '틀딱충'과 같은 단어가 유행하고, 노년층에 대한 혐오가 증가했다.

구체적인 데이터를 가지고 사회적 갈등 요소, 그리고 그중 주요 요소인 세대 갈등 문제를 다뤄보겠다. 2022년 〈뉴스1〉이 타파크로스와 함께 사회적 갈등에 대한 연구를 진행한 적이 있었다.[3] 그 결과를 한눈에 볼 수 있도록 도표화한 자료는 다음과 같다.

〈뉴스1〉-타파크로스 갈등 유형별 누적 지수

		젠더	진영	세대	불평등	일터	종합
2019년	1분기	89.5	96.1	98.9	102.2	92.8	79.5
	2분기	85.1	93.9	99.9	95.4	90.0	64.3
	3분기	81.4	110.0	105.1	92.8	84.4	73.7
	4분기	86.6	106.5	104.9	91.8	85.1	74.9
2020년	1분기	90.0	101.5	101.7	93.4	82.3	69.0
	2분기	93.0	101.4	110.1	93.4	84.2	82.1
	3분기	107.0	106.3	109.3	106.3	155.6	184.5
	4분기	99.6	107.7	104.6	105.3	152.9	170.1
2021년	1분기	99.2	109.4	104.1	104.9	150.8	168.4
	2분기	100.0	110.3	100.3	101.4	147.6	159.5
	3분기	99.1	124.2	98.1	96.2	145.9	163.5
	4분기	97.9	133.6	100.3	98.4	147.1	177.3
2022년	1분기*	94.2	136.8	99.8	98.1	149.4	178.4

- 2018년 갈등도를 100으로 가정
- *는 1월 1일~3월 15일

    위 표의 내용 중 맨 오른쪽에 있는 종합 지수를 살펴보자. 2020년 3분기 이전에는 100 미만이었던 누적 지수가 갑자기 184.5로 급격하게 수치가 증가했음을 알 수 있다. 그리고 이후에도 그 수치는 내려오지 않고 계속 지속되었다. 왜 이렇게 이전까지는

---

3 〈뉴스1〉과 타파크로스는 우리 사회 갈등을 진영·젠더·세대·불평등·일터의 5개 유형으로 나누고, 2018년부터 2022년까지 총 4억 4323만 5993개의 언급량(버즈량)을 수집·분석했다. 직전 4개 분기 평균치를 기준으로 해당 분기 전체 언급량 증감과 긍정 언급량 대비 부정 언급량의 초과 유입 증감을 토대로 증감 지수를 산출한 다음, 이를 시기별로 합산해 누적 지수를 작성했다. News1.「사회갈등지수 4년 새 거의 2배…대한민국은 '갈등공화국'」. 2022. 4.18.

특별한 변화가 없다가 특정 시기에 증폭하는 양상을 보였을까? 먼저 오른쪽에서 두 번째 일터 부문의 지수 변화를 살펴보자. 2020년 3분기를 전후로 해서 거의 2배 가깝게 급격히 증가한 점에 유의할 필요가 있다. 그리고 그때쯤 일어났던 사건들을 분석해 보니, 문재인 정부가 추진했던 비정규직 정규직화와 여성 할당제가 어떤 기점 역할을 한 것으로 판단된다. 당시 큰 사회적 논쟁을 불러일으켰고, 특히 청년세대에게 더 큰 충격과 반감을 샀던 이슈가 단연코 '인천국제공항공사 비정규직 보안 검색 요원 정규직 전환' 문제였기 때문이다. 이로 말미암아 청년들이 유난히 더 예민하게 반응하는 '공정성' 문제가 크게 대두되었고, 이는 결국 불평등과 진영 문제, 그리고 세대 문제로까지 연결된 것으로 여겨진다.

다시 말해서 진영, 젠더, 불평등, 일터 등 다른 갈등들과 연계되며 모든 것들이 복합적으로 작용했다는 뜻이다. 이런 뜻에서 어떤

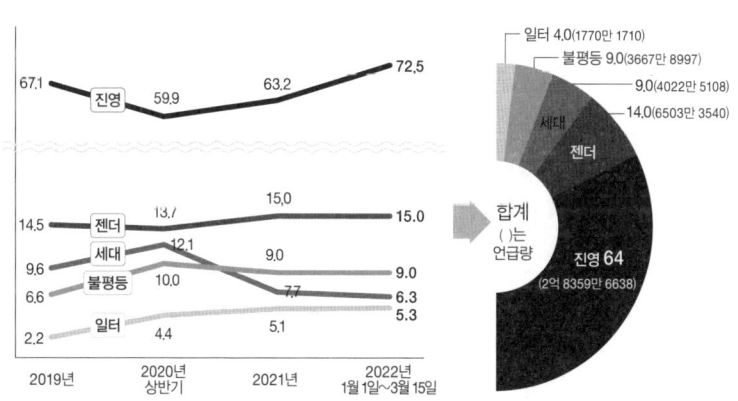

〈뉴스1〉-타파크로스 갈등 유형별 비중 추이

요소가 세대 갈등의 해결에 도움이 된다면 그것은 결국 다른 사회적 갈등 해소에도 긍정적인 영향을 미칠 것이라고 충분히 예상할 수 있다.

앞의 그래프도 같은 연구 조사 결과에 대한 요약이다. 이를 보면 한국 사회 갈등 요소 중에서 가장 큰 비중을 차지하는 것이 역시 진영 갈등이며, 전체에서 차지하는 부분이 2022년 1사분기 기준으로 72.5%에 달하고 있음을 알 수 있다. 다음은 젠더 갈등이고, 세대 갈등은 대략 3위 또는 4위 정도이며, 꾸준히 사회 갈등의 주요 요소로 자리 잡고 있음을 알 수 있다.

세대 갈등의 주요 원인으로는 문화 차이 등 여러 가지가 있겠으나, 그 중심에는 세대 간의 이해관계 충돌이 엄연하게 존재한다. 예를 들어, 국민연금 이슈는 차치하고라도 건강보험료 이슈가 있다. 청장년 세대는 급여의 3.5% 정도를 보험료로 내면서 진료비는 잘 쓰지 않는다. 반면 65세 이상 고령층의 진료비는 청년 대비 5배 이상에 달하는 것이 현실이다.[4] 가장 민감할 수 있는 일자리 문제도 청장년층 일자리는 줄어드는 반면 노인층 일자리는 늘고 있다.[5] 또

---

[4] 통계청이 2024년 12월 23일 발표한 「2023년 생애 단계별 행정통계」 내용을 보면, 건강보험 가입자 기준으로 연간 진료비 지출은 노년층이 524만 5000원, 중장년층이 203만 7000원, 청년층이 102만 원을 사용하는 것으로 나타났다. 또한 건강보험공단은 2019년 1년간 건강보험 가입자의 보험료 부담과 의료 이용을 연계하여 빅데이터로 분석한 「2019년 보험료 부담 대비 급여비 현황 분석」 결과를 발표했다. 분석 결과, 노년기에는 1인당 월평균 4만 2149원의 보험료를 부담하는 대신 29만 6731원의 급여 혜택을 받아서, 부담 보험료 대비 7.04배의 급여 혜택을 받고 있음에 비해 중년기와 성년기는 각각 0.70배, 0.46배의 혜택을 받는 것으로 나타났다.

[5] 통계청이 2024년 12월 23일 발표한 「2023년 생애 단계별 행정통계」 내용을 보면, 2023년 등록취업자는 청년층 829만 명, 중장년층 1365만 명, 노년층 312만 명인데, 특히 노년층의 일자리가 많이 증가했다. 전년 대비 청년층과 중장년층은 각각 19만 명, 7만 8000명

한 독서실이나 커피전문점 등 20대가 선호하는 일자리에 50대 장년층이 진입하여 그 비중이 크게 늘고 있으며, 주로 중장년층 일자리였던 가사 및 육아도우미나 청소 및 미화 등에도 20대가 몰리고 있는 현실이다. 부동산 가치에 대한 견해도 50~60세대는 주로 가격 상승을 원하고, 20~30세대는 가격 하락을 바란다. 이렇게 세대 갈등의 중요한 요인으로서 실질적인 이해관계가 엄연히 그리고 광범위하게 존재하고 있음을 알 수 있다.

그런데 이런 세대 갈등 사태를 더욱 악화시키는 요소로서 매우 중요한 역할을 차지하고 있는 부분이 바로 디지털 공간에서의 갈등이다. 특히 코로나 사태 이후 더 많이 확산이 되는 양상을 보여준다. 노인·청년 세대에 대한 상호 비난도 크게 늘었다. 스마트 미디어 환경으로 빠르게 변화하면서 디지털 세상에서의 사회 갈등 유형이나 방식도 점점 더 복잡해지고 있다. 그러나 그에 대한 대처 능력은 매우 부족한 것이 현실이다. 이렇게 디지털 세계, 특히 소셜미디어를 통해 세대 갈등의 생명력과 파급효과는 증폭되었고, 또 이런 갈등 요소는 이념, 젠더, 계층 등 해결되지 않은 다른 사회적 갈등 문제와 사건들로 인해 다시 폭발하였으며, 나중에는 다시 또 그것이 악순환하는 일이 연달아 일어난 것이다.

다시 말해서 세대 간 갈등은 단순히 나이와 문화 차이에 따른 문제가 아니다. 이해관계 충돌로부터 야기된 대결 구도도 중요하지

감소했지만, 노년층은 25만 5000명 늘었다. 취업자 비중도 청년층(56.9→56.7%)과 중장년층(67.9→67.6%) 모두 줄었지만, 노년층(31.7→32.9%)은 늘었다.

만 이를 넘어선다. 사회구조와 정책 그리고 생활양식 등 모든 것들이 얽혀 있는 복합적인 문제라고 할 수 있다. 따라서 그 해결책 또한 일차원적인 정책 차원을 넘어, 공정성에 대한 사회적 합의, 노인 세대의 디지털 에이징, 세대 간의 상호 이해를 위한 교류와 소통 확대 등 다양하고 심층적인 차원의 접근이 필요하다.

» **세대 갈등: 대책**

세대 갈등 완화 방안은 개념상으로 다음과 같이 요약할 수 있다.

① 사회적 대화와 협의: 세대 간 이해와 소통을 증진하고 합의를 통한 갈등의 해소를 추구한다.
② 공정한 분배와 균형 발전: 정책적으로 공정성을 보장하고, 청년층을 위한 실질적인 정책 도입 등 이해관계 균형을 강화한다.
③ 교육과 홍보를 통한 인식 개선과 사회적 협력 문화 창출: 세대 갈등의 폐해와 세대 통합의 이익에 대한 이해도 제고 등 사회적 가치를 교육으로 확산하고 사회적 신뢰를 구축한다.
④ 세대별 목소리를 반영한 정책 설계 및 투명한 정책 추진: 갈등 조정을 위한 사회적 합의와 디지털 시대 갈등 관리 시스템 구축 등 제도적 장치를 마련한다.

⑤ 정치권의 역할: 정치가 세대 갈등을 조정하지 못하고 오히려 분열을 조장하며 문제를 악화시킨다는 비판이 존재함을 인식하고, 협력과 신뢰를 기반으로 한 통합적 리더십과 대화와 타협을 중시하는 정치 문화를 확립한다.

⑥ 언론의 책임: 갈등을 조장하는 자극적인 보도 대신 올바른 견제와 감시 역할을 한다.

세대 갈등 해결책을 좀 더 현실적이고 구체적으로 모색해보았다. 그리고 다음과 같은 세 가지 차원에서 대책을 제안한다.

개인 및 가정 차원: 세대 간 교류 노력

국가의 기초가 되는 조직은 가정이다. 가정으로부터 출발하여 동네, 마을, 지역 등으로 확대되고, 이들이 모여서 전체가 되면 그것이 국가다. 따라서 국가와 사회 단위에서의 세대 갈등 해결책을 가정과 가족 간에 존재하는 세대 차이 극복 방법들로부터 찾는 것은 매우 유용한 접근 방법이다. 사실 청년 세대와 노년 세대는 상호 보완 그리고 상호 이익 관계이기 때문에 그렇다.

여러 세대가 함께 살아가는 가정 내에서는 가치관, 소통 방식, 관심사의 차이로 인한 오해나 거리감이 언제든지 생길 수가 있다. 그래서 세대 차이를 극복하는 것은 그저 공통점을 찾는 것이 아니라 가족의 역동성을 더욱 풍요롭게 하고 또 상호 존중을 현실화하는 과정이기도 하다. 세대 간 격차를 좁히고 가족 간 유대를 강화하는 매우 간단하면서도 효과적인 방법들은 우리 주변에 많이 널려 있다. 이들을 정리해보면 다음과 같다.

① 세대 차이를 극복하는 데 쓸 수 있는 강력한 도구로서 가족 전통을 소중히 여기고 공유한다.
② 모든 연령대의 가족 구성원이 자기 생각과 감정을 자유롭게 표현할 수 있도록 적극적 듣기와 존중하며 대화하는 것을 일상화한다.
③ 상호 학습은 세대 차이를 줄이는 매우 효과적인 방법이므로, 나이 든 가족의 지식과 경험의 공유는 물론이고, 젊은 세대의 기술, 현대 음악, 최신 트렌드 등에서의 관심과 능력을 활용하는 기회를 확대한다.
④ 다양한 연령대가 함께 즐길 수 있는 활동을 찾아보고 직접 참여한다.
⑤ 단체 활동도 중요하지만 1:1 상호작용을 통해 개인 간의 유대감을 키울 수 있으므로, 가족 중 서로 다른 세대가 같이 짝을 지어 외출하거나 특정 작업을 함께할 수 있도록 소통 기회를 늘린다.
⑥ 가족의 기쁨을 함께 축하하고 어울린다.

이 중에서도 매우 유용하며 또 효과가 확실한 방식은 청년 세대와 노년 세대 간의 상호 학습이다. 그중에서도 요즘 직장에서 멘토와 멘티 사이에 활용되는 '역방향 멘토링(reverse mentoring)'에 더욱 주목할 필요가 있다. 가정에서는 어른과 아이 관계이지만, 일터에서는 상사와 부하 또는 시니어와 주니어 관계다. 이들 사이에 세대 갈등을 극복하는 방법으로써, 어른이나 상사가 아이나 부하를 가르치고 도움을 주려고 하는 방식은 사실 효과적이지 않다. 나이 많은 세대가 경험과 지식을 바탕으로 젊은 세대를 도와준다는 명목하에 가르치려고 하면, 그 자체가 요즘 세대들에게는 꼰대질로 여겨질 수 있다. 반대로 어린 세대가 나이 많은 세대에게 그들의 관심사를 알려주고 자기 삶에서 익숙한 방식을 가르쳐준다면 세대 간 교류와 갈등 해소에 매우 효과적일 것으로 판단된다. 특히 나이가 많은 세대들이 먼저 나이가 적은 세대들에게 도움을 구하고 그들의 얘기를 듣는 기회를 더 많이 만들도록 노력하는 것이 필요하다. 이런 기회를 기획하고, 만들고, 실행하고 또 계속 반복한다면 결국 세대 차이와 갈등을 극복하는 데 큰 도움이 될 것이 분명하다.

서로 다른 세대뿐만이 아니다. 서로 반목하고 대립하는 어떤 집단·계층·단체가 있을 때, 그들이 좀 더 조화롭게 공존하는 데 필요한 기본적 전제조건 또한 매우 분명하다. 바로 상호 이해다. 그래서 더 많이 교류하고 대화해야 한다. 그리고 당연하게도 그 교류의 장은 편안하고 또 화기애애한 분위기에서 이뤄지는 것이 훨씬 더 바람직하다. 다 같이 함께 즐길 수 있는 축제 분위기라면 그야말로 금상첨화다.

요즘 가정에는 모든 세대가 함께 어울리고 즐기는 '잔치'가 많이 사라졌다. 1980~1990년대만 해도 환갑잔치가 일상적이었고, 2000년대 초까지만 해도 칠순잔치를 많이 볼 수 있었다. 그런 잔치에서 할아버지·할머니와 자식, 손주, 친척들이 함께 어울려 노래하고 춤추고 했다. 그런데 언제인가부터 이런 것들이 모두 사라졌다. 다른 나라들과 비교해도 우리나라가 유별나다. 기독교 전통이 강한 선진국들은 물론이고, 고유의 풍습을 중시하는 후진국들도 축제 문화가 상당히 남아 있다. 이에 반해 우리나라는 가족, 친척, 친구, 이웃들이 함께 즐기는 잔치 문화가 거의 없어졌다. 가장 대표적인 잔치인 결혼식도 다른 나라들과 달리 모두가 함께 노래하고 춤추는 축제가 아니라, 결혼 당사자들이 힘들여 준비해서 보여주는 일종의 공연처럼 되어버렸다.

이와 같은 가정 문화부터 조금씩 변화해야 한다. 방송 등 언론기관이나 영화 등 대중문화 산업 종사자들이 그와 같은 분위기를 조성하고, 지방정부와 지역사회 지도층들이 나서서 천천히 그러나 확실하게 사회 문화 변화를 위한 모범 사례를 만들어나가야 한다. 그리고 커다란 사회 문화의 변화도 결국에는 개인의 변화가 쌓이고 또 그것이 서로 공유될 때 가능해지는 것이므로, 나부터 먼저, 지금 당장, 시작해야 한다.

지역사회 차원: 혁신 마을 추진

노인과 청년 세대들이 세대 통합적인 지역사회 활동에 적극 참여하는 것은 가장 효과적인 세대 갈등 해결책 중 하나임이 틀림없다. 노인이건 청년이건 사회 참여 활동을 하게 되면 그것 자체만으로도 공동의 사회적 그리고 정서적 유대감을 형성하는 데 도움이 된다. 그리고 그와 같은 공동체 의식 함양은 사회복지 정책, 일자리, 정치적 성향 등 다양한 영역에서 세대 갈등을 줄여준다. 따라서 청년 세대의 사회 참여 기회를 확대하고 또 그와 관련된 서비스를 증대시키기 위한 노력은 꾸준히 계속되어야 한다.

이와 관련된 아이디어로서, '지역 혁신 마을'을 제안한다. 마을은 가정들이 모여서 최소한의 공동체를 형성하는 곳이다. 그곳은 ① 사는 곳이니까 '삶터'이며, ② 그곳에서 일로 이어지니 '일터'가 되고, ③ 어린 자녀를 위한 학교 교육 및 성인들을 위한 평생교육 등이 실행되므로 '배움터'가 되며, ④ 쉴 수 있는 장소로서 '쉼터' 역할은 물론이고, ⑤ 함께 즐기고 놀 수 있는 장소가 들어서면서 '놀이터'가 된다. 이 모든 것이 함께 있는 곳이 바로 마을이다.

지역 내 마을이 존재한다는 뜻에서 지역 그리고 마을은 쉽게 이해가 된다. 그런데 거기에 '혁신'이 붙었으니까 이에 대한 추가 설명이 필요하다. 어떤 개념인지 좀 더 쉽게 이해할 수 있도록 예를 들어보겠다.

지역 혁신 마을을 설명하면 다음과 같다. 첫째, '삶터'와 관련하여 패시브 하우스, 액티브 하우스 등 에너지 제로 하우스와 같은 좀 더 획기적이고 혁신적인 친환경 주택들이 가득 들어찬 마을이다. 그리고 그 집들은 생태와 건강 그리고 새로운 생활방식들이 함께 어우러진, 앞서가는 디자인 설계와 시공을 기반으로 한다. 유럽 등 선진국들의 경우에는 이미 그런 주택들이 많이 생겼다. 그러나 난독 또는 소규모 난지에서만 주로 이뤄졌지, 타운 형태로까지 대규모로 형성된 예는 거의 없는 것으로 알고 있다. 어느 한 지역이라도 그런 모범 사례가 먼저 만들어진다면 글로벌 환경운동가, 비정부단체 활동가들은 물론이고, 수많은 국가 및 공공기관들의 관심

대상이 될 것이다. 심지어 그것 자체가 국내외 투어의 주제가 될 수도 있을 것이다. 이것이 바로 K-하우징(Housing) 또는 K-타운(Town)이라는 신조어를 만들어낼 수도 있다. 이는 다시 기업과 청장년 기업가들을 유치하는 데 매우 긍정적으로 작용할 것이다. 그리고 이런 비전하에 유명 건축가, 디자이너 등과 협업하고 이들을 지원한다면 그들이 만들어낼 '삶터'와 관련된 특별한 콘텐츠는 그것이 만들어진 후가 아니라 마을이 만들어지는 과정에서부터 큰 관심을 받을 것이므로, 사업의 성공 가능성을 높일 것이다.

둘째, '일터'와 관련하여 ① IT, AI, 메타버스(Metaverse) 등 미래 산업을 선도적으로 수용하고, ② 게임, 연예, 취미, 오락, 식도락, 스포츠 등 미래 세대들의 관심과 욕구에 부응하며, ③ 미술, 음악, 전시, 공연 등 문화적인 요소들과 밀접하게 관련된 것들로 이뤄져야 할 것이다. 즉, 위에 언급한 친환경 주택 및 마을에서는 그저 생태 친화적인 주거환경에서 끝나는 것이 아니라 일터와도 반드시 연결되어야 한다는 뜻이다. 국내 많은 지역에서는 기존 도시와의 경쟁, 지역 내 주민 반대 등 때문에 생산과 유통을 기반으로 하는 산업이 유치되기는 쉽지 않다. 이 밖에도 여러 가지 친환경적인 발전 전략을 고려해서라도 그런 것들을 최소화하는 것이 바람직하다. 따라서 모바일 산업, 재택근무, 가상현실, 문화와 놀이 위주 산업 등 요즘 세대들의 생활방식과 새로운 근무 형태, 그리고 그들을 대상으로 하는 신사업 아이템들을 큰 주제로 놓고, 그 주제 하에 세부 항목이 추가되는 형태로 강소기업 및 신규 창업가들을 유치하는 전략을 구사해야 할 것이다. 이런 방식은 처음에는 시간이 걸리고, 더 힘들게 느껴지겠지만 나중으로 갈수록 가속도가 붙을 것으로 판단된다. 결과 도출, 목표 달성이라는 측면에서 볼 때는 이것이 훨씬 더 가성비 높은 방법이 될 것이다.

셋째, 위에 언급한 삶터와 일터를 구성하는 주민들은 반드시 액티브 시니어와 젊은 청년들이 함께 어울리는 세대통합형이 되어야 한다. 그들 중에 다수는 연구개발자, 디자이너, 기획 전문가들뿐만 아니라 예술가, 연예인, 운동선수 등 창의적 인재들이 주를 이루는 것이 유리하다. 그리하여 노·장·청이 함께 어울려 창업 또는 분업하여 각자의 영역을 담당할 것이다. 그리고 이를 통해 수많은 스타트업이 만들어지고, 이들 중 다수는 글로벌 강소기업으로 성장하여 경제적·사회적으로 큰 파급효과를 가져올 수 있을 것이다.

이런 혁신 마을이 일단 하나라도 먼저 성공 사례가 구축된다면, 마치 프랜차이즈 사업처럼 유사한 형태의 마을이 여러 곳에서 동시다발적으로 나올 수 있게 될 것이다. 이렇게 되면 중대형 도시 몇 개를 만드는 것과 같은 효과가 도출될 수 있다. 따라서 가장 효과적이면서도 확실한 세대 갈등 해소 및 통합 방안이 될 뿐만 아니라, 계층과 지역 등 다른 사회적 갈등에도 긍정적인 작용을 할 것이 틀림없다. 우리나라가 현재 당면한 가장 큰 문제라고도 할 수 있는 저출산과 지역 불균형에 대한 가장 효과적인 해결책이라고도 감히 말할 수 있다.

정부 및 국가 차원: 사회적 대타협 기구 운영

예전부터 숙의와 토론을 통해 갈등을 해결하는 협의체를 만들어 이를 활성화해야 한다는 의견이 있었다. 갈등의 당사자뿐만 아니라 정파, 계층, 직업 그리고 나이 등을 떠나 모두가 참여하는 일종의 사회적 대타협 기구를 구성해서 운영할 필요가 있다는 얘기다. 결국 갈등에 관계된 당사자들 모두가 대화와 협의를 통해 갈등을 예방하고 또 조정한다는 취지다.

그런데 여기서 어떤 기구를 만들어서 어떻게 운영해야 하는지가 중요하다. 이를 위해 ① 주요 참가자들을 구성하여 사전에 사안을 미리 검토하고, ② 대안 및 해결 방안을 만들어, ③ 이를 실행-적용한 다음에, ④ 그 과정 및 결과들을 면밀히 평가-분석-개선한 후, ⑤ 다시 또 이를 실행하는 과정을 계속 반복한다. 그래야 비로소 제도화가 제대로 이뤄지기 때문이다. 그리고 이 모든 과정은 이 일을 전적으로 담당하는 상설 조직을 통해 이뤄지는 것이 바람직하다. 이런 논리를 바탕으로 공적인 영역에서의 사회 갈등 대책을 논의하려고 한다.

여러 아이디어 중에 한국형 알메달렌(Almedalen) 정치 축제 또는 박람회를 시도하자는 의견이 있다. 알메달렌은 스웨덴의 여름 휴양지인 고틀란드(Gotland)섬에서 매년 개최되고 있는 '알메달렌 정치 박람회'를 말한다. 이는 1968년 스웨덴 사민당 올로프 팔메 총리가 이 섬에 놀러 온 사람들을 대상으로 당이 추구하는 비전과 정책을 설명하는 즉흥 연설에서부터 시작된 정치 토론 축제로서, 정치인들의 록 페스티벌이라고 일컫는다.

여기서는 스웨덴 주요 정당들의 당 대표가 매일 돌아가면서 연설하고 또 각종 정책 세미나를 진행하며, 정당과 공공기관뿐만 아니라 언론, 이익집단, 시민단체, 기업 등 다양한 조직들이 수많은 세미나를 개최한다. 이를 통해 참가하는 시민들은 각 정당의 정책을 현장에서 직접 비교하고 이해할 기회를 누리며, 정치권은 국민과 소통하여 국민의 알 권리를 충족시키는 열린 장소로 활용하게 된다.[6] 그리고 여기 참여하는 모든 개인과 단체는 자신 또는 자신이 소속된 집단의 이익이나 입장을 주장하더라도, 공익과 미래를 위해 어떤 것이 더 가치 있는가를 항상 중심에 두고 얘기한다는 기본 원칙을 지킨다고 한다.

여기에는 당연히 정치인, 전문가, 단체 활동가 등 모두가 다 자유롭게 참여하지만, 특히 어린이부터 노인들까지 모든 세대가 참여한다는 특징을 갖고 있다.

이밖에도 스웨덴의 숙의 민주주의[7]를 구현하는 대표적인 제도로서 국가조사보고서(Statens Offentliga Utredningar, SOU) 제도를 들 수 있다. 흔히 스웨덴 민주주의의 핵심(linchpin)이라고도 한다. 이는 스웨덴 정부가 주요 사회적·경제적·정치적 이슈를 해결하기 위해 활용하는 중요한 정책 도구로서, 특정 주제에 대한 깊이 있는 조사와 논의를 통해 사회적 합의를 끌어내어 갈등을 해결하는 데 중점

---

6 김형준. 「알메달렌 정치 박람회가 던지는 함의」.《여성신문》. 2014. 7. 2.
7 숙의 민주주의(熟議民主主義, deliberative democracy), 또는 심의 민주주의(discursive democracy)라고도 하는 민주주의 의사결정 과정에서 숙의(deliberation)가 중심이 되는 제도를 일컫는다. 단순한 투표를 넘어선 실제적인 숙의가 필수적으로 요구된다는 점에서 일반 다수결에 의한 민주주의와 차이점이 있다. 이 용어는 조셉 베셋(Joseph M. Bessette)이 1980년 저술한 『Deliberative Democracy: The Majority Principle in Republican Government(숙의 민주주의: 공화 정부에서 다수 원리)』에서 처음으로 사용하였다고 하며, 시민들이 특정 문제에 대해 깊이 생각하고 충분히 의논하여 의사결정하는 과정을 포함하기에, 공정성에 합리성을 제고하여 올바른 결정에 도달할 가능성을 높여준다는 장점을 갖고 있다.

을 두고 있다.

좀 더 구체적으로 살펴보자. SOU는 공공정책과 관련된 복잡한 문제를 해결하기 위해 독립적인 조사위원회가 구성되는데, 여기서 작성하는 공식 보고서를 말한다. 위원회 활동의 주목적은 객관적이고 포괄적인 자료 수집과 분석을 통해 특정 문제에 대한 정책적 대안을 제시한다는 데 있으며, 관련 분야의 전문가, 이해관계자, 시민 대표 등으로 구성된다. 특히 과정의 투명성이 중요한데 조사 과정은 대중에게 공개되며, 중간 보고서와 최종 보고서를 통해 투명성을 보장하고 있다. SOU는 다양한 이해관계자 간의 의견 차이를 좁히고 사회적 합의에 이르는 데 효과적인 도구로 기능한다.

예를 들어 원전 갈등과 같은 민감한 이슈를 다루는 데 있어서 SOU가 어떻게 기능했는지 살펴보겠다.

① 문제의 구조화와 정보 제공: SOU는 원전과 관련된 과학적·경제적·환경적 데이터를 체계적으로 수집하고 분석하여 제공한다. 이를 통해 대중과 이해관계자가 올바른 정보에 기반하여 논의할 수 있도록 돕는다. 예를 들어, 원전의 안전성, 경제적 타당성, 환경적 영향을 균형 있게 다루어 감정적 논쟁을 줄인다.

② 다양한 이해관계자의 참여: 위원회는 원전 지지자, 반대자, 중립적 전문가, 시민단체 등 다양한 이해관계자를 포함하여 의견 수렴을 보장한다. 이 과정에서 각 이해관계자가 자신들의 우려와 요구를 표현할 수 있는 공간을 제공하며, 이들이 공동

으로 해결책을 모색하게 한다.

③ 숙의 과정을 통한 사회적 합의 도출: SOU는 단순히 자료를 수집하는 것에 그치지 않고, 숙의 과정을 통해 의견 차이를 좁혀 나간다. 토론과 협상을 통해 갈등의 근본 원인을 이해하고, 이를 해결하기 위한 대안을 구체화한다. 예를 들어, '원전 유지 및 단계적 축소'라는 중간적인 합의안을 통해 양측의 입장을 조율한 사례가 있다.

④ 정책 권고 및 실행: SOU는 최종 보고서를 통해 구체적인 정책 권고안을 제시한다. 스웨덴 정부는 이 보고서를 바탕으로 법률 제정, 정책 실행 등을 통해 갈등 해결 방안을 실현한다. 정책 권고안이 공정하고 객관적이라는 인식을 통해 대중의 신뢰를 얻을 수 있다.

스웨덴에서 SOU를 활용한 대표적인 사례는 연금개혁(1984~1990년), 중앙은행의 독립과 물가안정(1990~1993년), 정치경제 구조개혁(1992~1993년) 등 여럿이 있다. 그중에서도 원전 갈등 해결에 기여한 사례는 1970~1980년대의 원자력 발전소 건인데, 당시 스웨덴은 원자력 발전의 안전성, 경제성, 환경적 영향에 대한 심각한 사회적 갈등을 겪고 있었다. SOU는 다양한 시나리오 분석을 포함한 보고서를 통해 원전의 장단점, 대안적 에너지 정책, 단계적 전환의 가능성 등을 검토했다. 이 보고서는 1980년 국민투표(Referendum)로 이어졌고, 스웨덴 국민은 원전의 점진적 감축을 선택했다. 이렇게 SOU의 분석은 투표 과정에서 중요한 정보와 논거로 활용되었으며, 대중과 정책 결정자 간의 신뢰를 형성하는 데 이바지했다.

위에서 살펴본 바와 같이 SOU는 ① 투명성과 신뢰성: 객관적 데이터와 투명한 과정을 통해 신뢰를 형성, ② 포용적 접근: 다양한 이해관계자를 포함하여 갈등 해소 가능성 증대, ③ 지속 가능한 합의: 단기적 해결책이 아닌 장기적 관점에서의 대안을 모색한다는 장점을 갖고 있다.

물론 한계도 있다. ① 시간과 비용 소요: 심층적 조사와 논의 과정이 길고 비용이 많이 드는 점, ② 정치적 영향: 보고서가 정치적 의도에 따라 왜곡될 가능성이 있다는 점, ③ 결과의 실행 여부: 권고안이 실제 정책으로 이어지지 않을 때 그 효과가 제한적이라는 단점 등이 분명히 존재한다.

이런 약점에도 불구하고, SOU는 스웨덴의 숙의 민주주의를 대표하는 제도로서, 이를 통해 스웨덴은 사회적 갈등을 평화적으로 해결하는 모범 사례를 제시한다. 따라서 우리도 SOU의 기본적인 취지와 과정을 따르면서 우리 실정에 맞추어 적용해보는 노력을 시도할 필요가 있다고 생각한다. 그러면 정치와 정보가 만나게 되고, 그 과정에서 극심한 사회 갈등이 조정되고, 결국 합리적 결론에도 도달할 수 있을 것이다.

결국에는 갈등 조정 기능 강화가 답이다. 공공의 영역에서 갈등 관리가 제대로 이뤄질 수 있도록 좀 더 과감하게 변화할 필요가 크다는 뜻이다. 그래서 행정 시스템 내에 갈등 인식, 예방책 마련 및 적용, 갈등 조정 능력 향상, 정책 집행과 피드백 반영 등 모든 단계에 있어서 갈등 관리가 제대로 될 수 있도록 각종 장치를 구축해야 한다.

미국의 대체적 분쟁 해결 제도(Alternative Dispute Resolution, ADR)가 대표적인 예가 될 것이다. 미 정부 각 부처에 다수 설치되어 있는데, 분쟁 해결을 위해 소송 대신 제삼자에 의한 조정(mediation)과 중재(arbitration)의 길을 열어 정책 과정에서 발생할 수 있는 이해관계자 간의 갈등을 예방하고 좀 더 쉽게 해결책에 도달할 수 있도록 도움을 주고 있다.

결론적으로, 우리나라에서도 어떤 특정 입법 이슈에 대해 설치되는 한시적 기구로서 여야, 정부 부처, 전문가 등이 참여하는 '국회 입법갈등관리위원회'를 설치·운영해볼 필요가 있다. 이미 한국행정연구원에서 제안했었고, 2020년에는 국무조정실 명의로 입법예고 했었던 것으로 알려져 있는데, 그 이후 사회 갈등 문제가 더욱 심각하게 대두되면서 다시 한번 더 적극 추진해야 할 시점에 도달했다고 생각한다. 이를 통해 정책 이슈에 대한 정보 공유와 숙의가 이뤄지고 입법 갈등을 선제적으로 관리할 수 있게 된다.

상설 기구로서 1998년 DJ 정부 노사정위원회, 2007년부터 운영된 갈등관리심의위원회, 서울시 갈등조정협의회, 2014년 국회 공무원연금개혁특위 산하에 설치된 '국민대타협기구' 등의 사례들을 참고할 필요가 있다. 이런 예들을 통해 ① 우리가 이미 겪은 갈등 해결 방식들을 분석하고, ② 그로부터 해결 과정 및 방식 등을 체계화하여 기본 틀을 짠 후, ③ 이를 여러 사회 갈등과 관련된 이슈들에 각각 확대 적용하는 과정을 진행하면서, ④ 각각 장단점들 파악하고 보완 및 개선함으로써, ⑤ 갈등 관리 기본법과 대체적 분쟁 해결 기본법 등과 같이 다양한 차원에서 이들을 제도화하는 방향으로 해결책을 강구할 것을 제안한다.

» 사회적 갈등: 해결 방향

위에서 살펴본 바와 같이 우리나라는 다른 어떤 나라들보다도 심한 사회적 갈등을 겪고 있다. 이는 우리 사회가 급격하게 변화하는 과정에서 발생한 수많은 갈등 사안들이 제대로 해결되지 않고 계속 축적되어온 결과이기도 하다. 앞으로도 계속 이렇게 갈등 관리가 되지 않는다면 그 결과는 분명하다. 물질적·정신적 피해가 갈등 당사자들에게 발생하는 것은 물론이고, 더 나아가 우리 사회 구성원들 모두가 서로를 불신하고, 욕하고, 왜곡하며, 극한 대결로까지 치닫게 될 것이다. 이는 결국 우리 사회와 공동체의 파괴라는 최악의 사태에까지 이르게 될 것이다.

여러 갈등 요인을 한꺼번에 해결할 수 있는 대책은 있을 수 없다. 따라서 ① 발생하기 전에 예방, ② 발생 초기의 적절한 대응, 그리고 ③ 갈등이 확대되었을 때의 적극적 개입 등 갈등의 모든 단계에서 적절한 대처가 항시적으로 필요하다. 그러나 이런 대처 방법은 그 내용과 방식에 있어서 지나치게 광범위하고 또 가변적이다. 그래서 대책 자체를 언급하는 것보다 먼저 이론적·개념적 차원에서 갈등 해결책을 생각해볼 가치는 충분히 존재한다.

우선 사회과학 또는 협상학 차원에서 해결 방향을 추구한다면 갈등 해결의 5가지 전략(Thomas-Kilmann Conflict Model 기준)을 살펴볼 수 있겠다. 정리하면 다음과 같다.

① 회피(Avoiding): 약한 주장과 낮은 협조, 즉 갈등을 무시하거나 연기하는 것이다. 이는 사소한 문제 또는 단기적으로 대처할 때는 적합할 수도 있겠지만, 장기적으로 문제 해결을 하지 못할 가능성이 크다.

② 경쟁(Competing): 강한 주장과 낮은 협조, 즉 자신의 요구를 상대방보다 우선시하며 갈등을 해결하려고 한다. 이는 신속한 결정이 필요한 경우에는 적합할 수도 있겠으나, 대부분 결과적으로 갈등을 고조시키고 문제를 악화시키게 되는 경향이 있다.

③ 양보(Accommodating): 약한 주장과 높은 협조, 즉 상대와의 조화를 유지하거나 관계를 중시할 때 사용한다. 이는 자신의 이익을 희생하더라고 관계를 강화하는 데는 유리하지만, 실제로는 상대방에게 일방적으로 당하게 되는 경우가 많아서 결국 문제 해결이 되지 않는다.

④ 협력(Collaborating): 강한 주장과 높은 협조, 즉 양측의 요구를 모두 충족시키는 창의적이고 윈-윈하는 솔루션을 지향한다. 이는 복잡한 문제나 상호의존적인 상황에서 문제 해결하기에는 가장 효과적이지만, 이미 서로의 이해관계와 견해 차이가 심각한 경우에는 실제로 일어나기가 매우 어렵다.

⑤ 타협(Compromising): 중간 수준의 주장과 중간 수준의 협조, 즉 양측이 적절히 양보해 합의점을 찾는 것이다. 이는 갈등 상황이 심한 상태에서 그나마 관계를 유지하고 적절한 해결책을 찾을 때 현실적으로 선택이 가능한 유일한 대안이 되는 경우가 많다.

다시 말해서 갈등 해결은 대부분 타협과 밀접한 관계가 있으며, 협상의 결과인 경우가 대부분이다. 그래서 갈등 당사자들이 문제를 바라보는 관점이 그런 방향으로 향할 때, 문제 해결은 더 쉽게 이루어질 수 있다. 또한 갈등을 조정하는 위치에 있는 개인, 전문가, 정책 관련 종사자들이 타협, 협상, 거래, 상호 이익, 상호 이해, 관계 향상 등과 관련한 지식과 경험이 많을 때도 당연히 그렇다.

따라서 갈등 당사자들은 ① 갈등을 무시하거나 부정적으로 보지 않고, 잘 관리된 갈등은 생산성과 조직 문화를 개선하고 성장과 혁신을 촉진할 수 있다는 태도를 견지해야 하고, ② 갈등을 통해 관계를 강화하고 이해를 증진시킨다는 관점하에 더욱 적극적으로 경청하고 의사소통해야 하며, ③ 해결책이 단 한 가지라는 좁은 관점에서 벗어나 상황과 맥락에 따라 다양한 방향에서 대책을 찾기 위해 창의적·비판적 사고에 항상 열려 있어야 하고, ④ 갈등 해결은 한 번에 된다는 생각을 버리고 지속적으로 관리와 조정을 해야 하며, ⑤ 갈등 해결 후에도 지속적으로 상황을 점검하는 등 책임과 열정을 끝까지 다해야 한다는 점을 명심해야 한다. 그리고 이와 같은 사람들이 우리 사회 내 각종 다양한 조직에 점점 더 많아져야 한다. 결국 모든 게 사람이 하는 일이니까 더욱 그렇다. 이것이 가장 확실한 갈등 해결책이 될 것이다.

» 맺음말

갈등은 목표와 이익이 충돌할 때 생기므로 불가피하다. 그러나 최악의 상황은 그 갈등에 제대로 대처하지 않고 방치할 때 만들어지는 것이다. 따라서 우리 사회의 갈등을 예방하고 해결할 수 있는 해법은 결국 ① 개인, 집단, 정부 등 다양한 주체가, ② 갈등의 모든 단계에서, ③ 갈등을 조정하고 완화한다는 목표하에, ④ 예방, 대응, 개입 등 가장 적절한 대안들을 만들어, ⑤ 신속·적극·지속적으로 구사하는 것이다. 그중에서도 가장 중요한 부분은 결국 서로 만나고, 대화하고, 어울리고, 소통하는 것이다. 갈등 해결에 대한 최선책은 거기서부터 시작되며, 그런 노력의 결과가 결국 최선의 사회 공동체를 만들어낼 것이다.

조경진 | 서울대학교 환경대학원 교수

3. 도시와 지역 개발의 새로운 패러다임으로서 정원도시

» 정원국가로 가는 길

코로나19 이후 우리는 자연의 소중함을 몸소 깨닫게 되었다. 집 근처의 숲이나 공원을 찾는 시간이 증가하였고 산책, 등산, 야외 활동, 정원 가꾸기가 늘어났다. 동네 생활로의 전환으로 가까운 자연을 발견하고 더 많이 활용하게 되었다. 일반적으로 정원은 작은 단위의 공간으로 생각될 수 있지만, 정원 개념을 확장하면 옥상정원, 텃밭, 주말농장, 가로쉼터, 뒷산, 동네 숲 등 다양한 녹색 생활 터전을 포함할 수 있다. 나아가 동네·지역·지구까지 포함하는 개념으로 확장될 수 있다. 정원은 인간이 자연을 가꾸면서 행복하게 거주하는 상태를 지향한다. 정원으로의 귀환은 생태 질서에 순응하는 삶의 변화를 상징한다. 정원 가꾸는 일은 지구적 위기 극복에 동참하는 그린 라이프 스타일을 구현하는 것이다.

김정호가 1861년에 제작한 「대동여지도」를 보면 산과 하천이 국토의 골격을 잘 나타내고 있다. 한반도는 아름다운 산과 생명의 원천인 하천이 어우러진 금수강산이다. 삼면이 바다로 둘러싸여 있어 다양한 생태환경을 지니고 있으며, 천혜의 자연환경을 갖추고 있다. 국토의 산과 강을 보호하고 복원하며 회복력이 있는 도시관리 체계를 구축해야 한다. 생태적·문화적·생산적 원리를 담은 정원도시는 일상생활을 풍요롭게 하고 삶의 터전을 오래도록 누리게 한다. 지나온 개발 시대에는 회색 인프라를 구축했다면 이제는 그린 인프라로 전환을 이루어내야 한다. 모든 시민이 자연생태와 인문유산을 즐기며 가꾸고 보호하는 데에 참여할 수 있게 하여야 한다. 정원도시는 현재 도시가 직면한 두 가지 주요 과제인 기후변화 대응과 쇠퇴 지역을 살리는 해법을 제시해줄 것이다.

현재의 관행적인 도시개발 방식에서 정원도시의 가치와 이념을 수용하는 것은 쉽지 않다. 부동산이 자본 가치로 인식되고 도시개발이 자본 축적의 수단으로 인식되기 때문이다. 이러한 현실에서 자연과 생명을 우선시하고 대안적 개발을 지향하는 모델이 자리 잡기 쉽지 않아 보인다. 우리의 일상 속으로 다가온 기후위기의 현실 속에서 생태가 존중되고 사람을 배려하는 정원도시를 구현하는 것이 시대적 소명이다. 정원도시를 넘어서 정원국가로 나아가는 노력이 필요하다.

2023년 제프리 젤리코상을 수상한 조경가 정영선은 한 강연에서 "우리 국토가 이미 하나의 정원이다. 비록 지금은 지나친 난개발로 아파트 공화국이 됐지만 여전히 손바닥만큼 작은 정원에서부터 국립공원까지, 혹은 우리나라 섬 전체를 보살피고 보호하고 다듬는 것은 우리의 일이다"라고 강조하였다. 윌리엄 모리스도 "이 나라는 하나의 정원입니다"라며 135년 전에 영국 국토 전체가 정원이 되는 미래를 상상하였다. 현재 우리나라는 구호만 있고 철학이 빈곤하고 실천전략이 허약한 채 정원도시 정책이 남발되고 있는 실정이다. 이 글은 정원도시를 이론적으로 고찰하여 구체적인 실천방안을 제시한다. 정원도시의 바람직한 방향을 제시하면서 정원국가로 가는 길을 제시하고자 한다.

» 정원도시 전개 과정과 정원의 이념

정원도시라는 개념은 서로 다른 배경에서 조금씩 다르게 사용된다. 정원도시의 철학과 원칙을 명확히 설정하는 경우도 있으며, 도시 정체성을 강화하는 수단으로 활용되기도 한다. 정원도시는 시대별로 다양한 맥락에서 구상되고 실현되었다. 19세기 말, 윌리엄 모리스는 이상적인 사회주의 공동체를 지향하며 정원도시를 상상했다. 그의 작품 『에코토피아 뉴스』는 2150년의 런던을 상상한 유토피아 소설이다. 런던 켄싱턴은 숲으로, 트라팔가 광장은 살구나무 과수원으로, 웬델 가로는 장미정원으로 묘사된다. 모리스는 도시와 농촌의 차이가 해소된 그린 유토피아를 묘사하며, 도시 성장을 제한하고 불필요한 공간이나 황무지를 그대로 두는 것을 주장했다(박홍규, 2016).

에버니저 하워드의 정원도시는 산업도시의 폐해를 극복하기 위한 새로운 이상적인 사회를 제시한 시도였다. 하워드는 사회주의 이념을 바탕으로 새로운 도시 모델을 구상했고, 이것을 1902년 『Garden Cities of To-morrow(내일의 전원도시)』라는 이름으로 출판했다. 정원도시는 도시와 전원의 장점을 결합한 환경으로, 일과 주거, 여가가 결합된 도시 모델이다. 그는 정원도시를 통해 "품위 있고 적절한" 도시를 만들어 "우리가 지금껏 꿈꾸었던 것보다 훨씬 높은 차원의 문명을 누리게 될 것"이라 주장했다(박진빈, 2019). 이러한 새로운 공동체의 삶은 하워드의 구상처럼 온전히 구현되지는 않았지만, 영국 레치워스와 웰윈에서 실현되었다. 이후 영국 정원도시 운동은 지속되었으며, 영국 정부는 2017년 기준으로 14개의 정원빌리지와 3개의 정원도시를 인정했다. 2016년에는 켄트 지방의 엡스플릿(Ebbsfleet)이 새로운 정원도시로 포함되었다(Mell, 2019). 이후 정원도시는 미국과 남아프리카공화국 등으로 전파되었고, 원래의 이념과는 다르게 구현되었다.

정원도시는 보통명사화되어 도시 정체성을 드러내는 브랜드나 슬로건으로 활용된다. 뉴질랜드 크라이스트처치가 대표적인 사례이다. 도시 곳곳에 녹음이 우거져 있고, 작은 정원부터 큰 공원까지 연결되어 있다. 주민들은 자발적으로 정원 가꾸기를 실천하고 있다. 2011년 지진 이후 재건 노력을 기울이면서 회복력이 있는 새로운 정원도시를 만드는 노력을 하고 있다. 식량 자족성을 중시하며 커뮤니티 가든을 가꾸면서 건강한 먹거리를 확보하는 것을 강조하고 있다.

영국에서 시작된 정원도시는 이제 아시아를 중심으로 빠르게 발전하고 있다. 정원도시를 가장 잘 구현한 도시는 싱가포르이다. 1965년 독립 후 리콴유 총리는 싱가포르 부흥을 위해 관광·금융·물류 산업을 육성하고자 도시 경쟁력 제고를 위해 정원도시 비전을 제시했다. 이후 적극적인 나무 심기 운동을 전개하고, 도시 인프라를 녹화하여 50% 이상을 녹색 공간으로 관리하고 있다. 1973년 정원도시 실행위원회가 설립된 후, 강력한 추진력으로 사업을 전개하였고, 파크 커넥터라는 개념을 고안하였다. 산지를 연결하는 교량형 선형 공원은 커넥터의 일종이다. 이 외에도 옥상정원, 벽면 녹화, 발코니 녹화, 고층건축물 녹화 등의 전방위적인 녹화 정책을 추진하고 있다(조경진, 2017). 정원도시 정책 브랜드도 지속적으로 변화하고 강화되었다. 싱가포르는 1967년에 '정원도시'를 공식적으로 사용하였고, 이후 '정원 속의 도시'로 수정하였다. 2030년을 목표로 한 '싱가포르 그린 플랜 2030'을 발표하면서 '정원 속의 도시'에서 '자연 속의 도시'로 자연생태에 가까운 개념으로 수정하였다. 싱가포르 정원도시는 건축과 자연, 기술과 자연을 결합하는 것이 특징인데, 동아시아 대도시에 적합한 고유한 모델을 만들어내었다.

중국은 국가 차원에서 공원도시 운동을 전개하고 있다. 공원도시라는 명칭을 사용하지만, 정원도시의 이념과 방법을 공유하고 있다. 중국은 2018년 생태문명으로 전환을 선언하였다. 생태문명 건설은 천년대계로서 새로운 사회 건설의 목표로 설정되고 있으며, 국가 차원의 그린 인프라 시스템을 구축하고 있다. 다음은 신시대 생태문명 건설을 추진하는 6대 원칙이다. 첫째, 인간과 자연의 조화로운 공생을 견지해야 한다. 둘째, 녹수청산이 바로 금산이요, 은산이다. 셋째, 좋은 생태환경은 가장 큰 민생 복지이다. 넷째, 산과 물, 산림, 밭, 호수, 풀은 생명공동체이다. 다섯째, 가장 엄격한 제도와 법치로 생태환경을 보호해야 한다. 여섯째, 글로벌 생태문명 건설을 공동 추구해야 한다. 대단히 전향적인 생태 선언이고 원칙이다. 2018년 시진핑 주석은 쓰촨성 청두 신도시 건설 현장을 방문하여 공원이 중심이 되는 도시계획에 공감하였다. 이후 중국 모든 도시 개발에 공원도시 개념을 적용하는 정책으로 전환하였다. 상하이도 공원도시를 선언하고 무료 입장, 담장 철거, 24시간 개방 등 다양한 방법으로 녹지 공간을 확대하고 있다. 공원에서 풍경 감상, 산책, 새 구경 등을 통해 에너지를 충전하는 '공원 20분'이 새로운 힐링 방법으로 주목받고 있다. 상하이는 2030년까지 2000여 개 공원 확충을 목표로 추진하고 있다(이종철, 2024).

정원도시는 시대와 지역적 상황에 따라 다르게 사용되었지만, 몇 가지 공통적인 특성을 지니고 있다. 첫째, 정원 개념은 자연, 공원, 전원 등을 통칭하는 상징과 이미지로 활용된다. 정원도시에서 정원은 실제 정원을 의미하기도 하지만 이상적인 환경을 지칭하는 은유로도 사용된다. 둘째, 정원과 공원, 녹지를 잇는 그린 인프라와 실개천과 하천 등을 잇는 블루 인프라가 잘 구축되어 있다는 점이 가장 큰 특징이다. 개인의 영역에서 공공의 영역까지 시민들이 녹지를 쉽게 접근할 수 있게 한 점이 도시의 기본 조건이 된다. 셋째, 이러한 물리적 조건을 바탕으로 시민들이 건강한 삶을 영위하고 일하는 바탕이 마련되어 경제적으로 풍요롭고 복지 혜택을 누릴 수 있는 곳이다. 넷째, 시민들의 자발적인 참여를 통한 공동체 문화가 활성화된다. 개인의 차원을 넘어서 공공의 행복을 지향한다는 점이 또 다른 특성이다(박재민 외, 2017).

정원도시가 지향하는 본질을 파악하기 위해서 정원 개념을 고찰할 필요가 있다. 16세기 이탈리아 인문학자들은 야생을 제1의 자연으로, 논과 밭 등 인위적으로 자연을 경영하는 경관을 제2의 자연, 그리고 정원은 자연을 정교하게 가꾼 것으로 제3의 자연이라 불렀다. 정원은 예술과 기술, 자연과 문화, 물질과 정신을 정교하게 결합한 것이다. 당시 최고의 기술을 응용하여 예술적 감성으로 자연을 재구성했다. 정원은 자연의 영역이라기보다 자연과 예술이 융합되는 영역이다(Hunt, 2000). 한국 정원은 산과 계곡의 질서를 존중하면서 최소한의 개입으로 자연에 담긴 인문 정신을 발현하는 장소이다. 경관이 수려한 곳에 세워진 정자나 정원에 누각은 많은 문인과 사대부들이 시를 짓고 교감하는 장소로 활용되었다. 자연과 문화가 경계에서 충돌하는 지점에서 정원문화는 생성된다. 정원이 인문 정신의 바탕에 자리 잡고 있고 자연을 매개로 융복합 문화의 결정체라는 것이 확인된다.

정원의 어원을 살펴보면 울타리 안에 개방된 장소를 의미한다. 정원이란 주변에 경계를 그어 자신만의 영역을 만드는 것을 뜻한다. 울타리가 만든 공간은 완전히 차단된 밀폐 공간이 아니므로 소통의 가능성을 열어둔다. 공동체와 소통하는 열린 정원의 공공적 가치도 존재한다. 정원은 선택과 배제를 넘어서 소통과 공유의 성격을 지닌다. "정원은 사적이고, 친밀하고 무척 개인적이면서 동시에 활짝 열린 곳이 될 수 있다. 이와 같이 더욱 야생적이고, 풍성하게 운영되는 각각의 정원은 더욱 큰 네트워크의 일부가 된다."(올리비아 랭, 2025)

정원을 가꾸는 것은 많은 노력을 요구한다. 흙과 싸우며 생명이 뿌리내릴 수 있도록 걱정하고 돌보는 것이 정원사의 일상이 된다. 거대하고 강력한 자연 앞에서 무력한 인간은 정원을 돌보며 겸손함을 배우게 된다. 따라서 흙을 경작하는 일은 인간성을 가꾸는 행위로 확장된다. 돌봄의 정신은 정원 가꾸기를 넘어서 지구를 가꾸는 일로 확장된다. 지구의 정원사라는 은유는 기후와 질병 위기 시대에 겸허한 관리자로서 인간의 역할을 일깨워준다.

볼테르는 "우리의 정원으로 가꾸어야 한다"는 선언으로 『캉디드』를 마무리했다. 여기서 정원은 전쟁, 전염병, 자연재해를 배경으로 한 문제의 정원을 의미하면서 오늘의 위기 상황과 겹쳐진다. "역사는 모든 것을 멸망시키는 파괴적인 힘으로 퍼붓습니다. 그럼에도 불구하고 우리는 인간성과 온전한 정신을 보존하기 위해 노력해야 합니다. 우리는 치유, 혹은 속죄의 힘으로 찾아내어 그것이 우리 안에서 사라나게 해야 합니다. 이것이 바로 '우리의 정원'을 놀본다는 의미입니다. […] 우리의 정원은 현실을 도피하기 위한 단순한 개인적 정원이 아닙니다. 가장 나쁜 충동에서 현실을 구원하기 위해 문화적·윤리적·시민적 덕목을 가꿀 수 있는 곳은 바로 지상의, 자기

안의, 혹은 사회 집단 가운데에 있는 한 뼘의 땅입니다. 이러한 덕목은 언제나 우리의 것입니다."(해리슨, 2007) 우리의 정원을 가꾸어야 한다는 것은 지구가 위기에 직면한 시대에서 땅을 경작하듯이 지구 공동체와 인간성 회복을 위해 노력하는 것을 의미한다.

» 국내 정원정책과 정원도시 추진 현황

순천시는 대한민국 생태도시의 대표 주자이다. 2009년 철새 도래지 서식지를 보존하기 위해 전봇대를 제거하면서 인위적 시설을 없애기 시작했다. 그 결과 순천만을 찾는 흑두루미의 개체 수가 증가하였고, 순천만은 많은 관광객이 방문하는 생태관광의 거점이 되었다. 순천만국제정원박람회의 성공을 바탕으로 2015년 수목원 정원법이 제정되어 국가정원 1호로 지정되었다. 이를 토대로 '정원도시, 순천 마스터플랜'을 수립하고 추진하였다. 순천시는 풍부한 생태 자원과 정원박람회를 개최한 경험을 바탕으로 시민들이 참여하는 정원도시 만들기에 앞장서고 있다. 2023년 10년 만에 순천만국제정원박람회를 다시 성공적으로 개최하면서 정원도시로서의 위상을 확고히 하고 있다.

울산시도 정원도시를 도시 비전으로 설정하고 시민운동 차원으로도 확대하여 전개하고 있다. 울산은 대한민국의 산업화를 견인한 대표적인 도시로, 1960년대 산업단지 개발로 인해 산업이 육성된 곳이다. 산업화 과정 중에 하천이 오염되었고, 태화강도 예외는 아니었다. 2000년, 민관 협력으로 태화강 살리기를 시작하여 10여 년의 노력 끝에 강이 되살아났다. 태화강의 성공적인 복원은 국가정원으로 지정되기에 적합했고, 2019년 2호 국가정원으로 지정되었다. 2022년에는 민간 부문의 후원과 공공의 지원으로 네덜란드 정원사 후스 아우돌프의 정원을 조성하여 시민 정원사들과 협력하여 운영·관리하고 있다. 2024년 울산시는 2028년 태화강 국제정원박람회를 유치하여 새로운 도약을 준비하고 있다.

순천과 울산의 정원정책 성공은 많은 지자체에 자극이 되어 도시 경쟁력 강화와 발전 전략 수립의 모델이 되었다. 2024년에는 37여 개 광역 및 기초 지자체가 정원도시를 선언하고 미래 도시 발전 방향으로 설정하였으나, 많은 지자체가 정원도시를 도시 차원의 비전보다는 국가정원 지정을 통해 중앙정부 예산을 지원받기 위한 전략적 선택으로 여기는 경향이 있다.

2015년 '수목원·정원의 조성 및 진흥에 관한 법률(수목원 정원법)'이 제정되면서 국가가 정원정책을 수립하고 추진할 근거를 마련하였다. 이후 3차에 걸친 정원 진흥 계획을 통해 정원 인프라 구축, 정원문화 확산, 정원산업 활성화 등을 추진하고 있다. 2025년 현재, 2개의 국가 정원, 10개의 지방 정원, 138개의 민간 정원이 지정되었다. 그리고 38개의 지방 정원이 조성 추진 중이다.

2025년부터는 산림청이 정원도시 법제화를 추진하고 시범도시를 지정할 계획을 가지고 있다. 도시 전반을 아우르는 정책이 단일 부처 사업으로 근원적 한계가 있어 범부처 협력사업으로 전환되는 것이 바람직하다. 현재까지 정원정책을 진단해보면, 공공 주도의 한계로 인해 민간 부문의 산업을 활성화하고 자발적인 문화를 증진하는 것을 지원하기보다 공공이 직접 주도하여 실행하는 데 치중하고 있어 이를 개선할 필요가 있다. 수목원 정원법에서 규정하고 있는 정원 개념이 지나치게 인위적 조성 위주의 개념이어서 여러 지자체에서 만들어놓은 지방 정원이 과도한 시설 위주 공간으로 만들어지는 경우도 많다.

현재 전국의 정원도시 정책은 명확한 한계가 있다. 이 정책은 도시 문제 진단과 명확한 목표 설정이 부족하고, 정원도시 개념을 제한적으로 해석하고 있으며, 도시계획 체계와 연계성이 부족하다. 또한, 다원적 기능의 균형적 구현과 시민참여가 미흡하고, 계획의 실행력이 부족하며 지속적인 관리 운영 방안이 미비하다고 진단하고 있다(김용국 외, 2024).

우리나라 정원도시 정책은 새로운 도시개발 패러다임을 대체하는 포괄적이고 종합적인 계획으로서의 위상을 갖추어야 할 것이다. 정원도시를 비전으로 설정하고 성장과 관리를 제어하는 계획 수단을 담보하는 것이 중요할 것이다. 지속 가능한 정원도시 정책을 추진하기 위해서는 시민이 주체가 되어 참여하는 방식으로 전환되어야 한다. 국가정책으로 정원 진흥을 추진하는 사례는 다른 나라에서 찾기 어렵다. 외국의 경우 정원문화 확산과 진흥은 민간 영역의 일이다. 영국의 경우는 민간조직인 왕립원예협회가 하고 있는데, 협회는 회비와 후원금으로 운영하고 있고 자발적 참여로 활동이 이루어지고 있다. 수목원 정원법과 정원 진흥 계획 그리고 국가정원은 공공 주도 계획이 강한 우리나라 여건의 산물이다. 정원도시를 만드는 과정에서 공공이 주도하되 민간 부문의 자발적 참여를 잘 이끌어내는 것이 관건일 것이다.

» 한국 정원도시의 지향과 조건

한국적 상황에 맞게 정원도시의 이념과 원칙을 준비하기 위해 몇 가지 고려해야 할 점이 있다. 첫째, 기술적 차원을 넘어서 미학적 관점과 인문적 가치를 존중해야 한다. '도시 전체를 하나의 생태미학적 정원'으로 이해하자는 주장에 공감한다(최준호, 2019). 시민들이 일상생활과 자연 체험이 분리되지 않도록 하고, 삶과 거주 방식을 생태적으로 전환하며, 시민이 주체적으로 자신의 문제를 해결하는 것을 목표로 한다. 둘째, 우리나라는 2050년 탄소 중립을 선언하였으며, 그린 뉴딜을 통한 에너지 및 산업의 전환을 추진하고 있다. 정원도시는 이러한 생태전환을 선도하는 역할을 담당해야 한다. 셋째, 정원도시는 지역적 여건과 현실적 실현 가능성을 고려하여 추진해야 한다. 따뜻한 자본주의 사회를 지향하면서 공동체적 가치를 형성해가는 과정을 따라야 한다.

2020년 다양한 분야의 전문가들이 정원도시포럼을 결성했다. 필자도 포럼 회원으로 국내 여러 곳을 함께 답사하며 정원도시에 관하여 논의하는 모임을 지속하고 있다. 현재 15명의 전문가가 활동 중이며, 2021년부터 여러 번의 정원도시포럼을 개최하고 있다. 2020년 1년에 걸친 준비 과정을 통해 미래 도시의 새로운 패러다임으로서 정원도시가 가져야 할 조건을 논의하였다. 정원도시는 미래 변화를 적극적으로 수용하고 포괄적인 가치를 담는 도시상을 가져야 한다고 판단하였다. 정원도시는 생태·인문·기술을 포괄하는 메타 개념으로, 선언에 담긴 가치와 지향을 요약해 보면 세 가지 축을 이룬다. 첫째, 정원도시는 자연을 보존하고 이를 겸허하게 관리하는 생태도시이다. 둘째, 정원도시는 인간성 회복을 최고의 가치로 두는 인문도시이다. 셋째, 정원도시는 최고 수준으로 기술을 활용하고 예술로서 승화하는 스마트 예술도시이다.

정원도시 선언은 전문과 조문으로 구성된다. 2021년 발표한 선언 내용은 다음과 같다.

우리는 자연을 존중하며 공생하는 태도로 삶의 터전을 지켜왔습니다. 개발 중심의 도시화로 자연은 파괴되고 공간과 경제의 불평등은 심화되었습니다. 전 지구가 함께 직면한 기후위기는 새로운 해법을 요구하고 있습니다. 이제 자연의 질서를 존중하며 생태문명으로 전환해야 할 시점입니다. 정원도시는 자연과 관계 맺으며 도시 인프라를 구축하는 것입니다. 회복 탄력성, 포용과 평등, 참여와 공유를 지향합니다. 화석연료 시대와 결별을 선언하고 탄소 제로와 자족적인 그린 에너지 활용을 추구합니다. 정원은 자연과 사람, 도시와 커뮤니티를 유기적으로 연결해주는 매개체입니다. 궁극적으로 21세기 정원도시는 건강한 삶을 유지하며 성찰하는 토대가 됩니다. 지속 가능한 삶의 터전인 정원도시를 미래 세대에게 물려줄 사명이 지금, 우리에게 있습니다.

전문이 지향하는 철학과 방향을 담고 있다면, 조문은 구체적인 실천 전략을 담고 있다. 10개의 조문은 인프라스트럭처(①~③), 커뮤니티(④~⑥), 라이프스타일(⑦~⑩)의 세 영역으로 구분된다.

① 땅의 질서를 이해하고 존중하는 경관계획을 수립한다: 미래 세대에게 물려줄 자산으로서 경관을 평가하고 땅의 고유한 특성을 보존하는 것을 원칙으로 삼는다.

② 그린·블루 인프라를 통해 휴먼 네트워크를 구성한다: 숲길과 물길로 이어지는 생태적 도시 시스템과 친환경 보행체계를 통해 순환도시의 기틀을 마련한다.

③ 재생 에너지와 그린 모빌리티와 같은 스마트 그린 인프라를 구축한다: 재생 에너지 활용, 제로 에너지 빌딩, 녹색 교통 시스템 등 탄소 제로 에너지 자립을 위한 도시계획을 수립한다.

④ 지역과 상생하고 사람과 지역을 잇는 토대를 만든다: 주변 지역 자원을 조사하고 분석하여 정원도시와 연계한다. 이를 시민 주도 활동으로 이어지도록 한다.

⑤ 새로운 녹색 일자리를 창출하고 기본적인 소득을 보장한다: 조성, 운영, 교육, 치유, 관광 등 정원을 기반으로 한 산업 생태계를 조직하여 소득 창출의 기반을 마련한다.

⑥ 자원과 기회가 모두에게 열려 있는 평등한 사회를 지향한다: 도시 기반의 공공성을 바탕으로 보편적 접근성과 성장을 공유한다. 협치와 참여를 기조로 삼는다.

⑦ 다양한 문화예술을 창작하고 향유한다: 창의적인 인재를 유

치하고 시민의 문화 향유권과 다양성이 존중받는 문화 환경을 구축한다.

⑧ 걷기를 즐기고 건강한 야외 활동을 일상화한다: 누구나 편하게 걷고 야외에서 다양한 활동을 할 수 있는 환경을 만들어 건강한 삶을 지속하게 한다.

⑨ 주거환경을 직접 가꾸며 돌봄의 가치를 공유한다: 가까운 곳에서 자연을 느낄 수 있는 환경을 조성하고 관리와 돌봄을 통해 정원의 가치를 향유한다.

⑩ 지역성을 기반으로 한 풍부한 먹거리와 볼거리를 즐긴다: 지역 특산물을 중심으로 한 로컬푸드를 개발하고 교류를 통해 산업과 문화로 확장한다. (정원도시포럼, 2021)

2022년 정원도시포럼은 정원도시가 어떻게 국가 차원의 의제로 다루어질 수 있는가를 여러 지자체 사례를 소개하면서 논의하였다. 포럼은 우리 사회의 다양한 문제를 해결하는 해법으로써 정원도시를 국가정책으로 적극 추진해야 한다고 주장하였다. "탄소중립, 저성장 시대, 인구절벽, 지방소멸, 초고령사회에 대비하기 위해서 국가가 정원도시 정책을 도입해야 한다. 특히 시니어 일자리 창출과 지방 도시 소멸에 따른 대책으로 정원도시 정책을 적극 도입해야 한다. 축소 도시가 인구 유입을 위해 무리하게 재원을 쏟아넣은 건 결국 지방 중소도시 간 제로섬 게임으로 이어질 수밖에 없다. 결국 경기 침체와 인구 감소에 허덕이는 지방 중소도시의 선택지 중에 가장 희망적인 것은 바로 건강한 도시 생태계를 꾸릴 수 있는 녹지와 정원으로 바꾸는 것이다."(김인호, 2022) 축소 도시를 장기적으로 재자연화하자는 주장은 논쟁적이지만 숙고해야 할 화두를 던졌다고 본다.

2024년 정원도시포럼은 정원도시 정책이 지향해야 할 조건과 정원 관련 법·제도 정비에 관해 논의하였다. 정원도시포럼 심포지엄 내용은 유튜브로 공유하고 있어 포럼의 생각과 논의 내용을 전파하는 노력을 하였다. 그동안 정원도시 정책 방향 설정에 어느 정도 기여한 바가 있다고 생각한다. 향후 보다 구체적인 의제를 발굴하고 실천방안을 찾기 위해 활동을 하고자 한다.

» 정원도시를 위한 제언

21세기 기후위기 시대에 우리나라 여러 지자체가 정원도시를 만들고자 하는 노력이 하나의 의미 있는 흐름으로 전환되기 위해서는 새로운 사고와 실천 노력이 필요하다. 현재 추진되고 있는 정원도시 구상과 전략보다 더 포괄적인 접근이 요구된다.

첫째, 정원도시에 관한 철학적 논의가 이루어져야 한다. 현재 정원도시는 녹색 공간을 만들고 가꾸는 차원에 머무르고 있다. 정원도시는 기존의 도시개발 방식을 지양하며 패러다임으로서 가치와 정신을 담고 있어야 한다. 윌리엄 모리스 소설 속 정원도시는 상상에 기반한 인문적 정원도시이고, 에버니저 하워드의 정원도시는 현실적 재원 마련을 고민하는 실천적 정원도시론이다. 우리나라에 고유한 정원도시 담론이 생산되어야 하고, 인문·문화적 자산과 생태적 자원을 포괄하는 개념으로 확장해야 한다.

2024년 전북연구원은 '국가인문정원'을 제안하였다. 전북 역사·문화·생태 자원을 인문정원 개념으로 지정하고 관리하는 정원 관광 루트를 제시하였다(김동영 외, 2024). 현재 많은 지자체가 정원도시를 추진하고 있지만, 개별 부서에서 사업을 추진하고 있어 녹화 중심의 관점에서 벗어나지 못하고 있다. 인문 생태를 포함하는 정원도시를 구현하기 위해서는 가치와 지향을 심화하고 다양한 전문 분야를 아우르는 접근이 필요하다. 지역 여건에 맞는 정원도시의 정신과 특성을 찾아내는 성찰과 연구가 우선되어야 한다.

둘째, 국가적 차원에서 정원도시를 구현하기 위해서는 다차원의 부처 협력과 민간 협력이 필요하다. 또한, 촘촘한 국가 단위의 그린 인프라스트럭처 계획을 수립해야 한다. 그린 인프라스트럭처는 산림과 하천 등 도시를 둘러싼 총체적인 자연환경의 네트워크이다. 행정 조직은 생명 국토를 각기 다른 관점과 공간 범위로 다루고 있다. 유기체적인 자연 기반을 제대로 다루기 위해서는 산림, 하천, 도시화 지역, 농산어촌 지역을 통합적으로 접근해야 한다.

국가 단위 그린 인프라를 계획하고 관리하는 법·제도적인 기반 마련도 되어야 한다. 가칭 '그린 인프라스트럭처 기본법'의 제정을 통해 관련 법률을 조정하는 수단을 마련하고, 통합 조정하는 기구를 신설해야 한다. 산림청, 국토교통부, 환경부, 문화체육관광부, 국가유산청 등 부서 간 협력을 통해 정원도시를 만드는 시도를 할 수 있다. 수목원 정원법, 도시공원법, 자연공원법, 도시숲법 등 서로 다른 법률을 운용하면서도 협력하는 것이 바람직하다. 문화도시, 관광도시, 탄소중립도시 등 기존의 다른 도시 전략과 연계 통합하면서 시너지를 낼 수 있다.

국토환경의 보존과 합리적인 관리를 위해 정부 조직의 재편도 고려해볼 필요가 있다. 그린 인프라의 통합관리를 위해 산림과 하천, 도시공원과 자연공원, 도시숲과 정원, 농산어촌 등 관련 부서가 나누어져서는 시너지 효과를 발휘하기 어렵다. 유사한 관련 법률도 다른 정부 조직에서 분산되어 있어 영역 분쟁과 갈등, 중복 사업 추진 등의 문제를 야기할 수 있다. 기후위기와 팬데믹을 겪으면서 혁신적인 사고와 행동의 대전환이 요구된다. 국가 그린 인프라 통합관리를 위한 정부 조직개편도 고려해야 한다. 이탈리아, 스페인, 프랑스 등 유럽 여러 국가가 국토개발, 에너지, 환경, 인구문제를 통합하는 부서인 '생태전환부'를 만든 것을 참고할 만하다.

셋째, 정원도시 구현을 위해서는 무엇보다도 생태 자원을 보존하고 복원하고 확대해야 한다. 기존 자연공원, 그린벨트, 도시 숲을 잘 보존하는 것이 중요하다. 녹지의 절대적 총량을 보존하는 정책을 견지해야 한다. 이를 위해 보전과 개발을 제어하는 도시계획 프로세스와 통합하여 실현하고 관리해야 한다.

상하이의 경우, 도시 외곽의 충밍섬을 온전히 보존하면서 저탄소 도시 모델로 실험하고 있다. 2040년까지 숲 면적이 차지하는 비율이 35%, 그리고 습지 45%, 강 10%가 되도록 계획하고 있다. 국가적 차원에서 충밍섬을 환경 보존과 저밀 개발의 상징 공간을 만들기 위해 노력하고 있다. 정원을 가꾸는 개념이 주거·교육·생산

공간 등에 긴밀하게 결합하여야 한다. 마을 숲 개념의 공동체 정원을 주거 공간 내에서 적극적으로 구현해야 한다. 학령인구가 줄어들면서 생기는 폐교를 적극적으로 숲과 정원을 가꾸고 지원하는 공간으로 전환하고, 도시 내 학교는 숲과 정원을 늘려 생태전환 교육의 거점으로 바꾸어야 한다. 논과 밭, 과수원의 일부 공간에도 숲을 만들어 서식지 환경도 조성하고 농부들이 쉴 수 있는 정원을 조성하도록 지원해야 한다.

넷째, 도시와 지방이 공생하는 가드닝 프로젝트가 필요하다. 국토 균형 발전 차원에서 공유협력 프로젝트를 추진할 수 있다. 지방 거점 도시는 인근 쇠퇴하는 지역과 협력체계를 구축하여 공한지나 유휴지를 활용하여 식물을 공급하는 묘목장으로 활용할 수 있다. 정원도시를 가꾸기 위해서는 묘목과 초화류를 공급하는 거점 양묘 공간이 필요하다. 도시 액티브 시니어 가드닝 교육을 통하여 묘목장 가드너를 양성한다. 지역 쇠퇴에 대응하여 농장 재배로 일자리를 창출하고, 토지 임대를 통한 소득을 창출한다. 양묘장 중 일부 공간을 주말농장으로 활용하여 도시인의 여가·휴식공간으로 활용한다. 도시에서는 파머스데이 혹은 마켓을 운영하며 젊은 청년들이 농사지은 수확물을 유통하게 한다. 도농 교류와 순환 사회를 위한 상생을 위해 민간과 지자체, 산림청, 농림부, 농촌진흥청 등과 협력하여 사업을 추진한다(조경진, 2017). 일부 개발 사업이 중지된 대상지에 재자연화 시범사업을 추진하여 생태계가 복원되는 과정을 함께 체험하고 공유한다.

다섯째, 정원은 전인교육을 하는 장소이다. 모리스의『에코토피아 뉴스』에서는 학교 개념이 사라지고 숲이 학교가 된다. 남녀노소 모두에게 자연에서 더 많은 시간을 보내면서 생태 문해력을 높이고 정서를 순화하는 것이 필요하다. 정신적 스트레스를 치유하기 위해서는 자연에서 걷고 숨 쉬는 일상이 이루어져야 한다. 생물 다양성을 존중하며 동식물과 함께 사는 방법을 터득해야 할 것이다. 시민의식을 통하여 지구를 살리는 건강한 생활 혁신이 이루어질 수 있고 이것이 공간환경의 구조적 혁신을 할 수 있는 기반이 된다.

기후변화 시대에 환경을 먼저 고려하는 사고방식으로 전환하고 일상 습관을 바꾸는 것이 중요하다. 정원을 가꾸는 것으로 기후위기에 적합한 사람을 키워갈 수 있다. 2012년 프리츠커상 수상자 중국 건축가 왕수는 원림의 정신이 그의 건축 핵심 개념을 이룬다. "옛사람이 말하기를 '원림 조성도 어렵지만 원림 양성은 더욱 어렵다'라고 했습니다. […] 원림 조성은 일종의 생명 활동입니다. 원림을 조성하고 원림에 거주하는 사람은 원림과 함께 성장하며 발전합니다."(왕수, 2016)

정원을 경영하면서 생명을 존중하는 사람을 성장시키고 키워갈 수 있다. 정원을 통해 시대에 적합한 인재를 양성하는 비전이 구현되는 것이다. 정원도시는 기후위기와 지방소멸 시대에 적합한 공감력을 지닌 사람을 키우는 것에서 시작되고 완성된다. 정원사의 소명을 체득한 미래 세대가 만들어가는 정원국가를 그려본다.

참고문헌

김동영 외. (2024). 『국가 인문정원 구상연구』. 전북연구원.
김용국 외. (2024). 『현대 정원도시의 다원적 기능 구현을 위한 계획방향 연구』. 건축공간연구원.
김인호. (2022). 「정원도시, 국가정책을 모색하다」. 『정원도시, 새로운 도시 패러다임을 열다』. 서남해안기업도시개발.
박재민·성종상·조혜령. (2017). 「지속가능한 발전을 위한 정원도시 개념의 변천과 함의에 관한 연구」. 《도시설계학회》, 18(2): 21-35.
박진빈. (2019). 「정원도시의 탄생」. 《서양사론》, 141: 78-107.
박홍규. (2016). 「윌리엄 모리스의 생애와 사상」. 『에코토피아 뉴스』. 필맥.
이종철. (2024). 「신 힐링법 공원 20분, 중국 젊은층서 인기」. 《이슈메이커》. 2024. 5. 5.
정원도시포럼. (2022). 『정원도시, 사람과 지구를 생각하는 생태문명으로의 전환』. 서남해안기업도시개발.
정원도시포럼. (2022). 『정원도시, 새로운 도시 패러다임을 열다』. 서남해안기업도시개발.
왕수. (2016). 『집을 짓다』. 아트북스.
조경진. (2017). 「정원도시, 서울을 꿈꾸다」. 『성숙도시 서울, 도전받는 공간』. 서울연구원 편. 231-262.
올리비아 랭. (2025). 『정원의 기쁨과 슬픔』. 어크로스.
윌리엄 모리스. (2016). 『에코토피아 뉴스』. 필맥.
최준호. (2019). 「생태미학적 삶의 정원으로서 도시―순천시에 초점을 맞춰」. 《남도문화연구》, 37: 223-254.
로버트 포그 해리슨. (2012). 『정원을 말하다』. 나무도시.
John Dixon Hunt. (2000). *Greater Perfections: The Practice of Garden Theory*. Universiy of Pennsylvania Press.

계인국 | 고려대학교 행정전문대학원 교수, 법학박사

4. 헌법과 사회 통합: 헌법의 기본원리와 정치적 통일

》 들어가면서

흔히 헌법을 '국가의 최고법'이라고 한다. 헌법은 분명히 국가의 '최고규범'이지만 이 특성만으로는 헌법이 왜, 그리고 어떻게 통합을 이뤄가는지, 헌법이 말하는 통합이 대체 무엇인지를 설명하기에 충분치 않다. 국가의 최고법이니까 통합을 이루기 위해 헌법이 반드시 준수되어야 하고 그렇지 못한 경우 일정한 강제성이 동원된다는 것은, 헌법의 특성과 통합적 기능 중 극히 일부만을 보여줄 뿐이다. 심지어 특정한 정책이나 제도를 관철시키기 위해 헌법의 최고규범성을 수단화하려는 것은 헌법의 통합적 기능과 거리가 멀다. 통합

을 공동체 내에 존재하는 의견과 이익의 다양성을 강제로 배제하지 않는 정치적 체계 내에서의 연합과 집단적 행동의 전제로 본다면,[1] 현재의 일시적 다수가 소수의 의견을 비가역적으로 배제하기 위하여 개헌을 통해 특정한 정책만을 헌법에 수록하고 헌법의 최고규범성을 들어 일체의 논의를 거부하는 것을 통합이라고 보기는 어렵다. 반대로 헌법이 아무런 가치나 기본이념도 없이 완전히 가치 상대주의적으로 방관하는 것을 통합이라고 보기도 어렵다. 종종 1987년 헌법 체제가 수명을 다했기 때문에 더 이상 통합을 이룰 수가 없다고도 한다. 그러나 정작 개헌의 논의는 국가권력 구조의 개편에 초점을 맞추었을 뿐, 국가권력의 형성 과정에서 정치적 통일을 전제로 하는 통합의 논의는 그렇게 활발하지 않아 보인다.

그렇다면 먼저 던져야 할 질문이다. 헌법은 무엇이고 왜, 그리고 어떻게 통합 기능을 수행하는가?

» 통합 과정의 법질서로서 헌법

헌법이 무엇인가를 간단히 설명하기는 어렵다. 일단 오늘날 지배적 견해로 여겨지는 관점에서 출발해보자. 종래 헌법학에서는 헌법을 당위(Sollen)와 규범, 형식적 차원에서 이해하려는 측과 존재(Sein)와 현실, 실질적 차원에서 이해하려는 측이 오랫동안 대립해왔

---

[1] D. Grimm, Integration by Constitution, 3 INT'l J. CONST. L. 193

다. 양측에 극단적으로 편향된 관점들은 점차 수정되거나 폐기되었으며 존재와 당위의 조화를 추구하는 통합론(Integraionslehre)적 관점이 오늘날 지배적 견해이다.

통합론적 헌법관을 창시한 스멘트는 헌법을 "국가 통합 과정의 법질서"라고 정의한다. 스멘트에 의하면 개인과 공동체는 서열적 관계가 아니라 서로를 지향하는 관계이며, 각 개인적 생활의 통일체를 공동체라고 한다. 국가 역시 사전에 정해진 '어떤 것'으로 이미 존재하는 것이 아니라, 개인과 공동체가 정신적으로 관련된 개별 생활의 표현 가운데에서 계속적으로 형성해나가는 것이라고 한다. 마치 과거 군주국가에서와 같이 군주를 정점으로 한 '그 어떤 것'이 이미 정해져 있는 것이 아니라, 국민의 자발적인 참여와 합의라는 의식적 노력 가운데 이뤄진 정치적 통일이 계속적이고 반복적으로 형성될 때 정치적 통일체로서 국가도 형성되고 유지될 수 있다는 뜻이다. 헌법은 바로 이러한 국가의 정치적 과정을 포함하는 다양한 생활 과정에 개인이 자율적으로 참여하고 현실화되는 질서이다. 이렇게 형성되어가는 국가의 생활과정을 스멘트는 통합(Integration)으로, 이 통합 과정의 법질서를 바로 헌법이라고 한다.[2]

그렇다면 이번엔 다음과 같은 질문을 던질 수 있다. 첫째, 왜 정치적 통일을 이뤄갈 것을 요구하는가? 정치적 통일은 공동생활을 영위하기 위해 개인에게, 더 나아가 애초에 인간에게 주어진 과제라

---

[2] R. Smend, Verfassung und Verfassungsrecht, in: ders., Staatsrechtliche Abhandlungen, 3. Aufl., 1994, S. 125 ff., 138.

고 볼 수 있기 때문이다. 둘째, 그렇다면 정치적 통일은 어떻게 얻어질 수 있는가? 초역사적 존재인 군주를 인정하던 군주국가와는 달리 현대 헌법 국가는 항상 새롭게 통합을 이뤄내야만 한다. 이를 위해서는 합의와 타협, 묵시적 동의나 존중, 그리고 경우에 따라서는 강제력을 가진 규범에 의해 정치적 통일이 형성되고 유지될 수도 있다. 셋째, 공동생활의 영위를 위해 필수적이지만, 동시에 일방적으로 균일한 상태를 강제하거나 차이를 배제하는 것을 통합이라 볼 수 없다면, 국가와 개인의 관계는 어떻게 이해될 것인가? 그에 대한 답은, 바로 국가가 개인에 앞서는 것으로 전제되지 않는다는 것이다. 국가는 주어진 것이 아니라, 현실에 존재하는 다양한 이해관계, 정치 노선, 행동양식 등을 결합시키려는 개개인의 노력 가운데에서 형성되어가는 과제인 것이다. 즉, 정치적 통일을 형성하고 유지하는 과제를 달성하여 통합을 이뤄내는 때에 비로소 국가는 현실적인 것이 되며 이에 기초하여 구성되는 법적 권력은 정당한 권력이 된다.

» 통합 과정에서의 갈등

정치적 통일을 형성하고 유지하여 통합을 이뤄가는 국민 간에 대립과 갈등이 심화되고, 헌법에 대한 기본적인 신뢰와 수용이 훼손당하는 경우에도 여전히 헌법은 통합적 기능을 수행할 수 있는가? 다양한 이해관계가 교차하는 현대사회에서는 개인과 집단들 사이에서 수많은 대립과 갈등이 나타나고 갈등의 해소는 통합의 중요한 과제로 주어진다. 사실 갈등이라는 것은 인간 공동체에서 불가피하고 특히 현대사회에서는 많은 경우 갈등이 직접적인 정치적 대결로 이어지기도 한다. 그렇기에 이러한 갈등과 대립의 조정은 공동체의 통합을 위한 출발점이 된다. 국가의 프로세스를 통합이라 하고 헌법이 통합 과정이라 할 때, 그 전제조건으로서 정치적 통일이 등장한다. 정치적 통일을 위협하는 갈등 요인은 무수히 많으나, 크게 세 가지로 분류해보면, ① 이익 갈등, ② 이념 갈등, ③ 정체성 갈등을 들 수 있다.[3]

통합, 특히 사회 통합을 논의할 때 첫 번째 갈등 양상인 이익 갈등이 주로 거론된다. 한정된 재화의 분배가 편중되는 경우 계층이나 세대, 지역 간의 이익 갈등이 심해지곤 한다. 이익 갈등은 가장 빈번한 갈등 유형이지만 시장이나 정책, 사회적 존중 등 다양한 해결 가능성이 존재하고 다른 갈등 유형에 비해 그나마 해결이 수월한 편이다. 하지만 이익 갈등은 빈번히 이념 갈등으로 이어지며, 이념 갈등은 이익 갈등보다 훨씬 해결하기 힘들다. 이념은 정치, 경제, 사회 등 포괄적 영역에서 '올바른 것'에 대한 교리적 사고방식으로 나타난다. '올바른 것'의 반대에 '나쁜 것'이 서게 되므로 이념 갈등은 해소하기 쉽지 않다. 민주적 절차에서 갈등 해소를 위해 제안되는 합의나 타협은 '나쁜' 생각에 오염된 것으로 간주되곤 하고 심지어 선거조차도 교리적 사고에서는 편향되고 불공정한 것으로 의

---

[3] C. Offe, "Homogeneity" and Constitutional Democracy: Coping with Identity Conflicts through Group Rights, The Journal of Political Philosophy: Vol 6, No 2, 1998, 119.

심될 수 있기 때문이다.[4] 끝으로 가장 해결하기 어려운 유형은 정체성 갈등으로, 공동체 구성원 간에 언어나 종교, 인종, 문화적 차이가 나타나는 경우이다. 어느 한쪽의 정체성이 부정되고 한편으로 강제적인 균일성을 요구하는 경우 갈등은 걷잡을 수 없이 확산되고 극단적인 경우에 공동체의 유지가 불가능하게 될 수도 있다.

정치학에서는 이러한 갈등을 해소하기 위해 먼저 개인의 자유와 권리를 보장할 것과 이에 기반한 자유주의적 정치공동체의 역량 강화, 헌법에 구현된 절차적 공정성에 따른 구성원의 신뢰회복을 제안한다. 사회적 약자에 대해서는 결과적 공정성의 보충을 요청하기도 한다. 절차적 공정성의 문제는 이념 갈등에서도 여전히 의미를 가지는바, 비록 그 절차 자체를 수긍하지 않는 경우도 있을 수는 있겠지만 그럼에도 여전히 절차적 공정성에 따른 합의나 결정 절차에서 한쪽의 이데올로기가 선택받지 못할 경우 '우리'의 이데올로기적 입장의 수정이 필요하다는 것을 인정할 수도 있기 때문이다.[5] 정체성 갈등의 경우 이러한 공정성의 문제를 넘어 애초에 공동체의 정치적 통일을 이뤄갈 것인가의 문제에서부터 출발하기 때문에 논의의 평면을 다소 달리할 수 있다.

최근 대한민국 사회에서도 통합이라는 것은 어찌 보면 요원한 것처럼 보일 정도로 갈등과 대립이 깊어지고 있다. 특히 이념의 문제가 헌법의 기본원리와 연결되면서 다른 이념은 헌법을 정점으로

---

4 C. Offe, "Homogeneity" and Constitutional Democracy, 120.
5 C. Offe, "Homogeneity" and Constitutional Democracy, 123.

하는 법질서에 배치된다고 여기거나 정치적 통일이 불가능한 것으로 여기는 경우가 목도된다. 물론 헌법이 극단적인 가치 상대주의에 입각하여 어떤 이념이든 모두 수용하는 것은 아니지만, 실제 갈등 상황을 보면 대개는 가치 다원주의적 입장에서 허용되는 갈등 상황인 경우가 많다. 이러한 문제에 대해 헌법은 어떤 해법을 줄 수 있는가? 다양한 방안이 가능하겠지만 여기에서는 특히 헌법 원리와 공정성이라는 차원에서 헌법의 기본원리가 가지는 통합 기능을 설명해보기로 한다.

» 헌법의 기본원리와 통합

헌법의 기본원리

통합은 공동체의 구성원들이 다른 공동체와 구별되는 집단적 정체성을 발전시키는 실제 과정이다.[6] 이를 규범적으로 구현하는 방안은 국가공동체의 기본적 법질서이자 최고규범인 헌법에 정치적 통일을 형성하고 국가의 과제를 수행하는 데 준거가 되는 지도적 원리들을 규정하는 것이다. 헌법의 기본원리가 규정되면 공적 권력의 구성에서부터 집행까지의 기본적 질서와 이에 따라 정치적 통일의 과정에서 나타나는 다양한 협력작용에 헌법적 정당성이 부여된다. 또한 모든 국가작용이 이를 기준으로 법을 해석하고 적용하

---

6 *D. Grimm*, Integration by Constitution, 3 INT'l J. CONST. L. 193.

며 입법이나 정책 방향 역시 헌법의 기본원리에 의해 정해진다. 국가의 기본적 규범으로서 헌법이 존재하고 그 기본원리를 통해 국가의 행동 방향이 정해지고 예측된다는 것은 국민에게 정치적·사회적 갈등을 평화적으로 해결하고 통합을 이룰 수 있다는 기대를 높이게 되고 이를 통해 헌법적 질서의 연속성을 강화시킬 수 있다.[7] 이러한 헌법의 기본원리에는 대체로 민주주의 원리, 법치국가 원리, 사회국가 원리, 문화국가 원리, 국제평화주의 등을 들 수 있다.

공정성

공정성은 극히 합의되기 어려운 관념이다. 공정성이 너무나 많은 내용을 포괄할 수 있는 관념어일 뿐만 아니라, 합의되지 않은 관념어를 그대로 사용할 경우에는 자신에게 기회나 결과나 절차가 조금이라고 불리한 경우 곧장 불공정하다고 보게 되기 때문이다. 그렇기 때문에 공정성이라는 관념어는 일정한 개념어를 통해 경로를 정할 필요가 있다. 일반적으로 사용되는 공정성의 개념어로서 첫째, 절차적 공정성은 각자에게 기회가 공정하게 주어지는 것, 기회로 대변되는 절차나 과정에 참여 가능성이 공정하게 개방되는 것, 이에 대한 합의가 가능한 것을 의미하는 자유주의적 관점의 공정성이다. 둘째, 공동체주의적 관점에서 제시되는 분배의 정의나 평등의 관념을 담은 결과적 공정성이 있다. 셋째 합리적·경제적 인간을 상정하고 행위규칙이나 판단규칙의 공정성을 의미하는 규율적 공

---

[7] D.Grimm, Integration by Constitution, 3 INT'l J. CONST. L. 194.

정성이 있다. 이러한 공정성의 개념은 기본원리를 통해 헌법에 수용되어 있고 이를 통해 헌법은 통합 기능을 발휘하게 된다.

헌법의 기본원리와 공정성

민주주의

민주주의는 오늘날 이를 표방하지 않는 국가를 찾기가 힘들 정도로 강력히 선호되는 정치체제이다. 오늘날 일반적으로 통용되는 '자유민주적 기본질서'는 민주주의의 내용을 포착하는 데 도움이 된다. 자유민주적 기본질서란, 소수의 자의적 지배를 배제하고 다수의 의사에 의한 결정이 내려질 수 있도록 하는 법치국가적 통치질서이다. 즉, "개인의 자율적 이성을 신뢰하고 모든 정치적 견해들이 각각 상대적 진리성과 합리성을 지닌다고 전제하는 다원적 세계관에 입각한 것으로서, 모든 폭력적·자의적 지배를 배제하고, 다수를 존중하면서도 소수를 배려하는 민주적 의사결정과 자유·평등을 기본원리로 하여 구성되고 운영되는 정치적 질서"이며 헌법상 이에 대한 주요한 요소는 "국민주권의 원리, 기본적 인권의 존중, 권력분립제도, 복수정당제도 등"이 있다.[8]

개인에게 주어진 자유와 권리를 기초로 하여 소수의 견해나 이익이 아니라 다수의사에 의해 결정하되, 이 다수의 의사는 잠정적인 것이므로 언제든 교체 가능하며 현재의 소수의견이라고 묵살되

---

8 헌법재판소 2014. 12. 19. 2013헌다1

어서는 안 된다. 다수와 소수 간의 상호존중은 공론장에서는 물론 이에 따라 구성되는 법적 권력의 형성 과정에서도 존중되어야만 한다. 또한 자유민주적 기본질서 자체를 부정하려는 견해가 아닌 이상 개인의 의견과 사상은 존중되며 정치적 의사 형성 과정에 참여할 기회를 보장받아야 한다. 정당제도와 관련하여서는 복수정당제와 정당의 자유를 인정한다. 정당의 자유는 정당의 설립이나 활동, 목적 등의 자유는 물론 정당이 국가나 외부 세력으로부터 부당하거나 과도한 간섭을 받지 않는 대외적 자유, 그리고 정당 내에서 구성원이 자유로운 의사 형성 절차에 참여할 수 있으며 정당 내부의 규율이나 결정에 참여하고 통제권을 가지며 특히 정당의 공직선거 후보자 추천 역시 일방적이고 하향식이 아닌 공정한 절차에 의해 민주적으로 결정될 것을 의미하는 대내적 자유를 내용으로 한다. 정당의 대외적 및 대내적 자유는 그러므로 기회의 균등과 참여 가능성의 보장이라는 자유주의적인 공정성과 합의된 규범의 일관된 집행 및 준수라는 규율적 공정성의 의미를 가진다.

 이처럼, 정치적 과정 가운데의 이해관계 충돌이나 갈등을 자유와 권리의 보장을 통해 조정하며 동시에 갈등의 대상이 될 수 없는 부분에 경계를 그어준다는, 이른바 자유주의적 성과는 민주주의의 가장 중요한 업적 중 하나이다.[9]

---

9 C. Offe, "Homogeneity" and Constitutional Democracy, 114.

법치주의

법치주의는 자유주의적 관점에서 특히 중요한 의미를 가진다. 법치주의는 개인의 자유와 권리를 보장하기 위해 법의 지배를 인정하는 것이다. 법치국가는 형식적인 의미에서 국가권력을 분배하고 모든 국가작용을 법에 구속시키는 한편 중립적이고 독립적 사법 기능에 의해 권리구제와 분쟁 해결을 행한다. 실질적인 의미에서는 국민의 기본권을 보호하고 실질적인 정의를 실현하며 개별적인 법적 신뢰의 보호, 비례의 원칙 등을 내용으로 한다.

인간 공동체에서 갈등의 불가피성은 법질서 필요성을 강변한다. 인간의 공동생활은 일정한 질서와 그 집행을 위한 규칙, 즉 법질서 없이는 불가능하다는 것이다. 여기에서 법질서는 인간과 무관하게 존재하는 초역사적 법이나 인간 앞에 존재하는 것이 아니라, 인간에 의해 만들어지고 시행되고 유지되고 계속적으로 보완되어야 하는 것, 그리고 질서 자체를 위해 존재하는 질서가 아니라, 최소한 공동체의 구성원에 의하여 내적으로 수용될 수 있고 지속적 존립을 보장할 수 있는 정당한 질서여야 한다. 헌법은 정치적 통일의 형성과 유지를 보장하지만, 정치적 통일을 위하여 갈등을 무시하거나 배제하지 않아야 하고, 반면 갈등이 불가피한 것이라고 해서 정치적 통일을 포기하거나 희생시켜서도 안 된다. 갈등을 규율하고 해소함으로써 정치적 통일을 형성·유지하기 위해 헌법은 국가권력에 일정한 권한을 부여한다. 이 권한이 함부로 남용되어서도 안 되지만 반대로 이러한 권한이 실효성이 없는 것이어서도 안 된다. 특히 공동체 각 영역을 규율하는 법질서에 대해 헌법은 기본질서로서의 역할을 한다.

사회국가 원리

사회국가는 경제적·사회적 약자의 최저 생활을 보장하고 정의로운 사회질서를 형성하는 국가이다. 사회국가 원리는 자유시장 경제 질서를 기본적으로 전제하고 또한 유지하면서 동시에 사회적 안전과 사회적 평등을 보장하고 또한 사회적 자유를 보장하는 원리이다. 사회국가 원리는 그러므로 오직 결과의 정의, 분배의 정의만을 지지하는 복지국가 또는 사회적 급양국가와 구별된다. 오히려 사회국가는 기회 균등을 강화하며 자기 책임의 범위를 확대하면서 실질적 정의를 추구한다. 사회국가는 사회적 법치국가의 목표들을 형성하고, 구체화하고, 달성하기 위한 헌법상 의무를 지고, 입법자는 이 형성의 임무를 이행함에 있어 사회국가 원리에 구속되어 사회적 대립에 있어서 정당한 사회적 조정을 고려해야만 한다.

대한민국 헌법상 사회국가 원리가 잘 나타나는 부분은 헌법 제119조의 헌법상 경제 질서이다. 소위 사회적 시장경제 질서 또는 경제 질서의 중립성 명제에 따라 헌법 제119조는 개인의 경제적 자유와 사회적 평등의 조화를 추구하기 위해 다양한 공정성의 개념어를 수용할 수 있는 구조를 취하였다. 먼저 제1항에서는 "대한민국의 경제 질서는 개인과 기업의 경제상의 자유와 창의를 존중함을 기본으로 한다"고 하여 자유주의에 입각하여 시장경제 질서에 부합하는 절차적 공정성을 선언하였다. 다음으로 제2항은 "국가는 균형 있는 국민경제의 성장 및 안정과 적정한 소득의 분배를 유지하고, 시장의 지배와 경제력의 남용을 방지하며, 경제주체 간의 조화를 통한 경제의 민주화를 위하여 경제에 관한 규제와 조정을 할 수 있다"고 하여 공동체적 가치에 부합하는 결과의 공정성을 언급하면서 동시에 경제적 인간의 행위규칙이 준수하여야 하는 공정성 역시 확보하고 있다.

》 결어

논의의 출발점으로 삼은 통합론적 헌법관은 정치적 통일의 형성과 유지가 공동체 구성원의 의식적인 노력에 의해 반복적으로 계속하여 이뤄져야 하며 헌법이 이를 위한 법적 질서임을 설명한다. 이는 현대의 다원적 민주국가에 매우 적합한 것임을 알 수 있다. 그러나 이런 것들이 어찌 보면 법적 차원에만 머무는 것이 아닌가 생각될 수도 있다. 공권력을 형성하고 정당화하고 구체화하는 것이 법적인 차원에서 이뤄진다고 해서 현실에서도 실제로 그렇게 되는가는 전혀 다른 문제이기 때문이다. 헌법은 누가 정치적 권력을 행사할 자격이 있는지 정하고 있지만 실제로 누가 그렇게 되는지 말할 수 없고 그럴 필요도 없다. 헌법은 그저 기준을 설정하는 것이고 그 기준이 현실에서 하나하나 충족되는지보다는 추상적으로 판단하여 법적 유효성을 부여할 뿐이다.

그러나 헌법의 통합 기능과 그 효과는 단지 규범적으로 정한 것 이상의 역할을 한다. 헌법은 존재(Sein)이면서 당위(Sollen)이고 사실(Faktum)이면서 또한 규범(Norm)이기 때문이다. 사실로서 헌법은 공동체 구성원이 신뢰하고 구현하고자 하는 기본적 가치를 담고 있으며 규범으로서 헌법은 바로 여기에서 의미를 얻기 때문이다. 개인적 생활과 공동체적 생활의 통합 과정에서 헌법이 각각의 가치를 보장하고 반영한다고 인식하게 될 때 헌법은 비로소 통합적 효과를 가지게 된다. 이는 분명히 헌법이라는 규범에서 출발하지만, 헌법규정을 넘어서는 것이기도 하다. 결국 중요한 것은 헌법을 어떻게 인정하고 존중하는가이다.

오늘날 헌법에 대한 존중 대신 헌법을 수단화하여 이념적 우위를 점하려 하거나 헌법의 기본원리를 자의적으로 서열화시키거나, 심지어 의도적으로 그 내용을 곡해하는 식으로 헌법의 통합 기능을 저해하려는 시도가 목도되곤 한다. 다수결 원리를 마치 다수라면 어떤 공적 권력이든 독차지할 수 있고 국민의 선택을 적게 받은 소수의 의견은 국정에서 얼마든지 배척해도 된다는 식으로 이해한다. 정당 내의 다른 견해를 묵살하고 제명하는 것을 정당의 자유라 하고 당내 민주주의라 한다. 선출된 지위를 지키기 위해 거리낌 없이 법치주의를 후퇴시키면서 이를 민주주의라 한다. 급기야 정쟁 때문에 헌법의 기본원리를 전면적으로 부정하고 붕괴시키려는 시도마저 나타났다. 이런 모습들로 인해 1987년 헌법 체제가 수명을 다하였다든지, 대의제를 배격하고 동일성 민주주의를 주장한다든지, 무엇인가 극적인 헌법상의 변화만이 통합을 가져올 수 있다는 주장도 나타난다.

그러나 헌법의 통합적 기능은 정치적 통일의 형성과 유지를 헌법이 보장한다는 것을 구성원이 실제로 존중하고 신뢰하는 데에서 나타나기 시작된다. 헌법을 존중한다는 것은 문구상 준수함은 물론 그 의미까지도 충실하게 준수하는 것을 말한다. 신뢰와 존중 가운데 헌법의 규범력과 통합적 기능을 높여가는 해석과 적용이 필요한 것이다. 그렇다면 지금까지 나타난 통합을 저해하는 문제가 과연 헌법의 문제인지, 헌법을 이해하는 방식의 문제나 왜곡하려는 시도 및 헌법을 존중하지 않고 수단화하려는 문제인지는 보다 반성적으로 생각해보아야 한다. 헌법을 그저 형식적이고 법 기술적으로 이해하거나 수단화하려는 등의 태도가 기저에 있다면 그 어떤 개헌안을 가져온다 해도 헌법의 통합적 기능을 강화할 수 없다. 헌법은 공동체의 법적 기본질서로서 정치적 통일의 형성과 국가적 과제를 수행할 지도원리, 공동체 내에서의 갈등을 극복할 절차, 정치적 통일 형성과 국가작용의 조직과 절차를 규정하고 공동체의 전체적 법질서의 기초를 마련하며 그 대강을 규정하는 공동체의 구조에 관한 설계도이다.[10] 설계도에 충실하지 않고 건성으로 편의에 따라 집을 짓다 사고가 났는데 도리어 설계도를 탓한다면, 이후 그 어떤 설계도를 가져오더라도 좋은 집을 지을 수 없다. 헌법이 통합적 기능을 발휘하기 위해 우선적으로 필요한 것은 헌법에 대한 이해와 충실한 존중인지 아니면 개헌인지는 충분히 숙고할 필요가 있다.

---

[10] K. Hesse, Grundzüge des Verfassungsrechts der Bundesrepublik Deutschland(계희열 역, 독일헌법원론), 20. Aufl., 1995 Rn. 17.

4장

산업·경제

이장우
성공경제연구소 원장이며, 경북대학교 경영학부 명예교수, 세계문화산업포럼(WCIF) 의장이다. 한국경영학회 회장, 전자부품연구원 이사장을 역임했다.

이홍
광운대학교 경영대학 명예교수다. 지식경영학회와 중견기업학회장, 산업통상자원부 사업재편심의위원회 위원장을 역임했다.

최수
글로텍(주) 회장이자 한국엔지니어연합회 부회장. 하이닉스반도체 구조조정본부장, 현대전자 DRAM사업본부장, LG반도체 인수 실무팀장 등을 역임했다.

미래 자신감으로
다시 나는 한국 경제

한국 경제를 움직인 한마음의 힘과 코리아다이나미즘의 미래
한국 경제는 변신 중
K-반도체산업과 세계 중심 전략

/// INTRO ///

경제는 GDP 성장률과 같은 수치의 문제가 아니라, 공동체의 지속 가능성과 직결된 구조적 신뢰 문제다. 사람들은 기존 산업이 무너질 것이라는 공포에 위축되어 있으며, 사회심리적으로는 노력해도 보상받을 수 없다는 체념이 확산되는 등 본질적 문제가 심각하다. 이와 함께 글로벌 공급망과 기술 패권의 시대 속에서 국가 단위의 치열한 경쟁이 벌어지고 있으나 산업정책과 인재 육성의 체계는 이를 따라가지 못하고 있다.

그러나 희망은 있다. 한국 기업들은 첨단 조선, 2차전지, 국방기술, 첨단 메모리반도체, 로봇, 소형모듈원전(SMR), OLED 디스플레이, 바이오산업 등 글로벌 경쟁력을 갖춘 미래형 첨단산업을 확보하고 있다. 지난 60여 년 동안 '다이나믹 코리아'의 역동성을 만든 우리의 사회심리적 동력을 회복하고 미래에 대한 자신감과 세계 시장에서 적절한 포지셔닝 전략을 민관협력을 통해 실천한다면 지속 가능한 선진경제로 거듭날 수 있을 것이다.

이장우 | 성공경제연구소 원장, 전 한국경영학회 회장

1. 한국 경제를 움직인 한마음의 힘과 코리아다이나미즘의 미래

　국가 수준에서의 제도와 시스템은 경제 발전에서 매우 중요한 위치를 차지한다. 하지만 이것만으로는 경제의 성장 동력을 설명하기에 충분하지 않다. 경제주체인 국민이 그 제도와 시스템을 원할 때만 유지되고 작동할 수 있기 때문이다. 경제적 성공도 결국은 사람이 하는 일이다. 막스 베버가 『프로테스탄트 윤리와 자본주의 정신』에서 밝혔듯이 근대 자본주의의 폭발적 성장에는 프로테스탄트의 종교적 가치관과 합리적 생활양식이 핵심으로 작용했다. 근대 경제학의 아버지인 애덤 스미스도 사람들 간의 공감과 배려가 자본주의 발전에 중요한 역할을 한다고 강조했다.

　그러므로 경제 발전의 과정을 이해하기 위해서는 국민이 어떤 생각과 행동, 그리고 마음을 가지고 경제활동을 했는지를 파악해야 한다. 특히 전쟁의 폐허 위에서 출발한 한국 경제가 60년 만에 선

진국 대열로 올라선 이유를 알기 위해서는 한국 국민의 생각과 행동양식에 대한 이해가 필요하다. 특히 한마음이라는 한국인의 철학적 바탕이 무엇이며 이것이 구체적으로 경제활동에 어떻게 작용했는지를 분석할 필요가 있다. 우리는 이러한 이해를 바탕으로 특유의 역동성, 즉 코리아다이나믐을 회복할 수 있는 돌파구를 찾을 수 있을 것이다. 세기적 패러다임 전환기에 내부 분열의 위기를 맞이한 한국 경제가 특유의 역동성을 회복해 또다시 성공 스토리를 만들어낼 수 있는지는 결국 국민의 생각과 행동, 그리고 마음에 달려 있다고 할 수 있다. 과연 우리는 "모두가 하나가 되는 한마음 정신을 상실하면 스스로 내부 분열하고 나라가 망할 때까지 편 갈라 싸우고 마는" 한국인의 독특한 양면성[1]을 슬기롭게 극복하고 지속적 발전을 이루어낼 수 있을까?

» 한국 경제 60년 역사에 나타난 한마음의 힘

한국인은 한마음으로 화합을 이루면 조직과 사회를 위해 전력을 다해 물질적 가치를 추구하는 성향이 있다. 예를 들면 세종대왕 때 농사 기술과 과학은 물론 문화예술도 발달한 것도 이 때문이라고 한다.[2] 한국인은 지리멸렬하다가도 한마음을 회복하면 위대한

---

[1] 이기동. 『한마음의 나라 한국』. 동인서원. 2009.
[2] 이기동. 앞의 책.

능력을 발휘하는 성향이 있다. 지난 60년 동안 한국 경제가 급격히 발전해 선진국으로 도약한 원동력도 이 한마음이 바탕이 되어 희생정신과 헌신적 열정을 발휘했기 때문이라고 할 수 있다. 앞으로도 한국인에게 하나가 될 수 있는 촉매제가 제공된다면 한마음의 기적을 또다시 일으킬 수 있을 것이다.

한국 경제의 성장 동력은 한마음으로부터 나온 국민의 희생정신과 헌신을 바탕으로 한다. 예를 들면 1962년 제1차 경제개발계획의 시작과 새마을운동을 계기로 한국인들은 '잘살아보세'로 한마음이 되었다. 형들은 사막에 가서 일하면서 동생들의 학비를 보탰고, 누나들도 공장에서 일해 번 돈으로 동생들을 가르쳤다. 기업에서는 '우리가 남이가'의 정신으로 하나로 단결해 신바람 나게 일했다. 드디어 한마음이 회복되어 사회에 기(氣)가 돌면서 분열에서 화합을 이루어낸 것이다. 이때 기업들은 '하면 된다'의 정신(Spirit)을 바탕으로 소위 '신바람 경영'을 실천함으로써 산업화를 이루어내고 전 세계에 '한강의 기적'이라는 신화를 각인시켰다.

1980년대에 들어와서는 선진국들이 기술 제공을 꺼리는 고부가가치 산업으로의 진입이 불가피해지면서 심각한 위기를 맞이했다. 그러나 자유주의 국제무역질서가 확대됨으로써 수출로부터 얻는 기회도 동시에 주어졌다. 정부와 기업은 초기 산업화를 성공시킨 자신감을 토대로 정보화에 도전을 이어갔다. 이때는 선진 기술과 지식을 '빨리빨리'(Speed) 학습하고 구현시키는 소위 '융합 경영'을 실천함으로써 반도체 신화로 대변되는 패스트 팔로우(fast follow) 전략을 성공시켰다.

그러나 1990년대 이후에 세계 1등 제품이 없는 '중진국 함정'의 문제점이 불거졌다. 수출 제품들의 국제 경쟁력이 떨어지고 실제로 IMF 경제위기를 겪으면서 생존의 위협을 겪었다. 이러한 위기가 촉매제가 되어 '부인과 자식 빼고 다 바꾸자'라는 공감대가 형성되고 패스트 팔로우 전략에서 벗어나 세상에 없는 새로운 제품과 서비스를 창조하기 위한 혁신을 감행했다. 이에 따라 기업들은 세계 시장을 선도할 수 있는 혁신을 이루기 위해 퍼스트 무버(first mover) 전략을 채택하지 않을 수 없었다.[3] 퍼스트 무버형 기업들은 '성공할 때까지' 인내하면서 시장 기회를 획득하는 소위 '창발 경영'을 실천했다. '창발 경영'을 성공시키기 위해서는 극도의 불확실성 때문에 뜻과 의지를 확고히 세우고 쉼 없이 실천하면서 기회가 창발할 때까지 인내하는 것이 필수적이다. 이는 씨를 뿌리고 나무를 심고 가꾸며 결실을 기다리는 마음(Seed)과 비슷하다. 세계 1위의 메모리반도체산업과 한류 콘텐츠 산업도 그 과정에서 탄생했다.

위 이야기를 종합하면 한국을 오늘날 선진경제로 이끈 성장 동력은 가난 극복의 위기감과 정부의 경제 비전이 촉매한 한국인의 '한마음 회복'을 바탕으로 한다고 할 수 있다. 이 한마음이라는 철학적 바탕으로 인해 한국인 특유의 정신과 행동, 그리고 마음이 산업현장에서 되살아난 것이다. 이것은 3S로 요약된다. 즉 '하면 된다'의 정신(Spirit), '빨리빨리'의 행동양식(Speed), '될 때까지 지속하는' 마음(Seed)이 그것이다. 지난 60년 동안 한마음을 바탕으로 기업들

---

3 이장우, 『퍼스트 무버』, 21세기북스, 2017.

이 실천한 3S의 경영방식은 오늘날 한국 경제를 선진 수준으로 올려놓은 훌륭한 도구가 되었다. 이를 구체적으로 살펴보면 다음과 같다.

산업화를 이룩한 '하면 된다'의
신바람 경영(Spirit)

한국인의 내면에는 2가지 상반된 사회심리적 사이클이 존재한다. 이 2가지 사이클 중 긍정적 심리 사이클은 강력한 집단 에너지인 신바람을 일으킬 수 있다. 이를 위해서는 전제조건이 있다. 먼저 조직 구성원들로 하여금 공존공생의 공동체주의를 지향하도록 해야 한다. 그 이후 스스로 자발성과 창의성을 나타내게 하면서 다시 공동체 의식을 강화해야 신바람의 선순환이 일어난다. 이러한 신바람 사이클이 작동하면 '죽을 동, 살 동' 일하는 모습을 보인다. 이것이 바로 한국 경제의 산업화 과정에서 발현된 신바람 경영이다.[4] 그러나 반대로 이를 충족시키지 못한다면 '김이 새고', '일할 맛이 안 나서' 나태해지고 대규모 노사분규도 불사한다. 한(恨)의 사이클에 빠지면서 스스로 지리멸렬하는 속성이 나타난다.

한국 경제에서 산업화 성공의 원동력이 된 신바람이라는 집단 에너지는 사회 조직과 인간 개체 간의 생산적 상호작용의 결과로 발생한다. 이렇게 산업화의 동력을 만들어낸 신바람 경영은 비단 그 시대에만 머물러 있지 않았다. 이후 정보화 시대에 접어들면서

---

[4] 이장우·이민화. 『흥경영』. 김영사. 1994.

또다시 무에서 유를 창조해야 하는 벤처기업들에 의해 활용되었다. 이러한 신바람 경영은 한마음을 회복한 한국인의 정서를 가장 잘 활용한 경영방식이다. 한국인의 정서는 정(情)으로도 대변되는데, 조직 구성원 간에 따뜻한 인간적 교감과 공감대를 형성하기를 열망한다. 일단 분위기만 만들어지면 마치 한 가족과 같은 분위기 속에서 일에 몰두하고 열정을 발휘하는 속성이 있다. 이래서 우리 문화는 '흥'의 문화라고도 한다. 공동체 의식이 촉발되면 흥이 일어나고 집단의 운명을 자신의 운명으로 받아들인다. 집단의 명예가 곧바로 자기의 명예가 되는 것이다. 이때 신바람이라는 집단적 초능력이 발생한다. 신바람 경영의 구체적 프로세스를 정리하면 다음과 같다.

1단계: 공존공생의 조직 질서 구축

신바람 경영의 첫 번째 단계는 조직 수준에서 이루어진다. 조직의 질서와 분위기를 공존공생의 공동체로 만들어나가는 게 우선이다. 리더가 주도권을 가지고 해야 할 가장 중요한 일이 바로 바람직한 조직 질서와 분위기를 만들고 계승하는 것이다. 조직을 공존공생의 공동체로 만든다는 것은 조직 질서가 이기적 집단주의로 흐르는 것을 막고 모두가 함께 살아간다는 공동체 의식을 형성하는 것을 의미한다. 이러한 공동체를 만들기 위해서는 리더가 솔선수범해야 하며 구성원 개개인들과의 인간적 유대를 탄탄히 해야 한다.

2단계: 자율과 경쟁

두 번째 단계는 '일'의 수준에서 이루어진다. 이는 구성원들이 자신의 업무를 자율적이고 경쟁적인 분위기에서 수행하도록 하는 것이다. 즉 구성원들이 업무의 내용과 수행 방법을 스스로 알아서 결정하고 업무를 할 때 구성원들 간 선의의 경쟁이 생기도록 유도한다. 자율과 경쟁 속에서 업무가 의도한 바대로 효과적으로 수행되기 위해서는 첫 단계의 공동체적 분위기 형성이 기본 전제가 되어야 한다. 과업의 자율화는 인간 개개인의 능력을 인정하고 신뢰한다는 인본주의적 철학을 바탕으로 한다.

3단계: 자발성과 창의성 고취

세 번째 단계는 구성원 개개인의 자발성과 혁신 성향을 고취하고 관리해나가는 것이다. 이는 개인행동과 심리의 차원으로 미시적 수준이다. 개인의 심리 상태는 그들에게 부가된 과업에 의해 영향을 받기 때문에 앞 단계의 자율적이고 경쟁적 과업이 기본 전제가 되어야 함은 당연하다. 자율적 과업을 통해 주인의식을 느끼는 사람에게서만 자발적인 행동을 기대할 수 있다. 또한 적절하고도 공정한 내부 경쟁이 존재해야 스스로 창의성을 발휘하고자 하는 의욕도 생긴다. 조직 구성원의 자발성과 혁신 성향은 공동체적 조직 질서에 대한 심리적 반응인 동시에 더욱 발전적인 공동체를 다져나가는 자극제이기도 하다.

4단계: 정확하고 공정한 보상

네 번째 단계는 정확하고도 공정한 보상이다. 이것은 조직 구성원 개개인이 그들의 일을 통해 보여준 창의성과 자발성 하나하나에 대해 정확하게 인정해주고 충분히 만족하도록 보상해주는 것을 말한다. 이러한 보상의 궁극적 목표는 구성원 개개인이 자기 나름대로 실천한 모든 자발적 행동과 창의적 성과에 대해 인정과 칭찬을 주는 것이다. 구성원들은 자신의 자발적 행동과 창의적 시도 하나하나에 대해 인정과 칭찬을 받을 때 더욱 분발한다. 그리고 새로운 자발성과 더 큰 창의성을 보인다. 이러한 보상 과정은 조직과 회사에 대한 신뢰와 애정을 증폭시킴으로써 구성원들의 공동체 의식을 더욱 강화시키고 조직의 공동체적 질서를 공고히 한다. 이렇게 더 커진 구성원들의 공생의식과 공동체적 조직 질서를 기반으로 자율과 경쟁을 더 적극 활용할 수 있다. 또한 개인들은 자발성과 창의성을 더 많이 발휘하게 된다. 이를 통해 신바람의 선순환은 점점 더 확대되어 간다.

패스트 팔로우 전략을 성공시킨
'빨리빨리'의 융합 경영(Speed)

한국 경제는 1980년대 들어와 '신바람 경영'을 기반으로 어느 정도 산업화 경험이 쌓이면서 선진국에서도 아직 전략적 가치가 남아 있는 과도기 기술에 도전하기 시작했다. 1983년 반도체 독자 개발을 선언한 이병철 회장의 도쿄 선언이 이를 상징한다. 이에 해외 선진 기업들은 기술 제공을 거부했고 미국 등 선진국 정부도 지식재산권 보호와 시장 개방을 위한 압력을 가했다. 스스로 지식을 습득하고 연구개발 하지 않을 수 없는 상황이 된 것이다.

하지만 아직 국제적 수준에 이르지 못한 기술 능력 때문에 국내 기업들은 초기 단계의 혁신인 '창의적 모방'에 나서게 된다. 창의적 모방이란 "선진 제품을 단순 모방하는 데에서 벗어나 새로운 기능을 창의적으로 추가하거나 생산 비용이 훨씬 낮은 제품을 개발하는 것"을 말한다.[5] 따라서 기업들은 지식의 학습과 축적을 위해 연구개발 활동을 획기적으로 진행해야 했으며 융합 경영을 통해 재빠른 문제 해결 능력을 발휘했다.

이러한 융합 경영은 변화하는 기술과 시장 니즈에 빠르게 대응하는 것이 핵심 목적이다. 융합 경영의 프로세스는 프로젝트, 사업부, 기업 전체, 그룹 등 모든 조직 단위와 수준에서 동시에 적용되었다. 즉 일련의 과정들이 하나하나 단편적으로 이루어지는 것이 아니라 유기체처럼 서로 얽혀 선순환적 관계를 이루고 이 과정에서 창출되는 시너지를 기반으로 개인, 기업, 산업 생태계, 그리고 사회로까지 그 가치가 확대되는 효과를 발휘했다. 한국의 경제와 사회에 널리 확대된 스피드 역량은 바로 이러한 융합 경영의 프로세스에 의해 만들어진 바가 크다고 할 수 있다. 그리고 그 바탕에는 한마음에서 비롯된 소통, 신뢰, 협조라는 덕목이 작용했다. 융합 경영의 프로세스는 다음과 같다.

1단계: 문제 인식과 목표 설정

융합 경영의 첫 번째 과정은 문제 인식과 목표 설정이다. 즉 환경의 변화를 예측해서 위기의식을 갖고 문제가 무엇인지를 정의하

---

5 Linsu Kim, *Imitation to Innovation*, Harvard Business School, 2008.

는 것으로부터 시작한다. 그리고 이를 해결하기 위한 목표를 구체적으로 설정한다.

2단계: 필요 요소의 발견과 결합

두 번째 과정은 목표 달성에 필요한 요소들을 발견해내고 이를 결합하기 위해 공감대를 형성하는 것이다. 이러한 공감대에 기초해서 구체적인 활동 원칙이나 가이드라인을 제시한다.

3단계: 소통과 협력

세 번째 과정에서는 정보 공유와 신뢰 관계의 구축을 통해 필요 요소 간 소통과 교류를 촉진한다. 이 과정을 통해 협력과 소통의 네트워크를 확장하고 협력의 문화를 확산해나간다.

4단계: 가치 창출과 성과 공유

네 번째 과정은 환경변화 대응과 문제 해결을 위한 공동의 노력을 통해 가치를 창출하고 여기에 기여한 요소들 간 성과를 공유하는 단계이다. 적절한 가치의 배분과 공유를 통해 융합 경영의 프로세스가 다시 선순환으로 이어지도록 한다.

K-이노베이션을 이끄는
'될 때까지'의 창발 경영(Seed)

한국 경제는 1990년대 중반 이후 반도체, 자동차, IT 등에서 선진국과 거의 대등한 경쟁을 하기 시작했다. 이러한 최첨단 산업은 선진국에게 전략적 가치가 매우 높기 때문에 그들과 경쟁하기 위해서는 더 높은 수준의 혁신이 필요했다. 이 단계에서는 선진국을 모방하기보다는 세상에 없는 새로운 지식을 창출해야 경쟁력을 유지하고 획득할 수 있으므로 자체 연구개발 역량을 대폭 강화하면서 선진 기업들이 따라 할 수 없는 기술과 신지식을 창조해내야 한다. 이러한 '신지식 창조'를 향한 의지는 1993년 이건희 삼성 회장의 '신경영 선언'에 의해 대변되었다. 결과적으로 삼성전자는 '신지식 창조'의 혁신에 성공함으로써 TV 산업에서 세계 1위 소니를 추월했고 휴대폰 산업에서 노키아를 따돌렸다. 그리고 2017년 드디어 반도체 산업에서 인텔을 추월해 선두 자리를 차지했다.

이와 같은 기술혁신의 성공 스토리는 한국 경제를 대표하는 대기업들에 공유되면서, 신지식 창조의 혁신 활동이 정보통신, 자동차, 바이오 등 제조업으로 확산했다. 필자는 이를 통칭해 'K-이노베이션'으로 부르고자 하며, 이 K-이노베이션에는 대기업뿐만 아니라 기술 집약적 벤처기업들이 동참했다. 그리고 문화 콘텐츠 기업들이 가세해 대한민국을 제조업이 강한 매력 국가로 만들었다.[6] K-이노베이션의 기업들은 예측불허의 미래 불확실성 속에서 하고자 하는 뜻과 비전을 분명히 설정하고 그 위에서 핵심 과업의 지속 반복을 통해 불현듯 창발하는 기회를 낚아채는 창발 경영을 실천했다.[7]

창발 경영은 기업 활동을 과거와 현재의 입장에서 보는 것이

---

[6] 이장우, 『K-POP 이노베이션』, 21세기북스, 2020.
[7] 이장우 『창발경영』, 21세기북스, 2015.

아니라, 미래에 자신이 위치하는 모습과 정체성을 먼저 보는 패러다임이다. 변화하는 환경에 수동적으로 대응하려는 차원이 아니라 스스로 변화 그 자체가 되려는 방식이다. 이를 위해 여러 이해관계자의 뜻을 하나로 모으기 위한 포용과 그 뜻을 실현시키기 위해 끊임없이 전진할 수 있는 인내가 필수적이다. 이때 한국인의 한마음은 포용과 인내심을 제공하는 철학적 바탕이 된다. 여기서 한마음이란 '크다'라는 의미의 '한'마음을 뜻한다. 타인의 뜻과 미래에 대한 열망을 담아낼 수 있는 그런 '큰마음'으로서 한마음이 바탕이 되어 K-이노베이션을 작동시켰다고 할 수 있다. 이렇듯 창발 경영은 계획할 수 없는 불확실성 세계에서 성공 확률을 높이기 위한 경영기법으로서 다음과 같이 4단계로 구성된다.

1단계: 뜻과 비전 세우기

창발 경영의 원동력은 뜻과 비전으로부터 나온다. 극단적 불확실성을 참고 이겨낼 수 있는 믿음과 용기가 이것으로부터 나오기 때문이다. 비전이란 목적을 향해 끊임없이 달리게 하는 원동력이 되기 때문에 창발 경영의 출발점이다.

2단계: 생존과 반복, 그리고 실패와의 동거

두 번째 단계는 불확실성과 혼돈 속에서 기회를 포착하는 데 초점을 맞추는 것이다. 핵심 프로세스를 반복하며 기회와 마주칠 수 있는 확률을 높이는 데 중점을 둔다. 이를 위해 시장 흐름에 적합한 규칙을 만들어 자신의 일상적 과업을 반복적이고 지속적으로 실천한다. 이러한 2단계의 반복 과정은 창발 경영의 전체 과정 중 가장 오랜 시간이 걸린다. 마치 강태공이 매일 낚시질을 수십 년간 반복하듯 그 끝을 알 수 없는 시간 속에서 기회를 기다린다.

3단계: 기회 포착

기회 포착 과정은 매우 짧은 기간에 이루어지는 경우가 많다. 그러나 그 중요성은 전 과정을 통틀어 가장 크다고 할 수 있다. 매우 긴박하고 중요한 순간으로 때가 올 때까지 섣불리 나서지 않는 것이 3단계에서 가장 중요한 행동 지침이다.

4단계: 기회의 창 진입과 가치 창출

기회를 정확히 인지하고 합리적 판단을 했다면 투자를 결행해야 한다. 즉 열린 기회의 창으로 재빨리 들어가 그 기회를 실현시켜야 한다. 이를 위해서는 앞에서 언급한 신바람 및 스피드 경영 기법들도 동원해 유용하게 활용해야 한다. 그러나 아무리 기회의 창에 들어갔다고 하더라도 제대로 된 대응을 적기에 하지 않으면 주어진 기회도 한순간에 날아갈 수 있다. 주어진 기회를 시장에서 가치 창출로 실현하기 위해 전력을 다해야 한다. 그리고 이 4단계의 가치 창출 과정은 완결형으로 끝나는 것이 아니라 다시 1단계로 돌아가 늦과 비전을 확대하거나 구체화함으로써 계속적으로 선순환을 일으킨다.

» 소멸하는 한마음과 새로운 경제 철학의 필요성

한국의 경제는 앞에서 살펴보았듯이 1960년대 이후 60년간 지속 성장하면서 산업화, 정보화, 그리고 선진화를 이루었다. 그 중심에는 한국인의 생각과 행동, 그리고 마음을 경제의 핵심 동력으로 이끌어낸 한국식 경영방식이 있다. 예를 들면 '공감과 소통'의 한마음을 바탕으로 하는 신바람 경영은 공존공생의 공동체를 조성하고 이심전심으로 업무를 추진하게 한다. 그리고 공동목표의 수립과 신속한 문제 해결로 스피디한 학습을 이루어내는 융합 경영은 '신뢰와 협력'이라는 한마음의 덕목을 바탕으로 한다. 또한 비전을 향해 지속 전진하면서 기회를 획득해내는 창발 경영은 '포용과 인내'의 한마음을 바탕으로 한다. 결론적으로 한국 경제에서 한마음은 '모두가 하나로 화합하는' 마음에서 시작해, 이해관계자들의 뜻을 담아내고 미래를 위해 인내하는 '큰' 마음으로 진화 발전했다고 할 수 있다.

그러나 최근 10여 년 동안 심화해온 대한민국의 내부 분열과 계층 간 갈등은 점점 위험수위가 도를 넘어 한마음의 바탕을 송두리째 무너뜨리고 있다. 여기에는 정치적 양극화가 중심이 되고 있으며 내부 분열이 다층적이고 복합적인 양상으로 진행되고 있다. 2021년 3월 국회 국민통합위원회 경제분과위원회가 실시한 설문조사에 따르면, 전문가의 89%가 한국 사회의 분열과 갈등이 심각하다고 평가했다.[8] 이 중 63.1%가 그 원인으로서 정치적 요인을 지목했다. 이는 정치적 갈등이 사회적 분열을 촉발하고 심화시키는 주요 요인임을 시사한다. 그 결과 다양한 갈등 요인들이 국가의 통합을 저해하고 국민 기저에 깔린 한마음을 파괴하고 있다. 한국인의 속성상 스스로 내부 분열하고 자멸하는 악순환의 고리가 작동할 것이 우려된다. 따라서 이를 극복하기 위해 국민적 화합을 이루어 낼 새로운 경제 철학이 절실히 필요한 상황이다.

때마침 물질만능주의에서 벗어나 물질과 정신의 조화를 추구하려는 세계적 흐름이 대두되고 있다. 1970년대 이후 미국을 중심으로 확대된 주주 이익 극대화 중심의 자본주의 체제가 위기에 처했다는 공감대가 형성되고 있다. 2019년 8월 미국을 대표하는 대기업 최고경영자들의 모임인 '비즈니스 라운드 테이블'에서 기업의 목적은 기업을 둘러싼 이해관계자들의 가치를 추구하는 것이라는 성명서를 발표했다. 2020년 1월 세계경제포럼(WEF)에서도 기업은 이해관계자 가치를 추구해야 한다는 내용의 '다보스 선언'을 공표했다.

특히 4차 산업혁명이 인류를 물질문명의 극한으로 내몰고 있는 흐름에 따라 물질과 정신의 진정한 조화를 지향하는 새로운 경제 사상이 필요하다는 공감대가 형성되고 있다.[9] 한국에서도 2022년 10월 산업계와 학계가 참여해 '이해관계자 자본주의 100인 선언'을 했다.[10] 이 선언을 통해 주주와 함께 다양한 이해관계자의 이익을 조화하면서 우리 사회가 직면한 불평등과 기후변화 문제도 해결하

---

8 국회국민통합위원회. 「국민통합에 대한 인식 및 과제」. 2012. 3.
9 이영환 등. 『대한민국 변방에서 중심으로』. 앵글북스. 2021.
10 매일경제. 「경제 위기에 필요한 건 이해관계자 자본주의」. 2022.10.26.

는 이해관계자 자본주의로의 전환을 강조했다.

선진국 수준에 도달한 한국 경제는 이제 우리만의 새로운 경제 철학을 확립할 때가 되었다. 이를 위해 한국 경제를 선진국 수준으로 도약시킨 한마음을 바탕으로 내부 분열을 극복하고 새로운 도전을 이어가야 한다. 이 한마음은 지금까지 대한민국이 기술혁신과 경제 발전을 이룩하는 데 철학적 바탕이 되었으며 그 핵심은 인간의 자유와 존엄성 증진에 있다. 침체해 있는 코리아다이나미즘도 한마음이 회복될 때 미래 동력으로 또다시 작동할 수 있을 것이다.

» 이해관계자 자본주의와 한마음 경영

새로운 경제 철학으로서 이해관계자 자본주의는 기존의 주주 단기이익 중심의 자본주의 시스템을 비판한다. 전통적인 주주 중심의 자본주의는 주주를 위한 이익 창출을 기업의 제1 목표로 가정하면서 경영자를 주가와 분기별 주가 상승에 몰입하게 함으로써 단기실적 위주의 경영과 경제 양극화 등 부작용을 심화시켜 왔다. 이와 관련해 이해관계자 자본주의는 기업은 주주의 단기적 이익 창출을 위해 존재하는 것이 아니라, 근본적으로 고객가치를 창출하는 기관이 되어야 한다고 주장한다. 이를 위해 기업은 직원에 투자하고, 협력업체와 상생하고, 지역사회에 사회적 책임을 다하고 지구의 지속 가능성에 공헌하는 기관이 되어야 한다고 강조한다.

이에 관해 에드워드 프리드만 교수는 단기적 이익에만 매몰되어 있는 기존의 경제 철학에서 벗어나기 위한 대안으로 이해관계자 자본주의를 주창했다. 그가 주창하는 경제 철학은 다음과 같은 5가지 핵심 내용을 담고 있다.[11] 첫째, 기업은 이윤 창출과 함께 비전과 일에 대한 열정을 만들어낼 수 있는 목적의식이 존재해야 한다. 그래야 단기적 시야에서 벗어나 오랫동안 성공하는 기업을 만들 수 있다. 둘째, 이해관계자와 주주가 모두 중요하다. 기업은 주주뿐만 아니라 소비자, 협력업체, 직원, 사회 등을 위해 부가가치를 창출해야 한다. 창의적 상상력을 동원해 이해관계자에게 어떻게 하면 부가가치를 창출해줄 수 있을지를 끊임없이 고민해야 한다. 셋째, 기업은 사회와 시장의 문제에 적극적으로 참여해야 한다. 국가가 마주하고 있는 사회적 문제는 이제 기업의 힘이 없으면 해결할 수 없게 되었다. 넷째, 인간을 단기적 사익을 추구하는 경제적 존재가 아닌 좀 더 복합적인 대상으로 바라봐야 한다. 인간은 이기심도 있지만 사랑과 배려심을 가진 존재이기 때문에 존엄성을 지키고 창의적 상상력을 발휘하도록 자유를 제공해야 한다. 다섯째, 윤리와 경영은 함께 가는 개념이 되어야 한다. 기업은 인류가 만들어낸 가장 고귀한 발명품으로 혼자서는 만들 수 없는 가치를 창조하는 협력의 상징이다. 따라서 경영과 윤리를 분리해서는 안 된다.

결론적으로 새로운 경제 철학으로서 이해관계자 자본주의는 주주를 비롯한 모든 이해관계자를 포함해 사회 전반의 가치를 극대화하는 개념이라고 할 수 있다. 특히 이해관계자 중심의 경제 철

---

[11] 성공경제연구소·한국경영학회. 지속가능경영포럼(2022. 3). 세미나 발표 자료.

학에서 강조하는 기업 경영은 '공감'의 이타심에 기반해 여러 이해관계자의 이익을 창의적으로 반영해 새로운 가치를 만들어내는 인간 중심 경영을 말한다. 이 '공감'은 자본주의 정신을 처음 주창한 애덤 스미스가 강조한 개념이다. 이것은 인간의 본성으로서 다른 사람의 감정을 느낄 수 있는 능력을 말한다. 공감 능력이 클수록 개인이 이해관계에 얽히거나 이기적이지 않게 자신의 행위와 감정을 공정하게 관찰하고 평가할 수 있다. 이 공감은 개인의 욕망이 분출되는 서구 근대 시민사회에서 인간의 마음속에 존재하며 스스로 행동을 통제하는 '보이지 않는 공정한 관찰자(impartial spectator)' 역할을 했다. 그 결과 공감은 서구 근대사회에서 질서를 형성하고 사회를 성장시키는 원동력이 되었다.

　서구 자본주의의 철학적 기반이 된 '공감'과 유사하게 우리의 한마음은 앞에서 살펴보았듯이 한국 산업자본주의의 태동과 선진국으로의 도약에 핵심 동력으로 작용했다. 이러한 철학적 기반을 가진 한국 기업가들은 이기적인 이윤만을 추구한 것이 아니라 사업보국, 독립운동, 구휼과 같은 사회적 문제 해결에 대한 의지와 사명감도 충만했음을 인정할 필요가 있다. 이후에도 한국 경제는 한마음으로부터 공감, 소통, 신뢰, 협력, 포용, 인내라는 덕목이 발현되어 코리아다이나미즘이 작동함으로써 선진경제로의 도약에 성공했다. 그러나 지금 한국 경제는 정치적 양극화와 계층 간 갈등으로 한마음이 파괴되고 쇠락하는 위기를 맞이하고 있다. 새로운 경제 철학에 입각한 한마음 회복이 절실히 필요한 실정이다.

» 한마음 회복을 위한 실천 방향: 싸움의 기술에서 화합의 품격으로

현재 한국 경제는 내부 분열과 사회적 갈등으로 특유의 역동성, 즉 코리아다이나미즘을 잃어가고 있다. 특히 한국인들은 하나로 화합하지 못하면 스스로 분열하여 모래알처럼 흩어져서 싸워보지도 못하고 자멸하는 속성이 있기에 우려되는 바가 크다. 그렇게 되면 일터에서 똘똘 뭉쳐 열정적으로 일하는 신바람 에너지도, 빠른 속도로 문제를 해결하고 지식을 축적해나가는 융합력(학습력)도, 새로운 기회를 창출하는 혁신 능력도 사라질 판이다. 한마음의 회복을 위한 촉매제를 하루빨리 공급해야 한다. 이를 위해 5가지 실천 방향을 제시하고자 한다.

첫째, 한마음 회복 운동은 개인 차원에서 먼저 시작해야 한다. 세상의 변화는 한 사람의 변화로 출발할 수 있다. 우리는 세상부터 바뀌어야 한다고 주장하는 사람들을 너무 많이 보아왔다. 지금도 그런 사람들에게 놀아나고 있는 형국이다. 진보와 보수로 나뉘어 싸우고, 좌파와 우파로 나뉘어 다투고 있지만, 세상은 더 어지러울 뿐이다. 이미 역사적으로도 영국의 철학자 카를 포퍼(Karl Raimund Popper, 1902~1994)가 지적했듯이 비록 선한 의도에서 출발했더라도 지상 천국이라는 이상사회를 건설하려는 전체주의나 사회주의의 모든 시도가 결국 세상을 지옥으로 만들어버린다는 사실을 경험했다.[12] 지금도 민주와 정의의 이름과 공정한 절차와 기회 균등이라는 미사여구로 포장해서 세상을 바꾸겠다는 허황된 주장이 난무한다. 여기에 현혹되지 말고 우리가 삶의 주체가 되어 스스로 변화해야 한다. 특히 인공지능이 가져오는 고도의 기술 문명 시대에 인간 소외를 극복할 수 있는 정서적 기술과 공감 능력을 갖추도록 스스로 노력해야 한다. 또한, 명상 훈련이나 정서적 기술의 습득을 통해 다른 사람들과 협력하면서 조화롭게 살 수 있는 능력을 갖추어야 한다.[13]

둘째, 리더의 자격 기준을 바꾸어야 한다. 각 분야에서 한마음 회복을 위해 솔선수범하는 사람을 리더로 선택해야 한다. 그러기 위해서는 싸움의 기술이 뛰어난 사람이 아니라 화합의 품격과 능력을 갖춘 사람이 다양한 분야에서 리더가 되도록 선택기준을 획기적으로 바꾸어야 한다. 정치권이 혼탁하고 최악으로 치닫고 있는 것도 싸움의 기술이 뛰어난 사람들을 리더로 선택했기 때문이다. 정치권과 권력기관의 요직을 상당 부분 법조계 출신이 차지하고 있는 것도 싸움판과 싸움 기술을 잘 아는 사람을 리더로 선택한 결과이다. 그 결과 대한민국의 정치 권력과 권력의 장치 모두가 불신의 대상으로 전락했다.

한마음 회복의 과정에는 개인들이 양심이라는 변하지 않는 마음을 가꾸고 키우는 것이 중심이 되어야 한다. 이들 중 화합의 품격

---

12 코리아다이나미즘 편저, 『대한민국 넥스트 레벨』, 21세기북스, 2023.
13 이영환 등, 앞의 책.

과 능력이 뛰어난 사람들이 리더로 선택된다면 이들의 솔선수범에 의해 한마음이 더욱 확산되고, 어느 순간 사회 전체가 하나로 공감대를 형성하는 상태에 도달할 수 있을 것이다.

셋째, 기업의 역할을 확대해야 한다. 한국 경제가 선진수준으로 도약한 데는 기업의 역할이 결정적이었다. 앞에서도 살펴보았듯이 신바람, 빠른 학습, 기회추구 혁신 등은 모두 한마음을 토대로 기업들이 만들어낸 경영기법이다.

따라서 파괴되고 쇠퇴하는 한마음을 회복시키기 위해서도 기업의 역할이 크다. 물론 기업은 이를 제대로 담당하기 위해 또다시 변신해야 한다. 즉 시대가 요구하는 새로운 경제 철학을 실천해야 한다. 주주 중심의 단기이익 추구에서 벗어나 진정한 의미에서 이해관계자 가치를 추구해야 한다. 사실 기업은 정신과 물질의 진정한 복합체다. 기업이 제공하는 일자리는 자아실현의 기회이고 삶의 무대이며 노동은 행복의 근원이 된다. 이를 통해 기업은 한마음을 회복시키고 사회 전체를 화합시킬 수 있는 토대를 제공할 수 있다. 한마음의 회복은 기업의 실천력에 따라 그 수준이 결정된다고 해도 과언이 아니다.

넷째, 정부의 역할도 중요하다. 국가 발전을 위해 정부의 역할은 아무리 강조해도 지나치지 않다. 한국 경제에서 산업화 초기에 차지하는 정부의 역할은 절대적이었다. 그러나 선진국 수준에서 정부 역할은 좀 더 제한적이고 달라져야 한다. 예를 들면 한국 사회의 고질적인 문제인 저출생과 세계 최고 수준의 자살률, 부의 양극화 등에서 알 수 있듯이 정부가 혼자 해결하기 어려운 일들이 점점 더 많아지고 있다. 문제의 복잡성과 함께 관료 사회의 경직성, 그리고 정치적 포퓰리즘 등을 극복하기 어렵기 때문이다. 따라서 한국 사회의 부정적인 측면을 해소하고 한마음을 회복시키는 데 기대할 수 있는 핵심적 주체로 기업을 인정하지 않을 수 없다. 따라서 정부는 아직도 만연한 '국가 만능주의'나 '국가 의존주의'에서 벗어나 기업이 새로운 패러다임을 주도할 수 있도록 기회를 제공하고 격려할 필요가 있다.

다섯째, 새로운 내러티브를 만들어 자신감을 가지고 전 세계로 발신해야 한다. 대한민국은 원래 내러티브와 스토리의 나라다. 5000년 전 단군신화를 민족 서사로 간직하고 있으며 지금은 수많은 스토리를 콘텐츠로 만들어 전 세계와 공유하는 한류의 나라다. 경제 발전의 과정에서도 이미 수많은 내러티브를 만들어냈다. '하면 된다', '빨리빨리', '부인과 자식 빼고 다 바꾼다', '함께 꿈을 꾸면 현실이 된다', '될 때까지', '우리 강산 푸르게 푸르게' 등등. 그리고 산업화 과정에서 제철소 건립, 조선업 진출, 중동 건설, 삼성의 애니콜과 반도체 신화 등 많은 스토리를 가지고 있다. 이러한 내러티브와 스토리들은 한국인들에게 한마음의 공감대를 형성시켰으며 전 세계에 깊은 인상을 남겼다.

지금은 또다시 4차 산업혁명의 패러다임 변화와 내부 분열의 위기를 맞아 새로운 내러티브와 스토리를 만들어낼 때가 되었다. 그리고 그것을 전 세계로 발신하고 공유해야 한다. 이미 선진수준에 도달한 대한민국은 새로운 내러티브를 발굴해 세계만방에 널리

알릴 수 있는 위치에 있음을 자각해야 한다.[14]

이러한 내러티브와 스토리는 후손들에게 물려줄 우리의 소중한 정신적 자산인 동시에, 고난을 극복하고 인간의 존엄성을 일깨우는 내용을 통해 세계인들에게 용기를 줄 것이다.

---

14 이영환 등. 앞의 책.

이홍 | 광운대학교 경영대학 명예교수

2. 한국 경제는 변신 중[1]

한국 경제는 어디로 가고 있는 걸까? 최근 한국에게 유리했던 글로벌 환경이 돌변해 험악해지고 있으며 한국의 대들보 산업들이 경쟁력을 잃고 있다는 징후가 나타나고 있다. 인구는 줄고, 정치는 혼란스럽다. 혹자들은 한국 경제가 정점에 도달한 것은 아닌가 의심하기도 한다. 한국 경제가 어려운 것은 사실이다. 그렇다고 이것이 나락을 의미하는 것은 아니다. 긍정적 현상들도 뚜렷이 나타나고 있다. 결론을 말하자면, 한국 경제는 과거의 모습에서 새로운 모습으로 변신 중이다.

---

[1] 이 글은 저자의 DBR(2025, 3, Issue 2, No. 413) 글을 수정한 것임.

» 한국 경제 비관론의 근거

한국 경제를 비관적으로 보는 이유는 한국에 불리한 보호무역의 등장과 한국 산업의 경쟁력 약화 때문이다. 여기에 인구 감소와 정치 불안이 한국 경제의 미래를 더욱 어둡게 하고 있다.

보호무역주의와 글로벌 공급망 단절

한국 경제에 가장 위협적인 것은 보호무역 기조의 등장이다. 한국은 수출로 먹고사는 국가로 보호무역은 수출시장의 축소를 의미한다. 중국은 시진핑 주석 이후 노골적으로 미국의 경제와 안보 패권에 도전하였다. 이에 불안을 느낀 미국이 중국을 견제하기 위해 찾은 답이 보호무역이다. 중국에 대한 관세부과로 시작해 첨단 기술 차단으로 번졌다. 이로 인해 엉뚱하게도 글로벌 공급망이 단절되는 사태가 일어났다. 이후 상황은 더 악화되었다. 재선된 미 트럼프 대통령이 관세문제를 글로벌 수준으로 확장하면서다. 그러자 국가 간 거래가 얼어붙으며 세계 경제가 어려워지기 시작했다. 이를 반영해 주요국들은 2025년의 경제성장률 전망치를 대폭 낮추었다. 독일은 $1.1 \rightarrow 0.3\%$, 영국은 $1.5 \rightarrow 0.75\%$, 멕시코는 $1.2 \rightarrow 0.6\%$, 대만은 $3.29 \rightarrow 3.14\%$로 전망치를 내렸다. 한국은행도 한국의 경제성 상률을 $1.9 \rightarrow 0.8\%$로 하향 조정했다. 수입과 수출로 먹고사는 한국에게 매우 불리한 환경이 등장하였다.

중국의 기술굴기와 글로벌 시장 장악

중국의 기술굴기와 가격을 무기로 한 무차별적 수출도 한국에게 위협적이다. 이제 한국과 중국의 기술력에는 차이가 없다는 것이 중론이다. 오히려 미래 첨단기술에서는 한국이 뒤처지고 있다는 분석도 등장하고 있다. 2022년 과학기술정보통신부의 주요국 과학기술력 평가에 따르면 미국을 100으로 볼 때 중국은 82.6으로 81.5인 한국을 넘어섰다. 일본은 86.4로 분석되었다. 주요 미래 기술 분야에서도 한국은 중국에 뒤처졌다는 분석이다. 한국은 인공지능(AI) 기술에서 미국에 2.2년 뒤처진 반면, 중국은 1.3년 뒤진 것으로 분석되었다. 우주항공 및 해양 기술에서는 한국이 11.8년, 중국이 5.8년 뒤졌다. 양자역학에서는 한국이 4.2년 중국은 0.8년 뒤졌다. 첨단바이오에서도 한국은 3.1년으로 2.6년인 중국에 비해 뒤졌다고 분석되었다. 차세대 통신은 한국이 1.4년 중국은 0.6년 뒤처져 있어 이 분야에서도 한국이 중국에 추월당했다.

이런 추세가 반도체에서도 이어지고 있다는 공포감이 한국을 뒤덮었다. 삼성전자가 중국 기업에게 메모리반도체에서 쫓기고 있다는 뉴스가 연일 터져 나왔다. 낸드플래시 메모리에서는 기술력 차이가 없는 것으로 나타났다. PC나 TV에 들어가는 범용 메모리인 DDR4와 같은 D램에서는 중국의 창신메모리가 양산에 성공해 삼성전자를 바짝 뒤쫓고 있으며, 차세대 메모리반도체로 일컬어지는 DDR5에서도 삼성전자가 기술 우위를 보이기 어렵다는 우울한 소식이 연일 전해졌다.

중국의 위협은 기술력만이 아니다. 중국은 거대한 내수를 바탕으로 모든 산업이 규모의 경제를 이루며 전 세계에 값싸고 질 좋은 제품을 수출하는 국가로 변모하였다. 한국 경제에 타격을 주기 충분하다. 한국과 중국은 많은 분야에서 수출품목이 겹쳐서다. 2019년 한국과 중국의 수출 경합도는 38.0이었다. 2023년에는 38.2였고 2024년 9월에는 38.5로 늘었다. 시간이 갈수록 중국이 한국 기업의 상품시장 품목과 경쟁하고 있다는 말이다. 이럴수록 중국의 저가 수출은 한국에게 치명적이다.

인구 감소

한국의 가장 큰 염려 중 하나는 인구 감소다. 2024년 9월 발표된 통계청 자료(2022년 기준 장래인구추계를 반영한 세계와 한국의 인구 현황 및 전망)에 따르면 한국 인구는 2024년 5200만 명을 정점으로 2072년에는 3600만 명이 될 것으로 전망되었다. 출산율 추이를 살펴보면 인구 감소가 피부로 다가온다. 2015년 한국의 합계출산율은 1.23명이었다. 2017년에는 1.05명으로 줄었고 2020년은 0.83명, 2022년은 0.78명, 2024년에는 0.75명으로 줄어들었다(통계청, 인구동향조사, 각 연도).

인구 감소가 가져오는 가장 큰 문제는 생산인력 부족이다. 한국이 경제 성장을 지속하려면 생산인력이 충분히 공급되어야 한다. 그렇지 않으면 한국 경제가 암울해진다. 두 번째 문제는 소비 감소로 인한 내수시장 축소다. GDP는 해외소비(수출-수입), 기업소비(설비투자 등), 정부소비(인프라 구축 등) 그리고 국내소비로 결정된다. 수출이 잘돼 해외소비가 늘어난다고 해도 내수시장이 축소되면 GDP

성장은 낮아진다. 이를 반영하여 OECD는 한국의 장기 잠재성장률을 다른 나라보다 낮게 전망하였다. 2020년 2.22% 성장률이 2044년에는 0.62%로 줄어드는 것으로 전망되었다. 미국은 2020년 1.29%에서 2044년에는 1.01%로 예측되었다. OECD 국가의 경우는 2020년 평균 1.05%에서 2044년 1.08%가 되는 것으로 예상되었다. 2020년 한국의 잠재성장률은 미국이나 OECD 국가 평균보다 높았다. 하지만 2044년에는 이들 나라보다도 낮아진다는 것이다. 한국의 인구 감소가 원인이다.

정치 불안

한국 경제를 어렵게 하는 데에는 정치 불안도 한몫하고 있다. 모든 국가가 정치 불안을 겪지만, 한국은 특히 심하다. 영국의 싱크탱크인 레가튬(Legatum)이 발표하는 국가별 번영 지수가 이를 반영하고 있다. 2023년 이 지수에 의하면 한국은 167개국 중 29위에 머물렀다. 한국의 순위 상승을 방해한 것들이 있다. '제도에 대한 신뢰' 항목이다. 경찰(124위), 정치인(138위), 금융 시스템(121위), 사법 시스템(146위), 정부(146위), 군(146위)에 대한 신뢰가 바닥권이었다. 이들 항목은 정치 상황과 직접 연관되어 있다. 한국은 이념화된 정치 제도와 갈등 표출로 끊임없이 정치 불안에 시달리고 있다. 그럴 때마다 이들로 대변되는 '제도품질'이 한 단계씩 낮아지고 있다. 국가 제도품질이 낮아지면 경제도 타격을 입을 수밖에 없다.

요약

최근의 경제환경을 살펴보면 한국에 불리한 것들뿐이다. 수출로 먹고사는 나라가 보호무역의 장벽에 갇히고 있으며, 한국에게 기술을 배우던 중국은 한국을 추월하고 있다. 이런 일들이 더 심화되면 제2의 IMF 사태가 터질지도 모른다는 주장이 제기되고 있다. 여기에 인구문제와 정치 불안은 한국의 미래를 더욱 어둡게 하고 있다. 하지만 반대로 긍정적인 요인들도 빠르게 축적되고 있다.

» 한국 경제에 긍정적인 요인

트럼프의 중국 견제

미국 주도로 이루어지고 있는 보호무역은 한국에게 불리하기만 한가? 반드시 그런 것은 아니다. 악재와 호재 요소를 동시에 가지고 있다. 악재로는 보호무역으로 공급망이 단절되고 교역시장이 축소되면서 한국의 수출이 타격받는 것이다. 하지만, 호재 요소도 있다. 미국 보호무역의 주 타깃이 중국을 향해 있음과 관련 있다.

미국의 대중국 기술봉쇄로 한국은 첨단산업에서 중국의 추격을 벗어날 수 있는 시간을 벌 수 있게 되었다. 혹자는 미국의 대중국 기술견제가 중국의 첨단기술 개발 속도를 촉진시켰다고 주장하지만 큰 의미가 없다. 시진핑 집권 이후 중국은 기술굴기를 국시로 내세우며 미국의 압박이 있기 전부터 수단과 방법을 가리지 않고 첨단기술 확보에 사활을 걸고 있었다. 이런 절체절명의 시기에 첨단

기술에 대한 미국의 중국 견제는 한국에게 큰 의미가 있다.

반도체를 예로 들어보자. 2025년 들자 미국은 중국의 반도체 굴기의 싹을 죽이기 위한 새로운 조치에 들어갔다. 기존 글로벌 반도체 장비의 중국 수출 금지와 더불어 판매된 장비의 유지보수도 막기 위한 조치를 취하였다. 이는 반도체 장비 수출 규제와는 차원이 다른 것이다. 중국은 미국의 반도체 장비 수출 규제에 대비해 이미 엄청난 양의 장비를 사들였다. 하지만 유지보수가 막히면 중국 반도체 기업들은 치명상을 입게 된다. 복잡한 첨단장비일수록 그 효과는 엄청나다. 한편, 최근의 첨단 반도체 기술개발 추세는 세계 일류 기업 간 협업임에 주목할 필요가 있다. 인공지능 반도체가 예다. 이것을 개발하려면 그래픽메모리장치(GPU) 설계 기업과 이를 생산하는 시스템 및 메모리반도체 기업이 머리를 맞대야 한다. 이런 협력을 중국 기업은 가질 수 없다. 이는 중국이 독자기술을 개발해야 함을 의미한다. 이 경우 개발되는 기술은 글로벌 표준에서 멀어지며 갈라파고스화 될 가능성이 크다.

중국을 미국 시장에서 떨쳐내려는 미국의 전략은 결코 한국에게 불리하지 않다. 지난 미 바이든 정부는 중국의 첨단기술 획득 방해 전략을 주로 썼다. 새로 들어선 트럼프 정부는 미국 시장에서 중국 기업이 아예 발붙이지 못하도록 하는 전략을 쓰고 있다. 고관세전략이다. 고관세는 두 가지 시각에서 해석할 수 있다. 하나는, 절대적 시각에서의 해석이다. 이 관점에서 보면 미국의 관세정책은 한국에게도 폭탄이다. 하지만 상대적 시각에서 보면 해석이 달라진다. 한국보다 중국이 훨씬 불리하기 때문이다. 미국의 많은 관세정책은 사실상 중국을 향해 있다. 트럼프는 당선되자마자 캐나다와 멕시코에 25% 관세를 매기겠다고 했다. 이들 나라가 중국산 펜타닐 마약과 중국 불법 이민자 통로를 제공하고 있다는 것이 이유였다. 고관세 이유가 중국 때문이라는 말이다. 최근 트럼프 인사들은 멕시코가 25% 관세를 피하려면 중국산에 고관세를 부과하라고 요구했다(블룸버그통신, 2025. 2. 22.). 이에 멕시코 대통령은 정례 기자회견에서 중국산 수입품에 대한 관세부여를 검토하고 있다는 발언을 하였다(한국경제, 2025. 3. 3.). 파나마 운하에 대한 미국의 파나마 정부에 대한 경고도 중국 때문이다. 미국은 파나마 정부가 운하의 실질적 통제권을 중국에게 주었다고 생각하고 있다.

더 놀라운 뉴스가 최근 터져 나왔다. 중국 선사 선박이 미국에 입항할 때마다 톤당 50달러의 수수료를 부과하기로 했다. 이는 매년 30달러씩 증가하여 2028년에는 톤당 140달러가 된다. 중국 기업이 아닌 제3국이 운영하는 중국산 선박의 경우에도 톤당 18달러의 수수료가 부과된다. 중국 선사 또는 중국 배는 미국으로 들어오지 말라는 경고다. 대미 무역에서 중국 선사와 중국 배를 가지고 있는 국제 선사들의 고통은 불 보듯 뻔하다. 또한, 중국 조선산업은 치명상을 입을 수 있다.

미국의 중국에 대한 기술규제와 시장봉쇄로 한국 기업은 숨돌릴 틈이 생겼다. 한국 반도체에 중국 창신메모리의 위협이 커지는 상황에서 트럼프 정부는 이 회사를 제재명단에 포함시켰다. 이전에는 빠져 있었다. 이를 틈타 미국과 일본산 반도체 장비를 대량으로 수입했다. 이제는 이것이 불가능해졌다. 그뿐만 아니라 장비업체로부터 유지보수도 받기 어려워졌다.

철강·알루미늄·구리 관세도 사실상 중국을 겨냥한 것이다. 중국산의 미국으로의 우회 수출로를 차단하려는 조치다. 철강을 예로 보자. 중국은 전 세계 철강 생산능력의 50% 정도를 차지하고 있지만 미국 수출은 미미하다. 이미 높은 철강 관세를 부과받고 있어서다. 그렇다고 중국이 미국 수출에 손 놓고 있었던 것은 아니다. 캐나다, 멕시코, 베트남 등을 통해 무관세로 우회 수출하고 있었다. 철강 관세로 이들 나라가 타격받으면 중국도 철강 수출에 타격을 입게 된다. 알루미늄과 구리에 매겨지는 관세도 타깃은 중국이다. 중국의 이들 금속 생산량 역시 세계 최고다. 최근 미국은 한국의 알루미늄 케이블 등 제품에 대해 반덤핑관세 52.7%, 상계관세 33.44%를 부과했다(조선일보, 2025. 3. 1.). 중국이 이들 제품을 한국을 통해 미국으로 우회 수출하고 있다고 의심해서다.

미국 관세정책에서의 틈새 생존법과 미국 관세정책의 한계

미국 관세정책이 불안하지만, 한국에게 관세로부터 생존할 수 있는 틈새도 열리고 있다. 자동차가 예다. 자동차 관세의 주 타깃은 유럽이다. 유럽 자동차의 미국 수출 관세는 2.5%, 미국 자동차의 유럽 수출 관세는 10%인 것이 원인이다. 이 점에 트럼프 대통령은 불만이 많다. 이를 해소하라는 메시지를 유럽에 보낸 것이 자동차 관세다. 이로 인해 한국 기업도 피해를 입게 되었다. 하지만 멕시코에 공장을 두고 있는 미 기업 GM, 포드, 스텔란티스도 울상이다. GM은 미국 전체 판매량 269만 대 중 71만 대(26%), 포드는 208만

대 중 36만 대(17%), 스텔란티스는 130만 대 중 31만 대(24%)를 멕시코에서 생산하고 있다(다올투자증권). 이들 국가에서 수입되는 자동차 가격이 오르면, 미국 자동차 회사들은 가격을 올려야 한다. 이 경우 한국 기업들은 오른 자동차 가격만큼 관세 충격을 일부 완화할 수 있다. 원가혁신을 하면 나머지 충격도 흡수할 수 있다.

25% 반도체 관세의 주 타깃은 대만 TSMC다. TSMC는 시스템반도체 생산에서 글로벌 독과점 지위를 누리고 있다. 이 문제가 심각하다고 트럼프 대통령은 생각한다. 그는 후보 시절 TSMC가 미국 기술을 훔쳤다고 비난한 적이 있다. 최근에는 TSMC에게 미 인텔의 시스템반도체 사업 인수와 기술이전을 요구하였다. 반도체 관세부과가 TSMC를 향해 있다는 뜻이다. 물론, 이로 인해 한국의 시스템반도체 경쟁력은 인텔보다 낮아질 가능성이 있다. 하지만 주력인 메모리반도체에서는 다른 해석이 가능하다. 실제적으로 미국은 한국을 제외하면 메모리반도체를 수급할 곳이 마땅치 않다. 한국이 협상력을 발휘할 틈이 있다는 말이다.

미국이 관세정책을 전가의 보도처럼 휘두르고 있지만, 그렇다고 미국이 중국을 제외한 모든 나라에 적대적 행동만을 할 수는 없다. 중국을 미국 시장에서 퇴출시키는 만큼 파트너 국가도 필요하다. 파트너로 인식되는 정도에 따라 해당 국가와 우호적 관세 협의를 할 것으로 보인다. 이 점에서 한국은 미국의 긴밀한 파트너가 될 가능성이 크다. 한국은 미국의 오랜 우방인 동시에 자유 진영에서 가장 강력한 제조업 경쟁력을 가지고 있어서다. 이런 가능성이 이미 조선산업에서 싹트고 있다. 트럼프는 미국 해군의 전투력 보강을 위해 한국 조선 기업들과 협력이 필수임을 지적했다. 만일 미국이 중국 선사와 중국 선박에 대해 미국 입항 규제를 가하면 미국은 한국의 조선업을 더욱 필요로 한다. 소형모듈원전(SMR) 사업에서도 유사한 일이 벌어질 수 있다. 원전 시공에서 미국과 호흡을 맞출 나라로 한국이 최적이기 때문이다. 전투기 제조나 무기 생산에서의 협력도 가능하다. 반도체도 마찬가지다. 설계기술만 가지고 미국이 전 세계 반도체 시장을 호령하기는 쉽지 않다. 반드시 한국 기업과 메모리반도체에서 협력해야 한다.

트럼프의 말 한마디 한마디에 전 세계가 긴장하고 있지만, 트럼프의 관세 윽박지르기 정책도 한계가 있다. 2024년 미 대통령 선거에서 트럼프는 선거인단 538명 중 312명을 얻어 226명에 그친 민주당 해리스를 이겼다. 하지만 전국 득표수에서는 트럼프(49.8%)가 해리스(48.32%)를 1.4% 차이로 간신히 이겼다. 이 표차 때문에 트럼프는 모든 경합 주를 석권하며 선거인단 수에서 압도적 우위를 차지하게 된다. 이 배경에 전통적 민주당 지지자인 흑인과 히스패닉 유권자가 있었다. 그들은 바이든 정부 시절 고물가와 고금리에 시달리자 공화당 지지로 돌아섰다. 이것을 트럼프도 알고 있다.

만일 트럼프가 관세정책을 계속 밀어붙이면 물가와 금리는 바이든 정부 때보다도 더 나빠진다. 트럼프 정부가 들어선 후 미국에서 맥도날드 빅맥 중간 크기 세트는 10달러 정도다. 여기에 20% 팁을 얹으면 12달러(1만 7400원, 1450원/달러 기준)다. 한국에서는 6900원 정도다. 철강, 알루미늄, 자동차에 관세를 매기면 최소 3000달러 이상 자동차 가격이 오를 것으로 보고 있다. 미국 서민들에게 치명적이다.

관세로 고물가가 지속되면 기준금리를 내리기 어렵다. 이미 고금리로 미국인 절반 이상이 주택 구입을 포기한 상태다. 미국 주택 가격은 2020년 이후 50% 이상 급등해(전미 부동산중개인협회) 집을 사는 게 미국인의 꿈이 되었다. 하지만 30년 주택 대출 금리는 6.92%(2025년 5월 16일 기준)로 주택 구입을 포기하고 있다. 대신, 임대주택 수요가 늘며 주택 임대료가 치솟고 있다. 미국의 경우 평균 소득 대비 월세 지출 비율(RTI)이 30%를 넘는다(무디스애널리틱스). 급여의 3분의 1을 월세로 내야 한다. 임대료가 치솟자 노숙자도 늘고 있다. 2024년 12월 기준 미국인 1만 명당 23명 정도가 노숙을 경험했다고 한다. 집계가 시작된 2007년 이후 가장 높은 수치다(연합뉴스).

이런 상황이 지속되면 2026년 하반기의 상하원 선거가 위험하다. 하원의 경우 공화당(220석)과 민주당(212석) 의석 차이는 불과 8석이다. 상원도 공화당(53석)과 민주당·무소속(47) 차이가 6석에 불과하다. 고물가와 고금리로 흑인과 히스패닉이 다시 민주당으로 돌아서면 2026년 선거에서 공화당이 진다. 트럼프 정부는 바로 레임덕을 맞이하게 된다. 이를 아는 트럼프는 교묘하게 관세전략을 구사하고 있다. 관세예고 후 상대국 태도를 보고 슬쩍 거둬들이는 방식이다. 미 유권자들에게는 선거공약을 지키고 있다는 인식을 심어주고 상대국에게서는 양보를 얻어내고 있다. 트럼프가 이런 전략을 쓸 수 있는 시간은 길지 않다. 2026년 하반기에 있을 선거에 대비하려면 2025년 내 관세전략을 마무리해야 한다. 트럼프는 미 대통령으로서의 영향력이 최고조에 있는 시기에 원하는 것을 다 얻으려 하고 있다. 그가 취임 후 연일 관세로 세계를 위협하는 이유다. 이 시간이 그리 길지는 않다.

한국의 새로운 먹거리 산업 태동

과거 40~50년 동안 한국은 철강, 저부가가치 선박 제조, 석유화학, 석유제품, LCD, 중저가 반도체 등을 핵심산업 삼아 살아왔다. 그런데 중국의 기술굴기로 인해 무차별적 공격을 받고 있는 분야가 바로 이들이다. 하지만 한국 기업이 손 놓고 있었던 것은 아니다. 차세대 산업을 태동시키고 있었다. 세계는 지금 과거와의 결별을 서두르고 있다. 내연기관차 → 전기차, 정보화 → 인공지능(AI), 인터넷 → 메타버스, 범용선박 → 첨단선박, 평화시대 → 안보시대, 화학의약 → 바이오의약, 인간노동 → 로봇노동, 원전 경시 → 원전 중시로 변화를 요약할 수 있다.

이런 변화에 대처하려면 필요 기술을 확보해야 한다. 2차전지, 시스템반도체, 첨단 메모리반도체, OLED 디스플레이, 첨단조선, 국방기술, 첨단바이오, 로봇, 소형모듈원전(SMR) 기술이 있어야 한다. 놀랍게도 한국은 이 모든 기술을 가지고 있다. 여타의 나라는 말할 것도 없고 기술 최강국인 독일과 일본도 이 기술들을 모두 가지고 있지 못하다. 일본은 첨단바이오나 로봇기술이 강하나 이외 다른 기술은 한국에 뒤처져 있다. 독일은 국방기술을 제외하고는 대부분의 첨단기술을 가지고 있지 못하다. 이들 분야에서 한국과 경쟁할 수 있는 유일한 국가는 중국뿐이다. 좀 더 살펴보면, 시스템 및 첨

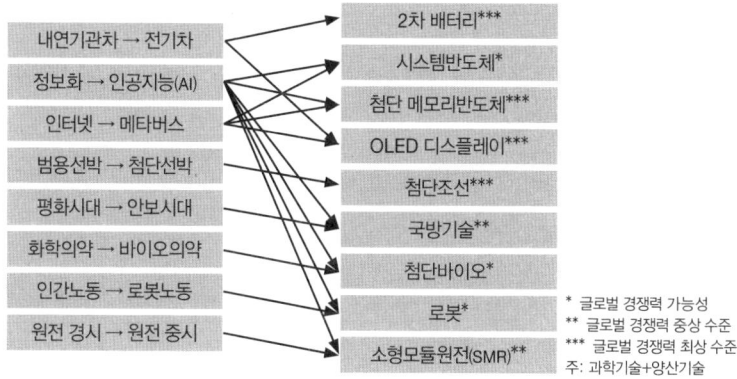

단 메모리반도체, OLED 디스플레이, 첨단조선에서는 한국의 기술력이 중국보다 높다. 국방기술과 소형모듈원전(SMR)의 경우는 유사 기술력을 가지고 있으나 다른 나라들이 중국산 사용을 꺼리고 있다. 2차전지, 로봇, 첨단바이오의 경우는 중국이 미국의 견제를 받고 있다.

이들은 기존 산업과 다른 특징이 있다. 제품 수명주기상 도입기나 성장기에 속하는 고부가가치 산업이다. 철강이나 석유화학 등 기존 주력 산업들은 포화기나 쇠퇴기 직전의 저부가가치 산업이다. 이들 산업을 역U 스마일 커브 산업이라고 한다. 힘들게 가격경쟁을 해야 해 입꼬리가 아래로 처져 울고 있는 산업이다. 이런 산업이 가격경쟁력을 갖기 위해서는 규모를 키우고(규모의 경제) 생산 운용 기술을 고도화해야 한다. 한국이 이 전략을 성공시켰다. 문제는 이 방식을 중국이 그대로 모방하며 한국을 따라잡았다는 것이다. 다행

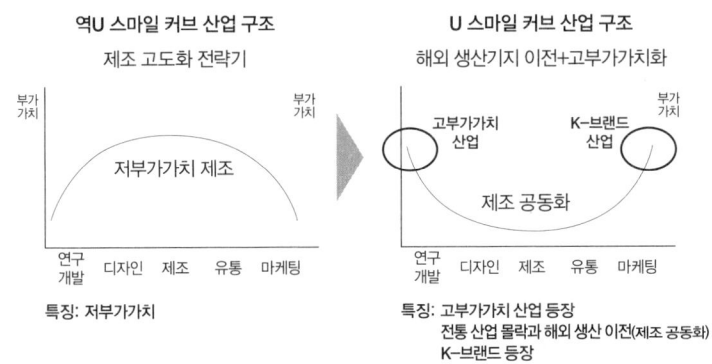

히 한국은 글로벌 트렌드에 부합하는 첨단산업을 대부분 가지고 있다. 이들은 전통적 산업(역U 스마일 커브 산업)과 달리 도입기에 속하는 고부가가치 산업이다. U 스마일 커브 산업으로 정의할 수 있다. 부가가치가 높아 행복해 입꼬리가 올라가 웃는 산업이다.

하지만 산업이 도입기일수록 시련도 있다. 이 시기에는 다양한 기술이 경합한다. 2차전지 산업이 예다. 이 산업에서 한국과 중국은 다른 방식으로 경쟁하고 있다. 중국은 인산철(LFP) 방식이고 한국은 삼원계(니켈, 코발트, 망간 또는 알루미늄) 방식이다. LFP는 에너지밀도가 낮은 대신 가격이 저렴하고 삼원계는 반대다. 미국을 제외한 글로벌 시장에서 2차전지 경쟁력은 LFP가 삼원계보다 높다. 전기자동차 도입기 캐즘을 극복하는 데 가격경쟁력이 높은 LFP 배터리가 유리해서다. 이로 인해 한국 기업이 고전하고 있다. 이를 극복하려는 노력을 한국 기업들이 하고 있다. 늦었지만, 인산철 배터리를 개발하고 있고 이를 기반으로 에너지저장장치(ESS) 시장으로 빠르게 진입하고 있다. 미국 시장은 미국의 대중국 견제 덕에 수성하고 있다.

최근 한국의 2차전지 기업들에게 고무적인 일이 일어났다. 휴머노이드 로봇 시장의 등장이다. 2024년 24.3억 달러 시장이 2032년에는 660억 달러로 성장할 것으로 예상된다(포춘 비즈니스인사이트). 미래 전기자동차 배터리 시장에 견줄 만하다. 로봇이 장시간 작동하려면 고밀도 배터리가 필요하다. 시간당 2000~3000Wh의 에너지를 방출할 수 있는 배터리가 요구된다. 이에 적합한 배터리가 삼원계다. 최근 한국 기업들은 삼원계 기반 휴머노이드 로봇용 4680배터리(지름 46mm, 높이 80mm)를 개발하였다. LFP 배터리에 비해 에너지 밀도가 30% 높다. 미 테슬라가 채택할 예정이다. 로봇 화재에 대비한 전고체 배터리 개발 속도도 빠르게 진행되고 있다. 로봇용 배터리에서 한국이 선두로 나설 수 있다는 의미다.

첨단산업들과 더불어 한국의 미래를 밝혀줄 새로운 산업이 태동하고 있다. K-브랜드 산업이다. 한류를 기반으로 하는, 즉 한국이기 때문에 가능한 산업이다. 대표적인 것이 콘텐츠·식품·화장품 산업이다. 한국콘텐츠진흥원(2024년 2분기 콘텐츠산업 동향분석 보고서)에 따르면, 2024년 상반기 콘텐츠산업 수출액은 약 54.6억 달러에 이른다. 식품산업의 수출도 폭발적이다. 라면에서 김까지 한국의 식품이 세계로 뻗어가고 있다. 2024년 99.8억 달러의 수출이 이루어졌다. 화장품 수출도 엄청나다. 2024년 102억 달러가 수출되었다. 이들 세 품목을 합치면 2024년 수출액은 310억 달러가 넘는다. 이 액수는 2024년 한국 조선업계 총수출 256.3억 달러보다 크다.

이들 산업이 의미 있는 이유는 두 가지다. 다른 나라가 이 산업을 뺏을 수 없다. 한류를 기반으로 하고 있어서다. 다른 하나는 한국의 중소기업과 중견기업의 합작품이라는 점이다. 식품의 경우 라면은 중견기업인 농심라면과 삼양라면이 주도하고 있지만, 중소기업과 영세기업이 주도하는 품목도 많다. 김 등 수산식품이 대표적이다. 이 식품의 수출이 2024년 30.3억 달러에 이르렀다. 중소기업과 영세기업이 힘을 합쳐 이런 수출을 했다는 것은 고무적이다. 화장품도 대기업인 LG생활건강이나 아모레퍼시픽이 앞서나가고 있지만, 상당수 중소기업과 중견기업들도 가세하였다. K-브랜드 산업의 수출 규모는 반도체나 자동차에 비하면 아직 작다. 하지만 이 산업이 태동기에 있음을 고려해야 한다. 콘텐츠, 식품, 화장품에서의 2024년의 수출(310억 달러 이상)은 2024년 자동차 수출액 708억 달러의 절반에 육박한다. 이런 추세라면 가까운 시일 내에 500억 달러 돌파가 가능하다. K-브랜드 산업이 한국의 기둥 산업으로 변모할 수 있음을 시사한다.

중국 대체시장 등장

그동안 한국의 젖줄이었던 중국 시장이 저무는 것은 한국에게는 아쉬움이다. 하지만 이를 대체할 새로운 시장이 등장하고 있다. 한국은 2018년 전체 수출의 26.8%를 중국으로 수출했다. 2024년 기준으로는 19.5%로 줄어들었다. 무역수지는 흑자에서 적자로 전환되었다. 2013년의 628억 달러의 흑자가 2023년에는 180억 적자로 바뀌었다. 하지만 대체시장이 등장하였다. 미국 시장이 확장되었다. 이 시장은 2020년 기준 한국 전체 수출의 14.5%였다. 2024년 8월에는 18.8%로 증가하였다. 무역수지 흑자도 대폭 늘었다. 2013년 205억 달러였던 흑자가 2023년에는 445억 달러로 늘었다.

아세안시장도 늘었다. 2020년에는 전체 수출에서 9.3%를 차지하였다. 2024년 8월에는 15.4%로 크게 증가하였다. 무역수지 흑자도 늘어나는 추세다. 2013년 287억 달러 흑자는 2023년 312억 달러로 늘었다. 이런 흐름은 매우 희망적이다. 과거 한국 기업들은 주로 중간재를 중국에 수출했다. 한국의 부품이나 소재가 중국에서 가공되어 다른 나라로 수출된 것이다. 이 시장을 아세안이 대신하고 있다. 인도로의 수출에도 변화가 생겼다. 2019년 인도로의 수출 비중은 2.7%였다. 2023년에도 유사한 2.8%다. 하지만 무역흑자는 큰 폭

주요국 무역수지 추이[2]

(단위: 달러)

2013년		2023년	
중국	628억	미국	445억
아세안	287억	아세안	312억
미국	205억	인도	112억
중남미	180억	EU	4억
인도	52억	중남미	-56억
EU	-74억	중국	-180억
일본	-254억	일본	-186억

자료: 산업통상자원부, 관세청

---

[2] https://www.joongang.co.kr/article/25219045

늘었다. 2013년 52억 달러의 흑자는 2023년 112억 달러가 되었다.

물론, 이들 시장 역시 불안한 측면이 있다. 한국의 대미 수출이 늘수록 미국 관세의 표적이 될 수 있다. 하지만 미국과 협상해볼 만한 여지가 많다. 과거와 달리 한국의 대미 흑자는 TV나 세탁기와 같은 완제품 수출 때문만은 아니다. 소재·부품과 같은 중간재 수출이 최근 크게 늘고 있다. 이들에 대한 제조 생태계가 마련되지 못한 상태에서 미국이 고관세만을 주장하는 것은 미국 소비자들을 희생시키는 일이다. 따라서 협상의 여지가 충분히 있다.

인도와 베트남 시장도 미국의 관세 타깃이 될 가능성이 있다. 이들 나라에 대한 미국의 평균 관세율은 3.3%지만 인도는 모든 나라에 대해 평균 17%, 베트남은 평균 9.4%를 매기고 있어서다(조선일보, 2025. 2. 11.). 만일 베트남이 관세 부과 대상국이 되면 반도체 패키징 공장 등을 운영하고 있는 한국 기업의 피해가 예상된다. 하지만 가장 큰 피해를 볼 나라는 중국이다. 중국의 대표적 미 수출 우회로가 베트남이기 때문이다. 참고로 미국의 인텔도 2010년부터 누적 약 15억 달러를 베트남 반도체에 투자해 미국 기업의 피해도 불가피하다. 인도의 경우는 미국에 버티는 힘이 강해 함부로 대하기 어렵다.

대외 금융소득, 순금융자산 증가 및 안정적 외환보유고

한국은 전통적으로 수출에 의존해 국가 경제가 운용되는 나라다. 경상수지에서 상품수지(상품 수출과 수입으로 인한 수지) 흑자가 중요한 이유다. 이에 반해 서비스수지(내국인의 해외여행과 외국인의 관광으로 인한 수지)는 만성 적자였고, 본원소득수지(해외 자산투자로 얻는 소득수지)는 미미했다. 한마디로, 수출에 목숨 걸어야 생존할 수 있는 나라였다. 하지만 변화가 생기고 있다. 상품수지에 더해 대외 금융소득, 즉 본원소득수지가 증가하며 또 다른 국가 수입원이 되고 있다.

본원소득수지를 좀 더 설명하면 거주자와 비거주자 사이에 발생한 임금과 투자소득의 차이를 나타내는 경상수지 항목이다. 내국인이 해외에 1년 미만 체류하면서(이런 내국인을 법적으로 거주자라고 함) 받은 급여와 외국인이 국내에서 1년 미만 체류하면서 받은 급여 간 차이를 말한다. 해외의 한국 기업에 1년 미만 파견 근로하면서 받은 소득이 본원소득이다. 해외 자산에 대한 투자소득도 여기에 해당한다. 한국인이나 기업이 해외에 투자해 받은 소득과 외국인이 국내에 투자해 받은 소득 간의 차이를 말한다. 직접투자소득(경영 참여 투자, 즉 지분투자를 통해 얻은 소득)과 증권투자소득(해외주식 및 채권투자로 얻는 소득)이 대표적이다. 해외 자회사가 모기업인 국내 기업에 주는 배당이 대표적인 직접투자소득에 해당한다. 미국 채권이나 주식에 투자에 얻는 소득이 증권투자소득이다.

한국은 경상수지 중 상품수지 흑자가 큰 나라다. 하지만 수출 여건이 나빠지면 상품수지가 흔들릴 수 있다. 그리고 한국은 내국인의 해외여행으로 만성적인 서비스수지 적자국이다. 이때 구원투수로 등장할 수 있는 것이 본원소득수지다. 2024년의 경상수지 흐름을 살펴보면 서비스수지가 매월 큰 폭의 적자를 기록하였다. 이 적자를 본원소득수지가 메꾸고 있다.

2024년 경상수지 흐름[3]

(단위: 백만 달러)

	1월	2월	3월	4월	5월	6월	7월	8월	9월	10월
경상수지	3,046	6,858	6,931	−285	8,923	12,564	8,966	6,518	10,940	9,784
상품수지	4,240	6,608	8,093	5,111	8,752	11,742	8,329	6,516	10,486	8,119
서비스수지	−2,657	−1,773	−2,431	−1,664	−1,286	−1,596	−2,378	−1,232	−2,244	−1,734
본원소득수지	1,616	2,440	1,827	−3,371	1,764	2,712	3,147	1,690	3,087	3,447
이전소득수지	−154	−416	−557	−362	−308	−293	−131	−457	−388	−48

자료: 한국은행

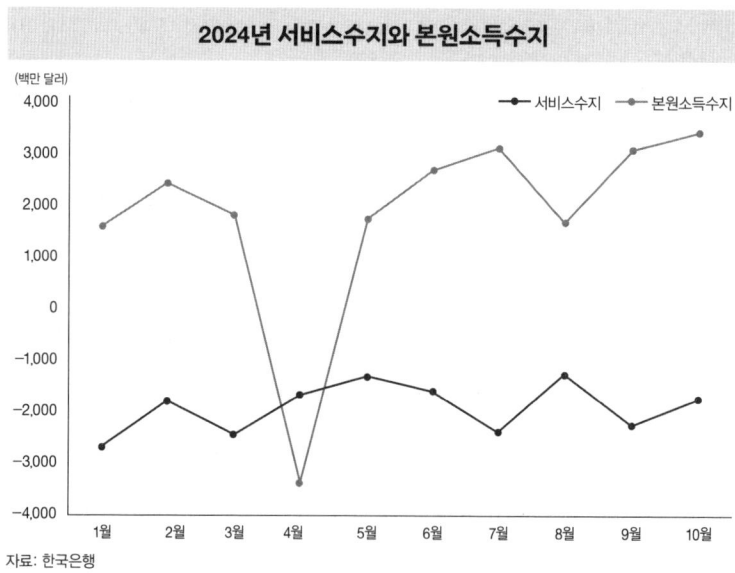

자료: 한국은행

한 국가의 순대외금융자산이 증가할수록 국가 경제는 안정을 이루게 된다. 순대외금융자산은 국내 투자자(정부·기업·개인)가 해외

---

[3] https://www.index.go.kr/unity/potal/eNara/sub/showStblGams3.do?stts_cd=273501&idx_cd=2735&freq=Y&period=N

에 투자한 금액(대외금융자산)에서 외국 투자자가 국내에 투자한 금액(대외금융부채) 간 차이를 말한다. 순대외금융자산이 클수록 대외지급능력이 좋음을 의미한다. 한국의 경우 순대외금융자산은 2014년 처음 흑자(809억 달러)로 전환한 후 2024년 1조 1023억 달러에 이르고 있다. 2012년 133위였던 순대외금융자산 수준은 2024년 세계 7위로 올라섰다(국제통화기금, IMF). 한국이 1998년 겪었던 IMF 위기 상황이 다시 일어날 확률이 영에 수렴하고 있음을 의미한다.

한국은 1998년의 IMF 시대를 겪으며 외환보유고에 대한 트라우마가 생겼다. 외환보유고에 강하게 집착하는 이유다. 최근 원화환율이 급등하자 외환보유고에 국민들의 관심이 다시 쏠리기 시작했다. 한국은 2025년 1월 기준 4110.1억 달러의 외환을 보유하고 있다. 세계 순위로는 9위다. 그럼에도 한국인은 불안하다.

외환보유고가 얼마나 되어야 할까? 이에 대한 세 가지 가이드라인이 있다. 기도티-그린스펀, 국제결제은행(BIS), 국제통화기금(IMF) 룰이다. 기도티-그린스펀 룰은 3개월 수입액에 단기외채를 더한 금액을 적정 외환보유고로 본다. BIS 룰은 3개월 경상지급액, 단기외채, 외국인 주식투자액의 1/3과 거주자 외화예금을 더한 만큼의 외환보유고를 쌓으라고 요구한다. IMF 룰은 연간수출액의 5%, 통화량(M2)의 5%, 단기외채의 30%와 외국인 주식투자액의 15%를 쌓으라고 하고 있다. 이들 룰에 맞추어 한국의 2024년 자료(1~9월)와 대비해보면 3160억 달러(기도티-그린스펀 룰), 6105억 달러(BIS 룰) 또는 3233~4829억 달러(IMF 룰)의 외환보유고가 있어야 한다. 2025년 1월의 외환보유고 4110.1억 달러는 기도티-그린스펀 룰을 넘어섰고, IMF 룰의 중간 수준이다. 가장 보수적인 BIS 룰에는 많이 모자란다.

그렇다고 외환보유고를 마냥 늘려야 하는 것은 아니다. 유지비용 때문이다. 한국은행이 타국 화폐, 예를 들어 달러를 사들이면 그만큼 원화가 시중으로 방출돼 유동성이 늘어난다. 이로 인한 물가 부작용을 줄이기 위해 한국은행은 통화안정증권(통화채)을 발행한다. 풀린 유동성을 흡수하기 위해서다. 외환보유고를 늘리는 만큼 통화채도 늘려야 한다. 그만큼 한은은 이자 비용을 지급해야 한다. 외환보유고가 무조건 많아야 좋은 것은 아니라는 점이다.

로봇 활용과 거주 외국인 증가

한국의 가장 큰 고민 중의 하나는 인구 감소다. 불행히도 이를 빠르게 해결할 방법은 현실적으로 없다. 문제를 완화시키는 방안을 찾아야 한다. 다행히 수단이 나타나고 있다. 로봇화 확대와 외국인 거주자 증가다.

한국은 전 세계에서 생산현장의 로봇화가 가장 빠른 나라다. 국제로봇연맹(IFR)의 「2024 세계 로봇공학 보고서」를 살펴보면 2023년 기준 전 세계 로봇 밀도 지수(노동자 1만 명당 투입된 로봇 대수)는 한국이 압도적으로 높다. 전 세계 평균은 162대다. 유럽연합 평균은 219대이고 미국은 197대다. 아시아는 182대다. 그런데 한국은 1012대로 압도적으로 높다. 세계 2위인 싱가포르는 770대 정도다. 한국의 로봇화는 더 빠르게 진행될 것으로 보인다. 이 경향을 자동차산업에서 읽을 수 있다. 이 산업에서 한국의 로봇 밀도 지수는

2867대다. 독일이 1500대, 미국이 1457대 그리고 일본이 1422대다(IFR, 2021년 기준). 서비스업에서도 로봇 활용이 크게 증가하고 있다. 2025년 기준 국내 서빙 로봇 보급 대수는 누적 1만 9000대에 이른다(브이디컴퍼니).

인구문제를 완화할 수 있는 두 번째 요인으로 외국인 거주자 증가를 들 수 있다. 내국인 인구는 감소하고 있지만 외국인 거주자들은 증가하고 있다. 법무부 출입국에 따르면 2024년 기준 한국 체류 외국인은 265.1만 명이다. 전체 인구의 5.2%에 해당한다. 2020년에는 203.6만 명, 2022년에는 224.6만 명이 거주하였다. 이에 따라 국내에 거주하는 전체 인구는 2020년 5182.9만 명, 2022년 5143.9만 명, 2024년 5121.7만 명으로 변동이 미미하다. 경제협력개발기구(OECD)는 한 나라의 외국인 비율이 5%를 넘으면 다문화 사회로 규정한다. 한국이 다문화 사회로 진입하고 있다. 인구문제를 완화할 수 있는 대안이 그나마 있는 셈이다.

인구 변동추이[4]

(단위: 명)

구분	2020년	2021년	2022년	2023년	2024년
전체 인구	51,829,023	51,638,809	51,439,038	51,325,329	51,217,221
체류 외국인	2,036,075	1,956,781	2,245,912	2,507,584	2,650,783

자료: 법무부, 출입국 통계

---

[4] https://www.moj.go.kr/moj/2412/subview.do#:~:text=%EC%97%B0%EB%8F%84%EB%B3%84%20%EC%9E%A5%EB%8B%A8%EA%B8%B0%20%EC%B2%B4%EB%A5%98%EC%99%B8%EA%B5%AD%EC%9D%B8%20%ED%98%84%ED%99%A9('18~'24,%EC%A0%84%EB%85%84%EB%8C%80%EB%B9%84%205.7%25%20%EC%A6%9D%EA%B0%80)%80%ED%95%98%EC%98%80%EC%8A%B5%EB%8B%88%EB%8B%A4.

» 결론

한국은 절체절명의 시대를 살고 있다. 한국을 둘러싼 글로벌 환경이 급속히 악화되고 있으며 설상가상으로 한국의 기존 주력 산업들의 경쟁력도 하락하고 있다. 미국의 고관세정책으로 수출이 흔들리고 있으며, 인구는 줄고, 정치는 불안하다. 한국이 망하지 않는 것이 이상할 정도다. 하지만 이런 위협만 있는 것은 아니다. 한국 경제에 새로운 기회도 나타나고 있다. 미국의 보호무역정책이 위협적이지만 한국에게 반드시 불리한 것만은 아니다. 상대적으로 한국과 경합하고 있는 중국에게 불리한 것들이 더 많다. 미국이 보호무역을 할수록 미국의 약점을 보완해줄 나라가 필요하다. 미국의 제조업이 약해서다. 이를 보완해줄 나라로 한국이 최적이다. 미국의 보호무역이 한편으로는 한·미 간의 경제 유대를 강화시킬 수도 있다.

한편, 한국은 놀랍게도 글로벌 트렌드 변화에 맞춘 첨단산업을 일구는 데 성공했다. 이 산업들은 전통산업과 달리 고부가가치 산업이다. 이런 변화만 있는 것은 아니다. 중국을 대체할 시장이 성장 중이고, 대외 국가신용에 영향을 미치는 금융여건도 크게 개선(본원소득수지, 순대외금융자산, 외환보유고 증가)되었다. 인구 감소 문제도 일정수준 완화해줄 대안도 등장(로봇화, 외국인 거주자 증가)하고 있다.

요약하자면, 한국 경제는 어둠과 밝음이 교차하는 시기에 머무르고 있다. 당장은 세상이 어두워만 보인다. 하지만 긍정 신호도 증가하고 있다. 이런 흐름을 보며 한국의 미래를 바라보는 지혜가 필요하다. 현재의 어려움에만 매몰돼 겁먹으면 새로운 기회가 보이지

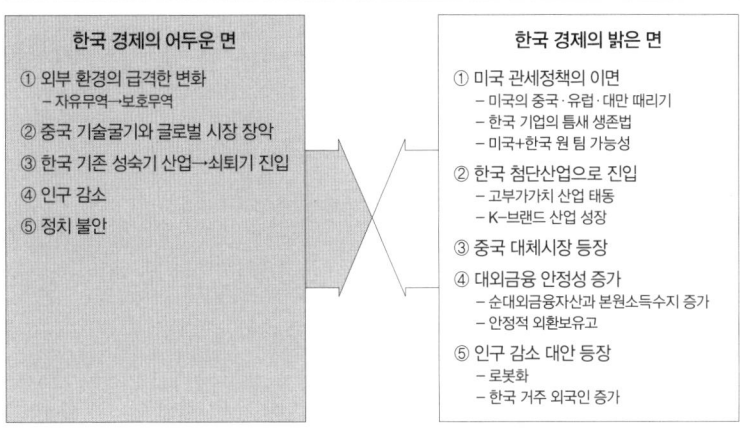

않는다. 어둠의 시기를 지혜롭게 견디고 가능성에 대비하는 것이 한국 경제에게 주어진 숙제다.

최수 | 글로텍 회장, 『K 반도체』 저자

3. K-반도체산업과 세계 중심 전략

» **대한민국의 시대적 과제: 세계의 변방에서 중심으로**

　현재 우리나라는 시급히 해결해야 할 내부 분열과 외부로부터의 심각한 도전에 직면해 있다. 이러한 국내외로부터의 도전과제는 현재 반도체산업에서 경험하고 있듯이 풀어가기가 매우 어렵다. 하지만 이러한 도전과제들을 잘 극복한다면 미국, 중국, 그리고 독일에 버금가는 경제 강국으로 도약할 수 있을 것이다. 세계의 변방에서 출발한 반도체산업이 지금은 세계의 중심으로 진입했듯이 세계 경제를 선도하는 분야들이 국가 경쟁력을 명실상부한 선진국 수준으로 발전시킬 수 있다. 필자는 개인적으로 2050년 이전 한국이 일본은 물론 독일을 추월해 미국, 중국 다음의 경제 대국으로 도약하기를 기대한다.

한국 경제는 현재 급속하게 세계의 중심으로 향하고 있다. 그러나 미래 환경은 매우 불안한 실정이다. 메모리 분야 세계 1위의 반도체산업도 이제까지 축적했던 자산들을 한 번에 날려버릴 수도 있는 위기에 처해 있다. 기업들은 4차 산업혁명의 진행 과정에서 기술의 급진적 변화를 극복해 세계 시장을 선도해야 하는 절체절명의 과제를 해결해야 한다. 이러한 국가적인 과제를 추진하기 위해서는 거국적인 공감대 형성이 필요하다. 특히 다음 세대를 위해서 우리가 무엇을 하여야 할 것인가를 고민하면서 공감대를 찾아야 한다. 반도체산업의 예에서 보듯이 우리는 지금까지 세계의 중심으로 잘 이동하고 있다는 자신감을 가져야 하며 4차 산업혁명 시대에 국가 생존을 위한 방안을 함께 찾아내야 한다.

» 한국 반도체산업의 역사[1]

한국 반도체산업의 실질적인 출발은 이병철 회장의 도쿄 선언이 상징한다. 이에 대해 선진국들은 그 선언의 실현성을 반신반의했다. 그러나 한국의 반도체산업은 그로부터 1년 뒤, 삼성전자가 놀랍게도 세계 반도체 시장에 64K D램의 출시에 성공함으로써 그 가능성을 만천하에 증명해 보였다. 그리고 또다시 1년 뒤 건설과 중공업으로 성장한 현대가 반도체산업의 진출을 선언하면서 대규모 투

---

[1] 이 내용은 최수. 『이기고 지키는 넘어서는 K 반도체』. 앵글북스. 2023. pp.39-50.을 참고함.

자를 시작했다. 두 기업 모두 최고 의사결정권자가 투자를 직접 진두지휘했고 그로 인해 커다란 불확실성과 위험에도 불구하고 기업의 모든 자원과 자본을 집중적으로 반도체에 투자할 수 있었다.

한편 전자산업에 주력하던 LG도 후속으로 반도체산업을 시작하면서 한국을 대표하는 세 곳의 대기업들이 반도체산업에 전력투구하게 되었다. 반도체산업은 첨단의 자본 집약적 산업이다. 따라서 투자 회전율이 낮고 투자 회임 기간이 매우 길어서 당시 한국 경제의 규모로는 감당이 어려웠다. 과잉 투자의 위험에 대한 우려도 컸다. 하지만 한국을 대표하는 기업의 최고경영자들은 신성장 동력으로서 반도체의 잠재력을 명확히 인식하고 과감한 투자를 감행했다. 정부도 산업정책과 금융 지원을 통해 강력하게 지원함으로써 반도체산업이 뿌리를 내릴 수 있도록 도왔다.

하지만 이러한 노력에도 불구하고 반도체산업은 주력 기업들의 재무 상황을 악화시켰다. 4년간의 계속된 투자와 매년 감당할 수 없을 만큼 큰 경영 손실이 났다. 그럼에도 포기하지 않고 투자를 계속하여 64K D램에 이어 256K D램을 성공적으로 개발했다.

다행히 1988년 반도체 호황으로 256K D램에서 큰 이익을 거두며 삼성전자와 현대전자는 드디어 지속 적자를 상당 부분 만회했으며 미래 가능성을 확인할 수 있었다. 이에 정부도 자신 있게 반도체 관련 정책을 입안할 수 있었다. 1990년 정부 주도로 한국 반도체 3사의 합작 개발품인 1M D램의 개발에 성공했다. 뒤를 이어 개발한 4M D램은 당시 반도체 선진국이었던 일본을 제치고 세계 반도체 시장의 중심에 들어선 계기가 되었다.

한국이 1M D램과 4M D램에 힘입어 세계적인 반도체 중심으로 진입하자 미국은 일본의 반도체산업을 몰락시킨 반덤핑 제소라는 카드를 한국에 꺼내 들었다. 당시 한국 반도체 기업들은 이제 막 돈을 벌기 시작한 단계로 충분한 수익성을 유지할 수 없던 때였다. 미국은 국내 산업 보호를 위한 전가의 보도로써 반덤핑 제소 카드를 꺼내 들고 한국의 반도체 기업들을 견제한 것이다.

그러나 한국의 반도체 3사인 삼성전자와 현대전자, LG반도체는 일본 기업들과는 달리 미국과 유럽에 현지 법인을 세워 우회 수출하는 방법으로 반덤핑 제소에 적극적으로 맞섰다. 그리고 동시에 기술혁신을 통해 생산성을 획기적으로 향상시킴으로써 판매가 이하로 생산 원가를 낮추었다. 이를 통해 반덤핑 제소가 허용하는 최소 마진 이하를 3년 연속 유지했고, 그 결과 1996년에 반덤핑 제소에서 벗어날 수 있었다.

한편 침체해 있던 한국의 반도체 경기는 1992년 후반부터 살아나기 시작했고, 1995년까지 한국 경제의 주도산업으로 입지를 굳히면서 무역수지 개선에 일등 공신이 되었다. 그러나 1995년 9월 중순, 인텔의 메모리 모듈 사업 포기 선언 이후 대규모 메모리반도체 재고가 일시에 시장에 풀리면서 반도체 가격이 폭락했다. 그 결과 2003년까지 세계 반도체산업은 장기 불황에 허덕였다. 일본과 유럽의 반도체 기업들은 지속적인 불황을 견디지 못하고 파산하거나 합병의 길을 걸었다. 그리고 대만의 중소 반도체 기업들도 혹독한 시련을 겪었다.

그러나 이러한 반도체 불황기에도 1위 기업은 살아남는다는 반도체산업의 규칙을 증명하듯이 메모리반도체 부문의 1위 삼성전자와 비메모리반도체 부문의 1위 인텔은 승자가 되었다. 하지만 삼성전자에 1위 자리를 내준 한국의 현대전자와 LG반도체는 생존을 위한 싸움을 계속해야 했다. 여기에 1997년 외환위기가 오자 한국 경제는 위기에 봉착했고, 여러 산업이 구조조정의 압력을 받았다. 현대와 LG의 두 메모리반도체 기업의 세계 시장 점유율은 합해서 20%를 넘었지만, 누적 손실과 불투명한 미래 전망으로 인해 자생력이 없다는 판단이 내려졌다. 1998년 한국 정부는 결국 반도체기업들을 정부 주도의 소위 5개 산업 빅딜의 대상으로 지정했다.

그 결과 현대전자는 LG반도체를 인수하여 현대반도체로 새롭게 출발하면서 새로운 미래 비전을 수립하고 재도약을 꿈꾸었다. 2001년 LG반도체를 인수한 현대반도체는 하이닉스(Hynix)반도체로 사명을 바꿨다. 부족한 투자 자금은 하이닉스의 대주주인 현대건설과 현대조선의 신규 투자 자금으로 조달했다. 그러나 불행하게도 반도체 시장은 불황의 늪에서 벗어나지 못했다. 특히 하이닉스는 수조 원을 초과하는 두 차례의 채무 조정과 출자 전환 후에도 독자적인 생존이 어려웠다. 그럼에도 자회사 및 타 사업 매각 등의 자구 노력으로 수조 원의 은행 채무를 출자 전환 받고 재무 구조를 개선하면서 독자 생존을 가능하게 했다.

이렇게 정상화의 길에 오른 하이닉스는 12인치 웨이퍼 공장의 신규 건설에 성공했으며 2004년에 이르러 불황의 긴 터널을 벗어나 기업을 정상적으로 운영하게 되었다. 하이닉스가 안정적으로 운영되자 공적 자금을 투자한 정부와 은행은 자본 회수를 결정한 뒤 잠재적인 인수자를 찾았고 결국 SK그룹이 경쟁자 STX를 제치고 은행이 보유하던 회사 지분 약 30%를 인수하게 되었다. 이후 하이닉스는 사명을 SK하이닉스로 변경했다. 그리고 오늘날 세계 메모리 반도체의 2대 강자라는 영예를 안게 되었다.

» K-반도체의 성공 요인과 '한마음'의 공감대

반도체산업은 한국 GDP의 20% 이상을 점유하고 있고, 지난 25년 동안 전체 산업 수출 1위를 차지해왔다. 특히 한국 반도체산업은 메모리 분야에서 세계 1위, 파운드리 분야에서 세계 2위를 기록하였다.

메모리반도체 분야에서 쌓은 다양한 경험 덕분에 우리 기업들은 사업 추진 능력, 고객과의 입체적인 소통 능력, 반도체 공급망 관리 능력, 첨단기술 및 공정의 개발 능력 등을 축적하고 있다. 또한, 후공정인 테스트나 패키지 부문 역시 메모리반도체에 적합한 유형으로 특화되어 있다. 그에 반해 반도체산업의 핵심 경쟁력을 좌우하는 소재나 핵심 장비 분야는 높은 해외 의존도로 인해 취약한 편이다. 2019년 일본과의 소위 '소부장' 분쟁에서 노출되었듯이 한국이 반도체산업에서 세계적인 위상을 꾸준하게 유지하기 위해서는 장비 및 소재 산업의 경쟁력을 육성해야 하는 과제를 안고 있다.

일반적으로 반도체산업에서 성공하기 위해서는 다양한 요소들이 유기적으로 조화를 이루면서 운용되어야 한다. 한 가지 요소만 뛰어나서는 시장을 선도하는 성공을 거둘 수 없다. 특히 다양한 요소들을 운용하는 주체인 최고경영자가 탁월한 결단력과 현안을 꿰뚫는 식견을 가져야 한다. 이를 바탕으로 극한 기술에 도전할 수 있는 우수한 기술 인력과 매년 수십조 원의 투자를 할 수 있는 자본을 동원해야 한다. 이와 함께 신제품을 선제적으로 출시함으로써 시장 주도를 할 수 있어야 하고, 시장 변화에 대한 예측과 판단력이 있어야 한다.

이와 같은 반도체산업에서의 성공요건에 대해 한국 반도체 기업들과 정부는 다음과 같은 3요소를 통해 급속 성장을 이룩했다. 즉 한국의 반도체산업은 ① 전략적 방향, ② 실행력, 그리고 ③ 정책적 촉매 작용이라는 3요소의 조화를 통해 성공을 이룩했다고 할 수 있다.

① 전략적 방향에 있어 한국은 대기업의 축적된 자본을 바탕으로 적시에 제품 개발과 시장 진입을 시도했다. 삼성전자와 현대와 같은 대기업은 1970년대에 축적한 자본을 바탕으로 1983년에 반도체산업 참여를 선언한 이래, 4년 뒤 256K D램을 양산했다. 때마침 세계 최강의 일본 반도체산업이 미국의 강력한 제재로 신제품 개발에 차질을 빚는 난항을 기회 삼아, 해외 기술을 빠르게 도입하고 정부의 지원을 받아 급속 성장할 수 있었다.

② 한마음의 민족성과 기업가 정신에 기초한 실행력. 한국인들은 규칙을 준수하고 조직에 충성하며 어려울 때 한마음으로 단결하는 문화를 가지고 있다. 이러한 문화는 반도체산업의 급속한 발전에 원동력이 되었다. 산업 초기에 자발적으로 합류한 해외의 고급 인재들도 첨단 반도체 기술을 단기에 학습하는 데 기여했다. 또

한 핵심 임직원들은 기술과 시장에 대해 깊이 이해했고, 이를 제품으로 구현해냈다. 그 결과 반도체산업의 기술적·시장적 특성을 이해하는 한편, 회사를 공동체로 보고 충성하며 사람을 존중하고 신뢰를 중시하면서 성실하게 근무했다. 이러한 한국인의 특성은 나와 남을 구별하지 않고 한마음으로 보는 일체감에서 기인한다고 볼 수 있다. 이와 함께 기업인들은 명확한 사업 목표, 조직원들에 대한 인간적 존중과 신뢰, 신속하고 정확한 의사결정, 도전 정신, 국가 우선의 가치관을 가지고, 격변하는 상황 속에서도 투철한 사명감으로 본분을 다했다.

③ 정부 지원 정책의 촉매작용. 사실 반도체산업은 정부의 지원 없이 발전하기 힘든 산업이다. 당시 한국 정부는 산업 발전 초기에 금융 지원과 투자 세제 혜택을 중심으로 아낌없이 지원했다고 평가된다. 정부 자체가 반도체산업의 특성과 중요성을 잘 이해했고, 다양한 정책들을 동원해서 반도체산업을 육성·지원했다. 이에 대응해 기업들은 정부의 정책을 적극적으로 활용했고, 이러한 시너지가 결국 한국 반도체산업의 발전을 가져왔다.

이와 같은 성공의 3요소는 반도체산업은 물론 한국 경제의 미래 발전을 위해서 지속해서 활용해야 한다. 특히 한국인 특유의 실행력은 반도체뿐만 아니라 모든 산업에서 중요한 성공 요소로 작용하고 있다. 이에 관한 견해들을 종합해볼 때, 우리 민족은 기본적으로 하늘과 가정 그리고 국가를 대단히 중시하는 민족인 것 같다. 그래서 행동하기 전에 항상 하늘의 뜻이 무엇인지, 내 가족과 국가에 어떤 영향을 미치는지에 대해 생각하는 경향이 있다. 이런 특성들이 결국 우리를 한마음으로 묶어내어 대동단결하게 하고 위기를 극복하는 탁월한 역동성을 만들어낸 것으로 보인다.

필자의 경우 오랜 직장생활과 기업 활동을 통해 경험한바, 우리에게는 남들을 이롭게 하려는 선한 마음이 근본에 있는 것 같다. 특히 가족은 우리의 마음 한가운데에 깊게 자리하고 있다. 이 가족의 개념은 행복의 근원으로서 공동체의 출발이며, 노동과 희생의 즐거움이며, 삶의 존재 이유이다. 따라서 가족 개념이 해체되고 있는 최근 세태는 개인의 행복은 물론 국가 경쟁력을 근본적으로 흔드는 매우 안타까운 현상이 아닐 수 없다.

» **K-반도체의 위기와 극복 방안**

한국 반도체산업은 앞에서 살펴보았듯이 거의 맨땅에서 시작해 15년 만에 세계 1위가 되었다. 그리고 반도체산업의 양대 산맥 중 하나인 메모리반도체 분야에서 1993년 이후 30여 년 동안 부동의 1위 자리를 고수하고 있다. 하지만 세계 반도체 시장이 예상보다 훨씬 빠르게 변함에 따라 한국 반도체의 위상이 흔들릴 수 있다는 불안감이 커지고 있다. 특히 우리와 경쟁하는 미국과 대만의 반도체 기업들이 빠른 속도로 사업 영역을 넓히며 기술개발에 집중하고 있다. 특히 반도체산업의 패러다임이 AI(인공지능) 중심으로 전환하고 있어 자칫 한국 반도체의 위상이 한꺼번에 무너질 수 있다는 우려가 있다.

미국은 소위 '칩스법(Chips and Science Act)'을 제정해 반도체 시설 건립과 R&D를 지원하면서 끊임없이 한국 반도체산업의 발목을 잡고 있다. 게다가 치킨 게임에 지쳐 사실상 철수했던 일본 등 선진국들이 반도체산업의 중요성을 재인식하고 집중적인 육성 정책과 함께 반도체산업에 재진입하고 있다. 한마디로, 각국 정부가 게임의 당사자로 등장해 반도체 시장에 직접 참여하는 형국이 되었다. 이렇듯 하루가 다르게 급변하는 세계 시장의 변화는 한국 반도체산업의 미래에 대한 위기감을 불러오고 있다. 아무리 세계 1위라도 한번 흔들린 위상을 원상 복귀하기란 쉽지 않다. 따라서 우리는 명확한 위기의식을 가져야만 한다.

그렇다면 지금 우리에게 닥친 위기의 본질은 무엇인가? 한마디로 K-반도체에 닥친 위기의 본질은 바로 '기술 주도력의 약화'에 있다. 왜냐하면 지금까지 한국 반도체산업이 보유한 세계적 위상의 원천이 기술 주도력이기 때문이다. 기술 주도력은 바로 '기술의 시장 지배력'을 의미한다. 기업은 시장 예측력, 제품 기획력 및 제품 설계력, 공정 능력, 제품 특성 유지력, 생산성 등 다양한 분야에서 구현된 기술 주도력을 통해 시장을 주도하고 미래를 개척한다. 매출액과 이익은 기업의 성장에 있어 중요한 부분이지만, 기술 주도력의 종속변수들이다.

그렇다면 '기술 주도력의 약화'라는 한국 반도체산업의 위기를 조장하는 요인들은 무엇인가?

첫째, 선진국들의 반도체정책이 변화하고 있다. 그동안 세계 유수의 반도체 기업들과 선진국들은 치킨 게임에 지쳐 반도체산업을 경제적 관점에서만 해석했고, 한국과 대만의 반도체 기업들에 의존하여 경제·안보정책을 구사해왔다. 그러나 첨단 반도체 기술의 급속한 발전으로 인해 기술 자국화가 어려워진 데다 주요 반도체 제품을 한국과 대만의 공급망에만 의존해야 하는 상황에 경제 붕괴의 잠재 가능성은 물론 국가안보에 대한 위기로 인식하기 시작했다. 이러한 인식 전환은 반도체산업을 기업 차원을 넘어 국가 차원의 정책적 이슈로 격상시켰다. 이는 세계 반도체 시장을 구조적으로 재편시키는 핵폭탄급 변수임이 틀림없다. 이에 반해 한국은 기업의 자체 경쟁력 우위를 바탕으로 세계적인 위상을 지켜왔기 때문에 국가적 차원의 위기 인식이 선진국들에 비해 뒤처지고 있다. 따라서 한국 반도체 기업들은 미래 시장을 주도하는 세계 반도체 기업들과의 경쟁뿐만 아니라 선진국들의 지원 정책과도 경쟁해야 하는 위기 상황에 봉착했다.

둘째, 반도체 시장의 수요 구조가 바뀌고 있다. PC와 서버, 스마트폰이 주류였던 반도체 수요 구조는 자율주행 및 친환경 차량 등의 모빌리티, 네트워크, AI 등으로 빠르게 변화하고 있다. 이러한 시장의 구조 변화에 대해 한국의 반도체산업이 새로운 수요 구조 변화에 발맞추지 못한다면 시장 영향력을 급속히 상실하게 될 것이다. 일례로 AI가 부상하자 시스템반도체 분야에서 최고 기술력을 자랑하던 인텔의 CPU(Central Processing Unit, 중앙처리장치)는 병렬 처리 알고리즘이 탁월한 엔비디아(NVIDIA)의 GPU(Graphic Processing Unit, 그래픽처리장치)에 밀려 시장 주도권을 넘겨주었다.

셋째, 국가 간 전략적 블록화가 이루어지고 있다. 한국은 반도체산업의 중요성을 무역수지의 중요성 정도로 안일하게 인식하고 있는 반면에, 선진 각국은 반도체산업에 대한 재인식과 육성정책을 토대로 반도체 기업들뿐 아니라 반도체 수요를 창출하는 산업의 기업들까지 지원하고 있다. 현재 반도체 수요를 창출하는 산업의 기업들은 사용자 관점에서 반도체 개발에 주도적으로 참여하며 국제적으로 폭넓은 협력을 취하고 있다. 이처럼 반도체 시장의 게임 규칙이 새롭게 바뀌고 있다.

지금 선진국들은 '새로운 게임 규칙'에 맞춰 국가 주도하에 반도체산업 관련 핵심 정책들을 수립하는 한편, 적극적으로 국가 간 협력 및 동맹을 맺으며 배타성을 가미한 블록화를 추진하고 있다. 일례로 미국은 반도체 제조 시설 투자에 대한 세금 공제를 제공하고, 유럽은 반도체 연구개발 투자에 대한 지원을 확대하고 있다. 그리고 미국과 유럽은 반도체 연구개발 협력을 위한 자체 연합체를 결성했다. 세계적인 기술 주도력을 선점하고 있는 한국의 관점에서 보면 이는 매우 심각한 도전이 아닐 수 없다. 국제적 블록화가 심해질수록 어느 한쪽을 버려야 하는 상황이 될 수 있다.

넷째, 대규모 투자 규모를 지속해야 하는 부담이 점점 더 커지고 있다. 기술의 첨단화와 투자 예산의 방대화가 계속되어야 하는 위험부담이 커지고 있다. 반도체 공정 기술은 현재 3나노 수준까지 노달해 있지만, 나노 기술의 생산 능력을 수배로 확대하고 새로운 혁신 기술을 개발·활용해야 한다. 이를 위해서는 수백억 달러 수준의 신규 투자가 꾸준하게 이루어져야 한다. 이것을 감당할 수 있는 기업은 세계적으로도 몇 군데 되지 않는다. 국내에서는 삼성전자와

SK하이닉스가 감당할 만한 능력이 있다고 평가되지만, 이 기업들도 국가적 차원의 지원이 없이는 쉽지 않은 상황이다.

국가 간 치열한 경쟁 속에서 살아남아야 하는 한국의 반도체 산업은 '기술 주도력'을 유지하면서 위기 돌파구를 마련해야 하는 쉽지 않은 상황에 놓여 있다. 그럼에도 이러한 쉽지 않은 위기를 극복하기 위해서는 앞서 제시한 과거 성공의 3요소(전략적 방향, 실행력, 정부의 촉매작용)에서 그 단서를 찾아야 할 것이다.

전략적 방향

메모리반도체의 시장 지배력을 유지해야 한다. 메모리반도체 시장이 전체 반도체 시장의 1/3이나 되는 만큼 한국은 메모리반도체 시장을 굳건하게 지켜야 한다. 이것이 한국 반도체산업의 제1 전략적 방향이어야 한다. 지난 30여 년 동안 메모리반도체 세계 1위를 유지해온 비결은 최고의 원가 경쟁력이다. 앞으로도 최고의 집적도를 유지하기 위해서는 기술개발 능력과 첨단 공정 능력을 유지해야 한다. 그리고 최고의 기술 인력을 확보하고 최신 첨단장비를 보유하기 위해 대규모 투자를 지속해야 한다. 국가적 지원 없이 막대한 투자와 고급 기술 인력을 유치할 수 있는 기업은 세계적으로 얼마 되지 않는다. 따라서 메모리반도체 강자인 한국은 지속적인 투자와 고급 기술 인력의 확보, 그리고 탁월한 경영 능력을 통해 메모리반도체 분야의 시장 지배력을 확고하게 유지해야 한다. 향후 메모리반도체는 시스템반도체와 결합해 복합 반도체로 다양하게 개발되면서 시장을 확대해갈 것이다. 예를 들자면 AI용으로 개발된

PIM(Processing in Memory)은 복합 반도체의 일종이다. 한국 기업이 메모리반도체 1위를 고수하기 위해서는 이러한 시장의 새로운 추세에 적극적으로 대응할 필요가 있다.

이와 함께 파운드리 산업을 강화해야 한다. 2023년 1분기 한국 파운드리 산업은 세계 시장의 13%를 점유하고 있다. 반면에 경쟁사인 대만의 TSMC는 59%를 차지한다. 삼성전자가 파운드리 산업에서 TSMC에 뒤지고 있는 이유는 기술력보다는 마케팅 전략이 가진 근본적인 취약점 때문이라는 평가가 많다. 이것은 스마트폰, AI & 로봇, 전장 부품 등 시스템 분야에서도 세계 1위를 겨냥하고 있는 삼성전자의 숙명이기도 하다. 빅테크 기업인 팹리스 시스템반도체 기업들은 메모리반도체 제품뿐만 아니라 시스템반도체 제품도 생산하는 삼성전자에 자사의 기술이 유출되는 것을 근본적으로 꺼린다. 따라서 이러한 불안감을 상쇄해줄 이점들, 즉 압도적인 제품 성능, 충분한 생산 능력 확보와 신속한 납기, 상대적 가격 이점, IP 라이선스, 풍부한 DSP(Digital Signal Processor, 디지털신호처리장치) 그룹, 다양한 패키지 기술 등을 추가로 제공할 필요가 있다.

한국의 파운드리 산업 전략을 재정립할 필요도 있다. 메모리반도체 분야의 첨단 공정 능력을 활용하여 파운드리 산업을 강화하고, 팹리스 설계 기업들을 집중적으로 육성·지원하여 시스템반도체 산업을 성장시켜야 한다. 또 앞에서 언급했듯이 파운드리 사업의 핵심 이슈인 고객사들의 기술 유출에 대한 우려를 어떻게 해소할지, 설계 전문 기업들의 취약한 지식재산권(IP) 이슈를 어떻게 보강할지, DSP와 어떻게 광범위한 협력 체제를 강화할지가 한국 파운드리 산업의 성공을 위한 주요 과제이다.

향후 한국의 반도체산업이 기존의 강점을 바탕으로 올바른 전략적 방향을 선택한다면 메모리반도체, 시스템반도체 그리고 파운드리 부문에서 동시에 성공할 가능성이 존재한다. 아니, 반드시 이러한 가능성을 현실로 구현해야 메모리반도체 강국에서 종합 반도체 강국으로 우뚝 설 수 있을 것이다.

실행력 확보

한국 반도체산업의 성공을 위해 특별히 강조하고 싶은 것은 탁월한 경영자의 역할과 구성원들 간 단결력이다. 혁신은 최고경영자로부터 시작해서 각 분야로 확대되어야 한다. 기업의 의사결정을 시의적절하게 수행하는 최고경영자의 역할은 혁신의 핵심 요인이다. 한국 반도체산업의 미래를 결정하는 기술 주도력은 단순히 기술 자체로만 이루어지지 않는다. 기술은 복합적이기 때문에 제품 개념, 설계, 공정, 시험 및 품질 등 협의의 기술 요소는 물론이고 개발을 주도하는 기술 인력의 확보, 첨단장비와 운영 능력의 확보, 기술과 시장을 분석해 제품 기획으로 이끌어가는 마케팅 인력의 확보와 함께 이들 간 소통과 단결은 과거에 그랬듯이 미래에도 반도체산업의 승자를 결정할 것이다.

세계 반도체 시장을 주도하고 있는 국내 반도체 기업들은 이미 차별화된 세계적 수준의 경영 능력과 효율적인 경영 시스템을 구축하고 있다. 반도체 기업 경영자는 시간 압박 속에서도 최선의 방안을 찾을 수 있도록 기술과 사업에 대한 통찰력, 전문 기술진들의 상반된 의견들을 통합하여 창의적인 의사 결정을 할 수 있는 소통력과 지혜를 갖춰야 한다. 그리고 기술과 시장에 대한 깊은 이해력, 위기를 감지하고 용기 있게 결정할 수 있는 결단력, 다양한 이해 혹은 상충된 이슈를 조정해내는 통합적 능력이 필요하다. 더 이상 반도체산업은 어느 한 국가의 기술만으로 지속적인 성장을 가져올 수 없다. 따라서 기업 경영자는 세계 반도체산업의 지도자들과도 교감하고 영향력을 행사할 수 있는 국제적인 교류 능력을 갖추어야 한다.

정부의 촉매작용

앞에서 강조했듯이 반도체산업은 한 기업의 이해를 넘어 한 국가의 경제와 안보를 좌우하는 국가적 핵심 요소가 되었다. 각국 정부들은 자국의 반도체 생산 시설을 강화하고 반도체 제품의 자급을 추구하는 데 국가적 역량을 쏟아붓고 있다. 이러한 선진국의 정책들로 인해 반도체 기업들은 자력으로 감당하기 힘든 수준의 경쟁과 마주하게 되었다. 이에 따라 정부는 시급히 반도체산업의 미래를 위한 정책을 수립해야 한다. 반도체산업의 육성은 4차 산업혁명을 성공적으로 완수할 수 있는 여건을 조성하는 데도 필수적이다. 이를 위해 정부가 해야 할 가장 중요한 일은 기술 인력 확보와 반도체산업의 육성 필요성을 공감하는 분위기를 조성하는 것이다.

기술 집약적이고 자본 집약적인 반도체산업을 국가의 핵심 산업으로 인식하는 것은 물론, 그동안 국가 재정에 기여한 공로와 미래 가능성을 인정하여 적극적인 금융 및 정책적 지원을 할 필요가 있다. 또한 기업의 자율성을 강화해주고 국민 정서를 친기업적으로 유도해주어야 한다. 물론 기업은 적극적인 지원을 받는 만큼 그에 적합하게 법을 준수하도록 엄격하게 집행하고 확실하게 관리·감독해야 할 것이다.

위의 3요소와 함께 추가적으로 강조해야 할 것은 한국 반도체산업의 대외 전략이다.

대외 전략

앞에서 살펴보았듯이 선진 각국은 국가 차원의 육성과 국제적 블록화에 나서고 있다. 특히 자국 반도체산업의 육성을 위한 미국과 중국 간의 경쟁이 격화됨에 따라, 반도체 강국인 한국은 대단히 미묘하고 불안한 입장에 처해 있다. 즉 미국과는 안보적 관점에서 동맹국가로, 중국과는 사업적 관점에서 긴밀한 교역국가로 연결되어 있다. 하지만 반도체 기술의 원천이 미국에 있고, 향후 미래 산업의 주도권도 미국에 있다는 점을 염두에 둘 필요가 있다. 수동적인 중립은 고립을 자초할 수 있다. 고립되는 순간 한국 반도체산업은 더 이상 선두를 유지할 수 없다. 국익 차원에서 우선순위를 확실히 하는 것이 중요하다. 이를 바탕으로 K-반도체를 세계 1위로 꾸준히 유지할 수 있는 전략적 선택을 해야 한다. 격류가 몰아치듯 매우 불안정한 상황에서 한국의 반도체산업은 기술 우위를 통한 선두 유지 전략을 근간으로, 격류를 가르며 항해하듯 적극적인 자세로 전략적 협력 체제를 주도적으로 구축해가야 할 것이다.

» AI 시대에 위기를 기회로

　4차 산업혁명을 주도하고 있는 AI는 향후 반도체산업의 게임 체인저가 될 것이다. AI는 컴퓨터의 연산·기억·제어를 통해 대량의 데이터를 인식·학습·추론함으로써 지능을 구현한다. 이러한 기능을 하는 장치들의 핵심 부품이 바로 반도체이다. 반도체가 없다면 AI는 작동될 수 없다. 따라서 AI가 활성화됨에 따라 반도체산업도 크게 달라질 것이다.

　반도체산업은 정보화 산업의 핵심 부품으로, 컴퓨터 산업의 발전과 함께 성장했다. 2000년대 후반부터는 스마트폰이 정보화를 주도하면서 반도체 수요를 견인했다. 그런데 지금은 스마트폰이 그 역할을 AI에 넘기는 상황이다. 반도체산업의 미래를 전망하기 위해서는 당연히 AI를 깊게 이해하고, 발전 방향을 추론해야 한다. 모든 산업이 AI를 통해 발전하고 성장할 것이다.

　AI의 데이터 처리는 AI에 내장된 반도체의 성능과 알고리듬에 의존한다. 따라서 AI용 반도체는 대용량 데이터를 신속하게 처리해야 하므로 광대역으로 병렬 처리해야 한다. 그리고 전력 사용량을 대폭 줄여야 한다. 이러한 AI 반도체의 속성은 향후 반도체산업의 기술개발 방향에 큰 변화를 가져올 것이다.

　AI 반도체는 10년 후 2000억 달러 이상의 시장으로 성장하면서 전체 반도체 시장을 메모리반도체, 시스템반도체와 함께 3분할을 할 것으로 예측된다. 그리고 AI 반도체는 대용량 데이터를 신속하게 처리하는 것이 우선이므로 데이터의 병렬 처리, 광대역 입출력, 데이터 저장 및 단말기의 연결, 초저소비 전력 및 AI 지능 향상을 지향하고 있다. 이에 맞추어 GPU, HBM, ASIC 및 NPU 반도체의 수요가 큰 폭으로 상승할 것으로 전망된다.[2]

한국의 반도체산업은 이러한 AI 반도체 시장의 발전 방향과 상황에 적절하게 대응해야 한다. 특히 AI의 부상은 한국 반도체산업에 있어 새로운 도약의 기회로 작용할 수 있다. 이를 위해 앞에서도 제안했듯이 메모리반도체의 축적된 역량을 활용하여 성장하는 메모리 시장의 점유율을 유지하고 높여야 한다. 이와 함께 메모리반도체의 첨단기술을 활용해 시스템화되는 메모리반도체 시장을 선점해야 한다.

AI의 부상으로 반도체 시장은 시스템반도체가 주를 이루는 시장으로 변해갈 것이다. 하지만 다행인 것은 시장이 단순한 시스템반도체가 아니라 메모리 기능과 기술이 내재화된 메모리성 시스템반도체 시장으로 변해간다는 점이다. 이것은 한국 반도체산업에 큰 기회일 수 있다. 왜냐하면 메모리반도체를 지속적으로 주도하면서, 시스템반도체 시장 또한 선점할 수 있기 때문이다. 이를 통해 한국 반도체산업의 숙원이었던 시스템반도체 시장도 공략함으로써, 메모리반도체 일변도의 한국 반도체산업의 체질 혁신을 이루어낼 수 있다. 한국 반도체는 시스템반도체 분야에서 성공할 수 없다는 비관적인 시각을 깰 수 있는 절호의 기회를 AI가 제공하고 있는 셈이다.

---

2 최수. 『이기고 지키는 넘어서는 K 반도체』. 앵글북스. 2023. pp.176-177.

한국 반도체산업에서 시스템반도체는 선택 사항이 아닌 필수 사항이다. 위기를 회피하기보다는 이를 기회로 반전시키는 혁신을 통해 시스템반도체 강국으로 도약해야 한다. 맨땅에서 반도체 강국을 일으킨 한국의 저력으로 충분히 가능한 일이다. 하지만 국민의 생각과 행동을 하나로 융합시키는 일이 전제되어야 할 것이다. 기업과 정부 그리고 기술 집단들과 사회가 공감대를 형성해 전략적으로 힘을 모아야만 성공할 수 있다.

우리는 이제 독자적인 우리의 스토리를 전 세계에 전파할 만큼 성숙했다. 이 스토리를 통해 우리 안에 살아 있는 정체성과 위대함을 보다 명확히 이해할 필요가 있다. 국민 모두가 스토리를 통해 공감을 일으키고 단단하게 뭉친다면 세계의 중심으로 더 쉽게 나갈 수 있을 것이다.

사실 우리는 이미 훌륭한 스토리를 가지고 있다. 지금까지 설명한 우리의 반도체산업도 엄청난 스토리이다. 포항제철의 철강 스토리, 현대건설의 사우디 산업항구 건설 스토리, 현대중공업의 조선업 진출 스토리, 삼성의 LED TV와 애니콜 신화, 현대차 스토리 등등 많은 스토리가 존재한다. 이러한 스토리들이 꼬리에 꼬리를 물며 오늘의 한국을 여기까지 이끌어 왔다고 할 수 있다.

이제 우리는 남이 구성해준 식민사관으로 인한 자기부정을 과감하게 떨쳐내고, 우리 자신의 스토리를 통해 자기부정을 자기확신으로 바꿔가야 한다. 이를 통해 4차 산업혁명 과정에 가로놓인 위기와 역경을 의미 있으면서도 재미있게 헤쳐나갈 수 있을 것이다.

5장

통섭

김영섭
건축문화설계사무소 대표이다. 2007년부터 2015년까지 성균관대학교 건축학과 교수로 지냈으며, 서울시 도시건축전시관 관장을 역임했다.

윤종인
현 법무법인(유) 세종 AI·데이터 정책연구소장, 이화여대 정책대학원 초빙교수이다. 청와대 행정자치비서관, 충청남도 행정부지사, 행정안전부 정부혁신조직실장·지방자치분권실장·차관, 개인정보보호위원회 상임위원(차관급)·위원장(장관급)을 역임하였다.

한경구
문화인류학자. 강원대, 국민대, 서울대 자유전공학부 교수, 유네스코한국위원회 사무총장 등을 역임했다.

함께 잘사는
민주공화국의 건설

민주주의의 황혼
함께 잘사는 민주공화국이 답이다
지속 가능한 미래를 위한 한국의 교육: 어느 문화인류학자의 상상

/// INTRO ///

통섭 분야의 핵심은 '함께 잘사는 민주공화국'을 단순히 구호가 아니라 슬로모션 혁명의 접근으로 꾸준히 확실하게 실천하는 것이다. 민주주의는 제도의 문제가 아니라 '생활 속의 문화'에 더 가깝다. 물리적 다수결이 아닌, 다름을 견디는 공감력, 공공을 향한 미적 감수성, 정치의 미학이 있어야 진정한 공화가 작동한다. 이와 함께 불평등 완화를 성장과 대척점에 두는 근시안적 사고방식에서 벗어나 성장과 분배가 함께 가도록 해야 한다. 뒤처지더라고 함께 끌어안고 가야 한다. 성장과 분배를 공진(共進)하도록 하는 힘은 우리가 함께 꿈꾸는 공동체의 이상, 즉 공화의 철학이다. 또한 미래는 단순한 노동력보다 공감·창의·시민성이 중심이 되는 사회이기 때문에, 교육은 지식 주입이 아니라 '함께 살아가는 힘'을 기르는 시스템으로 전환해야 한다. 미래를 위한 교육의 변혁은 매우 시급하지만, 시간이 걸리더라도 문제를 정확히 정의하고 중요한 대책을 꾸준히 추진하는 슬로모션 혁명으로 실천해야 한다.

김영섭 | 건축가

1. 민주주의의 황혼

민주주의는 최악의 정치 형태이지만, 지금까지 존재한 다른 정치 제도보다는 좋다.

— 윈스턴 처칠, 영국의 전(前) 총리

공산주의자들은 모든 나라 민주주의 정당의 단결과 협력을 위해 어디서나 애쓴다.

— 카를 마르크스, 『공산당 선언』

» **글을 시작하며**

먼 훗날 사람들은 2024년 12월 3일을 대한민국 민주정의 취약한 실상과 치부가 나라 안팎으로 적나라하게 드러난 날로 기억할 것이다. 윤석열 정권 전반기 세계 곳곳에서 전쟁 위기가 확대되고 국내 경기가 실종되어 청장년 실업자가 늘어나는 와중에, 산불화재와 대형사고 등 사회 안전망마저 위협받는 상황인데도 대통령은 계엄 선포라는 특단의 통치 수단을 발동하였다. 다행스럽게도 한겨울 밤의 비상계엄은 해프닝처럼 칼을 빼 들었다가 다섯 시간 만에 거두어들이는 것으로 막을 내렸다. 심야 시간에 발생한 사태임에도 불구하고 많은 시민이 발 빠르게 국회의사당 주변으로 몰려가 군경과 대치하는 틈을 타 의원들이 본회의장으로 들어갈 수 있었고 곧바로 계엄 해제를 의결했기 때문이었다.

잠자리에 들었던 과반수의 국민은 선진 대한민국에 친위 쿠데타가 가능하다고 믿고 있었던 대통령을 자기 손으로 뽑았다는 사실을 뒤늦게 알고 매우 놀랐다. 그러나 곧 상황 파악에 들어갔고, 부화뇌동 없이 사태 추이를 조용히 지켜보기로 했다. 현직 대통령이 주도한 비상계엄 선포와 취소는 비록 헌정사상 초유의 사태라고는 하지만 이미 엎질러진 물이라는 사실로 받아들이기로 했다. 그리고 정부 수립 후부터 온갖 정치소동을 겪은 노련한 경험자들답게 법과 질서를 지키며 TV 앞에서 추운 겨울을 나기로 작정했다. 한국의 근현대사 과정에서 동란과 혁명 등 산전수전을 모두 겪어본 국민 대다수는 가상현실처럼 벌어지는 정국의 혼란과 거리의 소용돌이를 넉 달 넘게 가만히 지켜보는 초인적인 참을성을 발휘했다. 직접 민주주의가 작동할 수 없는 상황임을 잘 알고 있기 때문이기도 했지만, 가슴 깊은 곳에 숨어 있던 '인격의 질(Quality of Persona)'에 대한 촉각이 발동되어 이럴 때일수록 가만히 있어야 한다고 자신들을 타일렀다. 그러나 상대편의 주장과 서로의 존재 자체를 혐오해온 정치인들과 국회의원, 극단의 유튜버들과 종교인들은 거리로 쏟아져 나온 시민들을 부채질하기 시작했다. 붕당(朋黨) 폐해 조장의 달인(達人)이었던 그들은 시위대 전면에 서서 민주주의의 대변자 또는 애국 선동가로 돌변하고 있었다.

계절이 바뀔 때까지 거의 매일 광장과 도로를 메운 수만 명의 집단 시위대들은 좌우(左右), 전후(前後)로 갈라져 분노와 광기 섞인 구호를 쏟아냈지만, 시위 참가자 대부분은 진영 간의 충돌을 피하고 나름대로 질서를 지키는 비폭력시위로 일관하여 최장기 평화적 시위의 모범사례를 남겼다. 함박눈이 내린 날엔 서울 한남대로의 눈발 속에서 키세스(Kisses) 초콜릿을 한 움큼 쏟아놓은 듯한 장면이 연출되어 국영방송 KBS를 통해 전 세계 사람들의 눈길을 끌기도 했다. 가부좌를 튼 데모대(Demos)들이 설피복 대신 은박 발포지를 돌돌 말아 두르고 있는 거리풍경을 본 사람들은 '키세스단'이라는 달콤한 이름을 붙여주었다.

그러나 100일이 넘어가자, 국민은 정계와 시위 뉴스가 보기 싫어졌다. 여야가 벌이는 극한 대립은 국민의 시선을 외면한 채 항공기 추락사고나 대형 산불사고에도 변한 것이 없었다. 일상의 뉴스 시간에도 행정 권력과 의회 권력을 놀이하듯 계속 치고받는 어이없는 일이 더해지자, 국민의 채널 선택은 드라마와 넷플릭스 영화, 자연 다큐 아니면 엔카의 세계로 차츰 떠나게 되었다. 사건 중심으로 세상을 바라보는 고도로 진화된 방송과 통신 매체 또한 겹치기 출연 비평가들로 엇비슷하게 차려진 스튜디오에서 재탕 삼탕 되는 정치평론과 탐사보도를 쏟아냈다. 많은 국민은 가상현실로 꾸며진 〈트루먼 쇼(The Truman Show)〉에 갇혀 정신적 고문을 당하고 사는 주인공이 된 기분이 들었다. 물론 쇼 프로듀서는 입만 열면 민주주의 수호와 오로지 국민만을 위한다는 양쪽 붕당의 정치인들이다.

어떤 시청자 한 사람이 편향된 언론에 의한 피로감과 권태로 스트레스가 한없이 증폭되어 소주라도 한잔 기울이려고 밤거리로 나섰다. 〈9시 뉴스〉가 끝난 밤 이른 시간인데도 거리 상점은 벌써 셔터를 내리고 있었고 소박한 삶을 살아왔지만 대한민국 헌법 제1조를 잠깐 의심해서 홧김에 거리로 나온 시민 한 사람 '트루맨(True Man)'을 받아주는 문 열린 대폿집을 찾기란 쉽지 않았다. 낮시간에도 시민들이 향유할 광장과 거리를 매일같이 점유해가며 벌이는 애국과 민주의 시위대에 기대어 텐트를 친 여야의 천막농성과 단식 시위도 맛이 간 지 오래다. 무엇보다 참을 수 없는 것은 자라나는 아이들에게 이 혼란스러운 광경을 쉽게 설명해줄 수 없다는 것이다. 어디서부터 길을 잘못 들어선 것일까? 이러다 뭔가 크게 일이 터지는 것은 아닐까? 빼앗긴 들(광장)에도 봄은 오는겨? 가로수를 보며 혼잣말한다.

작금의 혼란 사태 원인을 제공하고 상황을 악화시킨 책임 중 상당 부분이 야당에 있음을 많은 국민은 이미 알고 있었다. 야당은 스스로를 국민과 대의 민주주의의 수호자로 자처하며 지난 국회의원 선거에서 승리를 거머쥐었다. 대화 없는 대통령의 일방적 훈시와 명령, 안하무인의 고집과 단견, 주요 정책 결정 과정에서 충분한 의견 수렴 없는 전횡을 지적해온 국민 다수는 2024년 국회의원 선거에서 강력한 견제구를 던지며 말로만 자유민주주의를 지키겠다고 하면서 독재정을 꿈꾸는 대통령과 여당에 강력한 메시지를 전했다. 다수 의석을 차지한 야당 또한 견강부회(牽强附會)하여 대다수 아전인수로 해석했다. 과잉행동이나 세력 과시를 자중하고, 국민 앞에 겸손해야 한다는 것을 잊고 있었기 때문이었다. 야당은 마치 점령군이나 된 양 정부 요직 인사의 탄핵발의를 남발하는 등 의회 권력을 남용하는 데 치중했고 민생과 국내 정치, 외교 현안 그 어느 것도 제대로 해결하지 못했다. 불편하게 표현하면 지난 2년은 그들만의 승리를 만끽하는 힘자랑의 시간이었을 뿐 국민 경제와 서민 생활, 동네 음식점과 시장 상가의 형편은 뒷전이었다. 지금도 주 52시간 이상 노동 금지를 줄기차게 고수해온 야당의 노동과 복지 철학으로 소규모 기업과 마을의 시장 상인들은 노동의 천국이 아니라 청장년 실업의 지옥이 되어가고 있다.

역지사지(易地思之)로 크렘린 붉은광장 묘역에서 잠자는 레닌 동지도 불러내어, 한번 쓴소리(苦言)를 질러보자. 육체노동과 땀으로, 밤샘 작업과 초과근무로 힘겹게 돈을 번 경험이 별로 없는 운동권 귀족으로 구성된 존엄하신 의원들이 이렇게 현실과 동떨어진 법안을 만들었다고 착각한다면 그것은 공부가 좀 부족한 사람들의 생각이다. 레닌의 어록을 상기해보자 "소규모 상업 생산은 매일 그리고 매 순간 자발적으로 자본주의와 부르주아지를 탄생시킨다. 소규모 생산과 교역의 자유가 있는 곳에 자본주의가 등장한다. 즉 자본주의는 마을의 시장에서 시작된다. 그러므로 자본주의를 없애기 위해서 그 뿌리에 있는 개인들의 생산과 교육의 자유를 제거해야 한다." 지난 정부 때 '소득주도성장'으로 나라 전체에 실업과 경기침체의 그림자가 드리워져 소상공인들의 자본시장이 스멀스멀 소멸할 즈음 정부의 시혜로 뿌려지는 24만 명분의 실업 급여 지원 예산 약 12조 원과 약 6조 원의 소상공 기업 지원 예산으로 저소득층의 불평을 한방에 사라지게 한다던 기적, 즉 국민에게 '한 번도 경험하지 못한 나라'를 보여주겠다던 최고 지도자의 교시가 아니었던가. 아니 그런가? 벽력같은 큰 소리에 깊은 영면에 들었던 레닌도 무릎을 치며 벌떡 일어났다. 덩달아 우리 민초들도 머리 흔들어 깨어보니 꿈 속에서 들린 말은 정부 지도자 목소리 같기도 했다.

더 우아하게 학문적으로 표현하면 결과적으로 주 52시간 노동, 소득주도성장, 해마다 올려야 하는 최저임금제도 등의 정책과 입법으로 소상공인의 폐업과 청장년 실업률이 대폭 늘어났다. 조금 더 거칠게 말하면 서민과 임금근로자의 지지로 거대 의석을 차지한 야당이 동네의 오래된 돼지국밥집 문을 닫게 하고, 알바생의 주말 근무와 시간 외 초과수당마저 4배(알바 용어로 따따블이다)로 올려놓아 어렵게 잡은 족발집 서빙 알바 자리마저 거둬들이게 하는데, 정말이지 소상공인과 청장년 대량실업으로 찬 바람 부는 거리를 창조하는 데 이렇게 완벽하게 기여한 입법 권력의 효율적 사례는 일찍이 없었다. 거리 상권과 골목 음식점이 아홉 시에 문을 닫으면서 서민들의 밤 문화(After Hours)도 차츰 사위어갔다.

여야가 행정권과 입법권을 사유물처럼 여기고 서로 공방을 벌이는 사이 바깥세상의 상황은 점점 최악의 상황으로 치달았다. 국내의 정치적 혼란 상황은 세계 각지에서 발생하는 통상 문제는 물론이고 국내 민생, 경제지표와 무역수지 등 모든 현안을 블랙홀처럼 빨아들였다. 극한투쟁과 싸움질을 반복하는 여야 정치집단의 몰염치한 행각을 두고 와각지쟁(蝸角之爭, 달팽이 더듬이 두 뿔의 싸움)만도 못하다고 시정(市井)의 식자(識者)들은 평한다. 욕설과 플래카드가 만발하는 중에도 슬그머니 바뀐 계절을 무등 타고 넘어온 봄바람에 만물은 소생하고 있으나 역시 올해도 춘래불사춘(春來不似春)이다.

그러나 지금 같은 위기 상황에도 대한민국의 명운에 한 줄기 구원의 빛이 있기는 한 모양이다. 그럭저럭 국제무역수지 흑자는 여전히 관성이 작용하는지 계속되고 있고 주변의 험악한 이웃들은 아직 잠잠하다. 북한과 러시아는 제 코가 석 자(吾鼻涕水三尺)이고 중국은 미국의 막무가내 관세 공격에 수성과 반격에 여념이 없다. 조금 더 자세히 들여다보면 북한은 2024년 여름 압록강 대홍수 때 침수된 곡창지역과 국경 인근에 산재한 군수산업 공장 재건에 투입할 재원 마련이 시급할 것이고, 러시아 역시 북한과 네팔 등지에서 불러 모은 용병까지 투입한 마당에 우크라이나와의 전쟁이 어떤 식으로 끝나든 현대 전자전에 대비한 군 혁신과 신무기 개발 확충에 집중할 것이므로 아시아에서 다시 판을 벌이는 것을 내켜 하지 않을 것이다. 중국은 국내 경기침체 국면에도 불구하고 대만 문제 해결에 군사적 수단을 고려하여 현내선 역량과 물사 비축 준비를 난단히 마쳤겠지만, 미국의 통상 압력과 상궤를 벗어난 대규모 관세 공세가 예상을 뛰어넘어 속도전으로 목전에 다가와 공수 전략을 완전히 새로 짜야 할 판이다.

이 틈바구니에서 우리 정부와 기업은 '세계 관세 대전'의 대응책을 수립하고 생존을 위한 컨틴전시 플랜(Contingency Plan)을 준비해야 한다. 주어진 시간은 길어야 6개월에서 1년이다. 그사이 트럼프 행정부는 우방국으로 믿을 만한 근거와는 점점 거리가 멀어지는 기업 국가로 변해가는 행보를 이어갈 것이다. 그렇다면 원교근공(遠交近攻)보다 근교원교(近交遠交) 정책이 대한민국을 누란의 위기에서 벗어나게 할 방법이 될 수도 있을 것이다. 작금의 위기는 반세기 전 경험했던 미국의 베트남전 철수와 맞물린 주한미군 감축, 중동발 석유 위기의 데자뷔(Déjà Vu) 같지만, 그 강도가 거세다. 다만 50년이 지난 오늘 그 해법과 극복 방법이 같을 수는 없겠지만 이 여파로 희생이 클 것으로 예상되는 세대는 젊은 알파와 MZ세대들이다. 미래에 닥칠 위험 사회에 대한 대비와 겁박 없이 자란 평화와 풍요의 세대들에게 전란과 경제공황의 방비를 소홀히 하여 공포와 위기를 불러일으킨다면 그 책임은 온전히 우리 기성세대들의 몫이다. 즉 우리 산업화 세대는 노력과 헌신으로 이룩한 경제 성장으로 후손들이 유복하고 편하게 살 수 있는 산업자본주의 유토피아로 가는 길을 개척해놓았지만 동시에 한순간 잿더미로 변할 수 있는 전쟁과 환경 디스토피아의 광풍이 불어닥칠 거실문을 활짝 열어놓은 채 자기도 모르게 구경꾼으로 전락하거나 방관자가 되어가고 있다는 사실을 깨달아야 한다.

》 평화를 원하면 전쟁을 대비하라

평화를 원하면 전쟁을 대비하라(Si vis pacem, para bellum).

— 플라비우스(Flavius Vegetius Renatus)

한국은 미국·중국과 함께 세계에서 손꼽히는 무기와 포탄 보유국이고 꾸준히 군수산업을 신장시켜 작금의 국제질서 위기에 주요 무기 수출국의 지위를 확보하고 있다. 그러나 새로운 무기체계와 핵 위협에 대한 주변국들의 압력에 어떤 전략으로 대응할 것인지가 문제다. 아무리 무기와 군수물자가 충분해도 위기 상황에서 각자도생(各自圖生)에만 관심 있는 군 지휘관들이 있다면 국토방위와 국방 준비태세는 물거품이 돼버린다. 국민은 어떻게 그런 군대를 믿고 자식들의 생명을 군에 맡기겠는가?

지금으로부터 50년 전, 1974년 11월 서부전선 고랑포 전방 사미천 유역에서 북한군이 파 내려온 남침용 제1땅굴이 발견되었다. 당시 필자는 발견 당일 아침 땅굴 수색작전에 최초로 투입된 9022부대의 공병 작전장교였다. 땅굴이 발견된 날 한밤중에 갑자기 전방 사단 전투 정면에서 피아간 연대급 전면전, 즉 총격과 포격전이 벌어졌다. 그때 DMZ 철책선 안 G.P(전투 초소)에 머물고 있었던 필자를 포함한 지휘부의 즉각적인 판단으로는 땅굴 증거 인멸을 시도한 북측이 박격포 선제공격을 해오면서 시작된 전투였다. 당시 GOP 지역 연대장은 휘하 부대와 포대장에게 즉각 상대 도발에 대응토록 명령하여 1953년 휴전 후 처음 재개된 포병사격으로 두 시간 안에 북측 벙커들을 모두 침묵시켰다.

고랑포 땅굴 도발 이후 최전방을 책임지고 있었던 한미 1군단장 제임스 홀링스워드(James Francis Hollingsworth, 1918-2010) 중장은 예하 전 부대에 '선조치 후보고'라는 전례 없는 전투 지침을 하달하고 종전의 한반도 방어계획의 틀을 총체적으로 바꿨다. 변경된 전시 작전계획 5027-74에 따라 한국군과 유엔군이 DMZ 부근으로 대거 이동했고 전방 이동 배치에 대응하여 북한군도 전력을 비무장지대 가까이 전진 배치했다. 베트남에서의 미국의 철수로 인해 북한이 한반도 방어에 관한 미국의 의지를 시험할 가능성을 우려했던 홀링스워드 장군은 기존의 전시 작전계획을 수정하여 전진 배치된 지역에서 공세 주도의 전략 개념을 도입했다. 새로운 계획에 따라 유엔군의 보병, 포병과 기갑여단이 비무장지대 남쪽의 군사통제구역으로 이동했다. 홀링스워드 장군은 전진 배치된 전력으로 북한군이 기습남침하면 재빠르게 격퇴한 후 북한 중심부를 선제 타격한다는 계획을 수립했다. 그는 2차 세계대전 때 패튼 장군의 미 제3군 기갑연대에서 지휘관으로 복무하였고 베트남전에 참전한 실전 경험이 풍부한 군인이었다.

한국의 위기관리는 비상 기획 방법을 실행하고 평상시 국가를 위해 자신을 희생할 수 있는 자질을 가진 군 지휘관과 공무원들을 선발하고 사기를 유지하는 데 중점을 두어야 한다. 중국의 국공내전 당시 수많은 군사 장비와 비축물자를 미국으로부터 지원받은 국민당 정부와 군부가 부패와 사기 저하로 패퇴한 후 대만으로 철수한 역사적 사실을 반면교사로 삼아 군의 자질 향상에 힘을 기울이고 과감하게 예산을 투입해야 한다. 즉 '인격의 질'은 복무 정신의 함양과 훈련, 차세대 국민의 국가 방위 및 재건과 교육 문제에서 매우 중요하다.

극단의 기후와 극단의 정치 질서, 불평등이 극대화하는 세계적 대변환기에 한국뿐만 아니라 세계 모든 시민의 삶 역시 점점 어려워지고 있다. 세상이 불안해지고, 경제 질서가 격변하고 있으며 모든 국민의 정주가 불안정해지는 것을 체감하고 있다. 2500년 역사의 면면을 거쳐 지혜를 모아 이룩한 민주주의의 황혼이 다가오고 있다. 이제 미네르바의 부엉이처럼 황혼이 저물어갈 때 생각의 나래를 펴고 지나온 길과 과거를 되짚어보고 또 다른 현자(賢者)의 길을 찾아보자.

» 민주주의의 황혼

민주주의의 기원(起源)

민주주의의 기원은 고대 그리스로, 기원전 507년 아테네에서 시작되었다. 통제되지 않는 절대 권력을 행사한 독재자 페이시스트라토스(Peisistratos)의 권력을 물려받은 아들 히피아스(Hippias)의 폭정을 종식하고 집권한 아테네의 지도자 클레이스테네스(Cleisthenes, BC. 570-508)는 '다수 시민에 의한 통치'라는 정치개혁 시스템을 도입했다. 클레이스테네스가 참주정의 재등장을 막기 위해 도편추방제(陶片追放制, Ostracism)를 도입했다는 설도 있는데, 민주정과 함께 시행된 오스트라시즘은 민주주의 체제 지속을 유지하기 위해 독재 가능성을 보이는 지도자를 축출하기 위한 안전장치였다. 민주주의의 어원은 그리스어 데모크라티아(demokratia)로서 '다수' '민중'을 뜻하는 데모스(demos)와 '지배'를 뜻하는 크라토스(cratos)가 합쳐진 단어다. 데모크라티아는 '민중이 직접 다스린다'는 의미이므로, 오늘날의 대의 민주주의 정치 체제와는 차이가 있다.

2500여 년 전 고대 그리스인들은 민주정이 정상적으로 작동하려면 국가에 어느 정도 경제적인 기반이 필요하다고 생각했다. 당시 도시국가 시민들은 경제적 불평등이 해소되어 갈등 국면이 노출되지 않는 상태가 민주정이 작동할 수 있는 근본 바탕이라 생각했고 민주주의가 최선의 정치 이념으로 선택되려면 경제가 뒷받침되어야 한다고 믿었다. 아리스토텔레스(Aristotle, BC. 384-322)도 "최선(最善)의 사회는 중간 시민 계급에 권력이 있는 사회"라고 말했다. 하버드대 신고전파 경제학자(neoclassical economist) 로버트 배로(Robert Joseph Barro) 교수는 1997년 정치적 갈등을 일정 수위 이하로 관리할 수 있다면 민주주의 체제가 장기적으로 보면 경제 안정성에서 더 우수하다고 주장했다. 그는 민주주의적 운영 방식이 경제 성장에 반드시 유리한 것은 아닐 수도 있지만 경제 성장이 민주화를 촉진한다는 것은 분명하다는 연구 논문을 내놓았다.

죽은 자와 산 자가 함께한 고대 민주주의 시대 도시민의 기원

기원전 500여 년 전 고대 그리스의 민주주의가 시작될 때 거의 모든 도시 국가들은 전 시민들이 모일 수 있는 엠피시어터

(Ampitheatre, 야외 집회장·극장)를 건립하였다. 엠피시어터라는 말은 고대 그리스어 암피(Amp, 마주하다)와 테트론(Thetron, 보다)의 합성어로서 '마주 보다, 같이 보다'라는 뜻이다. 즉 모든 시민이 서로 얼굴을 맞대고 자기 도시(국가)의 중대한 의안을 결정하는 장소 엠피시어터는 시민 전체가 참여하는 직접 민주주의를 작동시키는 매우 중요한 도시시설이어서 위치 선정과 장소성이 매우 중요했다. 시칠리아 서북쪽의 세게스타(Segesta) 세계문화유산은 마그나 그라키아 시대(Magna Graecia Era) 이곳에 살던 엘리모이족(Elymians)의 도시 유적이다. 해발 400m의 몬테 바르바로(Monte Barbaro) 언덕 경사면에 있는 세게스타의 엠피시어터는 약 4000명을 수용할 수 있었는데 이는 당시 주민 전체 인구 숫자를 뜻했다. 반원형 계단식 극장 형태의 집회장 최상부에 부족장의 것으로 추정되는 석관들이 놓여 있는 특이한 형태다. 30년 전 방문 당시 필자는 직접 민주주의의 태동기인 2500여 년 전, 조상들의 혼령이 항상 주민의 소망과 염원에 깃들어 진솔한 그들의 의사(투표)가 정당하게 도출되는 과정을 함께 지켜주리라는 경건한 기원(祈願)들이 이곳에 작용했으리라 생각했다.

또 다른 예로, 기원전 168년 고대 로마 공화정 당시 소아시아 남쪽 아나톨리아 지방에 리키아연맹(The Lycian League, Koinon)이라는 23개의 작은 도시국가늘이 모여 공화주의 체제로 연합국가를 구성한 민주연맹이 있었다. 고대 로마의 지리 역사학자 스트라본(Strabon)에 의하면 리키아 지역은 로마의 보호령으로 자치를 누릴 수 있었고 안탈리아 동쪽 마이라 명부 도시(Myra Necropolis)의 조장

(鳥葬) 묘역 하단 경사면에 약 1만 3000명이 모일 수 있는 엠피시어터가 있다고 기록했다. 인근 도시 크산토스(Xanthos)의 원형집회장에서도 과거 지도자의 석관들이 반원형 계단식 집회장 경계면 위에 일정 간격을 두고 정연하게 배치된 것을 고대 민주정치 도시 기간시설 탐방 당시 필자가 확인한 바 있다.

대표 민주주의의 기원과 매디슨의 미국 헌법 제안

리키안연맹은 파타라(Patara)를 수도로 정하고 마이라와 크산토스 지역을 중심으로 23개 지역 대표 선거인단과 인구 비례로 정하는 선거인단 구성, 즉 상원과 하원 선거인단 선출제도를 시행하였다. 이 선거인단 제도는 2000년의 세월을 건너 지구 반대편 미합중국 헌법 제정 시 선거 제도로 부활하였다. 후일 미국 제4대 대통령이 되고 '미국 헌법의 아버지'로 불리는 제임스 매디슨은 1787년 6월 필라델피아에서 열린 연방헌법 제정 회의에서 리키아연맹의 사례를 들어 지역을 대표하는 고정 선거인단과 인구 비례에 따라 대표권 배정을 조정하는 복합 선거인단 제도를 발의했다.

매디슨의 제안(James Madison's Invocation of the Lycian League)에 따라 상원은 지역을 대표해서 각주의 인구수와 관계없이 2명을 선거인단으로 선출하고, 하원은 인구 원칙으로(현재 435석) 선출하여 각 주(현재 50개 주)에서 필라델피아로 위원들을 파견하기로 합의하였다. 2200년 전 리키아연맹 23개 도시국가에서 실험되었던 민주주의 발전의 또 하나의 이정표―진정성 있는 대의 민주주의를 만들려는 인류의 노력과 탐구 정신이 깃든― 역사가 다시 살아난 것이다.

현대 민주정치 체제, 자유민주정의 장단점

민주정(democracy)은 군주제(monarchy), 과두제(oligarchy), 독재정(dictatorship) 등 다양한 종류의 통치 체제 가운데 하나지만 한 문장으로 설명하기는 매우 어렵다. 오늘날의 복잡다단한 정치 체제를 고려하면—허위 정보와 가짜 뉴스, 대중 선동가(Demagogue)의 온·오프라인 활동으로 여론조작이 가능해진 상황도 포함해서— 주정의 범주와 정의를 간단히 설명하기에 난해한 요소들이 많이 늘어났기 때문이다. 그래도 기본구조를 이루는 중요 개념을 추려보면, 현대에 와서 자유민주주의로 진화된 민주정은 국민의 자유를 일부 제한하거나 침해할 수도 있지만 개인의 결정권과 생활권을 최우선으로 존중하는 자유주의를 토대로 세워져 있다. 자유 민주정은 분배와 복지 문제에 관하여서는 사회주의적 요소를 포함하거나 수용하고 있으므로 공화정과 혼합된 정치 체제라는 분석도 있다. 다른 한편으로 생활양식으로서의 민주주의는 민주적인 삶의 원리를 정치 영역뿐만 아니라 많은 생활 영역에서 실현하는 것을 말한다. 자유 민주정은 제도와 이념뿐만 아니라 생활 방식과 실천 원리로서 민주적 시민의식이 함께 갖추어져야 정상적으로 작동할 수 있다. 즉 상대에 대한 인정과 관용으로 대화와 토론을 하고, 양보와 타협으로 다수결의 결과를 수용하고 존중하는 구성원의 '인격의 질(Quality of Persona)'이 필요충분조건으로 매우 중요하다.

오늘날의 자유민주주의와 공화주의를 비교해보면 서로 장점들을 받아들여 진화한 결과 그 행태가 비슷해졌다. 한편 민주주의는 언제나 자유와 평등사상을 포함한다는 일방적인 오해도 있는데, 민주주의가 다수에 의한 지배를 의미한다는 개념은 맞지만, 항상 자유와 평등의 원칙을 가진다고는 볼 수 없다. 다수의 동의로 소수에 대한 폭력을 일삼는 전체주의와 파시즘도 역사에서 보듯이 민주주의의 탈을 쓰고 존재할 수 있다. 권력을 획득한 전체주의나 독재 정권은 반대파를 제거하거나 숙청하는 데 노력을 집중하게 되고, 이는 곧 국가 인적 자원의 손실과 역량의 유실로 이어진다. 이와 달리 자유민주주의 정치 체제하에서는 실정으로 권력을 잃게 되더라도 국민의 지지만 얻으면 권력을 잡을 기회가 다시 오기 때문에 평화적인 정권 교체 방식으로 국정이 큰 단절 없이 계속성을 유지할 수 있다. 이러한 장점 때문에, 지난 세기부터 많은 선진국가들은 자유민주주의를 '최선의 정치 체제'로 채택하였다.

독재정치의 토대를 이룩하는 전체주의와 권위주의는 '단순함'을 추구한다. 하나의 질서, 하나의 목소리, 하나의 교시만을 지향한다. 단순함이 체제를 더 강하게 만들 것 같지만, 실제로는 정반대의 결과가 나타난다. 반면 자유민주주의(이하 민주정으로 표기)는 겉보기에 혼란스럽다.

민주정 체제에서는 수많은 의견이 충돌하고, 다양한 이해관계가 부딪힌다. 특정 계층의 퇴출이나 희생을 요구하지 않는다는 관점에서 보면 민주정은 자기중심적인 정치 체제라고 볼 수 있다. 역설적으로 이러한 근본적 특성이 인간의 본성과 잘 부합하여 다른 정파 간의 공존과 이합집산을 통해 평화적 형태의 정권 교체가 이루어져 왔다고 볼 수 있다. 그러나 바로 이러한 속성 때문에 각계각층의 이해타산이 뒤엉킬 때 민주정은 타협과 해결에 시간이 과도하게 소모되기도 한다. 민주정은 국정이 정상적으로 작동하지 못하고 복잡한 이해충돌이 한계상황으로 치닫는 단점이 드러난다는 점에서 보면 모든 정치 체제 중 개혁이 가장 어려운 체제이기도 하다.

또한, 민주정은 국민의 정치적 평등을 기반으로 하고 있기에 인류가 이룩한 이상에 가장 근접한 정치 체계지만, 스크린, 스포츠, 섹스 같은 합법적 자유방임 정책처럼 국민을 서서히 정치 무관심자로 변모시키는 우민화(愚民化) 정책이라는 위험한 트랩이 있고, 허위정보와 가짜뉴스의 범람으로 사회를 혼란시키면 투표 권리 행사를 오염시킬 수 있어 항상 경계와 감시를 늦출 수 없는 체제다.

오늘날의 민주정을 이룩하기까지 인류는 몇 가지 중요한 역사적 변화를 맞이하였다. 민주주의 발전과 쇠퇴에 영향을 준 중요한 항목들을 간추려보면 산업혁명과 경제 성장의 명암, 자본주의와 사회주의 경쟁, 전체주의와 자유민주주의 대립, 전통 혈연사회의 지속과 해체, 탈물질주의 시대의 지연 사회와 환경 위기 등이다. 이 명제들은 서로 또는 각각 분화하거나 얽혀 있다. 예를 들면 산업혁명은 자본주의를 심화시키고 그것은 자본가와 노동자, 지주와 소작인 같은 계층의 분화를 발생시키며 결국 사회의 불평등과 잉여가치의 재분배 과정에서 갈등을 심화시켜 사회주의와 공산주의 체제의 등장까지 이어지게 된다. 정치 체제에서도 전체주의와 자유주의 국가들은 이합집산이나 편 가르기를 하여 세계대선을 두 번씩이나 지르고도 냉전과 열전을 계속 확대하거나 재생산하여 끊임없이 인류의 행복과 평화를 위협하고 있다. 그 결과 풀뿌리 민주주의를 지탱해 온 가족을 이루는 혈연사회가 해체되고 지구환경에도 황혼이 오고 있다. 유럽은 극우 정당이 난립하고, 자유민주주의 모범국가 미국마저 자유무역 질서를 부정하고, 민주정의 투표율이 떨어지고 정치에 관심이 떠난 이른바 '텅 빈 민주주의'가 도래하며 역사의 방황이 다시 반복되기 시작했다. 역사학자 토인비의 말처럼 "역사에서 배우지 않으면 역사는 되풀이된다"는 교훈 때문일까?

» 산업혁명과 경제 성장의 명암

산업혁명의 어원

혁명의 어원 라틴어 레볼베레(revolvere)는 원래 중세 시대의 천문학 용어로서 일월성진(日月星辰)이 방향을 바꾸다, 주위를 돌다, 재탄생하다, 돌아오다, 반복한다는 뜻이다. 'revolvere'의 파생어로서 '커다란 변화'를 뜻하는 레볼루시오(revolutio)는 15세기 중반부터 사용되었고 '정치·사회적 체제의 전복'이라는 의미는 17세기 초 등장했다. 프랑스 2세대 아날학파(École des Annales)를 대표하는 경제사학자 페르낭 브로델(Fernand Paul Achille Braudel. 1902-1985)에 의하면 천문학에서 따온 용어가 기성사회의 전복과 파괴라는 뜻으로 사용된 것은 1688년 영국에서 시작됐다고 한다. 브로델은 통상적 표현으로 산업혁명(Industrial revolution)이라는 단어는 산업 재구조화(restructulation)의 반대 뜻으로 쓰였다는 것도 함께 알아둬야 한다고 했다. 산업혁명이라는 말을 1845년에 프리드리히 엥겔스가 처음 만든 것이라는 공산주의자들의 주장은 사실과 다르다. 제롬-아돌프 블랑키(Jérôme-Adolphe Blanqui, 1798-1854)가 1837년 처음 이 용어를 만들었다는 것이 정설이다. 이 용어가 고전적 용어로 널리 알려지게 된 것은 서른한 살이라는 젊은 나이에 유명을 달리한 영국의 경제사학자 아놀드 토인비(Arnold Toynbee)가 1880년에서 1881년 사이에 옥스퍼드대학에서 강의한 내용을 그의 사후(1884년) 제자들이 출판한 『Lectures on the Industrial Revolution in England(18세기 영국 산업혁명 강의)』라는 책 덕분이다. 아놀드 토인비는 『역사의 연구(A Study of History)』의 저자인 아놀드 조지프 토인비(Arnold Joseph Toynbee, 1889-1975)의 백부(伯父)다.

산업혁명과 경제 성장의 명암

토인비는 18세기 산업혁명 강의에서 자유 경쟁이 자유방임 상태의 자본주의를 촉진한 다원주의 사회에서 특히 신격화되어왔다고 지적하였다. 한편 자유 경쟁이 경제적·사회적 진보에는 보편적으로 이롭다고 말하면서도 (노동자들의) 단순한 생존을 위한 투쟁과 특정한 부류의(자본가들의) 존재를 위한 투쟁을 동일시하지 않았다. 토인비는 역사의 시작부터 모든 인간 문명은 본질적으로 "이 잔혹한 투쟁 압력을 점차 감소시키는 방향으로" 설계됐다고 주장했다. "우리는 이러한 투쟁에서 폭력을 최소화하고 약자가 짓밟히는 것을 막아야 하고 경제적 경쟁은 기술적 진보의 원동력이라는 장점이 있지만, 이러한 장점은 규제를 통해 피할 수 있는 엄청난 인력 투입과 노동시간을 희생해서 얻은 것"이라고 말했다. 토인비는 한편으로는 생산에서의 경쟁과 생산물 분배에서의 경쟁을 차별화할 것을 다음과 같이 제안했다.

> 생산에서 서로 경쟁하려는 사람들의 투쟁은 공동체에 이롭지만, 공동 생산물의 분배를 둘러싼 사람들의 투쟁은 그렇지 않습니다. 더 강한 쪽이 스스로 만든 분배 조건을 내세울 것입니다. 사실, 경쟁의 초기에 자본가들은 노동자들을 억압하기 위해 모든 권력을 사용했고, 임금을 기아 지경까지 떨어뜨렸습니다. 이런 종류의 경쟁은 견제되어야 합니다. 조합이나 입법, 또는 둘 다에 의해 수정되지 않고 오래 지속된 역사적 사례는 없습니다. 우리는 두 가지 구제책을 시도하고 있습니다. 전자는 노동조합을 통해, 후자는 공장 설립과 운영 및 복지에 관한 입법을 통해서….

토인비의 말에 따르면, 거시적 관점에서 『국부론』과 증기기관은 낡은 세계를 파괴하고 새로운 세계를 건설했으나 산업혁명의 본질은 이전에 부의 생산과 분배를 통제했던 중세 시대의 왕권과 영주들의 규제를 경쟁으로 대체한 것이었다. 그 구성 요소 중에는 농부와 노동자 사이의 소외를 초래한 농업 혁명과 제조업 세계에서 새로운 계층의 막강한 힘을 가진 자본가인 고용주가 등장한 것이다. 주종 간의 오래된 관계는 사라졌고, 모든 대가를 현금으로 주고받기 시작하면서 인간적 유대감을 대체했다고 갈파했다. 토인비에게 산업혁명의 결과가 가져온 이러한 변화는 자명한 것처럼 보였다. 증기기관, 공장, 『국부론』, 경쟁, 현금 연계, 빈곤의 증가를 산업혁명이 가져온 현상의 일부로 본 것이다. 그러나 앞으로 다가올 암울한 미래, 즉 자본주의 전성시대의 세계 시나리오에 대응하여, 산업과 노동 사이의 균형을 맞추기 위해 국가가 사회의 경제적 또는 사회적 영역의 규제에 관여해야 하는 시점에 대한 실행 방안을 제시했다. 토인비의 매우 진보적 제안을 인용하면 다음과 같다.

> 내가 이해하는 바에 따르면, 우리는 자유, 정의, 자조(自助)에 대한 우리의 오래된 믿음을 포기하지 않았지만, 특정 조건에서는 사람들이 스스로를 도울 수 없으며, 그런 다음 전체 사람들을 직접 대표하는 국가가 그들을 도와야 한다고 말해야 합니다. 국가가 도움을 줄 때 우리는 세 가지 조건을 내세웁니다. 첫째, 사회적으로 가장 중요한 것이어야 합니다. 둘째, 실행이 가능한 것으로 증명되어야 합니다. 셋째, 국가의 간섭이 자립을 약화시키면 안 됩니다. 커다란 사회악을 제거할 기회가 생기더라도 사람들의 위대한 업적을 쌓아 올린 개인적 성취와 자립적 연합의 관행을 약화시키는 일은 어떤 것도 해서는 안 됩니다.

젊은 교수로서 누구보다도 총명했으나, 서른두 번째 봄을 지상에서 맞을 수 없었던 경제사학자 토인비가 남긴 말은 세기를 뛰어넘어 오늘날의 세계, 불평등과 양극화가 점점 극대화되어가는 후기 자본주의 사회에 여전히 큰 울림을 주고 있다.

» 자본주의와 사회주의 경쟁

자본주의란 지속 가능한 것인가?

이 물음에 관하여서는 미래를 내다보는 지난 세기 중요한 현자(賢者) 중의 한 사람인 페르낭 브로델의 주요 저서 『물질문명과 자본주의(Civilisation matérielle, économie et capitalisme)』에 실린 견해가 해답이 될 수 있을 것이다. 그의 관점을 요약하면 "잠재적인 자본주의는 역사의 여명기부터 윤곽이 잡혔으며 수 세기 동안 발전하고 중세에 이르기까지 지속되었다. 즉 도시와 교환의 급증, 노동시장의 등장, 사회의 밀도, 화폐의 보급, 생산의 증대, 원거리 시장 또는 국제 시장, 그리고 머나먼 식민지까지 침투했을 때 자본 형성 전 단계는 불완전하지만 이미 시작되었다고 볼 수 있다."

자본주의를 이야기할 때 경제 역사가들은 15세기 이전으로는 거슬러 올라가려고 하지 않는다. 어떤 역사가들은 산업혁명의 놀라운 폭발을 자본주의와 동일시해서 18세기 전까지도 거슬러 올라가지 않으려 한다. 그러나 단기적인 관점에서만 보더라도 자본주의의 생성 기간은 어림잡아 500년이나 된다. 다시 말해서 자본주의는 장기 지속적인 구조를 가지고 있다고 말할 수 있다. 그러나 장기 지속이라고 해서 완전한 부동의 구조를 의미하는 것은 아니다. 장기 지속이란 곧 반복적인 움직임의 연속을 말한다. 많은 변형과 복귀, 쇠퇴와 정비, 정체 등을 동반하지만 이것은 사회학자들이 말하고 있는 구조화(Structulation)와 탈구조화(Destructulation), 재구조화(Restructulation)와 같은 것이다. 때로는 흔치 않은 일이지만 대규모 단절이 있기도 했다. 그에 대한 가장 중요한 예는 물론 산업혁명일 것이다. 외부 요인에서 오는 충격을 흡수하고 변화를 통해서 자체의 모습을 유지해나간다는 것이 자본주의의 자연스러운 속성이다. 자본주의는 이런 변화들로부터 힘을 얻어내는 가운데 세계 어느 곳에든지 그리고 어느 시대든지 경제 가능성의 경계를 짓는 일종의 포물선 수준으로 자기 운신의 폭을 축소하기도 하고 다시 확대하기도 해왔다. 오늘날에든 과거에든 자본주의의 중요한 특권은 선택의 자유를 가지고 있다는 점이다.

그 특권은 사회 내에서 지배적인 위치, 대자본, 차입의 능력, 정보망 그리고 여기에 대해서 강력한 소수집단 구성원(비록 그들이 경쟁 때문에 때때로 이합집산을 하더라도)들이 일련의 법칙과 인적 관계를 만드는 연결망들 때문에 가능한 것이다. 페르낭 브로델은 비록 예전에 마르크스가 자본주의에 대해서 감탄했다고 높은 평가를 했더라도 자본주의는 이제 더 이상 찬탄을 불러일으키는 존재는 못 된다고 말했다.

그러나 막스 베버(Maximilian Max Carl Emil Weber, 1864-1920)나 베르너 좀바르트(Werner Sombart, 1863-1941)가 이야기했던 것처럼 자본주의가 하나의 경제 발전을 마감하는 마지막 단계라고는 생각하지 않았다. 혹 완만한 진화의 결과 자본주의를 대체할 체제가 등장한다면 그 새로운 체제가 자본수의와 진형제처럼 닮지는 않겠지만 자본주의가 내부적인 쇠퇴로 인해서 저절로 붕괴하리라는 마르크스의 예상은 전적으로 틀린 견해임을 다음과 같이 반박하였다.

그와 같은 자본주의 붕괴가 일어나기 위해서는 극단적으로 격렬한 외부 충격과 믿을 수 있는 대체 방안이 있어야 한다. 사회의 거대한 무게와 지배적인 소수(이들은 경계를 늦추지 않고 있고 오늘날 전 세계적 연대를 이루고 있다)의 저항은 이데올로기적 논쟁이나 변혁 프로그램 혹은 일시적인 선거에서의 승리 정도로는 쉽게 흔들리거나 무너지지 않는다. 전 세계의 모든 사회주의 정권의 승리라고 하는 것은 외부의 충격과 극도의 폭력을 이용해서 얻은 것들이다. 즉 중국의 공산 혁명, 쿠바 혁명, 베트남 해방, 동유럽 체제들의 블록화 등이 모든 그런 예들이다. 그러나 이 모든 운동은 사회주의 미래에 대한 전폭적인 신뢰 위에 구축됐던 것이었으나 오늘날에는 그 미래가 불명확한 것으로 판명되지 않았는가?

자본주의와 시장경제

페르낭 브로델의 전망대로 그의 사후(1985년) 10년 안에 사회주의 블록과 공산주의 경제체제는 거의 모두 붕괴하거나 해체되었다. 그러나 자본주의와 시장경제는 사회적인 것의 총화이며 우리 사회 전체를 포괄하는 것이라고 너무 성급하게 얘기해서는 안 될 일이다. 시각을 달리해서 보면 반대로 자본주의와 그 아래층 비자본주의 사이에 생동하는 변증법이 작용한다는 것을 알 수 있기 때문이다.

대기업들은 독자 운영하는 소기업들을 오늘날까지 대단히 존중하고 있는데 그 이유는 소기업들이 그들의 작은 규모 때문에 높은 생산비를 나타내고 있고 이것이 시장 가격의 기준을 높게 유지함으로써 대기업의 이윤율을 지켜주기 때문이기도 하다. 만일 대기업들만 존재한다면 그들이 원하는 대로 가격을 결정한다고 해도 이윤을 증대시킬 다른 방도가 없다.

제2차 세계대전 이후 한때 유럽의 여러 나라 정부는 일제히 과거 미국 뉴욕시의 시행착오처럼 의도적으로 소규모 사기업들을 정리하는 정책을 펼쳤다. 새로운 유럽의 경제 정책 입안자가 보기에 소기업들은 경제 성장의 낙후된 영역에 남아 있는 (별로 기대 가치가 없는) 잔존 기업으로 생각했다. 대신 국가는 독점 공기업을 창출했다. 일례로 전력공사 같은 것인데 국가 속의 국가라고 하는 이러한 공기업들은 오늘날 모든 국가에서 새로운 에너지 개발을 가로막거나 해마다 높은 전기료를 발생시켜 서민들의 공적으로 지목되고 있기도 하다. 대기업들이 이전부터 국가의 신용과 지원을 받고 있는 반면 중소기업들은 정부의 통제나 지시에 따라 은행들이 여신을 일정 한도로 제한한 결과 중소기업들은 일거리를 잃고 축소되었다. 이보다 더 멍청한 정책은 없었다. 이것이야말로 사회주의 국가들이 저지른 중대한 실수를 전후 유럽의 국가들이 형태만 바꿔 시행한 것이었다.

"소규모 생산과 교역의 자유가 있는 곳에 자본주의가 등장한다. 즉 자본주의는 마을의 시장에서 시작된다." 이러한 레닌의 생각을 반면교사(反面敎師)로 보면 전통시장, 상품과 화폐 교환의 하층 영역, 장인들의 수공 생산품, 구멍가게와 같은 개별 단위로는 작지만 합치면 거대한 풀뿌리 경제의 중요성과 창의적 능력에 대한 경의의 발로요 경계심의 표출이 아니겠는가. 경제에서의 창의적 능력이란 기본적으로 중요한 재산일 뿐만 아니라 전쟁이나 경제공황 등으로 구조적 변화가 요구되는 위기가 닥칠 때 후퇴할 수 있는 영역을 가리키기도 하고 퇴로를 찾을 수 있는 이정표가 될 수도 있는 것이다.

그러니 어떤 사회주의가 기업이 가지는 것과 같은 자유와 기동성을 가질 수 있겠는가. 그런 해결책은 단지 자본의 독점을 국가의 독점으로 대체한 것이며 하나의 해악에 또 다른 하나의 해악을 더하는 것에 불과했으므로 사회주의 경제의 고전적 해결책들이 유권자의 열광을 불러일으킬 수 없었다는 것은 전혀 놀라운 일이 아니다. 만약 우리 인류가 진지하고도 정직하게 해결책들을 모색한다면 자본주의 사회에서 경제적인 해결책들은 어렵지 않게 발견할 수 있을 것이다. 그것은 시장 영역을 확대해서 이제까지 한 집단이 홀로 누려왔던 경제적 이점들을 시장으로 다시 되돌리는 것이다. 그러나 진정한 어려움은 거기에 있는 것이 아니다. 그 어려움은 오히려 사회적인 것이다. 국제적인 차원에서 세계 경제 중심부에 있는 국가들이 그들만의 특권을 포기하는 것을 기대하기가 어려운 것처럼 국내적인 차원에서 자본과 국가를 연결하고 거기에 국제적인 지원을 확보한 지배 집단들이 개인의 규칙을 지키면서 활동하고 또 다른 사람에게 일부 주도권을 넘기라고 기대할 수 있을까? 1985년 11월 페르낭 브로델은 미래 세기를 우려의 눈길로 바라보며 물질문명, 경제, 그리고 자본주의에 관한 역사와 현실에 관한 생각을 물음표로 남겨둔 채 세상을 떠났다.

» 전체주의와 자유민주주의

전체주의

제2차 세계대전 직후 영연방 식민 지배에서 독립한 인도 공화국의 초대 총리를 지낸 자와할랄 네루(J. Nehru, 1889-1964)는 1930년대 초 3년 동안 당시 열세 살의 외동딸 인디라 간디에게 옥중서신으로 세계사를 교육했다. 그는 역사가는 아니었지만, 풍부한 지식과 학력을 지닌 독립운동가였다. 네루는 격동의 20세기를 겪었던 경험을 바탕으로 파시즘과 공산주의에 대해 비교적 알기 쉽게 설명하고 있어서 옥중의 아빠가 홀로 남겨진 딸에게 들려주는 이야기만으로 전체주의에 대한 설명은 충분하다.

파시즘과 공산주의 이 둘의 사상과 정치 행태는 격심하게 상충하기는 하지만 행동적인 면에서는 공통된 점이 있다. 그러나 원리와 이데올로기에 관한 한 이들 둘만큼 상반되는 것도 없다. 왜냐하면 파시즘은 지금까지 살펴본 것처럼 근본 원칙 같은 것은 아무것도 없는 무에서 출발하는 데 비해 공산주의 또는 마르크스주의는 고도의 지적 훈련이 필요할 만큼 복잡한 경제 이론과 역사 해석에 기초를 두고 있기 때문이다. 파시즘은 원칙이나 이상이 없다고 해도 거기에는 폭력 또는 테러리즘이라는 명백한 전술이 있고 또 과거에 대한 나름대로 견해가 있어서 우리는 어느 정도 파시즘을 파악해볼 수 있다. 그들이 상징으로 즐겨 쓰는 것은 2000년 전 로마 제국의 황제나 행정관들 앞에 걸려 있는 고대 로마 제국의 휘장이었다. 그 휘장은 도끼를 중심으로 해서 묶인 나뭇단 형상이다. 당시 그것들을 파세스(Fasces, 묶음·단절의 의미)라 불렀다. 전체주의(Fascism)라는 명칭도 거기서 유래한다. 파시즘의 조직 또한 고대 로마 군단의 제도를 모방한 것이다. 파시스타(Fascista)로 일컬어지는 파시스트식 경례(얼마 전 일론 머스크가 트럼프 대통령 취임 행사에서 팔을 밖으로 뻗어 거수했던 방식)도 로마 시대의 방식을 따라 하는 것이다. 이처럼 파시스트들은 영감을 얻기 위해 로마 제국 시대로 거슬러 올라가 생각했다. 즉 그들은 제국주의적 견해를 가지고 있었다. 그들의 모토는 "토론은 없다(No discussion)", "오직 복종뿐(only obedience)"—토 달지 말고 무조건 따르라—이다. 전체주의는 압도적인 다수가 권력을 획득하게 되는 것 말고는 민주주의와 그 어떤 것도 합치될 수 없는 체제다.

자유민주주의

자유(自由)의 영어 단어는 프리덤(Freedom)과 리버티(Liberty)이다. 일반적으로 이 둘은 뚜렷한 차이가 있다. 프리덤은 의지대로 행동하는 능력이며, 행위를 할 힘(The power to do)을 가리킨다. 리버티는 억압적인 제한이 없는 상태를 가리키나, 사회적인 맥락에 따라 다르게 해석될 수 있다. 따라서 리버티라는 뜻으로 사용될 때 자유는 자유를 행할 능력을 의미하는 동시에 타자의 권리에 따라 제약을 받을 수도 있다.

존 스튜어트 밀(John Stuart Mill)은 부인 해리엇 테일러(Harriet

Taylor Mill)과 함께 집필했지만 사후 출간한 『자유론(on Liberty)』에서 타인의 자유를 존중하지 않고 자기 마음대로 행동해서는 안 된다는 생각에서 출발하여 상대의 존재를 배려하고 인정함으로써 완성되는 자유를 거론했는데 이는 오늘날 자유인의 행동 기준이 되었다. 밀의 『자유론』은 관념론(觀念論)적 근대 유럽 민주주의의 기초적인 사상을 제창한 로크(John Locke), 루소(Jean Jacques Rousseau) 등의 자연법사상(自然法 思想)에 근거하여 인간은 태어날 때부터 자유이며 동시에 평등하다는 것을 천명하였다.

국민의 법률적 자유에는 보통 신체의 자유, 재산의 소유·처분의 자유, 언론·출판·결사의 자유, 거주·직업의 자유, 신앙과 양심의 자유 및 통신의 비밀보장 등이 있다. 이러한 자유는 이른바 '국가로부터의 자유(freedom from state)'라는 소극적인 의미의 자유이다. 이에 대하여 '국가에 대한 자유(freedom to state)'라 할 수 있는 국가를 상대로 요구하거나 의사결정에 참여할 수 있는 적극적인 자유는 정치적 자유다. 정치적 자유는 근대 민주주의 국가에 있어서 가장 중요한 자유로서 개인적 또는 시민적 자유는 바로 이러한 적극적인 정치적 자유, 국민주권의 행사가 제대로 이뤄질 때 비로소 보장된다.

자유민주주의는 대표 민주주의 체제로 구성된 정부 형태를 말하기도 한다. 정치적 사유를 보상하는 대표 민수수의는 송송 대중사회에서 가장 효율적인 민주주의 형태로서, 최대 다수의 사람을 대신하여 소수의 대표 인원이 효과적인 의사결정을 내릴 수 있는 제도라고 볼 수 있다. 자유민주주의 국가는 여러 정당 간 경쟁과 공정한 선거, 결과 승복, 정부 여러 부처로의 권력 분립, 법치주의, 사유재산제도에 기반하는 시장경제, 인권의 평등을 특징으로 하며, 일반적으로 개인과 집단의 권리와 자유의 보호를 규정하는 헌법에 의해 민주주의 체제를 유지하고 국민의 권리를 보장한다.

» 전통 혈연사회의 지속과 해체

전후 혈연사회의 회복과 자유민주주의 체제 확립

콘라트 아데나워(Konrad Hermann Joseph Adenauer, 1876-1967)는 73세의 나이로 분단국이 된 서독의 첫 총선(1949년 8월)에서 기독교민주연합당의 승기에 힘입어 전후 독일을 재건하기 위한 초대 총리로 선출되었다. 그는 제2차 세계대전 후 처참하게 파괴된 패전국 독일을 개조하기 위한 가장 기본적인 명제와 정책 방향을 국가와 국민 개개인의 신뢰를 회복하는 것으로 잡았다. 풀뿌리 기초, 즉 온전한 가정의 회복과 가족 간의 치유와 화해를 국가 재건의 기초로 삼았다. 진실이 전혀 존재하지 않는다면 신뢰란 있을 수 없고 인간이 인간을 못 믿는 공백 상태에서는 새로운 어떤 것도 새로 시작할 수가 없기 때문이다. 그가 꿈꾸었던 이상은 사회 기초 단위로 가족이 가장 선호되는 곳이며 가계의 자발적 원리가 무엇보다 중시되는 사회였다.

중세 신학자 성 토마스 아퀴나스(St. Thomas Aquinas, 1224-1274)는 가계 경제를 순수한 경제 단위, 에코노미아 푸라(Economia Pura)로

보았다. 이 가계 경제 영역은 오늘날까지도 지속되고 있다. 이러한 생각은 아데나워가 평생토록 지켜왔던 신념과 정확히 일치했다. 그는 생명 나무 가지처럼 퍼져 있는 긴밀한 가족의 일원으로서 그리고 나중에는 가장으로서 가족을 전체주의 침입을 막을 수 있는 유일한 피난처(shelter)로 생각했다. 물론 가족 또는 한 가정이 완전히 산산조각 날 수도 있다.

히틀러는 실제로 유대인 가족 자체를 지구상에서 절멸시키려는 인종청소를 실행에 옮겼다. 유대인 박해 시작 단계부터 히틀러의 음험한 의도를 알아챈 행동주의 신학자 디트리히 본회퍼(Dietrich Bonhoeffer) 루터교 목사는 1933년 4월부터 나치의 유대인 박해에 공개적으로 반대했다. 동시에 독일의 기독교 단체인 '게르만 기독교인(Deutsche Christen)'과 공직에서 유대인을 배제하는 법령 '아리아인 조항'에 맞서는 교회 투쟁 캠프(Kirchenkampf) 운동에도 헌신했다. 본회퍼는 독일 고백교회 설립자 가운데 한 사람으로 유대인 배제와 가족 절멸 정책에 외면하거나 묵인하는 독일 기독교회를 정죄하고 다른 목회자들이 고백교회를 지지하는 방향으로 돌아서도록 호소하는 데 열성적으로 활동을 벌였다. 그러나 1939년 그의 나이 33세 때 2차 세계대전이 발발하고 말았다. 본회퍼의 안전을 염려한 뉴욕 유니언신학교의 라인홀트 니버(Karl Paul Reinhold Niebuhr, 1892-1971) 교수는 그를 자기 학교 동료 교수로 초빙했다. 미국으로 건너온 본회퍼는 한 달도 안 된 시점에서 독일에 남아 있는 형제들에 대한 생각으로 많은 번민 끝에, 어렵게 건너온 미국을 떠나 다시 돌아가기로 결심했다. 그는 니버 교수에게 "저는 독일의 기독교인과 더불어 조국의 어려운 시기 동안 내내 함께 살지 않으면 안 됩니다. 제가 동포와 함께 이 시대의 시련을 나누지 않는다면 전쟁 후 독일에서 기독교인 삶의 재건에 참여할 권리가 없을 것입니다…"는 내용의 편지를 남겨두고 독일로 돌아왔다.

본회퍼는 저항운동(1940~1943년) 속에서도 가족들의 도움으로 집필을 계속했는데 그가 고난 기간 동안 틈틈이 저술한 것을 편집한 것이 사후 출판된 『기독교 윤리학』이다. 본회퍼는 종전을 한 달 앞둔 1945년 4월 8일 나치 군사재판에서 친족 세 사람과 함께 교수형을 선고받고 바이에른주 플로센뷔르크에서 처형되었다. 1998년 영국 웨스트민스터 성당은 복원된 서측 정문 상부 벽감에 '20세기 성인·순교자' 중 한 사람으로 디트리히 본회퍼 목사의 성상을 안치했다.

본회퍼의 사례처럼 극심한 환란과 고난 속에서도 가족 대부분은 서로를 배반하거나 쇠락하지 않는다. 가족 구성원 가운데 많은 친족을 잃는다 해도 남은 사람들은 자석처럼 다시 합쳐지고 가족이 재건된다. 수천 년 동안 박해와 유랑생활을 거쳐 오늘날까지 살아남은 유대 민족의 꿋꿋한 대물림 경험이 이 사실을 증명하고 있다. 디트리히 본회퍼 목사와 독일 고백교회가 히틀러와 국가사회주의 독일 노동자당이 만들어낸 사악한 나치즘과 결연히 맞서 싸운 행동이 불씨가 되어 전후 서구 사회에 전파된 크리스천 행동주의는 한 세대 동안 유럽 정치사에 기독교 민주 연합 정당 결성(전후 독일과 이탈리아의 집권당)과 같은 뚜렷한 흐름과 맥락을 형성했다.

한편 세기의 격변과 두 차례 세계대전을 겪으면서도 자기 나름대로 크리스천 윤리를 실천해온 독일의 아데나워 총리, 이탈리아의 알치데 데가스페리(Alcide De Gasperi, 1881-1954) 수상, 프랑스의 드골(De Gaulle, 1890-1970) 대통령 세 사람은 모두 천성적으로 종교계의 실존주의적 행동주의와는 일정 거리를 두는, 즉 정치와 종교가 분리되는 것이 바람직하다는 생각을 하고 있었다. 하지만 역사는 늘 그렇듯 아이러니를 통해 진전된다. 전후 황폐해진 유럽대륙 심장부를 차지하는 3대국의 기초를 다지고 새로운 유럽의 선진국가를 세운 것은 황혼의 나이에 접어든 사나운 얼굴의(심술궂고 무표정한) 두 늙은이와 키 큰 노병 한 사람이었다. 아데나워, 데가스페리, 드골은 모두 세계대전의 참화에서 불타지 않고 용케 살아남은 큰 고목들이다. 오늘날까지 독일·이탈리아·프랑스 세 나라의 국부로 추앙받는 세 사람 모두 자국의 수도에서 멀리 떨어진 국경지방 출신들이었고 가톨릭 신앙인이었으며 전체주의와 민족주의를 혐오했다.

그들이 가진 공통점은 사회를 지탱하는 기초 단위로 가족을 신뢰했고 사회의 모든 기능이 국가로 집중되거나 기능 확대가 되는 것은 바람직하지 않다고 판단한 것이다. 국가기관은 최소 필요 규모만으로 축소되어야 한다고 생각했던 사람들이다. 세 사람 모두 새롭게 조직되는 유럽 사회의 가장 선두로 내세워야 하는 새로운 정부 운영은 자연법에 기초한 법치여야 한다고 믿었다. 그들은 인류의 절대 불변의 가치로 사회를 지배해야 한다고 믿은 19세기 말에 출생해서 청소년기를 보냈고, 많은 독서량과 풍부한 사회 경험을 쌓은, 진정한 산지식을 갖춘, 이른바 준비된 사람들이었다.

이들 가운데 대표주자는 단연 서독의 초대 총리 아데나워다.

그는 새로운 세상을 태동시키는 것, 즉 새로운 나라를 세운다는 것은 기업가나 활동가, 화가나 음악가 같은 예술가들을 아울러 모든 집단 내부 구성원들의 인간적 신뢰가 전제되어야 한다고 생각했다. 불신과 고립의 상태에서는 창의성과 에너지가 피해망상과 각종 허위뉴스나 음모로 쏠리면서 반복되는 실수들이 거듭된다는 것을 이미 알고 있었다. 아데나워는 2차대전의 참혹한 실상과 1차대전 후 쾰른시장 재임 시 겪은 바이마르 정권의 실패를 통해서 이를 터득했기 때문이다. 그는 국가사회주의 독일 노동자당(NAZIS)이 오염시킨 독일 사회의 진정한 해독제는 개인주의의 도입이며 공적 생활보다 사적 생활이 우선시되는 사회를 만드는 것이라 믿었다. 정당이나 이데올로기 프로그램이 아닌 가족을 독일 재건의 출발점을 삼는 사회가 독일이 한때 지향했던 전체주의라는 악에 대항하는 해법이 될 것이라는 신념을 가졌다. 아데나워 총리가 구상한 전후 독일 사회는 다음 문장으로 요약된다.

새로운 국가는 더 이상 개인을 지배하지 않을 것이며 각자가 책임을 지고 모든 생활을 영위해나가게 될 것이다. 기독교 윤리가 독일 사회의 근간이 될 것이며 독일은 연방국가가 되고 유럽연방의 궁극적인 탄생을 염두에 둘 것이다.

쾰른대학교에서 행한 이 연설은 전후 세계의 가장 중요한 연설 가운데 하나로 전후 독일 그리고 나아가서 유럽의 새로운 정치의 시작을 알렸다. 그가 이끄는 정부는 새로운 민주주의 토대를 성공적으로 구축했고 그 이후 시대마다 변환기와 전환점은 항상 '아데나워 시대'와 비교되거나 연결됐다. 주요 사례를 열거하면, 외교정책에서 국가 주권 확보, 서방 자유 국가와의 긴밀한 관계, 프랑스와 화해 및 유럽통합, 국내 정치에서 추방자와 망명자 통합 정책, 자유 경쟁과 복지 국가적 책임을 연결한 사회적 시장경제 제도가 이에 해당한다. 사회적 시장경제는 복지 국가적 이념의 새로운 경제질서로 귀착되었다. '독일의 경제 기적'은 복지정책으로 인한 국내의 안정 없이는 불가능했을 것이다. 광부들에게 경영 참여권 부여, 노동자의 재산권 확보, 세금 부담 조정, 사회 주택 건설, 양육비 보조, 자연 보전 계획, 사회연금제도에 활력을 불어넣는 법 제정은 독일 연방정부 복지제도의 주요 내용이 되었다. 이로써 독일은 전후 최초로 복지정책을 사회 기반 정책 차원으로 삼고 지속적이고 일관성 있게 이어나갔다. 독일을 재건하고 다시 일류 선진국가의 자리에 올려놓은 건국의 아버지 아데나워는 1967년 파란만장한 생을 마감하고 고향 뢴도르프(Rhöndorf)의 숲속 묘지(Waldfriedhof)에 안장되었다.

» 탈물질주의 시대의 자연 사회와 환경 위기

1968년 혁명

1960년대가 끝나갈 무렵 미국은 베트남 전쟁의 수렁에 빠진 채 인류 최초 월세계 정복의 꿈을 꾸며 달을 바라보고 있었고 멕시코는 올림픽 준비에 여념이 없었다. 그러나 대서양 건너 유럽에서는 불안한 조짐(兆朕)이 감돌았다. 1968년 봄, 프랑스 학생운동이 점점 격렬해지면서 반전평화운동과 조직화한 자본주의 체제비판, 분업화를 반대한 노조 파업 등과 맞물리고 노동조합이 뒤에서 후원하면서 5월 혁명으로 크게 비화하였다. 사회 혼란을 수습하기 위해 드골은 의회를 해산하고 6월 총선을 치른 후 다시 대통령에 당선되었지만, 다음 해 4월 스스로 권좌에서 물러났다.

그 배경에는 프랑스 파리 1968년 혁명(68혁명, 68운동)의 사상적 이론을 제공했던 독일 '프랑크푸르트 비판학파'의 영향이 적지 않았다. 프랑크푸르트 비판학파는 프랑크푸르트 암마인대학교의 사회연구소가 중심축으로 이루어진 신마르크스주의 사회비판 이론가 집단을 가리키는 말이다. 막스 호르크하이머(Max Horkheimer, 1895-1973)를 중심으로 헤르베르트 마르쿠제(Herbert Marcuse, 1898-1979), 테오도르 아도르노(Theodor L.W. Adorno, 1903-1969)에 의해 1930년대에 계승된 네오-마르크시즘(NEO-Marxism), 즉 신좌익 학파다.

프랑크푸르트학파는 산업 민주주의 시대에 인간을 기존 질서에 순응하는 규범화된 개인으로 개조해서 자본주의 지배를 영속화하려는 시도를 비판하였다. 이어서 효율성과 주어진 목표를 효과적으로 달성하기 위해 인간 심리를 이용하는 어떠한 사회공학적 시도도 반대했다. 그리고 대중 매체가 미디어를 통해 여론과 이데올로기를 형성하여 자본주의에 대항할 수 없게 만드는 것과 같은 문화와 언론의 부정적 측면도 함께 비판했다.

아이러니하게도 프랑크푸르트 사회비판 철학파 출신 주류 학자 중 누구도 68혁명에 직접 참여하거나 간접적으로도 지원한 사실이 없다. 다만 후일 마르쿠제는 1968년 혁명을 실패로 보는 것은 어리석은 평가라고 이야기한 바가 있다. 마르쿠제의 언급이 아주 틀린 말이 아닌 것이, 68혁명은 사회구조를 흔들어놓았고 향후 수십 년간 서구는 물론 세계 전반의 문화와 사회·정치 지형 전반에 지대한 영향을 미쳤다. 68혁명의 발단으로 서구 사회의 거의 모든 인습과 제약은 물론 대중들의 무관심까지 날려버렸다. 대신 기성 종교, 애국주의, 권위에 대한 복종 등의 보수적인 가치들을 대체하는 평등, 성 해방, 인권, 공동체주의, 생태주의 등의 진보적인 가치들이 사회의 선두 가치로 자리매김하는 결과를 낳았다. 사회와 가족의 결이 완전히 찢겨 모든 차원에서 새로운 양식의 삶이 재건되지 않으면 안 될 정도로 혁명의 파급력이 컸다. 이런 점에서 1968년은 평등과 해방의 상징 아래 놓인 진정한(개인의 호·불호와 상관없이) 문화 혁명의 해라고 해도 과언이 아니다.

로마클럽의 결성

1968년 5월 혁명 직전, 같은 해 4월 8일 이탈리아의 실업가 아우렐리오 페체이(Aurelio Peccei, 1908-1984) 회장은 영국의 화학자 알렉산더 킹(Alexander King, 1909-2007) 박사와 함께 수년 전부터 구상하던 일에 착수하고자 서유럽의 지도급 인사들을 로마로 초청했다. 경제학자와 기업인, 과학자 30인이 로마 코르시니 궁전(Palazzo Corsini) 내 린체이 아카데미(Accademia dei Lincei)에서 모인 첫 회의는 결론 도출에 실패했지만 이후 회원 간 공통 관심사를 주고받는 네트워크가 형성됐다.

  2년 뒤 1970년 스위스 베른에서 로마클럽의 첫 공식 회의가 열렸다. 의제로 오른 '미래 지구환경과 자원의 한계, 인류 전체의 소비량과 공급량, 과학기술의 진보와 이에 따르는 인류의 생존 위기 등 환경오염과 지구온난화로 영향받는 기상이변과의 관련성'을 분석하고 그 대책을 세우는 것을 목적으로 하는 국제적 민간단체를 결성하기로 합의한 것이다. 로마클럽은 1972년 3월 12일 워싱턴 스미스소니언협회에서 「성장의 한계(The Limits to Growth)」라는 보고서를 발간해 전 세계에 충격을 주었다. 이 책은 지구가 항상 인간의 번영을 위한 자원을 무한 제공할 것이라는 경제적 정통성에 도전했으며 30개국 언어로 약 1000만 부가 인쇄되어 역사상 가장 많이 팔린 환경 서적이 되었다.

  로마클럽은 경제 성장의 불가피성과 이점에 대해 널리 알려진 가정에 의문을 제기하면서 때로는 격렬한 논란과 엘리트주의로 비난을 불러일으켰다. 인간에 의한 환경 변화의 위험에 대한 경고는 전 세계 기후변화의 과학적 평가에 대한 현대 산업사회의 반대를 예상하는 방식으로 논란이 되었다. 현대 문명이 처한 현 상황과 전망을 전 지구적 산업화의 확산, 폭발적 인구 증가, 기아, 순환 불가능한 자원의 고갈, 환경파괴 등으로 집약해서 보여주었기 때문이다. 로마클럽의 예측과 경고로 자본주의와 부르주아의 낙관론적 전망은 도전에 직면하게 된다. 「성장의 한계」라는 보고서는 인구 증가, 공업 생산, 식량 생산, 환경오염, 자원고갈 5개 분야에 대해 1900년부터 1970년까지의 자료를 토대로 2100년까지 지속 가능성과 한계를 예측하는 모델을 담아냈다. 자본주의를 지탱하는 성장의 한계가 명시적 수치로 드러났다.

참고로 유엔은 2022년 11월 세계 인구가 80억을 돌파했지만, 모든 나라의 정부가 부유층의 세금을 올려서 교육, 사회서비스, 소득 불평등 향상에 투자한다는 가정하에 전망한 '보다 낙관적인 시나리오'에서는 세계 인구가 2040년에 85억으로 정점을 찍고, 2100년에는 60억으로 감소한다고 설명했다.

환경운동으로 시작한 환경 지연 사회의 진화, 자연과 함께하는 디자인

건축과 조경 분야 역시 68혁명에서 많은 영향을 받은 분야이다. 미국 펜실베이니아대학교 조경학과의 설립자였던 이안 맥하그(Ian L. Mcharg, 1920-2001)는 스코틀랜드의 조경 건축가로서 자연 시스템(Passive System)을 이용한 지역계획에 관심을 기울인 디자이너로 활동했다. 맥하그는 환경에 대한 가치를 대중에게 널리 알리고 생태계획 방법을 조경, 건축, 도시계획 및 공공정책의 주류로 끌어들인 환경운동(Environmental Movement)에서 가장 영향력 있는 인물 중 한 명이었다. 맥하그는 『자연과 함께하는 디자인(Design with Nature, 1969)』을 저술하면서 생태학적 계획과 설계의 개념을 소개했는데 이 책은 오늘날 조경과 건축, 토지 이용계획 분야에서 고전이 되었다. 이 책에서 그는 후일 지리 정보 시스템으로 발전하게 되는 기본 개념도 제시했다. 그의 철학과 주장이 실린 책 내용 일부를 소개하면 다음과 같다.

서구 문명 전반에 걸쳐 있는 자연 착취의 철학적 근원을 연구해보면 국민총생산(GNP) 증대에만 관심을 기울이는 서구 국가들의 성향을 비판하게 된다. 국민총생산이라는 수치에 모든 국가가 매달려왔지만 이러한 경제 성장이 인간의 행복이나 존엄, 살아가는 데 필요한 열정에 도움이 되었다는 증거는 어디에도 없다. 서구화된 세계는 진보의 이름으로 모든 것을 화폐 가치로 환산해왔다. 그러면서 화폐 가치로 환산할 수 없는 자유, 존엄, 박애 등 인간을 인간답게 하는 가치들을 철저히 무시해왔다. 가치 환산을 할 수 없는 자연 역시 똑같은 취급을 받았다. 그렇지만 정작 귀중한 것은 이 값을 매길 수 없는 가치들이다.

그렇다고 해서 맥하그가 무조건 도시개발을 금지하는 주장만 한 것은 아니다. 오히려 무분별한 개발 금지가 많은 토지 소유자와 선량한 시민들에게 고통을 주기도 한다고 말하면서 대규모 개발업자의 이익을 제한함으로써 폭리를 보장하는 도시개발로 인한 피해를 막아야지 대다수 시민의 건전한 욕구를 희생시켜선 안 된다고 주장했다. 즉 분배의 균형을 파악하고 시행해야 한다는 것이다. 또한, 개발 지역에 자생하는 식물과 동물군을 파괴하지 않는 조경계획을 수립하고 동시에 주변 생태계와 자연을 보호하는 전문가들을 더 많이 영입해서 이전에 보기 좋은 조경만 고집하던 에너지 소모적인 전시, 선전형 도시 조경에서 벗어나야 하며 지역 특성을 가진 식물들을 상시 보존해서 시민들이 자연 생태와 가까이할 수 있는 시민 친화적 도시 숲을 만들어나가야 한다고 말했다. 즉 자연과 인간의 조화를 위한 도시 조경계획의 방법을 창안하고 실제 설계와 조경 및 공원 식생 사업 현장에 적용함으로써 '자연과 함께하는 디자인(Design with Nature)'을 추구해야 한다고 제안했다.

» 환경 지연 사회의 우려와 희망

세계 정치·경제 체제가 급변하고 지구환경에 재앙적 기후변화가 진행되는 사이 새로운 희망이 생겨났다. 조용한 혁명이 잉태된 것이다. 즉 전 세계인의 탈물질주의 가치관(물질주의 문명의 한계를 깨닫고, 이에 대응하기 위해 인권과 자유, 불평등 극복과 관용, 환경 지연 사회와 세계 시민연대 탄생 등)을 중시하는 문명사적 흐름, 즉 인간성 회복과 공감의 문명 새벽이 열린 것이다. 이와 반대로 물질 문명으로 회귀해서(화석연료가 고갈될 때까지 사용해서) 기후변화를 외면하는 과잉생산과 환경오염, 과소비와 환경파괴, 소득과 분배의 불평등, 극우주의와 인종차별, 부의 집중과 빈곤층의 확산, 즉 탈진실 사회와 권위주의 정부가 인류 공동체에 해를 끼칠 양극화 현상과 거대한 경계들이 나타나고 있다.

권위주의는 탈물질주의 문명으로 가는 변화를 탈선시킬 것인가? 탈물질주의 문명으로 돌아가 인류문명의 영혼을 구할 수 있다면 붕괴를 피할 수 있을 뿐만 아니라 다음에 올 풍요의 세기를 맞이할 수 있다.

이 주장은 로마클럽의 지원을 받는 저널 《전망(Foresight)》에 2024년 12월 게재된 나피즈 아메드(Nafeez Mosaddeq Ahmed) 박사의 논단 의제다. 내용을 간추려 보면 인간 문명은 진화의 다음 단계로 '거대한 도약' 직전에 있다. '탈물질주의 문명'으로 탈바꿈하는 물질문명의 전환기에서 현재 화석연료를 기반으로 하는 에너지 산업 쇠퇴는 피할 수는 명제다. 그러나 트럼프 행정부와 같은 중앙집권적 극우 정치 프로젝트로 인해 탈탄소 에너지 정책의 세계적 협력과 진전이 좌초되고 있다. 오늘날까지 자본주의와 민주주의를 뒷받침해온 산업 문명이 지나치게 빠르게 쇠퇴하고 있어 인류의 새로운 희망인 '성장 한계의 수명 연장'을 오히려 방해할 수도 있는 상황에서 다시 탄소 에너지로 돌아간다는 것은 궤도 이탈이나 다름없는 위험천만한 일이라고 한다.

이 논고를 작성한 방글라데시 출신의 영국인 아메드 박사는 근 미래 다가올 '탄소 시대 이후 문명의 새벽 시대 예측가'이다. 시스템 이론가, 지구 위상 변화 전략가이며 많은 수상 경력이 있는 영국 《가디언(The Guardian)》의 탐사 기자로, 15년 전부터 유럽 전역에서 극우 정당의 급격한 부상을 경고하였고 2001년 아프가니스탄 침공, 2008년 미국 서브프라임모기지 사태, 유럽 중산층의 붕괴, 서구의 극우 주류화, 2018년 주식시장 폭락 등 최근 현대사에서 중대한 사건을 정확히 예측한 바 있다. 최근 네오나치즘과 백인 우월주의 극우세력의 부상과 네트워크를 추적 탐사한 『ALT REICH(오래된 제국)』을 냈는데, 이 책은 2025년 1월 출간과 동시에 초판이 매진되었다.

아메드 박사는 2004년부터 유엔의 '미래 정상회의'에서 연구를 시작해서 2023년 유엔에서 제28차 유엔 기후변화 정상회의 '유엔 당사국 국가원수 본회의'에서 행성 위상 변화에 관한 자신의 연구를 발표하는 기조연설을 하였다. 다음은 세계 여러 지역에서 얻을 수 있는 청정에너지에 기반한 탈탄소 시대에 맞춘 시스템을 전환하는 방법「체계적 붕괴를 피하면서 깨끗한 녹색 풍요를 구현하는 방법에 관한 연구」에 관한 요약이다.

연구 결과의 하나로서 '화석연료 기반 산업'을 보호하려는 노력을 포함한 권위주의 정치의 증가가 인류문명을 위협할 수 있는 요인 중 하나임을 동시에 보여주기도 했는데 이러한 요인의 핵심은 석유, 가스, 석탄에 대한 에너지 투자 수익률(EROI)의 전 세계적 감소다. 풍요의 새로운 시대를 맞이할 가능성을 극대화하고 붕괴 위험을 최소화할 수 있는 것은 숲과 산림이다. 그러나 산림 파괴가 계속된다면 향후 20년에서 40년 사이 자연재해와 기후변화로 대규모 사회 전력망 자체가 붕괴할 가능성이 90%가 넘을 것이다. 즉 2050년부터는 기후변화의 영향으로 세계 문명이 곳곳에서 붕괴할 위험에 처할 수 있다.

그의 분석과 예측을 남은 보고서는 값비싼 화석 에너지 기반 산업이 새로운 시대로의 전환을 방해하고 우리가 아는 자본주의의 기반을 어떻게 훼손하고 있는지를 밝히며, 특히 끝없는 경제 성장을 추구하려는 자본주의의 한계까지 넘으려는 극단적 부의 집중이 인류 생존의 조건 자체를 파괴하고 있다는 것을 실증적으로 보여주고 있다.

» 글을 마치며:
새로운 민주주의 길—함께 가는 공화의 길

지금까지 되짚어본 인류 정치·문화사의 발자취를 따라가 보면 그 속에 모든 해답이 있다. 앞에 서술한 5가지의 대립 주제에 그 답이 있기 때문이다. 역사에서 축적된 지혜를 요약해서 극도의 혼란을 겪고 있는 한국 민주주의의 새로운 길을 모색하는 의미로 다음과 같은 실현 방안를 제안한다.

첫째, 자유민주주의 체제에서 정당에 대한 과도한 기대는 붕당 정치를 초래할 수 있다. 지도자는 인위적 정치공학으로 만들어지는 것이 아니므로 사회의 건전한 상식과 신뢰, 실천이성을 가진 지도자와 대의 민주정을 바르게 구현할 수 있는 의회 후보자들을 국민이 직접 찾아내고 길러내야 하는 것이다. 이를 실행하기 위해 지혜와 전문성을 갖춘 국민 후보를 추천하거나 천거하는 방식을 제도화해야 한다.

둘째, 그렇게 하려면 우선 좌우로 갈라진 기성세대부터 화해와 타협의 계기를 만들고 서로 적개심과 증오의 에너지를 덜어내서 함께 태워버려야 한다. 존엄한 국민의 이름과 민주주의 이름을 허투루 쓰지 않도록 한다는 서약과 함께 욕설과 비방, 허위사실 유포

등 정치인의 품위를 실추시킬 때 국민소환을 쉽게 하는 오스트라시즘의 절차와 충족 요건 기준을 낮춰 국격 훼손을 막아보자.

셋째, 대의 민주주의를 정상적으로 작동시키려면 보좌진과 연구 조사 예산은 늘리되 국회의원 급여와 특혜를 축소 시키고 면책은 있으되 특권은 없는 명예 봉사직으로 만들어야 한다. 의원 수는 점진적으로 줄이되 3번 정도의 선거를 거쳐 150~200명을 목표로 정해야 효율적인 국회로 운영될 것이다. 지역 갈등이 해소될 때까지 당분간 지역 소선거구제를 폐지하고 당분간은 중선거구제로 나아가야 한다. 중선거구제와 전국 총 투표자 수 정당 추천 비례대표제를 병행하면 양당제의 극단적 대결 구도를 보완할 수 있는 느슨한 대립 관계의 다당제가 정착될 것이다.

넷째, 차기 정부는 무엇보다도 부의 집중 현상을 억제하고 중산계층의 확대에 총력을 기울여야 한다. 소득 격차가 심화하면 포퓰리즘과 독재의 그림자가 다가오기 쉽다. 모든 인간이 노동시간을 제한 없이 선택할 수 있어야 하고 소득과 취업의 기회를 스스로 늘려 나가는 데 어떤 시간과 임금의 제약을 두어서는 안 된다. 정부와 국회는 노동환경과 재해 예방, 노동 근로자의 인권을 보호하고 저소득계층의 생활 향상을 위한 주거와 육아, 보건의료 및 생계 지원에 집중해야지 취업자의 노임 계약과 소상공인의 지갑에 손을 대서는 안 된다. 모든 국민은 얼마를 벌든 합법적 범위 내에서 수입을 늘릴 권리가 있다. 자유민주주의 체제하에서 풀뿌리 가족이 건강하게 유지되려면 중산층의 소득이 늘어나야 가정경제(Economia Pura)가 튼튼해지는 것이다.

다섯째, 기후변화와 자연재해, 물과 에너지 등 자원 부족을 동반하는 빈곤국 증가와 마약 범죄 증가, 과소비에 따른 생태환경 파괴, 소득 양극화와 중산계층의 몰락, 전쟁과 기후 변화로 인한 농업 난민과 기아 발생, 이주민 문제를 증폭시키는 남북문제, 양극화를 심화시키는 극단주의 정치체제는 지구자원의 한계와 산업 성장의 한계와 맞물려 전 지구적 쟁점이 되고 있다. 대한민국도 예외일 수 없는 미래의 인구절벽 시대에 맞춰 국정을 기획하여야 한다. 인구 3000만 내지 4000만 시대의 축소 지향형 국가 정책을 검토해야 할 시기가 이미 도래했기 때문이다. 정년 연장과 정기적 연금 수정 제도 도입 같은 일을 대통령 한 사람이 결정하는 시대는 이미 한참을 지났다. 미래는 올리가르히(oligarchy), 즉 직능별 과두제로 가야 한다. 예를 들면 대통령은 국방·외교를 전담하고, '물 통령'은 공급자 관점에서가 아닌 소비자 관점에서 깨끗한 물을 저장·담수·배송·위생처리해서 공급하고 우수와 하수를 순환 처리하는 일을, '쓰레기 통령'은 쓰레기 분류 체계와 재활용 체계, 자원 회수와 수출을 총괄하는 등 지식 지도 체계(Landkarte Des Wissens, Knowledge Map System)를 통한 새로운 기능을 유기적으로 수행할 수 있는 정부로 다시 태어나야 한다. 이것이 모두의 웰빙(Well Being) 시대, 더불어(바르게) 잘사는 진정한 공화의 세상으로 나아가는 지름길이 될 것이다.

끝으로 로마클럽이라는 작은 등불을 이 세상에 켜놓고 떠난 아우렐리오 페체이 회장의 유언(The Legacy of Aurelio Peccei)을 첨부한다.

아우렐리오 페체이 회장이 남긴 세기말 의제:
21세기의 보편적 과제

아우렐리오 페체이 회장이 1984년 3월에 마지막으로 쓴 글은 '로마클럽: 세기말의 의제'였다. 이 문서는 페체이 회장이 세상을 떠나기 12시간이 채 남지 않았을 때 작성되었다. 그는 다시 읽지 못하고 영면에 들어갔다. 이 문서는 마지막 숨을 거둘 때까지 초인적인 힘으로 말한 그의 영적 유언으로 추정된다. 이 유언 문서는 그의 비서 안나 피뇨치(Anna Pignocchi)에게 구술되었고, 나중에 필사되어 기록으로 남게 되었다. 페체이 회장은 이 문서를 구술하면서 인류가 21세기까지 불과 6000일밖에 남지 않았다고 진심을 다하여 경종을 울렸다. 그의 목소리는 진정한 민주주의 정신이 사라져가는 텅 빈 황혼의 세상에 메아리치고 있다.

앞으로 남은 6000일 동안 일어날 일은 거의 전적으로 인류가 무엇을 할 것인지, 언제 어떻게 그것을 실행할 것인지에 달려 있습니다.

세계 인구의 증가에 큰 변화가 일어날 것입니다. 인간과 환경 간의 관계는 계속 악화할 것입니다. 인간 사회는 규모뿐만 아니라 관계의 복잡성과 복잡함도 커질 것입니다.

마이크로 전자공학, 유전공학 등과 같은 새로운 기술이 계속 등장하고 발전할 것입니다. 군비 경쟁을 계속할 것인지에 따라 인류에게 치명적인 결과가 초래될 것입니다.

인류 사회가 현세기에 수행해야 할 사명과 21세기에도 지속해야 하는 사명이 있다는 것을 알아야 합니다.

개발도상국의 인구 증가를 주목하며 식량, 의료, 교육, 주택, 특히 일자리를 제공해야 하는 연계 필요성을 지적합니다. 앞서 언급한 필수 여건이 부족하거나 이러한 필요에 대한 대응이 충분하지 않으면 엄청난 고통이 발생하고 이런 국가에서는 전란과 억압, 폭력이 심화할 것입니다.

인간과 환경의 조화로운 공존은 당장의 관심사이자 우리의 미래 생존에 중요한 것일 뿐만 아니라 근본적인 문화적 가치이기도 합니다.

세계를 위한 견고한 협치(Global governance)의 필요성은 가장 기본이 되는 것입니다. 국제적 협치 관리가 잘 안 되는 원인 중 하나는 세계에서 동서·남북 간 격차와 경쟁 때문입니다. 인류의 다양한 발전은 장애물이 있든 없든, 결과가 무엇이든 필요한 목표입니다. 인간 개발은 가장 중요한 목표입니다.

비폭력 사회를 이룩하려는 생각과 의지는 세계 인류의 기본적 문화 가치 중 하나가 되어야 합니다. 평화는 개발, 삶의 질, 그리고 각 개인의 충족을 위해서 매우 중요하고 기본적인 요소입니다. 비폭력은 인간 사회의 모든 계층 수준과 부문에서만 필요한 것일 뿐만 아니라 인간 사회와 자연 생태계 간의 관계를 새로 정립할 수 있는 열쇠로 여겨져야 합니다.

윤종인 | 이화여자대학교 정책과학대학원 초빙교수

2. 함께 잘사는 민주공화국이 답이다[1]

» 들어가며

대한민국의 1인당 국민총소득(GNI)은 2023년 기준으로 3만 6194달러로 일본을 사상 처음으로 추월하였다. 대한민국 발전 과정은 눈부시다. 기나긴 약소국 역사에 이은 일본 제국주의의 침탈과 한국전쟁의 폐허 위에서 세계 10위권 경제를 일구어냈고, 민주주의를 완성해가고 있다. 경제적 번영과 민주주의를 동시에, 이토록 짧은 기간에 성취해낸 사례는 찾기 쉽지 않다. 여기에는 국민의 교육열, 기업의 혁신 노력, 정부의 전략적 지원 등 여러 요인이 효과

---

[1] 이 글은 이화여대 정책과학대학원 2024년 2학기 정책학 세미나 과목을 담당하면서 대학원생들과 함께 토론한 내용을 정리한 것이다. 수업에 참여한 대학원생들에게 많은 도움을 받았음을 밝힌다.

를 발휘했다. 최근에는 K-팝으로 시작된 한류의 세계적인 유행으로 대한민국의 문화적 영향력도 더욱 강해지고 있다. 이러한 성과는 우리 스스로 자부심을 가질 만하고, 국제사회에서도 대한민국을 모범사례로 평가하는 목소리가 높다. 더욱이 지금 급속히 진행 중인 기술 시대의 변화에 잘 적응해나간다면, 대한민국이 후발주자가 아닌 선도자(first mover)로서 새로운 질적 도약을 이룰 수 있다고 생각하는 분들이 많다. 우리의 높은 교육 수준과 강력한 IT 인프라, 기업의 혁신 역량과 정부 의지를 볼 때 전망이 밝다.

하지만 우리의 장밋빛 미래 전망을 어둡게 하는 부정적 요소 역시 여전히 많다. 대한민국이 작금에 마주하고 있는 현실은 지금까지의 성과에 대한 감격과 고취된 자부심으로만 덮고 넘어가기 어렵다. 정치적·경제적·사회적 위기 요소들은 미래로의 과감한 전진을 방해하고 있다. 우선, 정치적 양극화를 먼저 지적하지 않을 수 없다. 우리는 최근 우리가 뽑은 대통령이 비상계엄을 선언하는 것을 생생하게 목도하였다. 우리가 믿고 의지하는 우리 삶의 기본 전제, 헌법과 민주주의 기본 원칙이 흔들리는 경험이었다. 그 배경이 된 정치 양극화와 사회 내 분노와 갈등의 확산은 대화와 타협, 그리고 상대방에 대한 존중과 절제라는 가장 기본적인 민주주의의 토대를 무너트리고 있다. 경제 역시 고령화, 새로운 성장 동력이 될 신산업 부재와 함께 2000년대 초반의 IT 붐 이후 혁신적 기업들이 등장하지 않으며 저성장이 뉴노멀(New Normal)이 되고 있다. 최근의 정치적·사회적 혼란은 경제에 더욱 악영향을 줄 것이다. 마지막으로 자살률과 초저출산으로 상징되는 사회적 위기이다. 우리나라의 자살률은, 주지하다시피 OECD 국가 평균의 2배를 넘고 있고, 젊은 세대는 세대 재생산 중단이라는 최후의 결단을 극단적인 저출산율로 선언하기에 이르렀다. 결국, 대한민국은 그간의 발전에도 불구라고 사회 구성원이 만족하는 좋은 공동체에는 도달하지 못한 것이다.

이렇게 그리고 여기서 대한민국은 좌절할 것인가? 고(故) 이은상 시인은 70년 전인 1956년 민족 분단과 가난이라는 당시 우리가 당면한 엄혹한 현실 속에서 다음과 같이 읊었었다.

> 고난의 운명을 지고 역사의 능선을 타고
> 이 밤도 허위적 거리며 가야만 하는 겨레가 있다.
> 고지가 바로 저기인데 예서 말 수는 없다.

그리고 70년 동안의 지난한 노력을 거쳐 우리 대한민국은 여기까지 왔다. 예서 말지 않은 것이다. 그리고 앞으로도 여기서 말 수는 없는 일이다. 그럼 어떻게 해야 하는가?

대한민국의 더 큰 도약을 위해서는 우리나라의 국체를 규정하는 대한민국 헌법 1조, "대한민국은 민주공화국이다"에서 그간 '민주'에 비해 상대적으로 도외시되어온 '공화', 즉 함께 잘사는 공화의 정신이 반드시 회복되어야 한다. 그간의 성상 위주 정책의 경로 의존성에서 탈피하는 방법은 공화 정신의 회복이 되어야 한다는 것이다. 공화의 정신은 문자 그대로 해석하면, '함께 공(共), 화합하다 화(和)'라는 의미로 사회 구성원이 협력하여 공동체의 이익을 도모하는 것을 의미하며, 여기에는 공동의 이익과 평등이라는 가치가 내 포되어 있다. 공화의 정신은 인간의 존엄과 평등에 대한 숭고한 존중과 수호 의지, 나와 공동체에 대한 충성 및 연대감, 상호 돌봄과 지원의 정신을 포함한다. 대한민국 헌법은 공화의 정신을 명확히 제시한다. 모든 국민에게 균등한 기회를 보장하고, 개인의 능력을 최대한 발휘하도록 지원하며, 국민 생활의 균등한 향상을 통해 공동 번영을 이루겠다는 약속이 그것이다. 대한민국 헌법은 前文에서, "(전략) 정치·경제·사회·문화의 모든 영역에서 각인의 기회를 균등히 하고, 능력을 최고도로 발휘하게 하며, 자유와 권리에 따르는 책임과 의무를 완수하게 하며, 안으로는 국민 생활의 균등한 향상을 기하고 밖으로는 항구적인 세계 평화와 인류 공영에 이바지함으로써 우리들과 우리들 자손의 안전과 자유와 행복을 영원히 확보할 것을 다짐하면서 (후략)"라고 하여 함께 잘사는 공동의 번영과 다양한 이견과 이익이 조화를 이루는 공화의 의미를 대변하고 있다.

하지만 현실은 공화의 이상과 멀어져 있다. 우리는 경제적 성과에도 불구하고 사회적 약자를 배제하거나, 공동체보다 개인과 기업의 이익을 우선시하는 제도와 구조, 그리고 문화에 익숙해져 있다. 대한민국의 현 상황이 함께 잘사는 공동 번영이라는 공화의 약속을 충분히 지키고 있는지, 국민의 안전과 삶의 질 등 각 영역에서 공화의 정신이 유지되고 있는지를 다시 한번 되물어 보아야 한다. 하지만 공화의 정신은 단순히 정치적·경제적·사회적 약자에 대한 배려만을 의미하는 것은 아니다. 그것은 공동체의 이익을 위하여 개인이 책임을 다하고, 평등과 상호 존중의 가치를 실현하며, 모두가 함께 더 나은 미래를 꿈꾸는 것이다. 한나 아렌트(Hannah Arendt)가 말하는 정치적 행동(political action)이 이것이다. 그는 생물학적 생존을 위한 단순 반복적인 활동인 노동(labor)과 타인과 대화와 토론을 통한 공적인 영역에서의 활동인 정치적 행위(Political Action)를 구분하였다. 정치적 행동은 우리가 함께 살아가는 공적 공간인 공동체를 만들고 유지하는 기본 활동으로 인간의 복수성(plurality)을 실현하는 방식이자 정치적 자유의 실현이다.

그렇다면 선진국의 완성, 나아가 인류 공영에 이바지하는 강대국으로 대한민국이 우뚝 서기 위한 희망의 전제 조건이 공화 정신의 회복이라고 한다면 무리한 주장인가? 공화의 정신을 회복하지 않고서는 대한민국이 다음 단계로 나아가기 어려울 것이다. 한나 아렌트는 정치적 행동은 항상 새로운 것을 시작하는 가능성을 내포한다고 하고, 이를 탄생성(natality)이라고 불렀다. 이는 인간이 기존의 상황을 변화시키고 새로운 것을 시작할 수 있는 능력을 의미한다. 새로운 대한민국의 발전 모델은 지금까지의 경제적 발전 과정에 더하여 공화 정신의 회복을 통하여 새로운 탄생성을 획득하여야 한다. 이를 통하여 민주주의의 튼튼한 토대인 중산층의 기반을 새로이 확충하고 1980년대 이후 활착되어온 우리 민주주의의 주춧돌을 더욱 공고히 함으로써 더욱더 성숙한 민주주의적 자본주의라는 대한민국의 새로운 발전모델을 완성해야 한다.

'회색 코뿔소(Gray rhino)'라는 표현이 있다. 이 용어는 경제학자 미셸 부커(M. Wucker)가 그의 저서 『The Gray Rhino』에서 이야기한 것으로, '블랙 스완(Black Swan)'과 대조되는 개념으로 제시하고 있다. 블랙 스완이 극히 희귀한 존재, 즉 통상적으로 예측할 수 없거나, 매우 드물게 발생하나 발생 시 큰 충격을 주는 사건을 의미한다면, 반면 회색 코뿔소는 발생할 개연성이 높고 파급력이 엄청난 위험임에도 불구하고, 일상적인 문제에 더 집중하면서 적절한 대응을 하지 못하는 상황을 말한다. 그 예로서 글로벌 금융위기, 기후변화, 테러리즘 등이 지적된다. 따라서 어떤 상황에서든, 'Grey rhino'의 위험을 인지하고 예방적 조치를 취하는 것이 큰 위험을 방지하는 데 매우 중요하다. 이 글은 대한민국이 당면한 반드시 극복하여야 하는 문제, 그러나 종종 이에 제대로 대처하지 못하고 있는 회색 코뿔소가 지난 70여 년간의 눈부신 발전과 함께 병존하면서 1997년 외환위기 이후 확대되어온 '부와 자산의 불평등'과 '다차원적 격차'의 확대라고 본다. 이는 공화정의 부재를 의미하기도 한다. 우리나라는 그간 공화의 약속을 충분히 지키지 못한 것이다.

» 공화의 약속은 지켜지지 않았다

자살 공화국

출발점은 자살이다. 자살은 개인의 심리적 문제로 국한될 수 없는 공동체적 현상이다. 우리나라는 세계에서 자살률이 가장 높은 국가 중 하나로 꼽힌다. 2022년 자료에 따르면, 한국의 연간 자살률(10만 명당 자살자 수)은 25.2명이며, 1일 평균 사망자 수는 35.4명이다. 2017년 이후 인구 10만 명당 줄곧 25~27명 수준으로 OECD 평균의 두 배를 훨씬 웃도는 상황이다. 1990년 이후의 자살률 변동 추이를 보면, 1997년 외환위기, 2002년 카드대란, 2008년 금융위기 등 이후에 급격히 증가하여 경제적 불안정이 자살률에 상당한 부정적 영향을 주고 있음을 시사한다(그림 참고). 이는 건강보험료 분위별 자살 발생률을 살펴보면 보다 명확하게 나타난다. 2020년 기준으로 가장 하위 소득계층이라 할 수 있는 의료급여 구간 사망자는 38.3명으로 상위구간 사망자 17.6명과 비교하여 2.2배가 높다.

연령별 자살 요인 연구 결과도 경제적 불안정이 자살의 원인이 되고 있음을 뒷받침한다. 19세~29세를 대상으로 한 한 연구 결과는 삶의 만족도를 가장 강력한 자살 예측 요인으로 판단하면서, 만족도를 구성하는 요소 중 경제적인 소득이 가장 높은 상관관계가 있다고 한다. 유사한 연령대의 청년을 대상으로 한 다른 연구에서는 다차원적 빈곤, 즉 소득 빈곤, 주거 빈곤, 교육 빈곤이 중요한 자살 예측 위험 요인임을 밝히고 있다. 실제로 소득 빈곤, 교육 빈곤, 주거비 과부담의 '빈곤형 청년'의 자살 생각 가능성은 그렇지 않은

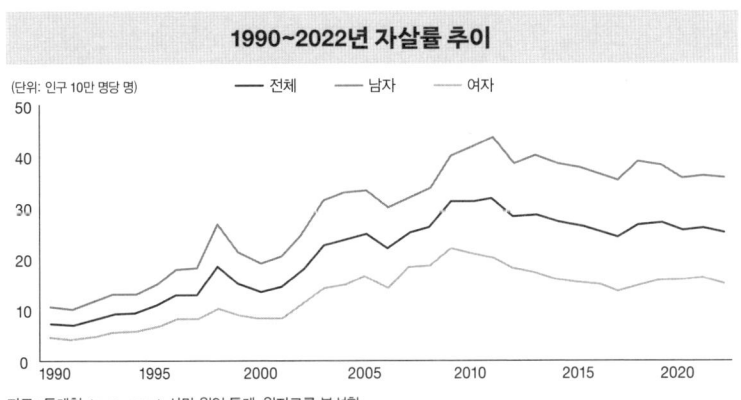

경우와 비교하여 4.73배 높다. 중년층 역시 크게 다르지 않아서, 중년 1인 가구의 자살 생각 영향 요인에 관한 한 연구를 보면, 소득수준이 낮은 경우가 높은 경우보다 15.19배, 경제활동 참여 여부는 2.05배, 높은 스트레스 정도는 4.24배, 우울감은 9.91배 더 자살 생각을 유발하는 것으로 분석되었다.

한편, 자살자 가족 등을 대상으로 한 심리부검 보고서(한국생명존중재단, 2023) 역시 동일한 결과를 보여준다. 심리부검 대상 자살자의 60.7%가 사망 전 경제적 스트레스를 경험한 것으로 나타났다. 경제적 스트레스는 부채 문제(62.7%), 수입 감소(26.7%)와 지속적 빈곤(13.2%) 순으로 나타났다. 자살 사망자의 52.5%가 소득이 없거나, 월평균 소득액이 100만 원 미만인 것으로 드러났다. 또한, 자살 사망자의 상당수가 고용 불안정을 경험하였다. 자살 사망자 중 실업자는 24.3%, 노년층 자살 사망자의 60%는 비정규직인 것으로 조사되었다. 한편, 자살은 사회적 원인과 구조에 영향을 받는 사회적 고통의 결과이다. 경제적 불안정 외에도 1인 가구 증가와 지역 공동체의 약화는 개인의 고립감을 심화시키고, 노인 자살률 증가로 이어진다. 그리고 우울증, 불안장애 등 정신적 고통을 겪는 사람들이 쉽게 접근할 수 있는 치료와 상담 서비스가 부족한 현실도 주요 원인이 된다. 특히 우리나라는 교육과 취업, 그리고 승진 등 생애주기 전반에 걸친 경쟁 환경이 높은 자살률과 깊은 관련이 있다. 끊임없이 주어지는 과업을 수행하는 가운데 인생이 소비된다는 하소연이 나올 정도이다. 청소년의 경우, 자살률은 10만 명당 11.1명으로 OECD의 1.6배 수준이며, 학업성적과 미래에 대한 부정적 전망, 즉 절망감이 자살 생각을 자살 시도로 이행하는 데 유의한 영향을 주는 것으로 나타나고 있다.

노벨 경제학상을 받은 앵거스 디턴(Angus Deaton, 2017)은 절망사(Deaths of Despair, DoD)라는 개념을 제시하는데, 우리나라의 높은 자살률에 이를 적용해볼 수 있을 것이다. 앵거스 디턴은 미국 자살률의 급증이 세계화, 자동화 등 제조업 감소, 고용기회 축소 등으로 인하여 오랫동안 누적된 불이익 과정을 거친 미국 중년 백인들의 절망이 원인이라고 분석한다. 안정적이고 임금이 높은 좋은 일자리를 잃은 노동자들은 지위와 자존감을 상실하면서 사회에서 자신의 위치를 잃게 된다는 것이다. 안정적인 경제력을 기대하는 희망이 부족해지면 절망이 생겨나고, 이는 때때로 죽음까지 이르는 파괴적 행동을 불러온다는 것이다. 우리나라도 경제적 불안정, 주거 문제, 경쟁 압박 등 사회 계층 이동에 대한 기대치가 낮고 사회적 고립감이 높아지는 사회 분위기가 절망사로 이끄는 원인이 되고 있다고 볼 수 있을 것이다.

초저출산과 세대 재생산 중단

대한민국은 20세기 중반에, 최빈국에서 인적 자원만으로 경제성장과 민주주의를 함께 이룬 거의 유일한 국가이면서, 동시에 합계출산율이 1.0 이하로 떨어진 유일한 나라이다. 출산율 측면에서 본다면 '성공의 실패'인 것이다. OECD 통계에 따르면 우리나라의 2022년 합계출산율은 0.78명으로 전쟁 중인 우크라이나 출산율과 비슷한 수준이다. 이를 다른 OECD 국가들과 비교해보면 OECD

합계출산율 평균(1.51)의 절반 수준이며, 가장 높은 나라인 이스라엘(2.9명)의 1/3에도 미치지 못한다. 심지어 꼴찌에서 두 번째인 스페인의 1.16명과도 상당한 격차를 보인다. 인구학자인 데이비드 콜만 교수는 저출산 문제가 지금처럼 지속된다면 대한민국이 지구상에서 사라지는 첫 국가가 될 것이라고 한다. 일본 일각에서 '코리아 피크'론이 등장하는 이유이다. 저출산이 가져오는 이러한 심각한 위기감을 반영하듯 다양한 대책이 여기저기에서 쏟아지고 있고, 정부도 대책을 마련하고 있지만, 효과는 아직 미미한 것으로 평가받고 있다.

우리 사회의 젊은 출산 세대가 이렇듯 역사상 유례없는 세대 재생산을 중단한 원인은 무엇인가? 일각에서는 여전히 여성에게 양육 책임을 지우는 사회적 분위기에 따른 여성의 일·가정 양립의 어려움을 출산율 저하의 주요 원인으로 주목한다. 하지만 보다 근본적 원인은 일자리, 인프라, 인재 등의 수도권 집중으로 인한 과밀화와 경쟁 심화이다. 좋은 일자리가 수도권에 몰리다 보니 젊은 세대는 수도권으로 이동하는 반면, 수도권 집값은 천정부지로 치솟아 이를 부담하기 힘든 젊은 세대가 연애·결혼·출산을 포기하는 사례가 증가한다. 결과적으로 이제는 출산이 계층적 현상으로 자리 잡고 있다. 2010~2019년 동안 출산율 감소 현상은 소위 하위층 51%, 소득 중위층 45.3%, 소득 상위층 24.2%로 각각 나타나 출산이 소득에 따라 계층화된 형태로 이루어지고 있음을 확인하게 된다.

한국은행이 최근에 발표한 초저출산 및 초고령사회 극단적 인구구조 관련 자료 역시 유사한 결론을 보여준다. OECD 35개국 자료를 이용하여 분석한 결과, 출산율은 인구 집중도와 주택 가격이 높을수록 낮고, 청년층 고용률이 높을수록 상승하고 있다. 즉 경제적으로는 청년층 고용률이 높고, 실질 주택 가격이 낮을수록, 사회·문화적으로는 도시의 인구 집중도가 낮고, 혼인 외 출생아 비율이 높을수록, 정책·제도적으로는 GDP 대비 가족 관련 정부 지출이 많고, 육아휴직 실제 이용 기간이 증가할수록 출산율이 상승한다. OECD 32개국 중 한국은 6번째로 인구 집중도가 높으며(2019년 기준), 특히 대도시 거주 비율이 높아 인구가 대도시로 편중되어 집중되고 있다.

한편, 세대 재생산 중단은 경제적 요인에 덧붙여 청년층의 사회에 대한 인식 변화에도 원인이 있다. 1997년 외환위기는 보호와 안정의 보루로 여겨졌던 국가가 망할 수도 있다는 현실적·심리적 충격으로 남았고, 간난고초를 겪는 부모 세대의 모습을 통해 지금의 출산 세대가 '각자도생의 개인'을 추구하는 출발점이 된 것으로 여겨진다. 이어서 세월호 참사, 코로나 팬데믹, 이태원 참사 등을 통해 국가의 부재는 반복적으로 경험된다. 아울러 저출산에 따른 한 자녀 가정의 과도한 자녀 보호와 사교육 열풍이 결합하여 극단적인 내 자식 우선주의가 나타나고 있다. 국민 개인이 사회 구성원으로서 배려받지 못하고, 차별과 혐오에 익숙해지는 사회, 의지할 곳 없는 각자도생의 나라가 만들어지고 있다. 경쟁과 각자도생이 중요한 사회에서 아이를 더 낳으라고 이야기할 수는 없다. "과연 이 나라에서 결혼하고, 아이를 안전하게 키울 수 있을까?"라는 근본적인 질문에 답할 수 있어야 한다. 이는 개인적인 고민이 아니다. 공동체적 고민이다. 이를 극복하려면 인구 조절에 초점을 맞춘 인구 정책이 아니라, 개별 여성과 남성의 욕구와 열망 등 인간의 권리에 관심을 가져야 하고, 재생산 권리를 포함해 인권, 성평등, 삶의 질 향상이 정책의 근본이 되어야 한다. 역시 공화의 약속이 중요하다.

» 대한민국의 회색 코뿔소

부와 소득의 불평등[2]

위에서 살펴본 두 가지 지표, 즉 자살률과 합계출산율은 국가 내 불평등도와 매우 밀접한 관계가 있다. 한국보건사회연구원 자료(2021)에 따르면, 불평등도를 보여주는 지니계수는 자살률과는 강한 정(+)의 관계를, 합계출산율과는 강한 부(-)의 관계를 보여준다. 불평등이 단순히 소득과 부의 격차에만 영향을 주는 것이 아니라, 생명과 안전, 그리고 인구 등에 직간접적인 영향을 미치고 있다고 해석할 수 있다(그림 참고).

불평등은 성장률과도 밀접하게 관련된다. 세계은행 등은 낮은 수준의 경제적 불평등, 높은 교육 등 기회의 평등과 인적 자본 축적이 그간 우리나라 경제 발전의 원인이라고 분석해왔다. 소득 불평

---

2 불평등이란 차별이 있어 고르지 않음을 의미하는 말로, 이 글에서 논의하는 소득 또는 부(자산) 불평등은 개인 또는 세대 간 소득 또는 부(자산)의 분포가 균등하지 못한 상태를 말한다.

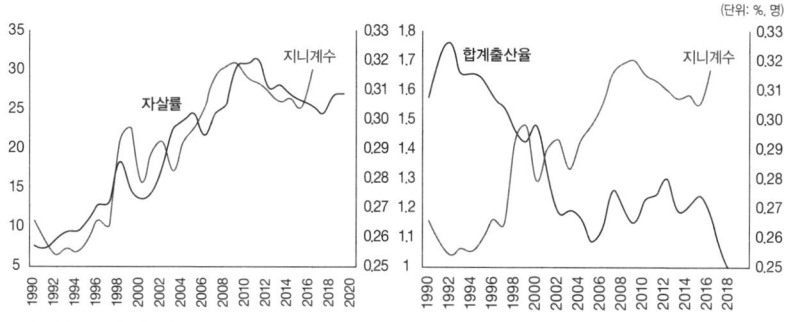

자료: 한국보건사회연구원, 《보건복지 ISSUE & FOCUS》, 제412호, 「최근 분배 현황과 정책적 시사점」, 2021. 11. 8.

등도가 높은 나라일수록 장기 성장률은 낮아지고 성장 지속 기간이 짧아진다는 연구 결과도 있다. 또한, 경제적 불평등은 사회적 소외와 불안을 심화시키고, 이는 다시 경제 성장을 저해하고, 비경제 분야의 불평등을 심화시키는 악순환을 유발한다. 따라서, 경제 성장의 토대가 되는 경제적 자유와 경제적 기회 확대를 위하여 불평등 완화가 무엇보다 중요하다.

우리나라의 시장 소득 기준 불평등과 격차는 1994년부터 시작하여, 외환위기 이후 빠르게 악화하였다. 2010년 이후 정부의 정책적 개입으로 인한 가구 기준 처분가능소득 불평등은 다소 완화되고 있으나, OECD 국가에 비하여 높은 수준에 머무르고 있다. 우리나라는 외환위기를 조기에 극복하고, 빠른 경제 성장을 통하여 선진국 수준의 빌진을 이루었으나, 삶의 질을 결정하는 경제적 불평등, 복지와 사회 안전망, 노동시간 단축과 노동환경 개선, 산업 안전 등의 조건은 상대적으로 최근까지 정체되었다. 한국의 사회복지 지출은 지난 30년간의 지속적인 증가에도 불구하고 2019년 기준

GDP의 12.5%로서 OECD 국가 평균인 GDP의 20%에 비하여 미흡한 수준으로 이를 통한 소득 불평등 및 빈곤 감소 효과는 부족한 실정이다.

세계불평등연구소(World Inequality Lab, WIL)가 2021년 발표한 「세계 불평등 보고서 2022」에 따르면, 우리나라는 소득 상위 1%가 전체 소득의 14.7%, 상위 10%는 46.5%를 각각 차지하는 반면, 하위 50%는 16.0%에 그치고 있다. 자산의 경우에는 상위 1%, 상위 10%, 하위 50%가 전체 자산에서 차지하는 비율은 25.4%, 58.5%, 5.6%이다. 자산의 격차가 소득의 격차보다 크다. 한편, 1980~2021년 기간 소득 상·하위 간 비중의 격차는 점차 커지고 있다. 특히 1990년 이후 우리나라 상위 10%가 차지하는 소득 비율은 35%에서 46%로 상승하고, 하위 50%는 21%에서 16%로 하락하여 불평등이 악화하였다. 상위 10%와 하위 50%의 1인당 소득 격차는 14배를 넘고 있다.

이러한 소득 불평등도 변화를 다른 국가와 비교하면 어떤가? 2007~2021년 기간 우리나라 소득 최상위 1%가 전체 소득에서 차지하는 비중은 3.3%포인트 증가한 11.7%이다. 이는 OECD 회원국 30개국 중 멕시코(8.7%)에 이어 두 번째로 큰 폭이다(그림 참조). 소득 최상위 10%의 비중도 같은 기간 2.5%포인트 증가한 34.4%를 기록하여, 증가 폭이 OECD 회원국 가운데 네 번째로 크다. 한 나라의 전체 소득에서 최상위 계층 몫의 증가는 중하위 계층의 몫이 줄었다는 의미로 소득 분배가 고루 되지 않고 있음을 보여준다. 다음 그림에서 보듯이 다수의 국가가 이 비중이 줄어들었다는 점에 유의해

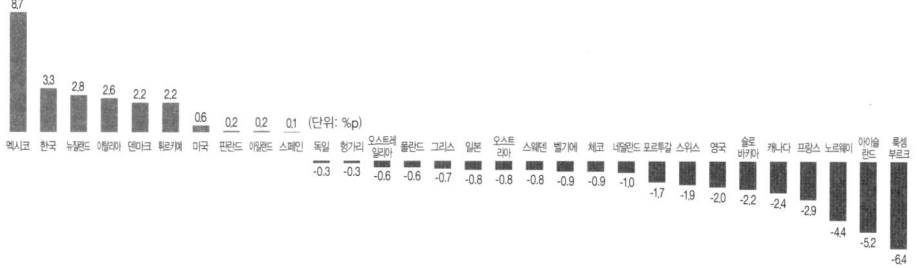

야 한다. 소득 최상위 1%가 전체 소득에서 차지하는 비중이 항상 늘어야 하는 것은 아니다.

또 다른 자료를 보자. 지난 2022년 12월을 기준으로 OECD에서 조사한 소속 국가별 지니계수[3]를 살펴보면 우리나라는 0.331로 OECD 국가의 평균값인 0.315보다 높은 11위를 기록하고 있다. 지니계수가 가장 낮은 나라는 슬로바키아로서 0.222 값을 보여주며, 반면 코스타리카(0.487), 칠레(0.460) 등 남미 국가들이 높은 지니계수 값을 기록하고 있다. 2011~2021년 기간 국내 지니계수를 처분가능소득과 시장 소득을 기준으로 했을 때, 대체로 감소 추세에 있는 처분가능소득 기준 지니계수에 비해 시장 소득 지표는 크게 완화되지 않고 있다(그림 참고).

---

3 소득 불평등도를 나타내는 대표적 지표로 0이면 완전 평등, 1이면 완전 불평등을 의미한다.

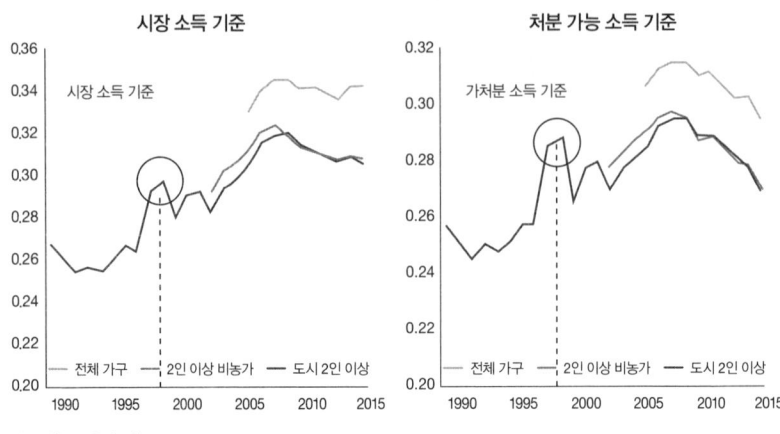

자료: 한국금융연구원

    팔마비율은 소득 상위 10%의 소득에서 하위 40%의 몫을 나눈 값으로 영국 등에서 지니계수의 단점을 보완하기 지표로 도입되었고, OECD·UN(국제연합) 등에서 국가별 비율을 분석해 공개한다. 불평등 문제가 주로 소득 상위 10%와 하위 40% 간의 소득 분배에서 발생하고, 상위 11~60% 중간층의 소득 몫은 안정적으로 유지된다는 연구 결과를 바탕으로 하고 있다. 2022년 기준, OECD 국가의 평균은 1.26인 반면, 한국은 1.28로 나타났다. 국가별로 보았을 때 우리나라는 38개국 중 10번째로 불평등한 것으로 확인된다.

    오바마 행정부에서 경제 자문을 역임한 앨런 크루거 교수는 '위대한 개츠비 곡선'[4]을 발표하면서, 경제적 불평등이 소득계층 간 이

---

[4] 세대 간 이동성과 불평등의 정도를 분석하는 곡선으로, 신분 상승을 다루는 유명한 소설

동을 어렵게 한다고 주장한다. 우리나라의 사회적 이동성 약화는 최근 통계청이 처음으로 발표한 사회 이동성 통계에서 잘 드러난다. 5분위 통계를 이용하여 분석한 결과, 2017~2022년 기간 중 소득 분위가 높아진 비율은 17.6%에 불과하고, 65.0%가 현재의 소득 분위에 머물렀고, 17.4%는 소득이 더 낮아졌다. 특히, 상위 소득자인 5분위 소득 구간에 속한 사람 중 무려 86.0%가 소득 구간을 지켰지만, 1분위 소득자 중 69.1%는 여전히 1분위 소득 구간을 벗어나지 못하고 있다. 한국노동연구원의 자료에 따르면, 도시 근로자 가구의 소득계층 상승 비율은 1990~2002년 평균 30%대에서 지속해서 하락하여 2022년 17.6%를 기록하였다. 2016~2019년 기준 저소득층에서 시작하여 저소득층으로 생을 마감하는 사람들의 비율은 한국이 70%에 달하여 OECD 국가 중 아이슬란드에 이어 두 번째로 높았다. 이렇듯 소득 불평등이 사회 이동성을 제약하고 계층화로 굳어지는 것은 계층상승의 희망이 존재하지 않는 절망의 사회를 만들어내게 된다. 실제로 사회 이동성을 수치로만 본다면, 우리는 현재 조선 시대와 일제 강점기 사이 어디쯤 있다고 한다. 경제적으로 희망이 사라진 사회는 구성원에게 사회적인 죽음을 감내하라고 윽박지르는 정도를 넘어 육체적인 죽음인 자살에 이르게 만들고 만다.

『위대한 개츠비』에서 착안해 이름을 붙였다.

사회적 격차 확대[5]

지금까지 살펴본 부와 소득의 불평등은 사회 내 경제적 자원의 분포 상태를 보여주는 데 비하여, 격차 연구는 사회 내 개인이 속한 집단과 집단 사이의 차이에 초점을 맞추기 때문에 더욱 선명한 실태를 보여준다.[6] 최근에 발간된 한국보건사회연구원의 격차 연구 보고서(2023)는 다양한 분야에 대한 우리 국민의 사회 내 격차에 대한 인식을 보여준다. 우선, 우리 사회의 전반적 격차 문제의 심각성 정도는 5점 척도 기준 3.9점으로 매우 높은 수준을 보여준다. 또한, 우리 사회 내 가장 심각한 격차로는 소득 자산 격차, 부동산 격차, 노동 격차, 교육 격차, 노동 격차 순으로 나타나고 있다. 지난 10년간 격차로 인하여 겪은 피해나 어려움으로는, 높은 부동산 가격으로 원하는 곳에 집을 구하지 못하거나, 학력이 낮아서 원하는 일자리를 얻지 못하거나, 부모님 소득이 충분하지 않아서 사교육을 충분히 받지 못한 것을 꼽는 경우가 많았다. 우리 사회 내 소득과 자산 격차가 매우 심각 또는 심각하다고 보는 견해가 전체 응답자의 80%로 나타나고 있으며, 그 원인으로 정규직-비정규직, 대기업-중소기업 간 노동시장 격차(22%), 과도한 경쟁과 승자독식 사회(14.2%), 경제성장률 감소로 인한 계층이동 감소(14.1%)가 지목되고 있다. 부동산 격차의 심각성은 84%의 응답자가, 노동 격차의 경우

---

[5] 「한국 사회격차 현상 진단과 대응 전략 연구」(한국보건사회연구원, 2023) 내용을 토대로 작성한 것이다.
[6] 지니계수와 소득분배율과 같은 불평등을 설명하는 총량적 지표는 사회 전체적으로 불평등이 확대되거나 낮아지는 등의 전체적인 추세를 보여줄 수는 있지만, 세부 집단 간의 격차가 더 커지거나 줄어드는 구체적인 양상을 설명하기가 어렵다.

에는 76%의 응답자가 매우 심각 또는 심각하다고 각각 보았다. 교육 격차의 경우에는 매우 심각 또는 심각의 응답률이 60%로 나타났고, 교육 격차의 발생 원인은 부모의 사회·경제적 배경(55.2%)으로 인식되고 있다. 우리 사회에 희망이 존재하는지에 대한 부정적 전망 역시 5점 척도에 3.2를 보여주고 있다.

한편, 이 보고서 역시 한국 사회에서 불평등과 격차를 분명하게 드러내게 된 시점은 1998년 외환위기라고 분석한다. 우리나라는 외환위기 이전에는 비교적 경제 발전과 소득 분배를 동시에 달성한 국가로 평가받고 있다. 세계은행에서도 1965~1989년 기간 중 대한민국이 높은 경제성장률과 소득 분배 지표를 구현한 것으로 판단하였다. 1960년대 이후 외환위기 이전까지 임금·자산·노동·지역 간 격차는 외환위기 이후의 격차보다는 상대적으로 작은 수준에 머물렀으며, 정부의 적극적인 정책적 개입이 격차 조절자 임무를 수행하였다. 하지만 외환위기 이후에는 우리나라의 경제 발전과 국민 삶의 질 향상 간 연계 고리가 약화하였다. 노동생산성의 상승에 비하여 실질 임금의 상승이 부족하고, 경제성장률 역시 지속 하락하였다. 이 시기에 노동시장 유연화로 인한 노동환경의 악화, 일부 지역 중심의 자산 격차, 특정 학교와 지역 중심의 교육 격차, 재벌과 엘리트 중심 사회구조의 공고화로 인하여 개인의 역량으로 극복하기 어려운 새로운 격차가 등장하였다. 소위 '개천용/기회불평등지수'는 외환위기 이후 20%에서 30%로 확대되었고, 대부분 교육 격차로 인하여 발생하고 있다. 이러한 격차 개념 속에는 계층 혹은 계급의 의미가 포함될 수 있으며, 부모의 소득 격차가 자녀의 교육 격차, 자녀의 대학 격차, 자녀의 소득 격차로 이어지는 고리가 더욱 공고화되는 추세로 보인다.

관련하여 이 보고서는 사회가 용인할 수 있는 극복 가능한 격차인 역량 격차와 사회구조의 차이에 근거하는 구조 격차를 구분한다. 역량 격차는 기회 평등(equity)을 위한 노력으로 어느 정도 해소가 가능하나, 구조 격차는 결과 평등(equality)의 의미를 가지고 사회구조와 경제, 정치구조의 개혁이 필요하다. 따라서 사회 내 격차 해소를 위하여 경제는 물론 산업, 노동, 문화와 사회 영역 등 사회 전 방면과 생애주기를 반영한 다차원적이고 입체적인 대응이 필요하다.

» 불평등과 격차의 원인과 완화 방안

대한민국의 새로운 도약을 위하여 부와 자산의 불평등, 그리고 사회적 격차의 완화를 위한 다양한 해결 방안을 마련하여 시행할 필요가 있다. 경제적 성장 또는 발전의 혜택이 자연스럽게 불평등 완화로 이어진다고 보는 낙수효과 이론은 2차 세계대전 종전 이후 약 30년간의 평화로운 성장의 시대를 지나면서 더 이상 유효하지 않다. 『21세기 자본』이라는 책으로 유명한 토마 피케티 교수는 불평등의 문제는 기후 온난화와 더불어 21세기 인류가 당면한 주요 도전과제라고 한다. 세계화의 진전, 노동조합의 약화와 노동 소득의 상대적 감소, 제조업의 저임금 국가로의 이전, 금융자본의 지배

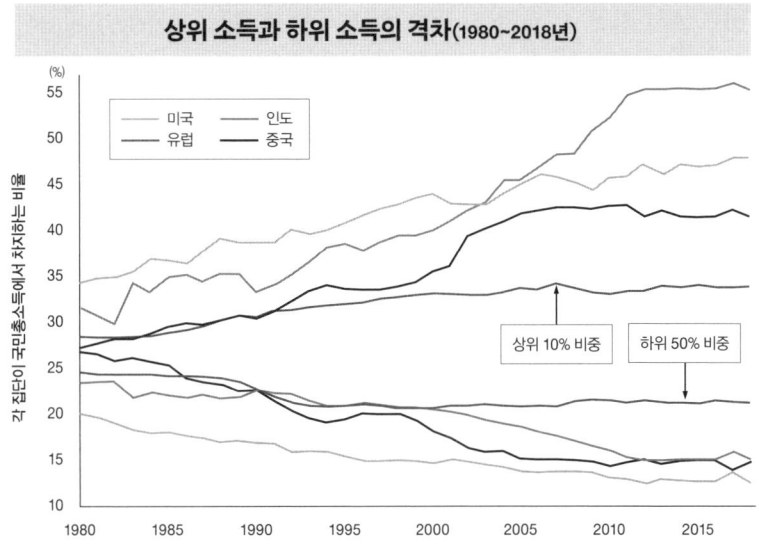

력 강화 등으로 통하여 세계 각국은 대부분 불평등 심화 현상을 경험하고 있다. 불평등과 격차 완화를 위한 다양한 전문가의 견해를 종합해보면 다음 몇 가지가 불평등의 원인과 대안을 고민하는 데 중요하다.

불평등은 경제적 현상이지만, 정치적인 결정의 결과

피케티 교수는 전반적으로 1970년대 이후 선진국의 계층 간 소득 불평등이 증가하고 있고, 특히 미국은 2000년대 들어 소득 집중도가 크게 강화되었다고 한다(그림 참고). 그는 불평등은 자본의 수익률이 생산과 소득의 수익률을 넘어설 때 나타나는 지극히 자동적인 자본주의적 현상으로 파악하고, 시장경제는 일반적으로 정부의 적극적인 개입이 없으면 강력한 양극화의 힘을 가지고 있어서,

민주주의 사회에, 그리고 그 기반인 사회 정의의 가치에 잠재적인 위협이 될 수 있다고 본다. 또한, 불평등은 민주주의 사회의 토대가 되는 능력주의의 가치를 근본적으로 침식하고 있다고 주장한다.

그는 경제학에서 유명한 쿠즈네츠 곡선, 즉 사이먼 쿠즈네츠가 주장한 경제가 성장하면 불평등이 자연스럽게 해소된다는 이론은 틀렸다고 하면서, 어떠한 경제적 결정론도 근거가 없고 공정한 사회 질서에 가장 적절한 제도와 정책이 마련될 필요성이 있다고 한다. 부의 분배의 역사는 언제나 정치적이며 집합적 선택의 결정체로서 정부의 적극적인 재분배 정책이 필요함을 주장한다. 불평등은 경제적 현상으로 나타나지만, 다분히 이데올로기적인 것이라는 것이다. 피케티 교수는 개인의 부와 소득의 평등과 교육을 위한 노력이 지금까지의 경제적 발전과 인류의 진보를 이루어왔다는 사실을 상기하면서, 1980년 이후 미국 중산층의 쇠락, 고등교육과 전 세계 교육의 사회적 계층화 등이 불평등의 구조적 치유를 어렵게 하는 가장 큰 원인이라고 적시한다. 피케티 교수는 이에 대한 대안 중의 하나로 세계 1% 최상위 부유층에 대한 글로벌 부유세 도입을 주장한다. 전 세계에 재산을 분산시켜 놓고 있는 부유층의 재산을 정확히 파악할 수 있도록 국가 간 공조 체제를 구축하고, 이에 근거하여 부유세를 매기자고 주장한다.

시장 자본주의 규칙과 제도의 개혁

미국 클린턴 행정부 노동부 장관을 역임한 로버트 라이시 교수는 미국에서 1980년대 이후 지금까지 세계화의 퇴조, 부의 상향 재분배, 직업 안정성 축소, 불평등 확대 등의 현상이 광범위하게 진행하고 있다고 주장하면서, 이는 1980년대 이후 경제 권력과 정치 권력의 점진적인 결합이 배후 원인이라고 한다. 금융자본가 등 경제적 권력이 정치적 권력에 영향을 미쳐, 정치적으로 결정되는 시장과 분배의 규칙에 경제적 우위 세력의 영향력이 커지게 되었기 때문이라는 것이다.

자본주의에 대한 위협은 내부로부터 발생한다. 부와 소득의 불평등이 고착되어, 성공할 기회를 자녀가 공정하게 누리게 된다고 부모가 믿지 못하는 순간에, 즉 계층상승의 사다리가 무너지는 순간에, 구성원의 자발적 협력에 기반하는 사회 또는 국가는 그 기초가 무너지게 된다고 한다. 라이시 교수는 경제적 권력에 대한 대항 세력을 회복하고, 이해관계자 자본주의와 같은 다수를 위한 새로운 자본주의 규칙을 형성할 것을 제안한다. 이를 통하여 시장 규칙을 지배하는 부와 권력의 상향 분배 경향을 축소하고, 정치자금 규정을 수정하며, 기업조직을 새로이 규정하고, 교육의 질과 기회를 확대할 것을 제안한다. 다만, 라이스 교수는 이 과정에서 기존의 부와 소득을 직접 재분배하는 것보다, 미래에 발생하는 부를 폭넓게 활용할 것을 주장한다. 지식재산권과 특허권의 사회공유제도와 이를 토대로 한 기본 최저 소득 등이 그 예이다.

중산층 대축소(Great Middle Class Squeeze) 완화

불평등 연구 분야에서 인정받는 석학인 브랑코 밀라노비치 교수는 1980년대 후반 이후 광범위하게 진행된 30년간의 세계화가 가져온 효과를 분석하면서 세계화의 이득은 국가 간, 국가 내에 평등하게 분배되지 않았다고 주장한다. 세계적인 관점에서 보면, 중국 등과 같은 글로벌 신흥국의 중산층과 소득 상위 국가의 최상위 소득 집단인 금권집단이 세계화의 수혜를 가장 많이 입었다고 한다. 이른바 밀라노비치의 코끼리 곡선(Elephant Curve)으로 불리는 그래프를 통하여 세계화가 진행된 지난 1988~2011년 기간 전 세계 사람들을 소득수준에 따라 줄을 세웠을 때 실질소득 증가율이 얼마인지를 보여주면서(그림 참고), 글로벌 중산층(A)과 금권집단(C)의 소득 증가율이 제일 높았다고 한다. 실질소득 증가율이 가장 높은 A 지점은 중국 국민이 대다수를 차지하며, 인도와 태국 등의 국민도 여기에 포함된다. B 지점의 사람들은 A 지점 사람들보다는 부유하지만 20년간 실질소득이 전혀 증가하지 않았다. 이들은 대부분 고소득 국가인 OECD 회원국 국민이다. C 지점의 사람들은 세계 각국의 최고 부유층들로서 압도적으로 고소득 국가의 국민이 많고 미국인이 절반을 차지한다. 이들은 세계 최상위 1%에 해당하는 사람들로 고소득 국가에 분포되어 있는데, 미국 최상위 계층의 12%가 세계 최상위 1%에 해당하며, 이들이 세계 소득과 부에서 차지하는 비중은 2000~2010년 기간 중 32%에서 46%로 확대되었다.

밀라노비치 교수는 피케티 교수와는 달리 쿠즈네츠 파동이론으로 불평등을 설명할 수 있다고 한다. 산업혁명 이전에는 오랜 기간 평균소득이 정체되어 있었고, 전염병과 전쟁과 같은 악성적인 특이성 요인에 의하여 불평등이 좌우되었다고 말한다. 하지만 산업혁명으로 평균소득이 증가하고 산업혁명 초기 불평등이 심하게 증

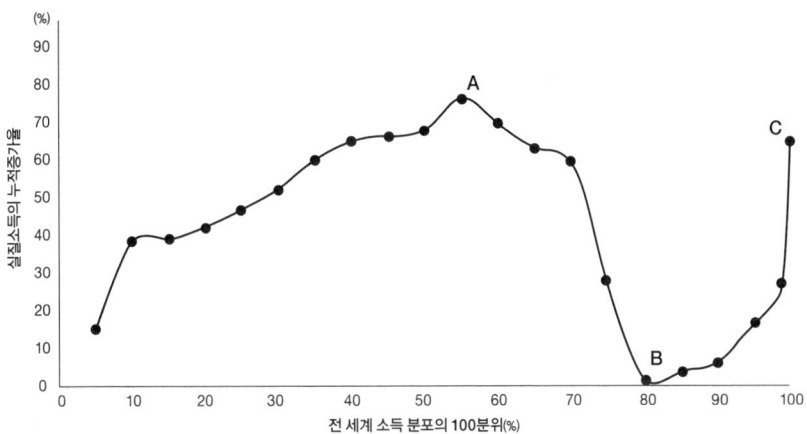

자료: 라크너와 밀라노비치의 2015년 연구

가한 이후에는 교육 기회의 확대, 재분배 정책의 시행, 노동수요 확대에 따른 임금 증가 등으로 인하여 불평등이 점차 감소되었다고 주장한다. 밀라노비치는 1980년대 이후 세계화의 진전으로 고소득 국가에서 제2의 쿠즈네츠 파동에 따른 불평등 증가 현상이 나타났다고 한다. 이는 신자유주의 경제 이념에 따른 세계화의 진전과 자본의 이동성 증가, 금융공학의 확산, 2차 기술혁명의 효과로 인한 것이다. 이에 따라 제조업에서 서비스업으로의 산업 간 비중 이동, 노조 조직률의 하락, 산업별 직종별 임금 격차 확대, 자본소득의 집중 심화, 자본 소득자와 근로 소득자의 동조화 현상, 이들 간의 동류혼(Homogamy) 증가 등이 전 세계적으로 나타나고 있다고 한다. 암울하게도, 그는 향후 20년간 큰 폭의 글로벌 불평등의 감소는 없을 것으로 진단한다.

또한, 밀라노비치 교수는 미국에서 근로소득과 자본소득으로 거액을 버는 사람이 일치하는 경향이 증가하고, 능력만을 선호하는 신종 자본주의가 등장하고 있다고 한다. 고액 근로소득자와 자본 소득자 간 동류혼과 금권정치(Plutocracy)가 미국 등 국가에서의 불평등 감소의 가능성을 차단하고 있다. 그는 미국에서 1인 1표가 아니라 1달러 1표 시스템이 확산할 가능성을 크게 우려한다. 결국, 불평등이 불러온 값비싼 대가는 금권정치와 대중영합주의다. 중산층의 상대적인 소득 감소와 경제 권력의 약화는 이로 인한 중산층의 좌절과 분노와 결합하여 대중영합주의와 자국민 우선주의를 낳게 되고, 이를 통해 그간 미국의 성공 모델이었던 민주주의와 자본주의의 불안한 동거를 해체할 가능성을 우려한다. 밀라노비치 교수는 신자본주의의 심화, 희망과 사다리의 단절, 각자도생의 사회현상 등으로 표현되는 고소득 국가의 중산층의 대축소(Great Middle Class Squeeze)는 향후 기술 발전의 성격, 정치적 조직화 여부에 따라 지속 여부가 결정될 것으로 본다. 중산층 축소를 완화하는 방안으로는 자본소득에 대한 글로벌 증세, 교육 등 기초자본(endowment)의 불평등 축소와 평등화, 공교육 재정비가 필요하다고 한다고 주장한다.

공교육의 재정비와 사회적 이동성 확대

사회 내 교육 불평등 또는 격차가 소득과 부의 불평등과 연계되어 더욱 공고화되는 과정은 예일대 대니얼 마코비츠 교수가 그의 책 『엘리트 세습(The Meritocracy Trap)』에서 잘 설명하고 있다. 그는 능력주의(Meritocracy)[7]가 시간이 지나면서 점차 부유층과 특권층에 유리하게 변화하여 지금은 주요한 불평등을 증폭하는 원인이 되고 있다고 한다. 마코비츠는 미국의 불평등이 유독 두드러지는 이유는 강력한 능력주의 시스템 때문으로서, 이를 통하여 부와 특권이 세대를 통하여 세습되고 있다고 한다. 그의 주장에 따르면, 미국에서 경제 불평등이 최근 강화된 것은 노동에서 자본으로의 소득 이전이 아니라 중산층 직업에서 상위 직업으로의 소득 이전 때문이며, 이것이 교육과 기회의 불평등과 사회적 이동성 제약을 유발했다고 본다. 능력주의가 민간 엘리트의 보수를 가파르게 상승시켰기 때문이다. 능력주의는 불평등 심화의 해결책이 아니라 원인으로 보아야 하며, 불평등을 해소하려면 능력주의의 이상(理想)에 저항해야 한다. 결국, 능력주의 시스템이 중산층의 나라였던 미국에서 계층 간 전쟁, 중산층 토착주의와 대중영합주의 의존 현상이 발생하게 하는 원인이 되었다는 것이다.

능력주의 환상의 근저에는 미국 대학의 엘리트 교육 시스템이 자리 잡고 있다. 최상위 수준의 교육에 대한 접근 가능성이 고소득자층에게 한정되고, 부유층은 사교육에 더욱 의존한다. 교육의 경쟁적 성격과 격차가 계층 간 격차를 더욱 공고화하고 고소득층이 능력주의의 승자로서 고소득과 사회적 영예와 개인적 존경을 독점하는 현상이 등장한다. 하지만 이러한 능력주의는 사회 내 모두에게 덫(Trap)이 됨을 잊어서는 안 된다. 전문직 상위 근로자는 끊임없

---

7 능력주의는 영국의 사회학자 마이클 영이 1958년에 풍자소설인 『능력주의의 대두(The Rise of Meritocracy)』에서 소개한 용어이다.

는 경쟁과 과도한 압박감, 장시간의 노동으로 인한 높은 스트레스와 삶의 만족도 저하로 인한 덫에 갇히게 된다. 이에 반하여 저소득층은 패자로서 기회의 배제, 사회 내 이동성 저하로 인한 희망의 상실, 개인적 열패감으로 사회적 모욕이라는 덫에 걸리게 된다. 모두가 행복하지 않은 결과이다. 능력주의는 사회 내 계층의 갈등과 사회적·정치적 적의와 불신이라는 결과를 만들어내는 한편, 중산층의 몰락으로 인한 경제적·정치적 양극화 확대로 나아간다. 사회 내 계층 간 공감 능력의 약화가 두드러지고, 계층 간의 원한과 분노는 중산층의 적대감과 결합하여 정치적 대중영합주의를 낳게 된다. 도시는 성채가 되고, 지역 빈곤과 격차는 심화하며, 도시 내 거주가 계층 간에 분리되게 된다.

마코비츠 교수는 이러한 능력주의의 문제에도 불구하고 실제로 능력주의를 뿌리치는 일은 힘들다고 한다. 정의·특권·능력에 관한 오늘날의 이상은 귀족제와 신분제를 타파하고 등장한 능력주의 유전자를 내재하고 있기 때문이다. 그는 능력주의가 신흥 귀족제라는 관점에서 능력주의 중심의 세계관을 분해할 것을 제안한다. 능력은 경제 불평등의 결과이며, 능력주의에 불평등을 확대하려는 자동화 메커니즘이 내재되어 있음을 상기하여야 한다. 마코비츠의 제안은 포용성 강화 등 더욱 공정한 교육을 위한 개혁, 능력의 상속에 대한 세금 도입 등 부의 재분배, 중간 숙련도 근로자의 생산 확대 장려, 과도한 자격증 의존도 완화 등 다양하다. 하지만 무엇보다도 그는 엘리트 직업뿐만 아니라 다양한 형태의 일과 가치를 인정하는 사회로의 전환을 강조한다. 우리가 코로나 팬데믹을 경험하면서 느낀 것처럼 일의 가치가 늘 경제적 보수 수준과 상응하는 것은 아니다. 실질적인 사회 기여도와 공동체의 필요 여부가 중요하게 평가받는 보수 체계의 도입도 필요하다고 본다.

노동과 일에 대한 새로운 정의

관련하여, 영국의 인공지능 전문가 대니엘 서스킨드는 그의 저서 『노동의 시대는 끝났다』에서 첨단기술과 인공지능, 정보화 등 기술 시대의 등장으로 인하여 앞으로 인간만이 할 수 있는 업무영역이 대폭 축소될 것이라고 예견한다. 이를 통하여 기존 노동의 시대가 저물면서, 노동의 소득분배율은 감소하고 부와 소득의 불평등이 더욱 확대될 것이다. 기술로 무장한 대기업이 아무래도 고용보다는 자본 기반의 성장을 추구할 것이기 때문이다. 실제로 첨단기술 대기업의 비용 중 임금이 차지하는 비중은 5~15%에 불과하여, 월마트의 80%와 비교된다. 이런 추세가 이어진다면 경제 전체에서 차지하는 노동의 소득분배율은 20~30% 수준으로까지 하락할 것으로 전망된다. 이를 완화하기 위해서는 정부가 직접 나서서 부족한 시장수요를 확충하고, 교육을 통한 노동자의 기술 고도화를 추구하여야 한다고 주문한다. 또한, 정부가 사회 내 분배, 관련 세제의 정비 등에 적극 나서야 한다고 제안한다.

더불어 앞으로는 일이 반드시 유급 노동일 필요는 없으며, 공동체가 필요로 하는 활동으로 일의 범위를 확대하고, 정부가 이에 대하여 적극적으로 보상하는 방안을 검토할 것을 제안한다. 이와 관련하여 관심을 끄는 주장은 데이터 노동의 인정 가능성이다. 현재는 행태 정보 등 사용자 데이터의 수집에 대하여 해당 서비스의 무료 이용 외에 그 가치에 대한 정확한 평가 및 보상은 이루어지지 않고 있다. 또한, 사용자 데이터가 네트워크 효과에 따라 몇몇 플랫폼 기업에 집중됨으로써 경쟁 기업이 등장할 수 없는 시장 부재 현상이 나타나고 자연스럽게 데이터 독점 문제가 발생한다. 따라서 데이터 가치에 대한 추정치 산정, 사용자 데이터 창조 가치의 기록 및 추적 시스템 구축 등이 필요하고 공정한 디지털 노동시장의 성장을 위한 규제 마련 등이 필요하다고 본다.

유사한 맥락에서 배너지와 뒤플로(2019)는 보편적 초기 기본소득과 매우 가난한 계층을 위한 소득 이전 프로그램을 제안한다. 덧붙여 노동시장의 유연 안정성을 강화하고, 돌봄과 같은 공동체 서비스, 기술교육을 통한 전환 지원 등을 정부가 적극 지원하는 기술시대의 스마트 케인스주의를 제안한다. 산업혁명 초기 빅토리아 시대의 구민법과 같이 기술혁명 시대에 닥쳐올 노동의 부재 시대에 적극적으로 대응하여 사람과 일에 대한 존엄과 존중을 강화할 것을 제안한다.

스스로 지킬 수 있어야 공화국

2024년도 노벨 경제학상 수상자인 대런 애쓰모글루와 제임스 로빈슨은 어떻게 국가권력이 법치에 기반하여 국민 안전과 질서 유지 등 제대로 기능을 하면서 경제와 사회의 역동성을 잃지 않고 국민의 자유를 보장하는지를 설명하고, 이를 '좁은 회랑(The Narrow Corridor)'이라고 표현하였다. 족쇄가 채워진 리바이어던, 즉 법에 따라 통치되고 작동하는 국가권력과 시민사회가 참여하는 정치적 민주주의와 시장경제 간의 적정한 균형은 흡사 좁은 회랑 같은 작은 공간에서 겨우 가능하다는 것이다. 그리고 쉽사리 독재로 변화하려는 리바이어던을 제어하는 강력한 사회의 힘과 시민의 투쟁 과정을 상세히 설명한다. 스스로 지킬 수 있어야 민주공화국이다.

따라서 격차와 불평등은 경제 성장의 정체, 사회적 갈등의 확대를 넘어 공동체의 해체를 포함하는 정치적 위기의 원인이 된다. 세계적 경제 칼럼리스트 마틴 울프는 불평등의 확대를 통한 민주주의적 자본주의의 위기를 경고한다. 울프는 냉전의 종식과 함께 프랜시스 후쿠야마가 역사의 종말을 이야기할 때인 1989년에는 자유시장경제와 민주주의는 최종적으로 승리를 거둔 것처럼 보였다고 회고한다. 하지만 지금은 자유주의적 민주주의와 시장 자본주의, 합쳐서 민주주의적 자본주의는 정당성을 잃고 위기에 처하고 있다. 대신에 전 세계적으로 중국과 같은 권위주의적 관료적 자본주의, 러시아와 같은 선동적 자본주의, 미국 트럼프 행정부와 같은 금권적 자본주의의 등장을 목격하고 있다고 한다.

지난 30년간 무슨 일이 벌어진 것일까? 우선 민주주의 측면에서, 국회 등 정치기관의 신뢰 상실과 민주주의 체제 불만 세력 확대가 있다. 또한, 그는 자본주의 측면에서는 주주가치 극대화와 같은 회사 제도의 변화와 발전, 세계화의 진전과 부침, 경제 성과의 불공정과 불평등을 그 원인으로 설명하고 있다. 그는 시장 자본주의와 민주주의는 상호 보완적 공생 관계에 있다고 본다. 시장경제가 보편적 참정권 민주주의를 낳고, 고소득 민주국가에서 탄탄한 시장경제가 번성한 것이 이를 증명한다. 더욱이 자유민주주의와 시장 자본주의의 핵심 공통 요소인 인간의 존엄과 평등, 자율적 결정과 그에 상응하는 책임이라는 점에서 그 공생은 타당성이 있다. 그 결과, 민주주의적 자본주의는 인류 역사상 가장 성공적인 결합인 것으로 판명되었지만 그 취약성으로 인하여 위기에 처하고 있다고 한다. 사실 인류 역사상 일반적인 정치 패턴은 전제정이거나 폭정이었으며, 민주공화국은 예외에 해당한다. 불평등, 불안감, 소외감, 변화에 대한 두려움, 불공정 의식이 커질수록 민주주의적 자본주의를 작동시키는 취약한 균형은 무너질 것이라고 우려한다. 울프의 표현처럼, 민주주의와 자본주의 공생 관계는 '순탄하지 않은 결혼'이며 언제든지 국가 엘리트의 경제 장악(정치 자본주의) 또는 경제 엘리트의 국가 장악(금권정치)으로 나아갈 수 있다.

구체적으로 울프는 지난 30년간 정치와 경제, 시장과 국가, 국내와 글로벌, 승자와 패자, 기술변화와 이에 대한 적응력 사이의 균형이 불안정함으로써 반민주적인 대중영합주의가 등장하였다고 한다. 특히 주목할 점은 리바이어던에 족쇄를 채우고 민주주의를 지탱해온 중산층의 경제적·사회적 위축이다. 그는 2500년 전 아리스토텔레스가 입헌 민주주의의 핵심으로 지목한 것이 중산층이며, 중산층의 공동화가 최근의 정치 및 헌법 시스템의 취약성을 유발하였다고 본다. 이러한 중산층 공동화는 지위 불안, 절망사, 약물 수요 증가, 탈산업화, 제조업 고용 비중의 감소, 주요 연령대 남성의 노동 참여율 하락, 불안정 고용(프레카리아트)의 증가(성인 인구의 최소 1/4), 가계 부채의 증가, 부동산 실질 가격의 급격한 상승, 임원 보수의 급격한 증가와 최상위 계층의 소득 증가 등 복합적 원인으로 인하여 발생하였다고 본다.

울프에 따르면, 현재 자본주의는 국가 주도적 대안의 도전을 받고 있으며, 민주주의는 권위주의적 대안의 도전에 직면하고 있다. 이를 극복하는 방법은 무엇일까? 우선, 자본주의를 혁신할 방안으로 울프는 카를 포퍼가 말하는 단편적 사회공학(Piecemeal Social Engineering) 방식의 점진적 개혁을 옹호한다. 혁명보다는 개혁이 필요하며, 이를 위하여 사회의 최종적이고 궁극적인 선을 바로 추구하기보다 사회 내에 가장 크고 시급한 문제를 찾아 해결할 것을 제안한다. 전문적 지식, 대중의 참여, 글로벌 협력, 정치적 리더십, 기능적 관료주의가 힘을 합치는 것이 중요하다. 그는 향상되고 폭넓게 공유되며 지속 가능한 생활 수준 확보, 좋은 일자리 창출. 기회의 평등 보장, 사회 안전망 확충, 소수를 위한 특권의 종식을 추진할 것을 주장한다. 다음으로, 민주주의의 쇄신을 위하여서는 강력한 국가와 유능한 정부가 필요하며, 특히 독립적인 사법부, 언론 및 집회의 자유, 기타 민주적인 제도와 문화가 필요하다. 하지만, 민주주의의 재건을 위하여 무엇보다 중요한 것은 시민성(Civility)이다. 민주주의는 시민을 만들기도 하지만, 시민을 요구하기도 한다. 특정 정파·정당·지역에 대한 애착보다 선거, 의회, 정부, 법 등 민주공화국의 제도에 대한 충성심이 시민성의 기초가 되며, 이러한 충성심이 사라지면 민주주의는 내전 상태에 놓일 수도 있다. 울프는 유능한 정부 거버넌스 역시 중요하다고 한다. 공무원의 독립성과 공익에 대한 헌신, 경쟁력 있는 급여의 제공, 공직의 불편 부당성 강화를 정부 개혁 방안으로 추진할 것으로 제안한다. 정치가 중도층에 더욱 적극적으로 접근하도록 장려하고, 대표성이 낮은 다수파 형성을 억제하는 방안으로 울프는 게리맨더링 억제를 위한 선거구 경계 설정 위원회 구성, 투표권 개혁, 소선거구제 개선, 투표 의무화 등을 제안한다.[8] 덧붙여, 금권정치를 억제하는 기부금 상한제 도입, 기업과 외국인의 정치자금 기부 금지 등 기부금 제도의 개선을 추진할 것을 제안하는 한편, 미디어 기능 재활성화를 주장한다. 새로운 미디어의 등장으로 인한 기존 미디어 기능의 약화를 해소하고 공익 방송을 활성화하며, 최소한 신원확인은 가능하도록 익명 댓글과 게시물의 악영향을 최소화하고, 페이스북 등 기술 기업에 발행자(publisher) 의무를 부여하여 콘텐츠 내용에 대한 최소한의 책임을 부여할 것을 주장한다.

» **나가며: 함께 잘사는 민주공화국이 답**

우리나라의 부와 소득 불평등 상황은 그리 좋지 않다. 대한민국은 소득수준에서는 오랜 자본주의 역사를 가진 유럽 국가들과 유사하지만, 불평등 정도는 더 심각한 것으로 나타났다. 또한, 선

---

[8] 유사한 맥락에서, 한국의 민주주의가 불평등을 완화하지 못하는 원인으로, 권혁용과 엄준희(2024)는 ① 저소득층의 정치참여 부족, ② 상대적으로 고소득층 위주의 정치 대표성과 정치참여 확대, ③ 이에 따른 정치참여의 소득 편향, ④ 소득에 조응하지 않는 정책 선호와 투표 성향 등을 지적하고 있다. 또한 소선거구제와 단순 다수대표제로 되어 있는 현행 선거제도가 불평등 완화를 위한 정책 도입에 걸림돌이 되고 있다고 지적한다.

진국과 비교하여 불평등이 빠르게 심화하고 있다. 부의 불평등 측면에서도 대한민국은 유럽 국가들보다 더 심각한 것으로 평가된다. 이는 경제 성장에도 불구하고 부와 소득의 분배에서 대한민국이 구조적인 문제를 안고 있음을 시사한다. 그것도 짧은 발전 과정이었음에도 말이다. 해방 이후 모두가 가난했던 상황에서 농지개혁을 통해 비교적 평등한 상태로 출발했고, OECD 국가와 비교하여도 평등 의식이 강하다고 평가받는 우리는 이러한 불평등을 더욱 크게 느낄 수 있다. 부와 소득의 불평등은 이제 더 나은 대한민국의 발전을 가로막는 회색 코뿔소로 자리 잡고 있다. 부와 소득의 불평등은 세계 최고 수준의 자살률과 초저출산율로 그 존재감을 여실히 드러내고 있다. 매일 35명 넘은 사회 구성원이 삶을 마감하고, 젊은 세대가 세대 재생산을 중단하고 있다. 하지만 부와 소득의 불평등이 초래할 수 있는 위기는 여기에 그치지 않는다. 정치 자본주의와 권위주의적 자본주의, 금권주의적 자본주의의 등장 가능성을 우려하는 목소리도 있고, 중산층의 소득과 부의 축소로 인한 분노와 갈등이 대중영합주의 또는 파시즘의 등장으로 연결될 수 있다는 우려도 있다. 유사하게 발전된 민주국가에서조차 기존의 정치 엘리트를 파괴하고 민주적 질서를 해체하는 정치적 혼란 요구가 응답자의 40%에 달한다는 연구도 있다. 민주주의의 토대가 잠식되고 있다.

이러한 부와 소득 불평등의 원인은 다양하다. 우선 1980년대 후반 이후 진행된 세계화로 인한 산업과 경제구조의 변화가 있다. 이어진 탈산업화와 인구의 수도권 집중 과정에서 고소득 직종과 저소득 직종 간의 임금 격차가 더욱 확대되었고 경쟁은 치열해졌다. 그리고 노동시장의 이중구조, 즉, 대기업과 중소기업 간, 정규직과 비정규직 간, 그리고 성별 임금 및 복지 격차는 소득과 자산 불평등을 더욱 심화시키고 있다. 또한, 최근의 부동산 자산의 급격한 가격 상승은 자산 보유자와 비보유자 간 부의 격차를 급속도로 확대하는 결과를 낳았다. 덧붙여 세제 및 복지 정책의 한계를 지적할 수 있다. 소득 재분배를 위한 세제 및 복지 정책이 충분하지도 효과적이지도 않아 불평등 해소에 한계를 보인다.

국가의 번영과 발전의 목표가 곧 사회 구성원들에게 더 나은 삶의 질을 보장하는 것으로 이해한다면, 국가 발전의 세계적 모범 사례로 인정되는 지금 대한민국이 보여주는 지표는 그다지 자랑스럽지 못하다. 나아가 국민을 넘어 인간과 인간 존엄, 즉 홍익인간을 지향하는 통합사회를 구현하는 것이 대한민국이라는 공동체의 목표라면 더더욱 바람직하지 못하다. 경제가 계속 발전한 지난 시기 동안 우리의 불평등은 지속해서 악화하였다. 특히 외환위기 이후는 더욱더 그러하다. 지금까지와 같은 정책으로는 이 문제는 해결은커녕 더 커질 수도 있다. 이제 한두 세대 내에는 계층이동의 사다리, 사회 이동성이 거의 막혀 있다고 봐도 과언이 아닐 것이다. 경제적 어려움, 사회적 계층의 고착화, 심리적 절망과 절망사, 중산층의 약화, 정치적 좌절감과 분노 등 우리 사회 내에 엄존하는 문제의 해결 방안은 정말로 없는 것인가?

물론 아니다. 길은 있다. 이 문제들에 관한 경제적 결정론, 체념을 부추기는 정치적 이데올로기에 기반한 비관적 주장들은 배척되어야 한다. 우리는 성장과 분배에 관한 더 나은 균형점을 찾아야 하고, 찾을 수 있다. 더욱이 부와 소득의 불평등 완화는 단순한 어려운 계층에 대한 경제적·사회적 배려로서 인식되어서는 곤란하다. 앞서 설명한 바와 같이 성장과 발전의 좁은 회랑을 통과한 발전국가는 국가권력을 법치로 견제하고 인간의 존엄과 자유, 국민의 안전과 복지를 지향하는 건강한 중산층과 시민사회를 기반으로 하고 있다는 점을 결코 잊어서는 안 된다. 따라서 부와 소득의 불평등 완화와 사회 내 격차의 해소는 기회의 평등과 결과의 평등을 실현하여 다양한 재능을 동원하고, 함께 사는 공동체에 관한 구성원의 자부심을 고양하며, 국가 발전의 비전을 공유하는 발전 전략적 관점에서 다시금 평가되어야 한다.

국가의 빠른 발전과 번영의 과실이 축적되면서 발생한 부와 소득의 심각한 편중 및 고착 현상을, 너무 나빠지기 전에 이제는 과감히 완화해야 한다. 성장과 인간적 삶의 질 보장은 함께 가야 한다. 무엇보다 불평등 완화를 성장과 대척점에 두는 근시안적 사고방식이 바뀌어야 한다. 부와 소득의 불평등이 기회의 불평등으로 이어져 경제적 자유를 제약하면 경제 성장을 충분히 뒷받침할 수 없다. 기회의 평등과 경제적 자유가 만개하기 위해서는 운동장을 편평하게 만들고 제약을 없애야 한다. 대한민국 성장의 기반이 된 코리아 다이나미즘, '하면 된다'와 '흥(興)'의 정신의 기저에는 운명 공동체로서의 대동(大同) 의식이 자리 잡고 있으며, 여기에는 소득과 부의 상대적으로 균등한 분배, 교육과 기회의 확대를 통한 다양성 있는 인적 자본의 확충이 있었음을 간과해서는 안 된다. 부와 소득이 사교육을 통해 세습되고, 계층이 이를 통해 점차 공고화되며, 주거 지역이 계층별로 구분되고, 도시가 성채(citadel)가 되는 작금의 현실은 우리가 바라는 공화의 이상에도, 우리의 헌법 정신에도, 그리고 지금까지의 성공 방식에도 부합하지 않는다. 성장과 분배는 함께 가야 한다. 뒤처지더라도 함께 끌어안고 가야 한다. 성장과 분배를 공진(共進)하도록 하는 힘은 우리가 함께 꿈꾸는 공동체의 이상, 즉 공화의 철학이다. 함께 잘살아야 행복하다는 마음이다. 종교 철학자인 마틴 부버(Martin Buber)의 설명과 같이, 나(Ich)는 독자적으로가 아니라, 너(Du)가 있음으로써 의미를 획득한다. 그래서 우리가, 대한민국이 완성되는 것이다. 소득 재분배를 옹호하는 세제 개편, 기술 기반 미래의 부의 재분배 강화, 촘촘한 사회 안전망을 지지하는 복지 정책과 삶의 질 제고, 노동시장의 이중구조 개선, 기회의 균등, 공교육 실질화 등 사회적 합의를 기초로 다양한 정책 조합을 통해 불평등을 더욱 완화하고, 함께 잘사는 민주공화국을 실현하기 위한 노력이 다급한 시점이다.

하지만 마코비츠 교수에 의하면, 최근 노벨상 수상자를 포함한 경제학자 10명에 대한 조사에서 아무도 경제적 불평등이 완화할 것으로 예상하지 않고 있으며, 사회가 대규모 사회적 불평등을 완화시킬 능력이 있는지에 대한 의문도 제기되고 있다. 힘든 일이다. 하지만 예서 말 수는 없다. 새로운 대한민국의 길은 함께 잘사는 민주공화국이 되어야 하기 때문이다. 근대에 들어와 인류가 처음 공화국을 지칭한 이름은 'common wealth'였다고 한다. 그것은 공공의 이익을 위하여 운영되는 정치 공동체나 국가를 의미하고, 부자와 빈자가 모두 함께 복리를 누리는, 요컨대 공동 번영을 의미한다. 함께 잘사는 민주공화국, 대한민국의 길 위에 부와 소득의 불평등이라는 회색 코뿔소가 버티고 서있다. 라만차의 기사 돈키호테는 어떻게 해야 하는가? 돌진하라. 함께 잘사는 민주공화국을 위하여.

한경구 | 전 서울대 자유전공학부 교수, 전 유네스코한국위원회 사무총장

3. 지속 가능한 미래를 위한 한국의 교육: 어느 문화인류학자의 상상

» 교육의 미래를 생각하기에 앞서

**감동적 성공 경험과 최고의 여건을 가진
한국 교육이 어찌 이럴 수가?**

한국의 교육은 비판과 불만과 우려의 대상이다. 일본의 몰락이 교육에서 시작된다는 모리시마 미치오의 책 번역에 참가했었는데, 어느덧 한국도 그런 걱정을 하게 되었다. 현장의 소리를 들어보면 모두가 피해자요 모두 불만이다. 교사는 학부모의 악성 민원과 갑질, 학생과 학부모의 폭력과 폭언, 수시로 바뀌는 정책과 제도, 과도한 잡무에 시달리며 교권의 실추를 개탄하고 있다. 정책당국과 전

문가들은 예산 부족, 학부모의 비뚤어진 교육열, 교사의 집단이기주의와 새로운 방식에 대한 참여와 노력 부족, 학생들의 기본 생활 예절과 습관의 결여, 학습에 대한 열의와 관심 부족 등을 문제시하는 것 같고, 학부모는 학교와 교사를 못 믿고 사교육에 돈을 점점 더 쓰고 있다. 학생들은 입시 중심의 교육과 치열한 경쟁, 다양한 학습과 활동 기회의 부족, 전문성 및 소통 능력 부족에 불만일 뿐 아니라 교육 시스템 전체가 불공정하며 위선적이라 보는 것 같다. 학계에서는 고등교육의 경쟁력이 떨어졌다고, 언론은 미래를 이끌어갈 산업 인력을 키우지 못한다고 야단인데, 학교를 졸업한 젊은이는 일자리가 없어 절망하고 있다. 그런데 모두가 교육개혁은 대학입시 때문에 불가능하단다. 어떻게 된 일인가?

한국 교육은 눈부신 성취를 이루었다. 오늘날의 번영은 교육 덕분이라고 해도 과언이 아니다. 6·25 전쟁으로 잿더미가 된 상황에서 한국 교육은 제한된 자원으로 수많은 학생을 키워내 오늘을 가능케 했다. 소위 15년 전쟁을 치르던 일본의 가혹한 식민지배를 받았고, 이후 분단과 함께 참혹한 전쟁을 겪었던 가난한 한국은 첨단 기술과 산업을 자랑하는 경제 대국이 되었고 세계가 주목하고 열광하는 매력적인 문화 산업을 자랑하고 있다. 여러 요인이 복합적으로 작용한 결과이지만 그 가운데 교육이 중요한 역할을 했다는 것을 부인할 사람은 없다.

그런데 어떻게 된 일인가? 한국의 교사는 세계 최고 수준이며 교원에 대한 처우도 그러하고 교육청은 예산을 다 사용하지 못하고 있다고 한다. 전국에 수많은 교육 전문가와 학회가 있고 교육에 관한 연구도 활발하게 수행되고 있고 교육부와 교육청에는 엘리트 관료와 행정가가 넘치고 학부모의 교육열은 뜨겁다. 그런데 왜 이럴까?

경탄과 칭송의 대상이던 한국의 교육이 언제부터인가 미래를 이끌어갈 인재를 키우지도 못하고, 창의성이 발휘되고 다양성이 존중받는 민주 사회를 다져나갈 책임 있는 글로벌 시민도 키우지 못하고 있다는 비판을 받고 있다. 한편에서는 디지털, 반도체, AI 등 인재가 턱없이 부족하다고 아우성을 치고 있는데 다른 한편에서는 그동안 키워놓은 인재가 쓸모가 없다는 것인지, 청년 실업은 50만 명을 넘는 심각한 수준이다. 단순한 노동력 수급의 불균형 문제가 아니라 교육에 근본적인 문제가 있는 게 아닐까? 노인 빈곤이 심각한 주요 이유의 하나는 적절한 일자리가 부족하기 때문이라는데, 이것 역시 평생교육의 문제가 아닐까?

위기에서 불안으로: 청소년 자살도 교육의 책임이 아닐까?

한국 사회에서 자살은 심각한 문제인데, 청소년 자살에는 교육도 일부 책임이 있는 것 같다. 위기를 계속 강조해온 사회에서 개인들은 불안하고 생존경쟁에 뒤처질까 두려운데, 교육은 어떻게 대처할지 준비를 시켜주지 못하고 있는 것 아닌가? 이미 '이번 생은 망했다'고 느끼는 청소년들이 많다니! 학교에서는 내신 때문에 또래들과 치열하게 경쟁해야 하고 소셜미디어를 사용하면서 남과의 비교에 불행을 느끼는 청소년이 증가하고 있다. 우리의 교육은 자신을 발견하고, 자신을 이해하고, 자신을 있는 그대로 존중하고 사랑하며, 자신의 길과 의미를 찾기보다는, 남과의 경쟁에서 이길 것을 강조하다 보니, 모두가 불안하고 불행하다.

교육 현장은 잔혹할 정도로 경쟁이 심한데, 경쟁이 불공정하다고 느끼는 사람은 늘어나고 있는 것 같다. 다른 자원이 없어도 경제 성장을 이룬 것은 교육에 대한 열의와 투자 덕분이라 하는데, 이는 교육 시스템에 대한 어느 정도의 신뢰가 있었기 때문에 가능한 일이었다. 그러던 한국에서 학생과 학부모, 심지어 교원 다수도 경쟁의 공정성에 대해 점점 더 의문을 갖고 있다. '헬조선'이라는 말이 나온 것은 단지 경쟁이 치열해서만이 아니라 불공정한 경쟁에서 살아남을 가능성이 없어지고 있다고 느끼기 때문이 아닐까?

한국인들은 1980년대 중반까지는 '날마다 위기'라고 해도 좋을 정도로 숨 가쁘게 살아왔다. 조선 말기에 개화를 강요당하더니 이윽고 나라를 빼앗기고 식민지배를 받게 되었다. 해방은 되었으나 분단과 6·25 전쟁을 겪었고 휴전 후에도 남침을 두려워하며 살아야 했다. 유신체제와 긴급조치도, 12·12 사태와 5·17 조치도 모두 국가와 민족을 위기에서 구한다는 이유를 내걸었다. 학교에서도 위기가 강조되었고 열심히 공부하는 것도 조국과 민족을 위기에서 구하기 위해서였다. 이렇게 장기 지속 위기 속에서 태어나 살다 보니, 인간이란 본래 착하고 바르게 살아야 한다는 것을 알면서도, 지금은 생존이 걸린 위기 상황이며 남들도 다 그러고 있다면서 위법과 반칙을 일상화하기 시작했다. '세상 모두가 도둑놈'이고 결국은 '나쁜 놈이 출세하는 세상이니 어쩔 수 없다고…' 새치기, 편법, 뇌물, 연줄 사용도 모두 자신의 몫을 지키기 위한 어쩔 수 없는 '정당방위'

라 우기게 된다.

　그러는 가운데 경제가 성장했고 서울에서 올림픽 게임이 열렸다. 냉전은 끝나는 듯했고 OECD에 가입하며 드디어 '위기'에서 벗어나는가 했는데, 아시아발 금융위기로 IMF 구제금융이라는 충격을 겪었다. 성장의 계속에 대한 기대, 미래에 대한 낙관, 그리고 자신감이 무너졌다. 하루아침에 모든 것을 잃은 사람들을 보면서 어떠한 상황에서도 안정적 삶의 유지를 지상 목표로 하는 강박과 불안이 뇌리를 짓누르기 시작했다. 빈부격차가 확대되고 있는 것이 사실이지만, 인터넷과 소셜미디어의 발전으로 자기 현시 및 남과의 비교가 증가하면서 주관적으로 불행을 느끼는 사람이 많아졌다. 그런데 교육에서 경쟁은 점점 불공정해지고 있다고 느끼니…. 흔히 N포세대라 불리는 청소년은 흙수저 신세를 한탄하며 분노와 좌절을 겪다가 일부는 자살도 한다.

　청소년의 자살은 심각한 문제이다. 2022년과 2023년 10대 자살자 수 338명과 337명은 세월호 희생자 304명보다도 많고 할로윈 압사 희생자 158명의 2배가 넘는다. 같은 기간 20대 자살자는 1579명과 1384명으로 세월호의 4배, 할로윈의 8배가 넘는다. 출생을 늘리기 위한 비상한 관심과 노력만큼 청소년 자살의 방지에도 관심과 노력을 기울여야 하지 않을까?

　자살의 동기와 원인은 복합적이지만, 자살을 방지하고 억제하는 역할을 해야 할 학교와 교육은 청소년들에게 필요한 도움을 주지 못하고 있다. 때로는 상황을 악화시키거나 심지어 원인의 일단을 제공하고 있는 것 같다. 청소년 자살 원인으로 성적 비관, 부모의 성적 압박, 친구 갈등, 집단 괴롭힘, 금품 갈취와 폭력 피해 등이 꼽히고 있기 때문이다.

대학입시 때문에 교육개혁을 못 한다고?

유네스코한국위원회 사무총장 시절에 유네스코의 미래 교육 구상을 토대로 한국 교육의 개혁 방향을 제시하면, 종종 우리는 대학입시 때문에 교육개혁이 안 된다는 냉소적인 반응이 돌아왔다. 입시지옥과 사교육 부담을 해소하겠다고 이런저런 정책을 추진해왔는데 상황은 개선되기는커녕 오히려 점점 악화된 것 같다. 근본 이유가 경쟁 사회에서 자녀의 장래에 대한 부모의 관심과 우려 때문이라는 사실을 인정하면서 다양한 진로 탐색과 함께 양질의 교육 제공, 졸업 이후 능력과 실력 평가 기회 확대 등으로 입시경쟁을 완화하고 폐해를 줄여나가는 대책을 꾸준히 추진해야 하는데 단숨에 해결할 화끈한 묘안을 찾다 보니 그렇게 된 것 같다.

걸핏하면 입시 때문에 교육개혁이 안 된다는 말을 쉽게 하고들 있는데, 정말로 그러한가? 대학입시와 사교육이 심각한 문제이기는 하지만, 당장이라도 할 수 있는 일들은 상당히 많이 있지 않은가? 대학입시와 사교육 문제는 사회 일반과의 관계 속에서 궁리해본다면 시간이 걸리기는 하지만 충분히 개선이 가능하다. 그런데 차근차근 정책을 꾸준히 추진하기보다는 대중과 언론의 압력에 일리고 인기에 영합하면서 마치 단숨에 해결할 묘안과 비법이라도 되는 듯 조급하게 정책을 남발해온 것 아닌가? 게다가 기득권의 유지 등 이해관계의 문제도 상황을 악화시켜왔다. 차분히 살펴보면 무엇을 해야 하는지 이미 논의도 많이 이루어졌고 답도 어렴풋이나마 알고 있는 것 같으므로 매우 답답한 상황이다.

» **교육을 혁신하려면 먼저…**

쇠뿔 고치려다가 소를 잡는다더니…
공정성에 대한 희망과 기대가 무너지기 시작하면?

무엇보다도 먼저 한국인의 정서와 가치, 역사와 사회문화적 맥락에 대한 충분한 고려 없이 오로지 입시부담과 사교육을 해소한다는 목표를 '터널 비전'으로 추진하는 정책의 실패를 중단하는 것이 필요하다. 조선왕조가 500년 가까이 지탱한 요인의 하나는 아무리 문제가 많고 한계도 크지만, 과거라는 사회적 상승의 사다리가 있었기 때문이다. 돈과 빽이 없더라도 능력 있고 열심히 노력하면 어떻게든 성공할 수 있다는 믿음이 있었기 때문이 아니었을까?

식민지배를 받으면서도, 전쟁을 겪으면서도 교육에 투자를 아끼지 않았던 것 또한 아무리 현실이 가혹하고 차별적이더라도 능력과 노력으로 극복할 수 있다는 기대와 희망이 있었기 때문이다. 국가고시나 서울대 입학시험은 심지어 장기집권이나 군사정권 시절에도 돈이나 빽이 통하지 않는 영역이었다. 시험은 능력의 특수한 부분만 평가하는 등 문제가 많지만, 돈과 빽이 난무하는 상황에서 그나마 공정한 것처럼 보였고 결과에 승복할 수 있었다. 불합격은 재주와 노력이 부족하거나 운이 나쁜 탓이지 사교육을 못 받았기 때문이라 생각하지는 않았다. 시험은 거칠고 잔인했지만, 한국인은 공정에 대한 믿음과 희망을 버리지 않았다.

그러던 한국에서 교육 시스템의 공정성에 대한 불만과 불신이 최근 증가하고 있는 것 같다. 대학 본고사를 없애고 모든 학생을 단 하나의 시험으로 평가하기 시작하더니, '문제를 쉽게 내야 한다'거나 '교과서나 EBS에서만 출제해야 한다'는 압력이 증가하면서 결과적으로 단시간에 수많은 문제를 실수 없이 풀어야만 하는 끔찍한 상황을 만들었다. 고교교육을 정상화한다면서 내신을 대학입시에 반영하기 시작하자 고등학교는 3년 내내 지옥이 되었다. 당시 「고교생 가엾어라」라는 칼럼에서 예언했던 것이 현실이 되었다. 교사와 학교에 대한 불신과 불만은 증가하고 같은 학교 같은 반 학생이 모두 경쟁자가 되었다. 저학년 성적이 나쁘면 수능에 모든 것을 걸게 되었고 내신등급이 낮아지는 것을 우려해 자퇴생이 속출했다. 학생들의 선택권을 위해 교과과정을 개편했으나 재정지원이 뒷받침되지 않으니 지방의 소규모 고등학교는 대학 보내기가 더욱 어려워졌다. 논술과 다양한 활동, 자기소개서, 입학사정관제가 도입되면서 부모의 사회경제적 지위나 문화적 자본이 명문대 진학에 점점 더 큰 힘을 발휘하여 명문대 신입생 가운데 특목고와 강남 출신은 점점 많아지고 있다. 운동장이 점점 더 기울어진다고 생각하는 학생과 학부모는 사교육비 지출을 늘리거나 '노오력'으로 이에 대응하고 있지만, '불공정'한 경쟁을 거부하고 포기하는 청소년들이 늘어나고 있다.

지금이라도 입시경쟁과 사교육을 단기간에 없애겠다는 비현실적 목표를 포기해야 한다. 무리한 정책의 남발도 중단해야 한다. 불신으로 가득 찬 한국 사회에서 소위 '신뢰 사회'에서 성공할 수 있는 정책의 무리한 추진은 중단해야 한다. 학생들의 지적 호기심과 방랑할 기회를 억누르고 수능시험 문제를 깡그리 외워 단시간 내에 실수 없이 정답을 제시하는 다람쥐 쳇바퀴 돌리기 경쟁을 중단해야 한다. 대학 간 서열이나 전공 쏠림을 입시제도 개선으로 해결한다는 허황된 꿈도 버려야 한다. 정책수단의 한계와 부작용을 솔직히 인정하고 현실에 대한 냉정한 인식을 바탕으로 상식적인 정책을 꾸준히 추진해야 한다. 오래전 「대입(大入) 관심의 절반만이라도 대학 교육에 쏟았으면」이라는 칼럼에서 강조했듯이 대학 교육 자체를 혁신하여 적어도 의지와 능력이 있는 사람들 모두가 양질의 교육을 받을 수 있도록 노력해야 한다.

능력과 실력과 잠재력을 구분하면서: 교육이 해야 할 일은?

서울대 출신으로 외국 명문대에 유학했던 어느 지방대 교수가 자신은 맹자의 세 가지 군자의 즐거움 이야기에 비위가 상한다고 했다. 한국은 그놈의 학벌 탓에 천하의 영재를 가르치는 즐거움은 '운 좋게' 서울대 교수가 된 사람만 누린단다. 강원대에서 가르치던 나도 잠시 동조하다가 곧 생각을 바꾸었다. 잠재력·능력·실력을 구분한다면 절반만 맞는 말이기 때문이다.

강원도는 소위 도세(道勢)가 약하고 강원대도 거점 국립대학 가운데 마이너리그에 속한다. 그중에서도 인류학과는 1988년에 창설되었는데, 인류학이라는 학문이 워낙 잘 알려지지 않았고 취직 전망도 불투명한 전형적 비인기학과로서 모집단위들 가운데 입학성적이 하위권이었다. 그러나 인류학과에도 '잘 가르쳐야 할' 뛰어난 학생들이 있었다. 학생들에게 조금 특별한 과제를 부과해보았다. 남의 글을 열심히 참고하고 베끼는 것이 아니라 인류학의 심층 면접과 생애사 기법을 응용해 각자의 이십몇 년 인생을 A4 용지 10장 이상의 분량으로 써보라는 것이었다. 스스로 자기 인생을 써도 좋고 서로 바꾸어 쓰는 것도 좋은데, 순전히 자기의 글로 그런 분량을 쓰는 것은 보통 일이 아니었다. 그야말로 밑천이 다 드러나는 과제였는데, 묵직한 감동을 주는 글들이 있었다. 우연히 그 가운데 2개를 읽으신 아버님께서는 "강원대 애들 제법이다. 너, 애들 잘 가르쳐야겠다"라고 하셨다.

마이너리그 지방대의 비인기학과에도 가능성과 잠재력이 뛰어난 아이들이 다수 있다. 내가 강원대 교수라서가 아니라, 학술서적 출판사를 창업하여 평생 저명한 저자들의 원고를 읽어오신 분도 같은 의견이었다. 만일 이 아이들이 더 좋은 환경에서 태어나 자랐더라면 몇몇은 나보다 더 성적이 뛰어났을 것 같다. 그러나 어쩌다 보니 '뜨지를 못하고' 지방대에 입학하게 되었다. 대학생은 되었으나 소위 그놈의 학벌 탓에 대기업 취직은 꿈도 꾸기 어렵고 다수가 울분과 좌절에 빠져 있었다.

그런 현실을 보면서 실력과 능력과 잠재력을 구분할 필요를 느꼈다. 비록 점수가 낮아서 능력이 부족하고 실력이 없다는 평을 듣지만, 그래도 몇몇은 나보다 잠재력과 가능성이 뛰어난 것 같았다. 다만 잠재력이란 수면 아래에 숨어 있는 것에 불과하다. 공부는 타고난 머리로만 하는 것이 아니라 어느 정도 습관이 되고 축적이 필요하듯이, 아무리 좋은 잠재력이 속에 숨어 있어도 수면 위로 드러나고 밖으로 나와야 비로소 "능력 있다"고들 한다. 그리고 능력 있는 학생이 훌륭한 선생의 지도를 받으며 학업에 정진하고 혹독한 훈련과 연습 과정을 거쳐야 비로소 뛰어난 실력을 갖추어 성취를 이루게 된다. 머리 좋고 공부 잘한다는 학생들 가운데 상당수는 사실 어려서부터 남보다 더 열심히, 더 오래, 더 좋은 선생님 모시고 공부했기 때문에 그러하다. 그러므로 고3 때 성적이 좋아 명문대에 들어간 학생들만 천하의 영재가 아니며 크게 우쭐댈 것도 없다. 지방대 비인기학과에 들어왔다고 좌절할 것도 없다. 90점 이상 받은 학생만 뽑아 가르쳐서 93점을 만드는 것도 즐겁고 의미 있는 일이겠지만 65점 받은 학생의 잠재력을 끌어내어 85점, 90점으로 올리는 것은 더욱 즐겁고, 의미가 더 큰 일이 아닐까?

그래서 교육이란 무엇인가 조금 더 생각해보아야 한다. 이미 높은 점수를 받아 학업능력이 우수하다고 하는 학생들을 잘 가르치는 것도 중요하지만, 잠재력만 뛰어날 뿐 아직 공부하는 습관이 배어 있지 않아 능력이 있다는 이야기를 듣지 못하는 학생들에게 적절한 자극과 기회를 주면서 이들의 잠재력을 능력으로 발전시키는 일도 그에 못지않게 중요하지 않을까?

한국에서는 흔히 교육이란 가르치는 것이라 여겨지지만, 영어 단어 'educate'는 '밖으로(e, ex)'라는 접두사와 '이끌다(ducere)'라는 단어가 합쳐진 것이다. 그러니까 학생의 내부에 있는 것을 밖으로 끄집어내 준다는 것이다. 소질이나 잠재력은 항상 저절로 발현되는 것은 아니며 적절한 자극과 도움과 기회가 필요하다. 고사성어에 줄탁동시(啐啄同時)라는 말이 있는데, 병아리는 안에서 어미 닭은 밖에서 같이 껍질을 쪼아 알을 깨고 나온다는 뜻이다. 그러므로 지식과 정보를 학생의 머리 안에 쏙쏙 잘 넣어주는 1타 강사만 좋은 교육자가 아니다. 학생이 타고난 소질과 잠재력을 발견하고 이를 계발하고 발전시킬 수 있도록 적절한 자극과 도움과 기회를 주는 사람이야말로 훌륭한 교육자가 아닐까?

서울대 교육상 수상식장에서 나이가 많다고 수상자 대표로 한마디 할 기회가 생겨서 좀 기묘한 자랑으로 좌중을 웃긴 일이 있다. 내가 대부분의 서울대 교수보다 교육을 잘하는 이유는 학생 때 그리 우수하지 않았기 때문이라고. 교수 대부분은 학생 시절부터 1, 2등만 했기 때문에, 학생들이 어떻게 수업 시간에 딴생각을 할 수 있는지, 어떻게 예습·복습이나 숙제를 하지 않을 수 있는지, 어떻게 이렇게도 쉬운 것을 모를 수 있는지, 어떻게 지난번에 설명한 것을 또 모를 수가 있는지 등을 도저히 이해할 수 없을 것이다. 소위 평범한 학생의 심정과 상황을 어찌 1등만 하던 분들이 이해할 수 있으랴?

선생님이란 소위 우수하지 않은 학생도 모두 아우를 수 있어야 한다. 학생의 입장에서 생각하고 볼 수 있어야 한다. 공부를 잘 가르치는 것도 중요하지만 학생의 숨어 있는 잠재력과 가능성을 알아보고 이것이 수면 위로 올라올 수 있도록 이끌어주는 역할도 중요하다. 선생님은 가르치는 사람이지만 또한 이끌어주는 역할도 해야 한다.

교육의 미래, 어떻게 상상할 것인가?

유네스코가 발간한 보고서 『함께 그려보는 우리의 미래: 교육을 위한 새로운 사회계약』은 김도연 전 교육과학기술부 장관 등 전 세계 학자와 정치인들로 구성된 국제미래교육위원회가 다양한 이해관계 집단의 의견을 수렴하며 2년여간 고민한 결과물이다. 2050년 미래를 바라보면서 작성된 이 보고서는 낡은 교육이 이미 사회적으로 파탄이 났음을 공식 선언하고 '새로운 사회계약'이라는 표현을 사용하며 교육에 대한 새로운 합의를 통해 미래를 열 것을 제안했다.

유네스코한국위원회 사무총장에 취임한 직후 이를 읽어본 나는 그 내용이 얼마나 신선했던지 《한겨레》 신문에 기고한 칼럼에서 "학생 시절에 '왕은 죽었다. 왕 만세!' 구호를 처음 접했을 때의 충격이 되살아났다"고 썼다. 왕국을 일신하려면 선왕을 묻어버려야 하듯, 교육의 미래는 낡은 교육이 사회적 효능을 다했음을 솔직히 인정해야 열리리라.

유네스코 보고서의 내용은 광범위하지만, 한국의 교육 현실을 생각할 때 특히 다음 세 가지에 주목했다. 첫째는 '전 생애를 통해 양질의 교육을 받을 권리의 보장'이요, 둘째는 '공공재이자 공동재'로서 교육을 강화해야 한다는 것이다. 셋째는 문화 다양성과 지속가능 발전을 핵심 내용으로 하는 세계시민교육의 심화와 확대이다.

첫째, 전 생애를 통해 양질의 교육을 받을 권리를 보장한다는 것은 교육이 생애 전체에 걸쳐 이루어지는 세상에 살게 되었기 때문이다. 이러한 세상에서는 교육이란 평생교육을 의미하며, 학교교육은 더 이상 교육의 주(主)가 아니라 삶의 초기에 이루어지는 교육을 의미하게 된다. 학교의 변혁이 평생교육의 변혁과 함께 매우 중요하다는 것을 의미하며 또한 교사의 역할 변화가 필요하다는 것을 의미한다.

그런데 교과과정 개편 논의를 지켜보면, 여전히 전문가들은 학교가 마치 삶의 마지막 교육 기회라도 되는 듯 자신들이 보기에 중요하고 필요하고 유익한 것들을 어떻게든 교과과정에 모두 담으려 치열하게 경쟁한다. 이래서야 놀이 시간은커녕 잘 시간도 모자라겠다. 학교는 배우는 힘을 길러주고 잠재력을 능력으로 바꾸어주는 곳, 다른 학생들과 놀고 상호작용하며 성장하는 곳이 되어야 한다. 인공지능(AI)에는 메타러닝이 중요하다면서 우리 아이들에게는 러닝만 강조하는 것 아닌가 하는 의문이 든다.

둘째, '공공재이자 공동재'로서 교육을 강화해야 한다는 것은 교육에 공공재원을 투입할 뿐 아니라 사회 전체가 함께 참여하고 만들어가야 한다는 의미이다. '공동재'라는 낯선 개념 사용의 부담을 감수하면서까지 유네스코는 이를 강조했다. 교육의 방식 또한 협력과 연대의 원칙을 기반으로 조직되어야 하며 교육에는 학교만이 아니라 사회 전체가 나서야 한다고 한다.

셋째, 우리가 특히 주목할 것은 학교교육은 물론 평생교육에서 진지하게 문화 다양성과 지속 가능 발전에 대한 교육이 이루어져야 한다는 것이다. 글로벌 시각에서 책임감 있는 시민으로 느끼고 생각하고 행동할 수 있도록 세계시민교육이 심화·확대되어야 한다.

» 학교의 변화

근대 학교의 종언과 학습사회의 도래

무엇보다도 우리에게는 학교의 혁신과 변화가 필요하다. 학교는 아득한 고대부터 존재했으나 근대 학교 제도는 산업혁명 및 국민국가와 함께 발전한 것이다. 근대 학교는 산업 현장에서 일할 수 있는 기본 지식과 건강한 신체, 그리고 시간과 규율을 준수하는 훌륭한 노동자와 병사, 가정을 이루고 다음 세대를 키워낼 아버지와 어머니를 교육했다. 소위 시골에서는 근대 학교가 사회 발전을 이끄는 힘이었고 문명의 중심이기도 했다.

학교는 국어, 산수, 사회, 자연 등의 교과목도 가르쳤지만, 사회문화적 현상으로서의 학교는 교과과정에 명확히 포함되지 않은 다른 많은 것들을 힘껏 가르쳤다. 시계 보는 방법과 시간 계산만 가르친 것이 아니라, 시간 엄수의 중요성과 함께 시간표에 따른 생활을 가르쳤다. 우등상 못지않게 개근상이 중요했기에 몸이 좀 불편한 것쯤은 감수하고 늦지 않게 일단 학교에 가야 했다. 조회 시간에는 '앞으로 나란히'로 줄 맞추어 서서 날이 춥건 덥건 교장 선생님의 훈화를 들어야 했고 수업 시간에는 똑바로 앉는 것이 중요했다. 시간 감각과 신체 규율은 근대 사회를 살아가는 시민에게, 또한 산업노동자와 병사에게 필수불가결한 것이었다.

근대 학교의 등장은 인간의 평균 수명이 40세로 현재의 절반에 지나지 않던 때였다. 학교의 졸업은 교육의 끝을 의미했으며, 사회 변화나 과학기술의 진보가 지금처럼 빠르지 않았던 시절에는 학교에서 배운 것을 밑천으로 살다가, 정년 또는 죽음을 맞이했다. 근대 학교는 교육 자체였고 평생교육은 학교 다닐 기회가 없던 사람을 위한 보조적인 것에 지나지 않았다.

그러나 인간의 수명은 거의 두 배로 늘어서 현대 한국인은 고등학교나 대학을 졸업하고 60년 이상을 더 살게 되었다. 과학기술과 사회의 변화가 더욱 빨라지는 가운데 정년만 연장되는 것이 아니라 연금 지급 개시도 늦어지고 이제는 노인이 되어서도 일을 더 계속해야 하는 상황이다. 학교에서 배운 지식과 정보와 기술로는 60년 남은 인생을 살아갈 수 없는 세상이니, 평생학습은 취미나 선택이 아니라 미래를 살아가는 필수가 되었다.

학교는 공부하는 곳이라는 생각이 아직도 지배적이지만 학교는 선생님의 지도와 감독하에서 또래들과 놀고 싸우면서 사회를 살아가는 방법과 지혜를 터득하고 성장하는 곳이기도 하다. 놀이는 교육의 중요한 일부이며 특히 단체 운동 등은 신체 발달 외에 사회성과 협력을 터득하는 기회를 제공하기도 한다.

과거의 놀라운 성취 때문인지 한국에서 학교의 혁신은 오히려 힘든 것 같다. 한국의 근대화 과정에서 학교는 대체로 가정이나 사회보다 앞서 있었다. 건물이나 설비도 그랬다. 선생님들은 대다수 학부모에 비해 교육도 더 받았고 사회경제적으로도 나은 편이었다. 그러던 학교가 이제는 미래를 준비하고 선도하기는커녕 사회 변화를 따라가지 못하고 있다. 학교가 제공하는 지식의 유용성은 점점 저하되고 있고 교실은 붕괴되었으며 학교는 졸업장을 주는 곳이 되어버렸다. 학교에 대한 신선한 상상과 실천이 그 어느 때보다 필요한데 아직도 많은 사람이 이미 시효가 지난 과거의 모델에 집착하고 있는 것 같다.

학교는 가르치는 곳이 아니라 학습 방법을 배우고 익히는 곳

과거의 학교가 지식과 정보를 가르치고 전달하는 곳이었다면, 정보화 시대의 학교는 학습능력, 미디어 리터러시, 미래 문해력 등을 길러주는 곳이 되어야 한다. 정보는 폭발적으로 증가하고 있으며 인터넷과 디지털 기술의 발전으로 손쉽게 접근할 수 있게 되었다. 학교는 학생들이 스스로 정보를 찾고 비판적으로 분석하고 평가하고 활용할 수 있는 역량을 키워주어야 한다. 지식과 정보에 대한 접근이 용이한 상황에서 미래의 학교는 학생들이 자신의 관심사와 목표에 맞춰 학습을 스스로 주도할 능력을 키우고 평생학습의 기반을 마련하도록 도와주어야 한다. 이는 배움에 즐거움을 느끼고 교실이 의미 있는 공간이 되는 학습 동기와도 관련이 깊다.

돌봄 그리고 함께 사는 방법과 협조 능력, 커뮤니케이션 능력 등

가족의 구성과 규모가 변화하고 여성의 사회경제적 활동이 증가하면서 가정이 사회화 과정에서 차지하던 역할은 줄어들고 보육시설·유치원·학교가 중요한 역할을 하게 되었다. 아직도 학교는 개인의 학력 향상에 집중하고 있으나 앞으로는 다른 사람과 어울려 사는 방법, 문화적 공감력을 학습하고 협력의 기회와 경험을 제공하는 곳으로서 학교의 역할이 점점 더 중요해질 것이다. 지적 능력도 중요하지만, 감정 관리, 공감 능력, 대인 관계 기술 등 정서적 지능 또한 개인의 성취와 행복감에 큰 영향을 미친다. 또한, 기술 발전과 글로벌화로 인해 복잡성이 증가하고 있으므로 미래의 학교는 학생들이 다양한 배경의 사람들과 효과적으로 소통하고 협력할 수 있도록 준비를 시켜주어야 한다.

학교의 돌봄 및 사회화 기능은 지방자치단체의 적극적인 지원과 협력을 통해서만 향상될 수 있다. 학교의 돌봄 및 사회화 기능은 단지 학부모의 부담을 덜어주는 것을 넘어 커다란 교육적 의미를 갖는다. 돌봄과 사회화를 강조하는 교육을 통해 학생들이 서로를 지원하고, 함께 성장하는 방법을 배울 수 있도록 하여 사회적 연대감을 높이고, 더 나은 사회를 만드는 데 기여할 수 있기 때문이다.

지역사회의 중심이며 지역 발전의 거점

학교는 또한 지방 소멸의 위기를 극복하고 지역 발전의 중심이 될 수 있다. 학교는 지역 산업이나 문화에 대한 이해를 높이는 것을 비롯하여 지역의 특성과 필요에 맞춘 교육과정을 개발하는 등 지역 맞춤형 교육 프로그램을 개발하며 학생들의 지역사회 기여 역량을 키워줄 수 있다. 또한, 학교와 지역 기업, 단체, 주민 간의 협력을 통해 교육 기회를 확대하며, 지역 문제 해결을 위한 다양한 프로젝트를 통해 학생들이 실제 문제를 해결하는 경험을 쌓도록 하는 등 학교와 지역사회의 협력을 강화할 필요가 있다.

한편 메이커 스페이스나 공동 작업 공간 등 창의적이고 혁신적인 교육 공간을 조성하여 학생들이 자유롭게 아이디어를 표현하고 실험할 수 있는 환경을 제공한다. 그리고 지역사회에 봉사하는 프로그램을 통해 학생들이 지역의 필요를 이해하고, 책임감 있는 시민으로 성장할 수 있도록 지원하는 등 다양한 커뮤니티 서비스와 봉사 활동을 개발하고 장려한다. 학교는 또한 다양한 평생교육 프로그램을 운영하는 등 지역사회의 교육 허브 역할을 해야 한다.

특히 디지털과 AI 등 첨단기술의 발전이 초래할 수 있는 심각한 불평등을 완화하는 데 지방자치단체와 학교의 협력은 매우 중요하다. 온라인 교육 플랫폼과 디지털 도구를 활용하여 모두가 지역의 교육 자원에 접근할 수 있도록 하고, 외부와의 연결을 강화해야 한다. 나아가 학교는 지속 가능 발전 목표(SDGs)에 대한 학생들과 주민들의 이해를 높이고, 이를 지역사회에서 실천할 방법을 학습하고 개발하는 데 중요한 역할을 할 것이 기대된다.

교사의 역할과 재교육

미래를 위한 교육 변혁 과정에서 교사가 가장 중요하지만 동시에 교사는 가장 큰 문제가 될 수 있다. 교사는 '가르치는 사람'이라 인식되었으나 미래에는 돌봄이나 사회생활 훈련 등의 역할이 중요해진다. 특히 학생이 자신의 소질과 잠재력을 발견하고 이를 발전시키도록 적절한 자극과 기회를 제공할 수 있어야 한다. 그런데 교과 수업을 가르치는 것만 교사의 본업이고 돌봄이나 생활 지도 같은 것들은 자신의 역할이 아니라 생각하는 교사들도 있다. 다른 직업도 그렇지만 자신이 잘하거나 익숙한 것을 고집하고 새로운 것을 배우거나 시도하려고 하지 않는 것 같다. 교육 변혁은 교사의 역할

변화를 절실히 요구하고 있다.

무엇보다도 교사는 학생을 중심으로 교육을 해야 한다. 교과과정에 따라 지식과 정보를 가르치고 전달하는 것에 만족하지 말고 학생의 학습을 지원하고, 개별 학생의 필요와 관심에 주의를 기울여야 한다. 또한, 학생들의 비판적 사고를 촉진하며 학생들이 문제를 해결하고 창의적으로 사고할 수 있도록 도와주어야 한다. 나아가 학생들이 다양한 문화와 가치관을 이해하고 존중하는 글로벌 시민으로서의 역량을 기를 수 있도록 지도해야 한다.

교사들의 디지털 역량 강화도 중요하다. 디지털 도구를 활용한 교수법을 익히고, 학생들의 디지털 리터러시를 향상시키며 협력적 학습 환경을 조성해야 한다. 동료 교사 및 지역사회와의 협력 기회를 늘리고 팀워크와 공동체 의식을 함양하는 학습 환경을 조성해야 한다.

새로운 교사를 양성하는 것과 함께 기존 교사의 재교육과 연수가 매우 중요하다. 과거에 양성된 교원들의 변화와 발전을 적극 지원하고 기회를 부여해야 한다. 교과과정 개편 논의의 장이 종종 기득권의 고수와 새로운 이권의 쟁탈전이 벌어지는 곳이기도 하다는 사실을 고려한다면 이는 특히 중요하다. 자칫하다가는 '교사가 있으니까 불필요한 과목을 계속 가르친다'거나 '필요하지만 교사가 없어 가르치지 못한다'는 일이 비일비재하게 빈생하게 된다.

최신 교육 트렌드와 교수법에 대한 정기적인 연수를 통해 지속적인 전문성을 개발할 기회를 제공하는 한편 경험 많은 교사가 신임 교사나 경력 교사를 지원하고 실질적인 피드백과 조언을 제공하는 멘토링 프로그램의 확대도 절실하다. 이미 어느 정도 발전하고 있지만 교사들이 자발적으로 학습하고 경험을 공유할 수 있는 전문 커뮤니티를 더욱 확대하고 지원하여 교사들이 서로의 지식을 확장할 수 있는 환경을 조성해야 한다.

고등교육과 평생교육

고등교육과 평생교육은 빠르게 변화하는 사회적·경제적 요구에 부응하여 빠르게 변화해야 한다. 디지털 기술의 발전으로 가능해졌던 것들이 COVID-19를 경험하면서 대폭 확산되었고 비대면 강의와 온라인 학습 플랫폼이 일상이 되었다. 교육의 시간과 장소의 제약이 줄어들었고 AI 사용으로 학생 개개인의 학습 스타일에 맞춘 맞춤형 교육도 가능해졌다.

수업 방식은 큰 혁신이 필요하다. 첨단기술의 사용은 한계와 문제점이 있지만, 상황과 대상과 목표에 맞게 사용한다면 놀라운 성과를 얻을 수 있다. 과목에 따라 수천 명이 동시에 강의를 수강할 수도 있다. 교수 한 사람이 일정 수준의 조교들만 확보된다면 놀라울 정도로 많은 학생을 일정 수준까지 교육할 수 있다. 디지털 기술과 AI의 적극적인 도입이 요구된다.

그런데 아직도 첨단기술의 도입과 활용이 고등교육과 평생교육에 갖는 함의는 충분히 인식되지 못하고 있다. 매우 큰 효과를 거두면서 비용과 수고를 크게 절약하는 것은 물론 원하는 교육을 받게 해줄 가능성을 크게 확대할 수 있건만, 변화와 혁신은 너무나 느리다. 기존의 이해관계, 낡은 규제, 구태의연한 사고 등은 커다란 문제이다. 세계적으로 높은 대학 진학률을 자랑하고 있지만, 21세기를 이끌어나갈 시민과 전문인력을 양성하고 학문과 기술을 선도해야 할 한국의 고등교육은 심각한 문제를 안고 있으며 이러한 문제를 함께 해결해야 할 평생교육의 혁신적 변화도 너무 느리다.

우리의 고등교육은 졸업 직후의 유리한 위치 확보에 너무 집중하고 있다. 청년 실업이 문제가 되다 보니 대학도 취업과 활용에 당장 유리한 맞춤형 교육을 해야 한다는 주장도 있다. 그러나 맞춤형 교육은 효과가 짧은 단기 처방에 불과하다. 시간이 지나며 기술과 사회적 상황이 변하면 진부(陳腐)한 것이 되어버린다. 학교 졸업 후 60년이 넘는 삶을 살면서 노동시장에서 오랫동안 유용하려면 새로운 것을 계속 배울 수 있는 역량을 갖추고 있어야 한다.

미래의 교육은 계속 새로운 것을 배울 수 있는 학습능력의 배양에 집중해야 한다. 대학 졸업은 교육의 완성이 아니다. 계속 새로운 것을 대학원과 직장, 그리고 평생교육을 통해 배우고 익혀나간다는 것을 전제로 대학 교육을 혁신해야 한다. 대학에서 배우고 익혀야 할 것은 얼마 후 진부화될 지식과 정보와 기술이 아니라, 새로운 것을 계속 학습할 수 있는 역량이다.

본격적인 생존경쟁은 사회에 나가서 시작되며 평생 진행되는데, 사회에서는 지적 능력 외에 정서적 능력, 협력과 소통 등 사회적 능력, 다른 문화를 이해하고 필요한 것을 받아들이며 다른 문화를 가진 사람들의 협력을 끌어낼 수 있는 문화적 능력도 중요하다. 그런데 현재 우리 교육은 그러한 장기적 삶의 준비보다는 오로지 출발점에서 남보다 유리한 위치를 차지하기 위한 시도에 모든 노력과 비용을 쏟아붓고 있다. 장기적으로 꾸준히 여러 사람과 협력하면서 잘 달릴 수 있다면 출발 때 남보다 조금 앞서는 것은 큰 의미가 없어진다.

대학입시 문제를 입시제도 개선으로 해결하는 것이 불가능에 가깝다는 것은 과거 수십 년의 정책 실패가 증명하고 있다. 시간이 걸리더라도 학생이나 학부모가 대학입시 후에도 기회는 얼마든지 또 있으며 자신의 능력을 꾸준히 계발하고 실력을 쌓는 것이 오히려 낫다고 느끼도록 생태계 자체를 바꾸어야 한다. 즉, 어느 대학, 어느 학과에 합격했었다는 사실보다는 무슨 공부를 얼마나 했고 또 무엇을 잘할 수 있는가가 더욱 중시되는 사회를 만드는 것이다. 거점 국립대학의 시설과 기자재 등 교육 여건과 교육의 질, 그리고 각종 기회 등을 현재의 서울대 수준 이상으로 시급히 끌어올리는 것과 함께 첨단기술을 이용해서 평생교육을 혁신해야 한다. 학생들이 자신이 원하는 분야에서 '양질의 교육'을 받을 기회를 얻을 수 있게 된다면 명문대 합격에 많은 노력과 비용을 투자하는 것이 오히려 낭비로 느껴질 것이다.

학생의 잠재력과 능력과 실력을 보다 정교하게 이해하고 정의하며 평가 방법을 더욱 공정하고 정확하게 만드는 것도 중요하지만, 일정 수준의 의지와 학업능력을 보여주는 학생들은 연령에 상관없이 자신이 원하는 분야에서 양질의 교육을 받을 수 있도록 고등교육과 평생교육을 혁신하는 것이야말로 우리 시대의 가장 중요한 교육 과제이다.

평생교육과 고등교육의 혁신과 접근은 다른 의미에서도 매우 중요한 과제이다. 미래의 대학은 중년은 물론 노년 학생들로 붐비게 될 것이다. 지역사회에서 대학의 역할도 크게 변화할 것이다. 한국은 대학 진학률은 세계 최고 수준이지만 불행히도 원하는 대학에서 원하는 전공을 공부하는 행복한 학생은 극히 적다. 소위 명문대 학생들도 특정 대학, 특정 학과에 입학하지 못했다며 불행해하거나 재수·삼수를 한다.

수명이 길어졌기 때문에 현대의 40대는 산업혁명 시대의 대학생보다 훨씬 젊고 새로이 배운 것을 써먹을 기회도 많다. 학교에 다니지 못했던 사람들에 대한 문해 교육은 여전히 중요하지만, 앞으로의 평생교육은 고등교육과 진지하게 접근해야 한다.

대학의 학과별 모집은 시대착오적이다. 학문이 발전하고 사회가 복잡해져서 대학원 교육이 크게 확대된 상황에서는 대학에 다닌다는 것이 전문 지식을 획득하는 마지막 단계가 아니다. 학부에서 무슨 전공을 공부했는가 그 자체는 점점 중요해지지 않고 있는 오늘날, 학벌이란 그저 인기 학과에 입학할 정도로 점수나 자기소개서가 좋았다는 것을 의미한다. 입학 시에 학벌 간판을 얻었다면 대학에서 열심히 공부할 필요가 줄어든다. 한편, 비인기학과 학생들은 간판의 평판이 낮으므로 대학에서 학업에 정진할 이유가 줄어든다. 개인적으로도 불행이지만 참으로 커다란 사회적 낭비이다.

대학 간 서열이나 전공의 쏠림 현상도 쉽게 해소할 수 있는 문제가 아니다. 소위 기초과학의 위기나 인문학의 위기를 대학 입시 제도, 모집단위 광역화, 전공 선택 시기와 방법을 조정해서는 해결하기 어렵다. 교수가 자기 학문을 지키기 위해 학과에 입학한 학생을 인질로 잡고 있는 것 같은 현재의 황당하고 비극적인 상황을 타개하려면 학부 학생의 존재와 상관없이 장기적으로 국가와 사회에 필요한 학문을 유지하고 지원하는 방안을 마련해야 한다.

2009년부터 신입생을 받기 시작한 서울대 자유전공학부를 운영한 경험은 전공을 대학에 들어와 선택하는 것, 또한 학부 과정에서는 가급적 전공을 두 개 이수하는 것이 매우 중요하고 필요하다는 것을 확신하게 해주었다.

**세계시민교육과 지속 가능 발전 교육,
문화 다양성 교육의 확대와 심화**

학교교육은 물론이고 평생교육에서도 한국은 세계시민교육, 지속 가능 발전 교육, 문화 다양성 교육에 보다 진지하게 노력해야 한다. 흔히 세계시민교육 등은 앞으로 글로벌 시대를 살아나갈 학생들에게 중요하다고 생각하기 쉽지만, 한국 사회를 구성하고 있는 기성세대에게 더욱 절실하다. 세계시민교육 등이 한국에게 특히 중요한 이유는 다음과 같다.

무엇보다도 한국은 대외의존도가 매우 높은 나라이다. 수출이 GDP의 40% 이상을 차지하고 있고 석유와 가스 등 에너지와 원자재는 수입에 의존하고 있다. 외국인 투자와 기술 의존도도 높다.

게다가 한국은 세계적 강대국으로 둘러싸인 중견국이다. 강대국들과의 외교 및 경제적 관계의 유지와 발전을 비롯하여 국제협력에 필요한 역량은 세계시민교육을 통해 기를 수 있다. 한편 한국인은 근대화 과정에서 외세와의 갈등, 식민지배, 6·25 전쟁 등 민족주의 측면에서 커다란 상처를 입은 결과 상당히 복잡한 감정과 정체성을 가지게 되었고 때때로 배타적이거나 극단적인 민족주의적인 성향이 표출되기도 한다. 이러한 상처를 치유하고 다른 민족과 문화에 대한 이해와 공감 능력을 증진하는 등 한국의 민족주의를 보다 열린 방향으로 발전시키고 평화롭고 협력적인 글로벌 사회를 구축하는 데에도 세계시민교육은 매우 중요하다.

한국 사회는 근대 이후 위기가 지속되면서 통합과 단결을 강조하다 보니 내적 다양성과 그 표현을 억압하는 경향이 나타났다. 그 결과 문화적 표현이 단조롭고 창의성이 위축될 가능성이 있다. 다양한 문화와 관점을 이해하고 존중하는 세계시민교육은 소통과 협력 능력을 키우고 차이를 존중하는 태도를 함양하여 한국 사회의 내적 다양성을 풍부하게 하고 창의성이 안심하고 발현되도록 함으로써 보다 포용적이고 협력적인 사회로 발전할 수 있게 할 것이다.

나아가 전 세계적으로 약 750만 명 정도의 한인 디아스포라 때문이다. 이들은 역사적으로 등 다양하고 복잡한 이유로 해외에 거주하게 되었는데, 한반도 거주 인구 규모를 생각한다면 이는 세계적으로 높은 비율이다. 한인 디아스포라는 한국의 문화·경제·정치에 큰 영향을 미치고 있으며, 한국의 글로벌 네트워크를 형성하는 데 중요한 역할을 하고 있으며 한국 사회의 글로벌 교류를 촉진하고 시야를 넓히는 동시에 세계시민으로서의 역할 강화에도 중요하다. 한편 결혼이민자의 증가와 외국인 노동자의 정주화를 통해서 한국 사회의 구성이 크게 바뀌고 있는데, 이는 기존의 다문화 교육을 넘어 세계시민교육을 필요로 한다.

» 맺음말

교육의 변혁은 매우 중요하다. 대학입시와 사교육 때문에 교육개혁이 불가능하다고 하지만, 사실은 문제를 정확히 정의하고 시간이 걸리더라도 필요하고 중요한 대책을 꾸준히 추진하지 않았기 때문에 상황이 이렇게 악화된 것이다. 교육의 변혁을 위해서는 다음과 같은 자세가 필요하다.

첫째, 현장을 잘 관찰하고 현장의 목소리를 새겨들어야 한다. 자신들이 옳다고 확신하면서 사람들을 가르치려 들고 정책이 효과를 거두지 못하면 시민들을 비난하는 관료와 전문가들이 많다. 탁상행정이 되지 않으려면 정확한 현실 파악이 이루어져야 한다.

둘째, 스스로 설정한 목표에 집착해서 사회문화적 맥락이나 부작용을 무시하는 '터널 비전'에 빠지지 말아야 한다. 우리와 역사적 경험이 다르고 사회문화적 배경과 사고방식과 정서가 다른 외국의 제도를 그 맥락을 무시하고 자꾸 도입하는 어리석음을 범하지 말아야 한다.

셋째, 급하다거나 위기 상황이라면서 거칠고 무리한 대책을 추진하지 않는다. 큰 변화가 필요한 것은 사실이지만 급하다고 설익은 정책을 추진하면 부작용과 반발 때문에 성공하기 어렵다. 묘안과 획기적 해결책에 대한 욕심을 버리고 차분하고 꾸준하게 노력하는 것이 중요하며 소위 조장(助長)의 어리석음을 범하지 말아야 한다.

넷째, 구태의연하고 익숙한 사고의 틀과 대책에서 벗어나 새로이 상상하는 힘과 용기가 필요하다. 싫더라도 현실을 솔직하게 인정하고 두려워도 새로운 것을 시도해야 한다. 특히 우리가 해결하고 극복해야 할 문제를 잘 정의해야 한다. 목적과 목표를 혼동하지 않고 현상과 원인을 잘 구별하면서 목표를 달성하는 도구로서 정책수단과 제도를 치밀하게 모색해야 한다.

다섯째, 정책의 개발과 추진 과정에서는 제도적 관행과 심리적 요인은 물론, 이해관계자들의 갈등, 사회문화적 맥락 등을 세심하고 치밀하게 살펴야 성공할 수 있다. 그렇지 않으면, 겉으로는 따르는 것 같은데 결국 은근한 저항 때문에 실패하기 마련이다. 오죽하면 중국에는 "위에 정책이 있으면 아래에는 대책이 있다(上有政策 下有對策)"라는 표현이 있다고 한다.

저자 소개

김영섭

1982년 건축문화 설계연구소를 설립하고 2006년까지 운영하였다. 이듬해 성균관대학교 건축학과 석좌교수로 초빙된 후 2007년 9월부터 2015년 정년 시까지 건축학과 교수 및 동 대학 디자인 대학원 교수로 재직하는 동안 2011년 스페인 마드리드 E.U.M.대학 교환교수직과 2013년 성균 건축도시 연구원(SKAi) 원장을 역임하였고 도쿄대학과 그라나다대학 등 외국의 여러 유수 대학에서 초청 강연회를 가졌으며 퇴임 후 실무 건축가로 활동을 재개하였다. 1996년 제7회 김수근 건축상, 두 번의 대한민국 환경문화대상, 네 번의 한국건축문화대상, 서울시 건축상과 건축가협회상, 건축사협회상, 가톨릭 미술상 등을 수상하였으며, 그의 건축 작품집은 2003년 오스트레일리아 이미지(Image Publishing) 사의 '세계 100명의 마스터 건축가 전집' 시리즈의 제53번째 작가로 선정되어 출판되었다. 대한민국 국적 건축가로서 해외 출판사 기획에 의해 최초로 영문판 건축 작가 작품집이 출간되는 영예도 동시에 부여받았다. 이듬해 2004년 세계 건축가 1000 인명사전에 마스터 아키텍트로 등재되었고, 2007년 일본의 세계적 건축 전문지 《A+U》 편집장이 선정하고 Art Design 출판사가 발간한 『세계 건축가 51인의 사상과 작품집(II)』에 수록되어 영어본과 일어본으로 소개되었다.

이장우

현 성공경제연구소 원장이자 경북대 경영학부 명예교수이며 한국과학기술단체총연합회 부회장이다. 한국식 경영과 혁신이론을 연구하며 국내 처음으로 벤처경영의 이론(1994)을 제시했으며 미래형 한국식 경영인 창발경영(2015)을 주창했다. 2002년 (사)한국문화산업포럼을 설립해 한류 문화산업의 발전에 기여했으며, 기술과 문화의 융합에 기반한 한국식 혁신이론을 『K-POP Innovation(2020)』으로 정리해 국문 및 영문판을 출간했다. 1995년 학계를 대표해 벤처기업협회 설립에 참여했으며, 한국경영학회 회장과 전자부품연구원 이사장을 역임했다. 국민경제자문회의 위원, 대통령 직속 미래기획위원, 헌법재판소 자문위원 등으로 활동하며 국가정책에 자문한 바 있다. 현재 세계문화산업포럼(WCIF) 의장과 생명보험사회공헌재단 이사장으로 봉사하고 있다.

이기동

현 국제퇴계학회장, 행촌학술문화진흥원 이사장이며, 성균관대학교 유학대학 명예교수이다. 『사서삼경』, 『노자』, 『장자』 등의 고전을 역해하여 동양고전의 대중화에 이바지한 바 있고, 『한마음의 나라, 한국』, 『한국의 위기와 선택』, 『사상으로 풀어보는 한국경제와 일본경제』 등을 저술하여 위기에 처한 한국의 현 상황과 그 극복방안을 모색하여 널리 알리고, 『한국철학사』, 『유학 오천 년』 등을 저술하여 철학의 역사적 변천 과정을 정리한 바 있다. 최근에는 세계적으로 닥쳐오는 위기를 극복하는 새로운 철학을 모색하기 위해, 한국의 고대 철학과, 유학, 불교철학, 기독교, 노장 철학 등의 핵심 내용을 두루 연구하고 있다.

박승찬

현 가톨릭대학교 철학과 교수이다. 서울대학교 식품공학과를 졸업한 뒤, 가톨릭대학교 신학부에서 신학을 공부하던 중 중세철학에 관심을 가지게 되었다. 독일 프라이부르크대학에서 석사와 박사학위(중세철학 전공)를 받았다. 한국중세철학회장, 한국가톨릭철학회장, 김수환추기경연구소장을 역임했다. 그는 생각하는 힘을 키워주는 강의로 유명하다. 그의 '중세철학사' 강의는 2012년 SBS와 대학교육협의회에서 공동으로 주관하는 '대학 100대 명강의'로 선정되었다. 또한 JTBC 〈차이나는 클라스: '중세 천년의 빛과 그림자'〉, tvN 〈벌거벗은 세계사〉 EBS 〈통찰, 클래스e: '중세의 위대한 유산'〉, 평화방송(cpbc) 등의 방송 출연, 《한겨레》 연재, 다양한 강연 활동을 통해 사람들이 중세에 대해 갖는 편견을 깨고 중세철학이 지닌 매력과 그 깊이를 알리는 데 주력하고 있다.

이은수

현 서울대학교 철학과 교수이다. 서울대학교 AI연구원 인공지능 디지털인문학센터 센터장을 맡고 있으며, 학부대학, 인지과학 협동과정, 과학학과 등 다학제적 분야에서 활동하고 있다. 서울대학교 수학과를 졸업하고, 동 대학교에서 서양고전학 석사학위를 받은 뒤, 미국 스탠퍼드대학교에서 수학, 서양고전, 과학사를 공부하여 고전학 박사학위를 취득했다. 귀국 후 카이스트에서 수행했던 인문학과 기술의 상호 발전에 대한 연구 및 강의를 바탕으로 서울대학교에서 '메타인문학'이라는 이름으로 인문학 연구실을 운영하며, 인간적인 기술 및 인문학의 미래에 대한 고민을 이어가고 있다. 서양 고대로부터 과학혁명 시기에 이르기까지 수학 및 과학적 지식의 생성과 발전 및 혁신 과정을 주로 연구하고 있다. 과학기술정보통신부 디지털 소사이어티 창립 및 기획위원, 산업통상자원부 자체평가위원으로 활동하며 인문학의 외연을 확장하는 일에도 힘쓰고 있다.

이근

현 서울대학교 국제대학원 교수이다. 동 대학교 국제학연구소장 및 국제협력본부장을 역임하였고, 외교부 산하 국제교류재단(Korea Foundation)의 이사장을 하였다. 서울대학교 외교학과를 졸업하고 미국 위스콘신대학교에서 정치학 박사를 취득했다. 외교부 정책자문위원, 국방부자문위원, 대통령직속미래기획위원 등으로도 활동하였고 세계경제포럼(다보스포럼)의 한국위원회 의장 및 지역거버넌스 위원회 위원으로도 활동했다. 민간 싱크탱크 미래전략연구원장을 하였고, 2012

년 《동아일보》가 뽑은 '10년 뒤 한국을 빛낼 인물 100인'에 선정된 바 있다.

조귀동

민 컨설팅 전략실장. 명지대학교 경제학과 겸임교수이다. 『세습 중산층 사회』, 『이탈리아로 가는 길』 등의 책을 썼다.

김세연

80년 역사의 동일고무벨트㈜ 전략고문. 2008년부터 2020년까지 부산 금정구에서 3선 국회의원을 지냈다. 국회 보건복지위원장과 교육문화체육관광위원회·교육과학기술위원회 간사를 역임했고, 정치발전특위 위원장으로 국회의원 기득권 내려놓기를 추진했으며, 동북아역사왜곡대책특위 간사로 중국·일본의 역사 왜곡에 대응했다. 새누리당과 바른정당 등 보수 정당에서 비상대책위원, 부산시당위원장, 정책위의장, 사무총장, 시민정치원장, 여의도연구원장, 바른정책연구소장 등을 맡았다. 한일의원연맹 미래위원장과 국제민주연합(IDU) 부의장으로서 의회·정당 외교에도 활발히 참여했으며, 국회 국제보건의료포럼 이사장, 아트부산 조직위원장, 민화협 상임의장, 한국스마트헬스케어협회 회장 등을 역임했고, 2019년 백봉신사상 대상을 수상했고, 대담집 『리셋, 대한민국』 공동 집필에 참여했다. 서울신문·신동아 등에 칼럼을 연재했고, 동국대·국민대에서 겸임교수로도 활동했다. 현재는 '청년정치학교'를 운영하는 사단법인 청정 이사로서 시민 정치 교육의 저변을 넓히고 있으며, 사단법인 Agenda 2050 대표로 국가 설계 사고 실험 프로젝트 '스케치 다이얼로그'를 진행하고 있다.

김명수

매경미디어그룹 디지털 및 AI 서비스 자회사인 매경AX의 대표이사이다. 매일경제신문 디지털담당 이사도 겸임하고 있다. 1994년 매일경제신문 기자로 입사해 벤처기업계를 비롯한 기업 현장 취재를 시작으로 언론계에 발을 디뎠다. 이후 경제정책과 금융시장, 법조계 등 다양한 분야를 취재했다. 뉴욕 특파원 시절엔 각종 국제 이슈도 심층적으로 다뤘다. 이후 국제부장 금융부장 증권부장 산업부장 지식부장 등 주요 데스크를 거쳤고 편집국장을 역임했다. 이후 논설실장을 거치면서 한국 사회는 물론 국제적 이슈에 대한 다양한 칼럼을 통해 1인당 국민소득 5만 달러 국가를 만들기 위한 많은 대안을 제시했다. 한국신문방송편집인협회 부회장을 역임했고 한국온라인신문협회 이사를 맡고 있다. 벤처산업 역사를 다룬 『한국벤처산업발전사』를 비롯해 『학습혁명보고서』, 『미션 2만 달러』, 『미션 10만 달러』, 『밀리테크 4.0』, 『올드 이코노미』, 『지식혁명 5.0』 등 다수의 공저를 저술했다.

장덕진

서울대학교 사회과학대학 사회학과 교수이자 현 중앙도서관장이다. 이화여자대학교 교수를 거쳐 서울대학교로 옮긴 이후 사회발전연구소장과 사회학과장을 역임했고, 동아시아 사회학회 설립을 주도했으며, 2024년 한국사회학회장을 지냈고, 현재는 2026년 광주광역시에서 열리는 세계사회학대회 공동조직위원장이기도 하다. 사회발전연구소장 재직 시 SBS와 협력하여 5년간 세계 약 20여 개 국가와 한국을 비교하는 연구를 진행하고, 그 과정에서 학자, 정치인, 기업인, 노조 간부, 언론인 등 150여 명의 외국 전문가들을 직접 만나 대화했다. 서울대 중앙도서관장으로 부임한 이후 빅데이터 기반 지식정보 플랫폼 LikeSNU를 개발하여 2024년 미국도서관협회로부터 세계에서 가장 혁신적인 도서관에 주는 '국제혁신상'을 수상했다. 《중앙일보》와 《경향신문》 등 보수와 진보를 넘나들며 20년 가까이 칼럼을 연재해왔다.

정은성

㈜에버영코리아의 창립자이자 현 대표이사이다. 나이, 성, 학력 차별이 없는 세상을 위해 일하고 있다. 세계적인 ESG 기업 인증기관인 비콥(B Corp) 한국위원회 위원장을 지냈고, (사)비랩코리아 이사장으로서 기업의 변화를 통한 자본주의 및 사회환경 문제 해결을 위해 노력하고 있다. 김대중 대통령 비서실 통치사료비서관을 역임했으며, 국회보좌관과 국회정책연구위원으로서 정치개혁 관련 법안 작성 업무를 맡아 선거법과 정치자금법 개정에 이바지하였다. 정치학, 국제관계학, 정책학, 협상학 등의 분야에서 교수 및 연구 활동을 했으며 『협상의 전략』 등 다수의 저서와 논문들을 저술하였다.

조경진

서울대학교 환경대학원 환경설계학과 교수. 한국조경학회장, 서울대학교 환경대학원장, 국가건축정책위원회 위원을 역임했으며, 서울시교육청 교육공간 자문관으로 활동 중이다.
서울숲 설계 참여, 서울식물원 총괄계획가로서 도시 녹색 인프라 조성에 기여해왔다. 서울그린트러스트 이사로 도시숲 시민운동에 참여하고 있으며, 정원도시포럼 위원장으로 정원도시 정책 담론을 이끌고 있다.
도시와 문화예술의 융합을 통한 조경 영역 확장에 주력하며, 리얼디엠지프로젝트 등 DMZ 관련 전시기획에도 참여했다. 현재 세계조경가협회(IFLA) 한국대표로 국제무대에서도 활발히 활동하고 있다.

계인국

현 고려대학교 행정전문대학원 교수로 행정법과 헌법을 연구하고 있다. 독일 레겐스부르크대학에서 법학박사 학위를 취득하였고 대법원 사법정책연구원 연구위원으로 재직하였다. 국가와 사회가 협력적이고 분업적으로 공익을 형성해가는 보장국가 이론을 바탕으로 하여 플랫폼규제, AI 규제 등 규제행정법 분야와 개인정보 보호법, 기업 인권 등 다양한 분야를 다루고 있다. 개인정보 보호 자율규제협의회 위원, 한국공법학회, 한국행정법학회 등 주요 학회의 집행이사직 등을 수행하고 있다. 주요 저서로 『플랫폼의 법과 정책』(2022, 공저), 『마이데이터와 법』(2022, 공저), 『신경과학 기술과 법』(2023, 공저), 『개인정보보호 규범의 새로운 지평』(2025, 공저)이 있다.

이홍

현 광운대학교 경영대학 명예교수이다. 한국지식경영학회장과 중견기업학회장을 역임하였다. 삼성인력개발원, LG그룹, CJ그룹, 포스코, 한전 등에서 자문교수를 하였다. 정부혁신관리위원회 위원장을 역임하며 정부혁신에 기여했으며 산업통상자원부 사업재편심의위원회 위원장을 하면서 한국 기업들의 사전 구조조정 업무에도 관여하였다. 한국장학재단 비상임 이사직을 수행하면서 대학생들의 장학지원 업무도 수행하였다.

최수

현 글로텍㈜ 회장이자 ㈜알파그린 및 Alien Technology Asia㈜ 회장을 맡고 있으며, 한국엔지니어연합회 부회장으로 활동 중이다. 서울대학교 경영학 학사, 하버드 비즈니스스쿨 수학, 중국 장강상학원에서 경영학 석사를 마쳤다. 현대건설과 현대전자에서 재무·기획·생산관리 업무를 수행하며 반도체 산업의 주요 전환기에 핵심 역할을 했고, LG반도체 통합 및 DRAM 사업부 본부장, 하이닉스 구조조정본부장을 역임하며 한국 반도체 산업의 국제 협상과 구조조정을 이끌었다. 이후 온세통신 부사장을 거쳐 중소기업 경영에 뛰어들어, ㈜알파그린과 글로텍㈜을 이끄는 동시에 기술 기반의 창업 생태계에 기여해왔다.
2018년 중소기업중앙회로부터 '중소기업을 빛낸 국민영웅'으로 선정되었으며, 『대한민국, 변방에서 중심으로』, 『이기는 지키는 넘어서는 K반도체』 등의 저서를 통해 한국 반도체 산업의 비전과 기업 경영 모델을 제시했다. 최근에는 미중 반도체 전쟁과 한국 산업 전략에 대한 칼럼 기고 활동도 활발히 하고 있다.

윤종인

현 법무법인(유) 세종 AI·데이터 정책연구소장, 이화여대 정책대학원 초빙교수이다. 청와대 행정자치비서관, 충청남도 행정부지사, 행정안전부 정부혁신조직실장·지방자치분권실장·차관, 개인정보보호위원회 상임위원(차관급)·위원장(장관급)을 역임하였다. 정부조직 전문가로 정권 변동기 정부조직 개편에 참여하였으며, 노무현 정부의 정부혁신, 박근혜 정부의 정부 3.0과 데이터 개방, 문재인 정부의 디지털 정부 혁신 등 정부 운영의 효율화에 지속적으로 관여하였다. 시·군 통합 등 지방행정 체제 개편, 지방자치법 전면 개정 등 자치분권 확대에 노력하였고, 2015년 공무원연금 개혁에 청와대 행정자치비서관으로 참여하였다. 행정안전부 차관 재직 시에는 코로나19 대응과 전국민 1차 재난지원금 업무를 수행하였다. 데이터 3법 개정 업무를 담당하였고, 그 결과 2020년 중앙행정기관으로 새롭게 독립한 개인정보보호위원회의 초대 위원장으로 임명되어, 2년 2개월간 신설 조직의 독립성과 전문성 확보에 노력한 바 있다. 역사학도로서 합리적 이성, 공동체적 공감과 유대에 기반을 둔 역사적 진보와 더 나은 세상의 가능성을 믿는다.

한경구

현 국가교육위원회 미래교육 기본가치 특별위원, 문화유산위원회 세계유산분과위원, 한국과학창의재단 자문위원이다. 서울대 인류학과 및 동 대학원을 졸업했다. 제14회 외무고시에 수석 합격했다. 하버드대학 인류학과에서 박사학위를 받았으며 일본 현지조사 기간 중 동경대학 문화인류학교실에서 연구했다. 강원대 인류학과, 국민대 국제학부를 거쳐 서울대 자유전공학부 교수 및 학부장을 역임했고 서울대 교육상을 수상했다. 제21대 유네스코한국위원회 사무총장을 지냈고 재외한인학회, 한국국제이해교육학회, 한국이민학회의 회장을 역임했으며 한국학중앙연구원과 북해도대학, 케임브리지대학에서 연구했다. 대통령 지속가능발전위원회 위원, 환경운동연합 정책위원장, 교육부, 법무부, 지경부, 건교부, 재외동포재단 자문위원을 역임했다.

KI신서 13638
대한민국, 넥스트 레벨 2
철학·정치·사회·경제·통섭 최고 전문가 17인의 국가 재설계 제안

1판 1쇄 인쇄 2025년 5월 20일
1판 1쇄 발행 2025년 6월 25일

지은이 코리아다이나미즘포럼
기획 성공경제연구소
펴낸이 김영곤
펴낸곳 (주)북이십일 21세기북스

인문기획팀장 양으녕 **인문기획팀** 이지연 서진교 김주현 이정미
디자인 푸른나무디자인
마케팅팀 남정한 나은경 한경화 권채영 최유성 전연우
영업팀 한충희 장철용 강경남 황성진 김도연
제작팀 이영민 권경민

출판등록 2000년 5월 6일 제406-2003-061호
주소 (10881) 경기도 파주시 회동길 201(문발동)
대표전화 031-955-2100 **팩스** 031-955-2151 **이메일** book21@book21.co.kr

ⓒ 코리아다이나미즘포럼, 2025
ISBN 979-11-7357-348-4 (03300)

(주)북이십일 경계를 허무는 콘텐츠 리더

21세기북스 채널에서 도서 정보와 다양한 영상자료, 이벤트를 만나세요!
페이스북 facebook.com/jiinpill21 **포스트** post.naver.com/21c_editors
인스타그램 instagram.com/jiinpill21 **홈페이지** www.book21.com
유튜브 youtube.com/book21pub

당신의 일상을 빛내줄 **탐**나는 **탐**구 생활 〈탐탐〉
21세기북스 채널에서 취미생활자들을 위한 유익한 정보를 만나보세요!

· 책값은 뒤표지에 있습니다.
· 이 책 내용의 일부 또는 전부를 재사용하려면 반드시 ㈜북이십일의 동의를 얻어야 합니다.
· 잘못 만들어진 책은 구입하신 서점에서 교환해드립니다.